2016年國家社會科學基金青年項目"中古寫本文獻綴合資料
數據庫建設與應用研究"（項目編號：16CTQ0014）階段性成果

敦煌漢文文獻
（佛經以外部分）
殘斷與綴合研究

劉郝霞 著

四川大學出版社

項目策劃：毛張琳
責任編輯：歐風偃　毛張琳
責任校對：張宇琛
封面設計：墨創文化
責任印製：王　煒

圖書在版編目（CIP）數據

敦煌漢文文獻（佛經以外部分）殘斷與綴合研究 / 劉郝霞著． — 成都：四川大學出版社，2020.12
（中國俗文化研究大系．俗文學與俗文獻研究叢書）
ISBN 978-7-5690-3777-7

Ⅰ．①敦… Ⅱ．①劉… Ⅲ．①敦煌學—文獻學—研究 Ⅳ．① K870.64

中國版本圖書館 CIP 數據核字（2020）第 111812 號

書　名	敦煌漢文文獻（佛經以外部分）殘斷與綴合研究
	DUNHUANG HANWEN WENXIAN(FOJING YIWAI BUFEN) CANDUAN YU ZHUIHE YANJIU
著　者	劉郝霞
出　版	四川大學出版社
地　址	成都市一環路南一段 24 號（610065）
發　行	四川大學出版社
書　號	ISBN 978-7-5690-3777-7
印前製作	四川勝翔數碼印務設計有限公司
印　刷	成都金龍印務有限責任公司
成品尺寸	170mm×240mm
插　頁	2
印　張	27.25
字　數	478 千字
版　次	2020 年 12 月第 1 版
印　次	2020 年 12 月第 1 次印刷
定　價	108.00 圓

版權所有◆侵權必究

◆ 讀者郵購本書，請與本社發行科聯繫。
　電話：（028）85408408/（028）85401670/
　（028）86408023　郵政編碼：610065
◆ 本社圖書如有印裝質量問題，請寄回出版社調換。
◆ 網址：http://press.scu.edu.cn

四川大學出版社
微信公衆號

總　序
項　楚

　　四川大學中國俗文化研究所，作爲教育部人文社會科學重點研究基地，已經走過了二十年的歷程。不忘初心，重新出發，是我們編輯這套叢書的目的。

　　俗文化是中國傳統文化的重要部分，與雅文化共同形成中國文化的兩翼。俗文化集中反映了中華民族獨特的思維模式、風俗習慣、宗教信仰、語言風格、審美趣味等，在構建民族精神、塑造國民心理方面，曾經起過並正在起著重要的作用。因此，俗文化研究不僅在認知傳統的中華民族文化方面具有重大的學術價值，而且在促進社會主義精神文明建設方面具有傳統雅文化研究不可替代的意義。不過，俗文化和雅文化一樣，都是極其廣泛的概念，猶如大海一樣，汪洋恣肆，浩渺無際，包羅萬象，我們的研究祇不過是在海邊飲一瓢水，略知其味而已。在本所成立之初，我們確立了三個研究方向：俗語言研究、俗文學研究、俗信仰研究，後來又增加了民族和民俗的研究。同時，我們也開展了相關領域的研究，如敦煌文化研究、佛教文化研究等。在歷史上，雅文化主要是士大夫階級的意識形態，俗文化則更多地代表了下層民眾的意識形態。它們是兩個對立的範疇，有各自的研究領域和研究路數，不過在實踐中，它們之間又是互相影響、互相滲透、互相轉化的。當我們的研究越來越深入的時候，我們就會發現它們在對立中的同一性。雖然它們看起來是那樣的不同，然而它們都是我們民族心理素質的深刻表現，都是我們民族性格的外化，都是我們民族的魂。

　　二十年來，本所的研究成果陸續問世，已經在學界產生了廣泛的影響。本套叢書收入的祇是本所最近五年來的部分研究成果，正如前面所說，是在俗文化研究大海中的一瓢水的奉獻。

目 錄

緒 論 ·· 1

理論篇

殘斷論 ·· 17

第一章 敦煌世俗文獻潛在的殘損可能性 ······························ 19
第一節 作爲敦煌世俗文獻書寫載體的紙 ··························· 19
第二節 影響敦煌世俗文獻紙張壽命的因素 ······················· 32
第三節 敦煌世俗文獻的裝訂方式與卷帙脫落、紙頁分離 ··· 45
小 結 ·· 58

第二章 敦煌世俗文獻在傳播流通中的殘損 ···························· 60
第一節 抄寫、買賣、收藏、閱讀、表演中的損壞 ············· 62
第二節 古代修復中形成的殘片 ······································· 74
第三節 古代紙張再利用中造成的殘斷 ······························ 88
小 結 ·· 93

第三章 敦煌世俗文獻出藏經洞后的人爲毀壞 ······················· 95
第一節 敦煌文獻的發現與早期流散 ································ 95
第二節 堆放、選揀、轉贈及轉運中的損壞 ······················ 102
第三節 裂卷與作僞 ·· 107
第四節 裝裱中的損壞 ·· 111
第五節 敦煌文獻在現代收藏保存狀態下的殘損 ············· 115
小 結 ·· 117

綴合論

第四章　早期學者對敦煌文獻殘卷及綴合問題的認識……………125
　　第一節　對殘卷存在的認識………………………………………125
　　第二節　著眼內容補齊的"合"與恢復原卷形態的"綴合"……128
　　第三節　早期敦煌學者"綴合"的嘗試與認識…………………134
　　第四節　早期學者殘卷綴合工作實例……………………………136

第五章　各國收藏機構對敦煌文獻殘卷的綴合……………………145
　　第一節　英國對所藏敦煌文獻殘卷的綴合………………………145
　　第二節　俄羅斯對所藏敦煌文獻殘卷的綴合……………………152
　　第三節　法國對所藏敦煌文獻殘卷的綴合………………………159

第六章　現有綴合條件…………………………………………………162
　　第一節　目錄與定名………………………………………………162
　　第二節　敦煌文獻圖版發表情況…………………………………166
　　第三節　釋錄………………………………………………………177
　　第四節　綴合成果…………………………………………………179

第七章　科學技術手段的使用對敦煌俗世文獻殘卷綴合的作用…182
　　第一節　計算機輔助篩選與綴合技術……………………………182
　　第二節　綴合圖示的製作方式……………………………………184

第八章　綴合中的缺漏…………………………………………………195
　　第一節　對"綴合"一詞的認識…………………………………195
　　第二節　誤綴………………………………………………………201
　　第三節　漏綴………………………………………………………214

第九章　敦煌世俗文獻綴合對學術史的意義…………………………228
　　第一節　釐清藏經洞所出之文獻…………………………………228
　　第二節　研究中古時期文獻形态特徵……………………………234

實證篇

《周易王弼注》（坤卦、屯卦）（按：在前人綴合基礎上，又再補
　　Дх.12638）……………………………………………………249
《兔園策府》（序文、卷第一）+《毛詩·周南·關雎詁訓傳》（卷第一）
　　………………………………………………………………………250

《詩經‧周南》白文（《卷耳》—《桃夭》） …… 251
《毛詩詁訓傳》（《柏舟》—《旄丘》） …… 251
《古文尚書傳》（《禹貢》） …… 252
《尚書》（《君奭》《蔡仲之命》《多方》） …… 255
《禮記‧曲禮》（上） …… 256
《〈禮記‧坊記〉鄭玄注》 …… 257
《月令》（按：在前人綴合的基礎上，再補充 Дx.17463） …… 258
《春秋左氏傳集解》 …… 259
《論語》（卷第四、第五） …… 269
《論語》（卷第五） …… 270
《論語》（卷第八） …… 271
《〈論語注〉音義》 …… 271
《論語集解》 …… 272
《論語集解》（《述而》《泰伯》）（按：在前人綴合的基礎上，再補充 Дx.12760） …… 273
《論語注》（《雍也》—《鄉黨》） …… 274
《論語集解》（《鄉黨》） …… 275
上部分：《雜字類抄》，下部分：《籯金難字》 …… 276
《新商略古今字樣》 …… 277
《雜集時用要字》（擬） …… 279
《千字文》 …… 281
《真草千字文》 …… 283
《新合六字千文》 …… 284
《〈千字文〉習字雜抄》 …… 285
《文選音》 …… 287
《大方廣佛華嚴經音》 …… 287
《史記‧李斯列傳》 …… 288
《春秋後語‧秦語》（下卷第三） …… 289
《十六國春秋》（前燕部分） …… 291
《唐代殘史書》（或又擬名《古今年代曆》《年紀》） …… 292
《西漢金山國聖文神武白帝敕》 …… 292

《張議潮處置涼州進表》 ………………………………… 293
《于闐天壽二年九月弱婢祐定等牒》 …………………… 294
《陰善雄邈真讚并序》 …………………………………… 295
《邈真讚》（擬） ………………………………………… 297
《敦煌名人名僧邈真讚》 ………………………………… 298
《敕河西節度兵部尚書張公德政之碑》 ………………… 299
《李端公墓志》 …………………………………………… 302
《崇恩和尚修功德記》 …………………………………… 303
《大唐開元禮》卷六十五 ………………………………… 304
《姓氏書》 ………………………………………………… 306
《開元七年沙州敦煌縣龍勒鄉戶籍》 …………………… 307
《開元二十九年西州天山縣南平鄉籍》 ………………… 308
《天寶十載敦煌縣差科簿》 ……………………………… 309
《敦煌縣從化鄉等納草人名目》 ………………………… 310
《勵忠節抄》 ……………………………………………… 311
《百行章》 ………………………………………………… 313
《百行章》 ………………………………………………… 314
《俗務要名林》 …………………………………………… 315
《解執篇第四》 …………………………………………… 316
《新集文詞九經抄》 ……………………………………… 317
《開蒙要訓》 ……………………………………………… 322
《太公家教》 ……………………………………………… 327
《武王家教》（按：《俄藏》綴合圖版有誤，今訂正） ………… 329
《大唐同光四年具（注）曆》 …………………………… 330
《後晉天福十年乙巳歲具注曆日》殘片 ………………… 331
歸義軍寫本《社司轉帖》 ………………………………… 332
《社司轉帖》 ……………………………………………… 333
《前秦建元十三、十四年買婢券》 ……………………… 334
《羊抄》 …………………………………………………… 335
《乾符六年十二月十日破用糧麵等抄》 ………………… 335

《唐辛酉年至癸亥年靈修寺招司典座願真等諸渠廚田及散施入曆》
　　…… 336
《後唐乙未年二月十八日程虞候家榮葬名目》 …… 338
《後晉天福七年至後周顯德五年間大乘寺交割常住什物點檢曆》 …… 341
《宋丁丑至戊寅年報恩寺諸色斛斗破曆》 …… 343
《宋辛巳年十二月沙洲僧保真貸紅采段契》 …… 343
《酒賬》 …… 345
《報恩寺常住什物交割點檢曆稿》 …… 347
《報恩寺常住什物交割點檢曆》 …… 349
《大蕃古沙州行人部落兼防禦兵馬及行營留後監軍使論董勃藏重修伽藍功德記》 …… 352
《開寶三年十一月七日爲母做七啓請永安寺翟僧正等疏》 …… 353
《中元節爲亡師薦福發願文》 …… 354
《報恩寺方等道場榜》 …… 355
《黃帝明堂經》 …… 356
《脉書殘卷》 …… 357
《備急單驗藥方卷》 …… 358
《唐人選方》（擬） …… 359
《灸療圖》 …… 360
《男女身面諸黶之圖》 …… 360
《占卜書》（應爲《醫書》+《具注曆》） …… 361
《天宰（宰）鬼鏡圖并推得日法張師天撰》（原題，應爲"天宰鬼鏡圖并推得日法"） …… 361
《推得病日法》 …… 362
《相書》 …… 363
《葬書》 …… 364
《解夢書一卷》 …… 366
《周公解夢書》 …… 366
《十二月壬氣》 …… 367
《五兆要訣略》 …… 368
《老子道德經》 …… 369

《莊子·讓王》 …… 370
《莊子》 …… 371
《南華真經》（《田子方品》第廿一） …… 371
《南華真經》（《外物品》第二十六） …… 372
《莊子摘抄》（《徐無鬼》《庚桑楚》《知北游》《田子方》） …… 373
唐開元廿七年鈔本《文子》 …… 373
《太上洞玄靈寶無量度人上品妙經》 …… 376
《太上靈寶空洞靈章》 …… 378
《太上洞玄靈寶昇玄內教經》 …… 379
《太玄真一本際經》 …… 379
《太玄真一三善行法發願經》 …… 380
《金真玉光八景飛經》 …… 380
《洞淵神咒經》卷三《縛鬼品》寫本 …… 381
《無上秘要》 …… 382
《道經》 …… 383
《十戒經》（卷背爲《辯中邊論》） …… 383
《陶弘景五法傳授儀》 …… 384
《文選·運命論》 …… 385
《李善注文選》（或《文選李善注》） …… 386
《南朝詩歌叢抄》 …… 387
《唐詩文叢鈔》（詩二十一首） …… 388
《王梵志詩一百一十首》 …… 389
《王梵志詩殘片》 …… 391
《僧志貞、法舟詩》 …… 392
《白雀歌》 …… 393
《白雀歌》《祝骨子契》《陽願進狀》以及其他 …… 394
《前秦擬古詩》 …… 395
《貞女樓詠》 …… 396
《秦婦吟》 …… 397
《李嶠雜詠注》 …… 399
《晏子賦》殘片 …… 401

《韓朋賦》……………………………………………………………… 401
《太子須達拏本生變文》……………………………………………… 402
《須大拏太子變文》+《祭慈母文》+《褐牒布破曆》+《糧食破曆》
　…………………………………………………………………………… 403
《下女夫詞》…………………………………………………………… 403
《大漢三年季布罵陣詞文》…………………………………………… 405
《結壇散食迴向發願文》……………………………………………… 405
《亡文》（擬）………………………………………………………… 406
《邑文》等（擬）……………………………………………………… 406
《燃燈文》……………………………………………………………… 407
《亡文》………………………………………………………………… 407
《玄真大聖大興孝皇帝遠忌文》……………………………………… 407
《結壇散食迴向發願文》……………………………………………… 408
《難月文》（擬）……………………………………………………… 408
《鎮宅文》……………………………………………………………… 408
《殘信札》……………………………………………………………… 409
《歸義軍僧官書儀》…………………………………………………… 410

參考文獻…………………………………………………………… 412

緒 論

"陽關""玉門關"這兩個詞語，在很長的一段時間內都意味著中原王朝地理的邊疆，也因此成了中國古人心理上極遠、極荒邊界之代名詞。唐代詩人王維云："渭城朝雨浥輕塵，客舍青青柳色新。勸君更進一杯酒，西出陽關無故人。"又王之渙《涼州詞》云："黃河遠上白雲間，一片孤城萬仞山。羌笛何須怨楊柳，春風不度玉門關。"依依楊柳，繾綣春色，彷彿永遠是屬於陽關、玉門以東的旖旎，而自此以西，黃沙漠漠，似乎更多地意味著一派蕭殺、孤獨、寒冷與死寂。這種觀念在古人心中根深蒂固，故《後漢書·班梁列傳》記班超晚年上疏乞老時甚至用到"臣不敢望到酒泉郡，但願生入玉門關"這樣令人唏嘘的句子。

玉門關向東南 90 千米，陽關向東北 70 千米左右，是今天的敦煌市治所，也是敦煌古城的所在地。一般認爲"敦"，大也；"煌"，盛也，二者相連，表現的便是進入玉門關、陽關，往東第一座綠洲繁榮熱鬧的景象。姜亮夫曾總結："敦煌在歷史上擔過不少的任務，是邊防重地，是交通重心，文化交流的場所，尤其在唐代是最爲輝煌的時期；做了中西交通的樞紐，宗教繁興的聖地，文化極盛的都市。"① 確實，自西漢元鼎六年（前111）漢武帝下令"列四郡，據兩關"（武威、張掖、酒泉、敦煌四郡，玉門、陽關二關），正式建立敦煌郡，直至明代嘉靖三年（1524）廢瓜、沙二州，一千六百餘年間，敦煌一帶與各代王朝中心統治區均有著密切的關聯，更是古代中國通往西域、中亞和歐洲"絲綢之路"這一經濟文化要道上的重鎮，商旅熙熙，東西交通頻繁。又，梅維恒考證，"'敦煌'

---

① 姜亮夫：《敦煌——偉大的文化寶藏》，《姜亮夫全集》（第十二卷），雲南人民出版社，2002 年版，第 56 頁。

這個地名在漢代初期的重建發音爲'twər-waŋ'，它或許與古代印度方言佉盧文的'dramga'（'邊界瞭望所，海關所'）有很大聯繫，基本上是表示精密防禦系統監視塔和防禦堡壘"①。據此，敦煌還有可能充當著自漢代以來國家軍事防禦體系的重要一環，"且這個佉盧文詞語很可能源自伊朗詞語中大量同源詞語中的一個"②。不難想象在各國人民東進西去之間，敦煌此地必定匯集了東西方宗教、文學、藝術、思想交流碰撞之因素和這些因素長期交流碰撞之後的生成物。敦煌莫高窟便是此種生成物之代表。

莫高窟又名千佛洞，是佛教造像群窟，最早於前秦建元二年（366）由樂僔和尚開鑿石窟，直至元代仍在建窟。千百年的營造，成就了一座藝術寶庫。除了石窟造像、雕塑和壁畫、藻井建築以外，敦煌莫高窟爲世人所知更是因了第 17 窟（張大千編號爲第 151 號窟耳窟，習慣上稱之爲"藏經洞"）所出的約六萬件習慣上被稱爲"敦煌遺書""敦煌卷子""敦煌寫本""敦煌文獻"的以漢文、西夏文、藏文及各種西域文字書寫而成的文書。這批文書雖然大多數爲佛教經、論、律，但也有許多世俗文獻，性質駁雜；其裝幀形式大部分爲唐五代比較有代表性的樣式——卷子裝，但也有蝴蝶裝、冊頁裝和梵夾裝等其他樣式；其製作方式絕大多數是手寫本，但也有刻印本。所以，無論是"敦煌卷子"還是"敦煌寫本"，都不足以描述它們全部的特徵，以下，我們統一稱之爲"敦煌文獻"。

一、研究對象與範圍

如果對敦煌文獻整體面貌有過關注，就會發現，其中大部分都是不完整、有殘損的寫本，既有比較長的寫本殘損掉小部分的情況，也有殘損大部分內容的情況，還有極小的一塊只剩下幾個字、幾句話的情況，學界稱之爲殘卷或者殘片。

在藏經洞打開之初，發現者王圓祿曾給這些文獻數量一個"萬卷"的約數，這應該是對他所見石室中存放文獻景象的描述性語言，只是極言敦煌文獻數量之多，并非科學統計的結果，他也沒有指明這"萬卷"中

---

① ［美］梅維恒撰，王啓濤譯：《"敦煌"得名考》，載於《西南民族大學學報》2012 年第 9 期，第 217~219 頁。

② ［美］梅維恒撰，王啓濤譯：《"敦煌"得名考》，載於《西南民族大學學報》2012 年第 9 期，第 217~219 頁。

的每一卷是完整的還是破碎的，又或者除"萬卷"完整的寫本以外，是否還有不完整的殘卷、殘片存在。而斯坦因則明確記載，藏經洞文獻除"正規的捆子"之外，還有許多包裹著碎片狀文書的"雜包裹"："我發現了許多雖小但又是仔細包裹著的袋子，裏面裝的都是些聖典上掉下來的小殘片和絹畫上殘存下來的破片。"① 而且據他推測，這些碎片的來歷與民間的習俗有關："按照當地的習慣，在地面上或者其他地方發現的每一小片書寫物，都應被撿起來并被放在一邊。毁壞那些書寫下來的文字，被視爲是不吉利的。"② 可知最初殘卷、殘片就和比較完整的寫本共同存放在藏經洞中。

後來，在敦煌文獻的整理過程中，又有一些原本粘貼在原寫卷或絹畫背面的小殘片被揭除下來的，形成了新的殘片。榮新江就指出："近年來，英國圖書館修復部又陸續從敦煌絹畫、寫經、經袟等已編號文物或文獻上，揭除許多殘片，在總編號後順序增加，截止到 1991 年 8 月我離開倫敦時，已編到 13677 號。"③

再加上自然和人爲因素，在長期的流通和收藏過程中，原本完整的敦煌文獻都有可能産生老化、碎裂、分離、撕裂等情况，這就使得"（敦煌文獻中）首尾完整的卷子所餘極少，充其量只占 10%。大部分卷子的外部破損，還雜有很多僅寬幾釐米的殘片"④。不只是卷子本的文獻，敦煌文獻中其他裝幀形式的文獻也是殘破不全。從現在各大收藏機構中敦煌文獻的完整度看，殘卷、碎片的數量是完整卷子的數倍。

開始時因條件所限，敦煌學者對數量的統計是感性的，而且基本只統計了其中完整的、比較大的、比較長的寫卷、寫本；入藏各地收藏機構之後，收藏者的編號則是目驗一件單獨的寫卷或寫本就編一個號，并不顧及其形態的完整性，所以一些很小的殘片也被統計入内，這就大大增加了現存敦煌文獻的編號數量。英藏敦煌文獻原有編號爲 8000 餘號，其中 S.6981 之前爲較完整的文書，之後約 1000 餘號均爲較小片的殘片，大部

---

① ［英］斯坦因：《契丹沙漠廢墟》，轉引自王冀青《國寶流散——敦煌藏經洞紀事》，甘肅教育出版社，2007 年版，第 67 頁。
② 王冀青：《國寶流散——敦煌藏經洞紀事》，甘肅教育出版社，2007 年版，第 66 頁。
③ 榮新江：《海外敦煌吐魯番文獻知見録》，江西人民出版社，1996 年版，第 15 頁。
④ ［日］藤枝晃：《漢字的文化史》，翟德芳，孫曉林譯，知識出版社，1991 年版，第 74 頁。

分只有巴掌大小，有的甚至只有一兩個字留存在紙片上。而今天英藏文獻已編到13677號，多出來近5000個編號，這些文獻基本上都是殘片，有一些是從原文獻背面揭下來的，有一些是從絹畫、經袱等上面取下來的。據統計，在英藏敦煌文獻10000多個編號中，將近一半都是殘片。殘片如此之多，首尾不全的殘卷自然也不在少數。這些殘卷和殘片就是本書的主要研究對象。

殘片與殘卷的形成實際上密切相關，殘片脫離原寫本後，原寫本就成了不完整的殘卷，脫離的殘片實際上也是一種不完整的殘卷，只是形態大小和内容留存的多少有區别，故以下將這種殘片也視爲殘卷，但在表述中爲説明其形狀的微小，以殘片稱之。

大量殘卷的存在給我們閲讀和使用敦煌文獻造成了不便，所以前輩學者已先期對一些殘卷進行了綴合。但他們往往是在釋讀校録某一寫卷的時候纔查尋可能存在的相關殘卷，經比勘確認之後將其綴合，再進行校録；或者在研究某一文獻或某一類文獻的時候纔關心它們是否存在殘缺不全的情況，然後收集相關殘卷，經比勘確認之後將其綴合，再進行研究。這樣做雖也可以得到一些成果，但仍有大量的工作留給後來的研究者。而且在殘卷綴合工作中，因查找和綴合工作存在偶然性，有時候可能會得出不完全和不準確的綴合成果，這又給敦煌文獻的進一步研究帶來了阻礙，容易使我們的研究走上彎路。實際上，盡量全面恢復這些珍貴寫本的完整度是校釋敦煌文獻的第一步，只有正確完整地掌握了寫本的内容，纔談得上對它的全面研究。殘卷的全面綴合工作亟待進行。爲了更好更全面地進行綴合工作，具體工作又可以分爲三步，首先是研究導致敦煌文獻殘斷的因素，以及殘斷殘損的形態特徵；然後根據不同的特徵需求，采取不同的方法對可以綴合的殘卷進行認定；最後以學界比較接受的方式將綴合成果展示出來。

經考察，需要并且可以綴合的敦煌殘卷主要有如下幾種形式。第一，本爲由兩個或多個紙頁粘合而成的經卷裝或册頁裝形式，粘合處因自然或人爲因素脫落，成爲兩個或多個殘卷。第二，本身爲完整的寫本，被人爲撕裂或截斷，成爲兩個或多個殘卷。第三，本身爲完整的寫本，因存放不當或時間久遠自然殘斷，成爲兩個或多個殘卷。這三種殘卷需要將脫落處、撕裂處或殘缺處拼接在一起。第四，本身爲完整寫本的一部分，因人爲因素被撕碎或裁剪，成爲一個或多個紙片的殘片。第五，本身爲完整寫本的一部分，因自然因素碎裂，成爲一個或多個紙片的殘片。第六，本身爲完整寫本的一部分，被人爲裁剪或撕下，粘補在其他有殘損的卷子背面的殘片。這種情況較爲複雜，以前學者大多未曾留意這類殘片，但因現在學界往往將這種碎片從原來粘補的地方揭下，所以就又形成了新的殘片；有一些雖未揭下，但是在藏經洞打開之前人們修補殘損卷子時從別的文書上撕下或剪切下的紙片。還有些情況是研究時需要考慮的，曾對原件進行校錄的郝春文等人提出："敦煌文獻入藏英國博物館以後，收藏者曾經采用的修復辦法之一是給一些殘破文書的背面裱紙，如果這件文書背面有字，就把字露在外面。從現在的圖版上看，這種修復時露在外面的文字與古人修補的紙條很難區分。"① 在綴合時應盡力利用各種材料將現代人修復時露在外面的文字與殘片區別開。第七，本身爲完整寫本或其中的一部分，其上一塊或多塊紙片被人爲撕下或剪下的殘卷。第八，本身爲完整卷子或其中的一部分，其一塊或多塊紙片因自然因素斷裂掉落的殘卷。這五種情況，殘片需要互相綴合在一起，或者拼合、綴補在有殘缺的殘卷上。一些寫本卷面文字因外力産生污染、漫漶和磨損，但并未形成斷裂，我們將其視爲殘損而非殘斷，不列入綴合的範圍。

敦煌漢文文獻中，佛教文獻占大多數，保存情況相對較爲理想；佛典以外的部分學界一般統稱爲俗世文獻或世俗文獻，約占敦煌文獻總數的十分之一，主要包括流傳的四部典籍，以及僅在敦煌藏經洞中發現的詩歌、變文、韻書、字書、道經、曆書、算書、卜筮書、醫書、史書、法律經濟類寫本文獻等，爲方便叙述，本書統稱其爲敦煌世俗文獻。因時間和能力所限，本書的研究集中於敦煌漢文文獻佛經以外部分的殘損與綴合。

二、研究基礎與目的

20世紀初，在中國西部偏僻的小城甘肅敦煌，隨著開鑿在鳴沙山上的莫高窟中藏有大量敦煌文獻的小洞窟被偶然打開，百餘年"敦煌學"的研究序幕亦緩緩拉開。

---

① 郝春文：《英倫研讀敦煌原件札記——研讀原件對全面研究、整理敦煌文獻的意義》，載於《敦煌研究》2000年第2期，第98頁。

潘重規曾言："其實，敦煌學的形成，只是在敦煌遺留下來了的無數珍貴的學術資料。"① 敦煌學無論在石窟造像藝術研究還是在文獻整理研究方面均有豐富的成果，劉進寶編有《敦煌學論著目錄（1909—1983）》②，鄭阿財、朱鳳玉先後編有《敦煌學研究論著目錄（1908～1997）》③和《敦煌學研究論著目錄1998～2005》④，由樊錦詩、李國、楊富學所編的《中國敦煌學論著總目》⑤於2010年出版，詳盡梳理了一百年來敦煌學各方面的研究成果，敦煌學取得的成就從這幾本論著目錄中可見一斑。

學界對敦煌殘卷、殘片的綴合成果也非常豐富。一些學者在研究單個文獻（專書、專篇）時，查尋可能存在的相關殘卷殘片，或參考前人論述，經比勘確認之後將其綴合，得出單篇文獻的綴合成果；有些學者則是在對某一類文獻進行歸類研究時，參考已有的綴合成果，并加入個人的努力，得出某類別文獻的綴合成果。這些成果在本書第六章"現有綴合條件"第四節"綴合成果"中有詳盡的介紹。這些成果無疑為本書奠定了最為堅實的研究基礎，本書欲在整理已有的敦煌殘卷綴合成果的基礎上，揭示已綴合的殘卷對文本本身考察研究的價值；并進一步探求綴合方法的改進，以期產生更多的綴合成果；并借助部分綴合成果對一些未定名的殘片殘卷進行認定和定名、編目工作。但這并非全部。

殘卷殘片的認定、釋讀和綴合工作實際又是"寫本學"研究的範疇。"寫本學相對於其他一些人文學科而言，是一個後起的新學科，它不同於傳統的文獻研究。'寫本學'或'手稿學'這一名稱源自法文，在英文中譯為Codicology，從更廣泛的意義上，Codicology涵蓋了以'書籍'為研究對象的學科體系。""寫本學的研究宗旨即對產生於某一個歷史時期的寫本或手稿進行研究，以科學的方法對寫本所具有的、顯示時代烙印的所

---

① 潘重規：《1987年〈敦煌學研究論著目錄〉序》，鄭阿財、朱鳳玉《1998～2005敦煌學研究論著目錄》，臺灣樂學書局有限公司，2006年版，第375頁。
② 劉進寶：《敦煌學論著目錄（1909—1983）》，甘肅人民出版社，1985年版。
③ 鄭阿財、朱鳳玉：《敦煌學研究論著目錄（1908～1997）》，臺北漢學研究中心，2000年版。
④ 鄭阿財、朱鳳玉：《敦煌學研究論著目錄1998～2005》，臺灣樂學書局有限公司，2006年版。
⑤ 樊錦詩、李國、楊富學：《中國敦煌學論著總目》，甘肅人民出版社，2010年版。

有特徵進行詳盡的研究分析，描述寫本所折射出來的歷史文化及年代信息。"① 雖然中國迄今未有專門的"寫本學"，但已有學者認識到對於作爲留存數量最爲豐富和直接的手寫本紙質文獻的敦煌文獻而言，從書籍的物質形態角度進行考察，進而探究中古社會的種種信息，探求敦煌文獻相關的一些問題是全新的研究視野和研究角度。② 潘重規《敦煌毛詩詁訓傳殘卷題記》一文就曾指出，敦煌寫卷 P.2669，正面爲《詩·大雅》，卷背"有些稀稀落落的小字，我細心觀察，方知是對準正面文字的注音。經我考核，這正是六朝人一種著書方式。《隋書·經籍志》著錄的《毛詩音隱》《毛詩隱義》，都是用這種形式寫成的"③。若非對寫卷的細心觀察，《隋書·經籍志》所著錄但後已失傳的《毛詩音隱》這一類文獻的實物可在敦煌文獻中看到這一重大發現恐怕很難被揭示。可知仔細辨認寫本的物質形態特征實在非常有必要。

日本學者池田温、藤枝晃和法國學者戴仁（Jean-Pierre Drège）在敦煌寫本學的建立和發展方面做了一系列開創性的工作。池田温曾指出："生活在古時候的人們平時擁有什麼樣的知識，有著怎樣的思考方式，過著怎樣的生活，這些活生生的信息以升華了的藝術作品，或是以被整理出來的抽象的歷史記錄的形式，通過敦煌文獻傳達給了我們。"④ 這說明對中古社會生活史的考察需要基於真實可感的物質載體——敦煌文獻。戴仁研究的對象則涉及"紙張的纖維分析、裝幀、文字分析、印刷術、寫本和刻本的斷代與辨僞、圖書館學、書籍的插圖及其與行文的關係、書籍的

---

① 以上兩段話引自巴桑旺堆研究員講座《藏文古寫本研究方法探索和西藏新發現的古苯教寫本》中的發言記錄，2011 年 2 月 22 日，四川大學中國藏學研究所。

② 張涌泉的《敦煌寫本文獻學》於 2013 年出版，標志著中國學者在基於敦煌文獻的"寫本學"構建領域進行了有益的探索，故張小艷評價："一些有識之士逐漸意識到：寫本在形製、內容、字詞、校讀符號等方面有許多殊異於刻本的地方，有必要創建一門有關'寫本文獻'的學問。張涌泉教授新近出版的《敦煌寫本文獻學》就是在這樣的背景下撰著的'。"（見其《稽古尋例三十載，寫本文獻鑄成"學"——讀〈敦煌寫本文獻學〉》，載於《敦煌學輯刊》2014 年第 4 期，第 171~172 頁）鄧文寬亦認爲："近幾十年來，不斷有學者呼籲建立'寫本文獻學'。張涌泉教授的《敦煌寫本文獻學》便是這樣一部應運而生的新作。"（見其《一部敦煌學者的必讀之作——張涌泉〈敦煌寫本文獻學〉讀後》，載於《敦煌研究》2015 年第 2 期，第 130~135 頁）

③ 詳見潘重規《敦煌詩經卷子研究論文集》，香港新亞研究所出版；或潘重規《敦煌毛詩詁訓傳殘卷題記》，《新亞學術年刊》第 10 期。

④ ［日］池田温：《敦煌文書的世界》，張銘心、郝秩君譯，中華書局，2007 年版，第 12 頁。

發行流通、書籍商品化的過程及其文化和社會意義"①。西方學界"寫本學"的概念與思路，對習慣著眼於內容，從傳統校錄、輯佚、考據的路子出發進行敦煌文獻研究的中國學者而言，應該是具有新的啓發和借鑒意義的。

　　北京大學榮新江《敦煌學十八講》中曾專列一章"敦煌寫本學"，系統介紹了敦煌卷子的紙張、形制、字體及卷子正背面的關係，并提出根據字體（特別是武周新字的出現）判別卷子抄寫年代的注意事項，根據敦煌卷子正背面的關係綴合殘片、釋讀正背面殘損或難辨認的内容的方法等。②復旦大學查屏球、任雅芳從《玉臺新詠》卷目中所保留的卷軸抄本的體例有整齊與混雜兩種不同形式，在排序上對前人與今人采用了齒序、職序兩種不同的方法等寫本的原始信息，推論該書不產於同一時期，也不出於一人之手。③而陳静《敦煌詩歌寫本的傳播特徵及其形成原因》則從抄本傳播的角度，探討了敦煌詩歌文獻作爲手寫本，以自抄自用爲目的的讀者傳寫模式和由於抄本傳播中"定本"觀念的差異所造成的諸如名稱、作者、編者信息缺失，异文現象突出和編輯思想模糊等與刻印本詩歌集迥异的特徵。④復旦大學余欣近年來的研究以寫本爲出發點，"企圖在更宏大的背景下思考寫本作爲探索中古時代知識與信仰生成過程中不可或缺的媒材而存在的價值，追尋寫本作爲探索現代中國學術確立的歷史進程中不可或缺之一環而呈現的意義"⑤。張涌泉的《敦煌寫本學》從字詞、抄例、校理三個方面對敦煌文獻的寫本特徵進行了研究，涉及字體、俗字俗語、异文、訛文與正訛、脱文與補脱、衍文與卜煞、錯亂與勾乙、標識符號、注文形式、綴合、定名、辨僞等祇可能在寫本文獻中出現的有趣現象，是中國學者對敦煌寫本文獻作全面研究的有益探索。後來張涌泉、張新朋在一次講座中又提出設想：通過研究分藏於英、法兩國的可以綴合的寫卷，

---

　　① 余欣：《法國敦煌學的新進展——〈遠東亞洲叢刊〉"敦煌學新研"專號評介》，載於《敦煌學輯刊》2001年第1期。
　　② 榮新江：《敦煌學十八講》，北京大學出版社，2001年版，第344~356頁。
　　③ 查屏球、任雅芳：《紙抄時代書籍形態與〈玉臺新詠〉編纂體例及成書過程》，載於《復旦學報（社會科學版）》2013年第2期。
　　④ 陳静：《敦煌詩歌寫本的傳播特徵及其形成原因》，載於《首都師範大學學報（社會科學版）》2013年第3期。
　　⑤ 余欣：《博望鳴沙——中古寫本研究與現代中國學術史之會通》，上海古籍出版社，2012年版，緒論第3頁。

有助於考察斯坦因、伯希和在掠取敦煌文書時的取捨痕迹。其實更爲理想的狀况是，通過斯坦因、伯希和藏品的分裂情况能大致恢復這些寫卷在藏經洞中最初的堆放順序。

　　這些都對我們從寫本的原始形態出發進行研究有所啓迪：除對已有的敦煌殘卷綴合成果進行整理和總結之外，我們還需要思考綴合過程中發現的寫本物質形態上留存的信息對書籍史研究的意義，并探究分藏各地的可綴合殘卷之間的關係及造成這種分裂的原因。

　　在無法接觸敦煌寫本原物的情况下，達成這樣的研究目標確實有相當大的難度，好在清晰的敦煌寫本圖版已經陸續出版，而國際敦煌項目（International Dunhuang Project，簡稱 IDP）網站和法國國家圖書館也提供了方便易得的高質量的敦煌寫本照片，通過仔細觀察和辨別這些圖片，我們陸續發現和綴合了以前學者没有注意到的《周易》《論語》《月令》《下女夫詞》的幾個殘卷；又通過對寫本形態的分析，指出了《下女夫詞》（Дх. 11049＋Дх. 12834＋Дх. 03860）、《孟姜女變文》（Дх. 11018＋BD. 11731＋P. 5019）、《烏鳴占》＋《祭烏法》（Дх. 6133）以及《古今年代曆》（S. 2506V＋P. 2810VA＋P. 2810VB＋P. 4073V＋P. 2380V）（按：背面爲唐開元廿七年鈔本《文子》，綴合關係爲 S. 2506＋P. 2810A＋P. 2810B＋P. 4073＋P. 2380）等幾件文獻异於常見古籍的特殊書寫和裝幀形式；此外，還指出了前輩學者綴合的錯誤，對已出版的各地所藏敦煌寫卷圖版粘貼綴合時的錯誤進行了糾正和重新綴合。

　　季羡林曾言："一部學術發展史告訴我們：學術進步有似運動場上的接力賽。後者總是在前者已經取得的成績的基礎上繼續前進的。推陳出新、踵事增華是學術發展的規律。這一條前進的道路永無盡頭，什麽時候也劃不上句號。"① 本書雖難以稱得上"推陳出新、踵事增華"，但仍然希望能够在運動場上做一個奮力奔跑者，在"敦煌學"這一前人已打下豐富研究基礎的跑道上繼續前進。

三、常用書名簡稱、圖版編號標注形式及說明

　　因本書研究的對象涉及各地所藏敦煌文獻圖版，其編號的形式在不同

---

① 季羡林：《敦煌學大辭典》，上海辭書出版社，1998 年版，序言第 2 頁。

時期、不同學者的表達中有差异；本書又經常需要利用已出版發行的中國科學院歷史研究所、中國敦煌吐魯番學會敦煌古文獻編輯委員會、英國國家圖書館與倫敦大學亞非學院聯合編輯、四川人民出版社出版的 14 冊本《英藏敦煌文獻（漢文佛經以外部分）》，上海古籍出版社與法國國家圖書館編、上海古籍出版社 1995 年 10 月開始陸續出版的 34 冊本《法藏敦煌西域文獻》，還有俄羅斯科學院東方研究所聖彼得堡分所與俄羅斯科學出版社東方文學分部及上海古籍出版社合編、上海古籍出版社出版的 17 冊本《俄羅斯科學院東方研究所聖彼得堡分所藏敦煌文獻》等書目，爲論述方便，現統一書名簡稱及圖版編號標注形式如下：

（一）書名簡稱

黃永武主編，臺灣新文豐出版股份有限公司出版《敦煌寶藏》（共 14 輯 140 冊，臺灣新文豐出版股份有限公司 1982 年 9 月至 1987 年 8 月出版），簡稱《寶藏》。

中國科學院歷史研究所、中國敦煌吐魯番學會敦煌古文獻編輯委員會、英國國家圖書館與倫敦大學亞非學院聯合編輯，四川人民出版社出版《英藏敦煌文獻（漢文佛經以外部分）》（共 14 冊，四川人民出版社 1990 年 9 月至 1995 年 5 月出版），簡稱《英藏》。

上海古籍出版社、法國國家圖書館編，上海古籍出版社出版《法藏敦煌西域文獻》（共 34 冊，上海古籍出版社 1995 年 10 月至 2005 年 3 月出版），簡稱《法藏》。

俄羅斯科學院東方研究所聖彼得堡分所、俄羅斯科學出版社東方文學分部與上海古籍出版社合編，上海古籍出版社出版《俄羅斯科學院東方研究所聖彼得堡分所藏敦煌文獻》（共 17 冊，上海古籍出版社 1993 年 9 月至 2001 年 4 月出版），簡稱《俄藏》。

任繼愈主編，北京圖書館出版社出版《國家圖書館藏敦煌遺書》（共 146 冊，北京圖書館出版社 2005 年 12 月至 2012 年 5 月出版），簡稱《國圖藏》。

小田義久主編，日本東京法藏館出版《龍谷大學善本叢書二十三·大谷文書集成》（共 4 冊，日本東京法藏館 2003 年 3 月出版），簡稱《大谷文書》。

磯部彰主編，日本東京文部科學省科學研究非特定領域研究"東ジア出版文化の研究"總括班出版《臺東區立書道博物館中村不折舊藏禹域墨書集成》（上、中、下3册，日本東京文部科學省科學研究非特定領域研究"東ジア出版文化の研究"總括班2005年出版），簡稱《中村藏》。

吉川忠夫編，日本大阪杏雨書屋出版《敦煌秘笈影片册》（影印共9册，日本大阪杏雨書屋2009年9月至2013年3月出版），簡稱《秘笈》。

段文傑主編，甘肅人民出版社出版《甘肅藏敦煌文獻》（共6册，甘肅人民出版社1999年9月至1999年12月出版），簡稱《甘肅藏》。

上海古籍出版社、天津市藝術博物館編，上海古籍出版社出版《天津藝術博物館藏敦煌文獻》（共6册，上海古籍出版社1996年6月至1997年6月出版），簡稱《津藝》。

上海圖書館、上海古籍出版社編，上海古籍出版社出版《上海圖書館藏敦煌吐魯番文獻》（共4册，上海古籍出版社1999年6月~1999年9月出版），簡稱《上圖》。

上海古籍出版社、上海博物館編，上海古籍出版社出版《上海博物館藏敦煌吐魯番文獻》（共2册，上海古籍出版社1993年10月出版），簡稱《上博》。

毛昭晰主編，浙江教育出版社出版《浙藏敦煌文獻》（浙江教育出版社2000年出版），簡稱《浙藏》。

（二）圖版編號標注格式

文中原則上基本按照已經出版的圖錄如《英藏》《法藏》《俄藏》《國圖藏》圖版下所標注的編號進行叙述。因各種原因，學者在研究中對敦煌漢文寫本圖版編號的標注格式并不統一，如英國國家圖書館藏敦煌漢文寫本斯坦因編號既有標注爲"S."者，亦有標注爲"斯"者；法國國家圖書館藏敦煌漢文寫本伯希和編號有標爲"P."者，也有標爲"伯"者；俄羅斯科學院東方研究所聖彼得堡分所藏敦煌漢文寫本敦煌編號有標注爲"Дх."者，亦有標注爲"俄敦"者，還有標爲"Дx"者，或寫作"Dx."等。爲標示統一，本書中涉及的各地所藏圖版編號采用以下格式，引用學者論述時則不改原表述形式，如有需要加按語説明。

S. 英國國家圖書館藏敦煌漢文寫本斯坦因編號

CH. 印度事務部圖書館（現已并入英國國家圖書館）藏敦煌漢文寫本編號

P.　　法國國家圖書館藏敦煌漢文寫本伯希和編號

Дx.　　俄羅斯科學院東方研究所聖彼得堡分所藏敦煌漢文寫本敦煌編號

Ф　　俄羅斯科學院東方研究所聖彼得堡分所藏敦煌漢文寫本弗魯格編號

BD.　　中國國家圖書館藏敦煌漢文寫本北敦編號

L.　　中國國家圖書館藏敦煌漢文寫本臨時編號

津藝　　《天津藝術博物館藏敦煌文獻》編號

上圖　　《上海圖書館藏敦煌文獻》編號

上博　　《上海博物館藏敦煌文獻》編號

甘博　　《甘肅藏敦煌文獻》甘肅省博物館藏敦煌寫本編號

敦研　　《甘肅藏敦煌文獻》敦煌研究院藏敦煌寫本編號

敦博　　《甘肅藏敦煌文獻》敦煌博物館藏敦煌寫本編號

大谷　　《大谷文書集成》編號

中村　　《臺東區立書道博物館中村不折舊藏禹域墨書集成》編號

羽　　《敦煌秘笈》影印日本杏雨書屋藏敦煌文獻羽田亨編號

　　有些寫本較大，出版者不得不分爲數張進行拍攝，在《英藏》等出版時也就成爲數個相連的圖片，每一張分別統一的編號後以"（X—X）"或"/X"來標明是其中的第幾張圖片，如 P. 3668（16—11）表明 P. 3668 一共拍攝了 16 張圖片，該張圖片是 P. 3668 拍攝時的第 11 張，S. 986/10 表明該張圖片是拍攝時的第 10 張，本書亦按照出版時每一張圖片下方的具體標號進行論述。

　　已經出版的圖錄對幾種文獻特殊情況編號的處理不同，今統一如下：若同一個編號中包含幾個不相連的殘卷，按照從右至左的順序依次以"編號+A、B、C、D……"或"編號+（1）、（2）、（3）……"（因以 P. 編號者有以 A、B 區分正反面的，故有時使用後一種形式）的順序進行標示；若圖版中附有或需拆分成極小的碎片，則標注爲"編號+p"，p 即 piece 的縮寫；若是有若干碎片，則按照從右至左的順序依次以"編號+p1、p2、p3……"的順序進行標示。《英藏》《法藏》《俄藏》《國圖藏》已對文獻的正背面進行了認定，按照其所認定的正背面，正面直接標注爲編號，背面則在編號後加 V 表示，若在綴合過程中發現其認定的正背面錯誤，則論述指出，但編號不改。

（三）説明

文中綴合示意圖的圖版主要來自《英藏》《法藏》《俄藏》《國圖藏》《大谷文書》《中村藏》《秘笈》等已公開出版發行的圖版及國際敦煌項目網站公布的彩色圖版（網址：http：//idp.nlc.gov.cn/）以及法國國家圖書館網站提供的圖片（網址：http：//gallica.bnf.fr/）。

録文時文字殘缺不全或模糊難辨者用☒表示，可以辨認但無法確認的字加括號注明，無法辨認字迹但知原卷缺字字數者用□表示，不知所缺字字數者用▢表示，一行之中前缺字用▬表示，後缺字用▬表示。

本書嘗試用比較直觀的圖版綴合效果示意圖的形式增强對綴合情况的描述，在"實證篇"中每一實例基本都列出綴合示意圖，并標注各個殘片、殘卷圖版對應的編號。爲凸顯綴合效果，綴合圖中二卷（片）銜接處必要時留一縫隙或添加虚綫示意。有時綴合的圖版太大，綴合示意效果不好，先將可以拼合處截取出來以局部放大的圖片形式示意，然後再將圖版綴合後的效果以較小的圖片形式顯示。但是因爲印刷製作質量不高和暫時不能使用彩色膠印等問題，有些綴合後的效果確實無法在圖版中清楚地展示，甚爲遺憾，争取在以後的工作中加以彌補。如果是極長的長卷或者多頁的册頁裝、梵夾裝等形式的文獻綴合，無法在文中表現綴合後效果者，則不列出綴合示意圖。

本書對各敦煌文獻的定名，原則上采取原寫本上有題目（首題或尾題）者用原題名；没有定名者首先根據《英藏》《法藏》《俄藏》《國圖藏》《大谷文書》《中村藏》《秘笈》《甘肅藏》《津藝》《上圖》《上博》《浙藏》等已出版的大型敦煌圖録的題名標注，參考黄永武主編《敦煌遺書最新目録》（新文豐出版公司，1986年版）和敦煌研究院施萍婷等主編《敦煌遺書總目索引新編》（中華書局，2000年版）兩部目録，并盡量汲取學界最新的定名成果；可以綴合的殘卷、殘片，盡可能利用綴合後的信息進行定名，并參考學界的定名成果。

因參考引述的論著衆多，筆者在懷著尊敬之情進行引用的同時無法對前輩學者一一以"先生"稱呼，只能一律不在姓名之後加"先生"二字，請諸位原諒筆者的不恭之處。

理論篇

殘斷論

縱觀整個人類圖書史的發展歷程，文獻內容與其外在載體的物質狀態密不可分，"圖書的外在形制從來都影響著它們的內容，同時也受到它們內容的影響。書寫材料供給狀況促進了或者阻礙了文學的生產。風尚因素和便利因素決定了圖書的尺寸和形制，從而也就影響到內容的規模和特點"①。載體的存續狀況又決定了文獻或存在或損耗乃至消亡的狀態，一旦載體缺損或消亡，文獻內容也就會隨之殘缺甚至失傳。

殘卷、殘片的綴合工作是建立在殘卷、殘片認定的基礎上的，而敦煌文獻的"致殘"主要也是其載體的殘損。所以，在考察敦煌文獻的殘斷原因與殘斷狀況之前，有必要瞭解其載體的種種情況，包括材質、製作工藝、大小形狀、在載體上所使用的書寫方式及載體的裝潢方式等。爾後需瞭解哪些人接觸過這批文獻，以及他們施加於其上的作用力，尤其須注意那些可能造成文獻殘斷的外力，如焚燒、撕裂以及剪切修補等。這便是"殘斷論"部分需解決的兩個主要問題。

敦煌文獻大部分屬於手寫紙本文獻，又因其大多處於唐五代至宋這一段中國古籍裝幀的轉型時期，故從其裝幀形式來看，經卷裝、梵夾裝、蝴蝶裝、旋風裝和綫裝等都有實例。這就使敦煌文獻在四種存在狀態（或曰時間段）中均可能發生殘損：第一，作爲流通文獻，在人們閱讀使用和文獻交換、交流的過程中出現不可避免的器質性磨損和傷害，特別是人爲造成的分裂殘斷；第二，入藏藏經洞後，因存放地諸種外在自然因素疊加的影響，發生蟲蛀、腐爛、斷裂和破碎；第三，清末至民國初年，當藏

---

① ［英］弗雷德里克·G.凱尼恩：《古希臘羅馬的圖書與讀者》，蘇傑譯，浙江大學出版社，2012年版，第96頁。

經洞打開之後，敦煌文獻成爲古董商和外國漢學家競相爭奪的兼有文物和研究對象雙重性質的收藏品，在其流散之際，因收集、保存不當和人爲撕裂而產生殘斷；第四，即使已經在中、法、英、俄、日各家公私收藏機構被保護性收藏和研究，作爲收藏品的敦煌文獻仍然存在自然因素和人爲因素造成的損壞。

　　敦煌世俗文獻的殘斷情況比佛典更爲嚴重，呈現的殘損特徵與佛典殘卷既有相似之處，也有區別，這實與世俗文獻所采用的書寫材料——紙張的質量以及卷子加册頁爲主的裝幀方式最爲相關。

第一章　敦煌世俗文獻潛在的殘損可能性

萬事萬物既有生成，必有損毀直至消亡，只是損亡的時間歷程长短與表現形式略有不同。此處所謂文獻"潛在的殘損可能性"，指的是承載文獻內容的物質載體本身存在的趨向銷損的可能性。就敦煌文獻而言，書寫敦煌文獻的紙張所具有的物理特點和連接方式決定了其不能耐久之性質。

第一節　作爲敦煌世俗文獻書寫載體的紙

在已見的敦煌吐魯番文獻材料中，書寫材料竹木簡（主要是木簡）與紙均有，藏經洞所藏的敦煌文獻所采用的書寫材料只有少量木簡，如 S.5889《結戒場法》、S.5890《丙寅年二月廿三日紹智莊上拔毛抄錄羊數名目》、S.5891《納青麥歷》，均書寫在一小片木簡之上，且都爲一片木簡正背面接續書寫同一件簡短文書，未見有因抄寫部帙浩繁的大部文獻而使用的彼此系聯相關的木簡。除此之外，其餘敦煌文獻的載體基本都爲紙。

"傳統上所謂的紙，指植物纖維原料經機械、化學作用製成純度較大的分散纖維，與水配製成漿液，使漿液流經多孔模具簾濾去水，纖維在簾的表面形成濕的薄層，乾燥後形成具有一定強度的由纖維素靠氫鍵締合而交結成的片狀物，用作書寫、印刷和包裝等用途的材料。"[①] 氫鍵"是在化合物中所含極性羥基中的氧原子 O 吸引另一羥基中的氫原子 H 而形成

---

① 潘吉星：《中國科學技術史·造紙與印刷卷》，科學出版社，1998 年版，第 3 頁。

的一種化學鍵"①，氫鍵的嚴密締結是紙成型的關鍵。紙的原料爲植物纖維，但單純的植物纖維并不能成紙，須經過一系列伴隨物理化學作用的製作工序，最後成爲具有一定强度的"纖維素靠氫鍵締合而交結成的片狀物"，纔可以用來書寫、印刷、包裝。

一、中國造紙史概述

在中國，作爲書寫載體的紙，是攜帶不便的甲骨和成本昂貴而不易得的縑帛的替代物，其生産歷史非常悠久。據專家考證，中國的造紙術大概起源於秦末至西漢初，經東漢蔡倫改良之後基本成型。文獻中常見"蔡倫造紙"之説［如敦煌文獻中《千字文》稱"恬筆倫紙"，《雜抄（一名珠玉抄，二名益智文，三名隨身寶）》稱"何人造紙？蔡倫"］，但中國境内考古屢有發現早於蔡倫所處時代的紙之實物，如1933年考古學家黄文弼（1893—1966）在新疆羅布淖爾漢代烽燧遺址就曾發掘出年代爲漢宣帝黄龍元年（公元前49）的一塊麻紙；1957年又於陝西西安灞橋古墓遺址文物中發現麻紙，其時代大概不晚於西漢武帝時期；1973年甘肅考古隊在額濟納河流域漢代居延地區的肩水金關地區駐軍遺址發掘清理出兩片古紙，測定年代爲漢宣帝甘露二年（公元前52）和哀帝建平元年（公元前6）；1978年陝西扶風中顔村漢代遺址出土的漆器裝飾用銅泡（銅釘）中填塞有紙，漆器爲漢宣帝（公元前73—前49）前後的遺物，紙的測定年代也約略爲同時代；1979年敦煌馬圈灣西漢烽燧遺址出土古紙五片，其中最大的一片長32釐米，寬20釐米，年代爲宣帝時期。由此可見，早在公元前1世紀左右，我國已經開始使用紙張了，這時應該也已有成熟的造紙技術。

潘吉星等將中國的造紙技術史劃分爲五個階段：第一階段是造紙術的興起階段，時間爲公元前3世紀至公元3世紀，相當於兩漢時期；第二階段爲造紙術發展階段，時間爲公元3～6世紀，相當於魏晋南北朝時期；第三階段是造紙術大發展階段，時間爲公元6～10世紀，相當於隋唐五代；第四階段是造紙術的成熟時期，時間爲公元10～14世紀，相當於宋元時期；第五階段是造紙術的集大成階段，時間爲公元14～20世紀，相

---

① 潘吉星：《中國科學技術史·造紙與印刷卷》，科學出版社，1998年版，第12頁。

當於明清時期。①

二、敦煌紙的生產與使用狀況

潘吉星的結論主要針對整個中國造紙技術史特別是漢地中原地區而言，就敦煌地區來說，本地的造紙技術的發展遠落後於中原，紙的使用也較爲不便。

通過對題記所記時間的分析，可知敦煌藏經洞中的文獻大部分書寫於隋唐五代生產的紙上，也有少量書寫於魏晉或宋代的紙上。隋唐五代時期，因地理和社會因素，敦煌地區所用紙主要來源於兩處：一是吐蕃地區，二是漢地，特別是河隴地區。吐蕃地區的造紙業發展較爲滯後。公元641年文成公主入藏，加强了吐蕃地區與中原的聯繫，還帶去了中原的種種工藝，於是公元649年吐蕃向唐朝請造紙工匠，"因請蠶種及造酒、碾、磑、紙、墨之匠，并許焉"②。《唐會要》亦記載："因請蠶種及造酒碾磑紙筆之匠。并許之。"③ 這是文獻所見關於河西地區始有造紙技藝確切時間的最早記載，説明文成公主入吐蕃之前，吐蕃當地的造紙工藝還非常落後，此時仍需要中原工匠進行傳授和指導。

直至公元9世紀，吐蕃造紙業也還遠未達到供需平衡，吐蕃占領敦煌的中後期，即贊普墀祖德贊（約815—836年在位）時期，在其統治區域曾開展大規模的抄經運動，因需求旺盛，"紙張則從吐蕃本土、河隴等地源源不斷地運往沙州"④，沙州（即敦煌）的佛經抄寫紙張仍賴河隴地區供給。

即使是公元11世紀之後，西夏國占領敦煌地區，其時抄寫佛經所用的紙也并不富足。雖然西夏專設"紙工院"負責紙張的生產和使用，但"河西一帶佛經用紙的供應品種還不是很齊全，信眾用何種紙寫經或勘經只能取決於當時寺院或社會上存紙之品種，這也從一個側面反映出西夏用

---

① 潘吉星：《中國科學技術史·造紙與印刷卷》，科學出版社，1998年版，第29頁。
② ［後晉］劉昫等：《舊唐書》卷一百九十六上《吐蕃》，中華書局，1978年版，第5222頁。
③ ［宋］王溥：《唐會要》卷九十七《吐蕃》，上海古籍出版社，1991年版，第2058頁。
④ 張延清：《吐蕃時期的抄經紙張探析》，載於《中國藏學》2012年第3期，第103頁。

紙有時還比較緊張"①。這種緊張也表現在信眾常常會將一些文書無字的背面利用起來抄寫佛經，如現藏於中國國家圖書館、中國歷史博物館和北京大學圖書館的一件西夏文文獻，草書，十數頁紙，一面爲《六祖壇經》，一面則爲《瓜州審案記錄》，實是利用《瓜州審案記錄》紙背抄寫的《六祖壇經》。有時西夏用紙仍需從中原或河隴地區進口，"西夏用紙有時還比較緊張，所以黑水城藏品中有些佛經是用進口紙抄寫或刊印的"②，"進口紙"即從宋地而來的紙，一般認爲應是河隴地區所造，所以敦煌吐魯番文獻用紙的大宗產地應該都是河隴地區。河隴地區有比較悠久的造紙歷史，基本與中原地區的造紙技術發展情況一致，原料來源及造紙工藝也與中原地區相似。

正是因爲本地造紙技術的落後，需要大量靠其他地區供應紙張，故根據敦煌文獻中的記載，在整個中古時期，紙張都比較昂貴。P.2689《僧人賣唱得人支給曆》中記載"紙一貼四斗"，可知紙價的確不菲。因用紙緊張，對於寫經時各抄經生所分配的紙張數目也會有仔細的記載，如S.2449《寫經付紙曆》就極其詳細地記載了抄寫某一部經付給抄經人的紙張數目，甚至細化到了每一袟（帙）每一卷的付紙數目。S.6249《軍資庫司用紙牒》中提及，當時紙歸於軍資庫司統一管理，用紙還需要向其申請。S.4732V 上的第二種文書，《英藏敦煌文獻》定名爲《點檢金光明最勝王經一帙紙數》（按：《施目》未定名），是抄寫《金光明最勝王經》第一至十卷每一卷的用紙記錄，從中可見每一抄經人用了多少紙，這些紙用於抄寫哪些經文，某一經文具體用了幾張紙。如此不厭其煩地記錄用紙的張數情況，表明了管理紙張的人必須交代每一張紙的去向，也從一個側面反映了當時人對紙異常珍惜的態度。

S.5973 爲歸義軍節度使曹元忠及曹延恭抄寫的四件《舍施迴向疏》，在此文書中我們看到其施舍物中有"紙一帖充法事"，而同時的施舍物中還包括"布兩疋"，可知"紙一帖"與"布兩疋"均爲向佛寺施舍作功德的物品，其價值幾乎相等。以上實例均說明當時紙張得之不易，非常寶貴。

---

① 崔紅芬：《俄藏西夏佛經用紙與印刷》，載於《蘭州學刊》2009 年第 2 期，第 2 頁。
② 崔紅芬：《俄藏西夏佛經用紙與印刷》，載於《蘭州學刊》2009 年第 2 期，第 2 頁。

其實不只是敦煌，中古時期紙價均比較昂貴，唐代"（杜暹）補婺州參軍，秩滿歸，吏以紙萬番贐之，暹爲受百幅，眾嘆曰：'昔清吏受一大錢，復何异！'"①，幾乎可謂寸紙寸金。

紙之缺乏，使得人們不得不想出種種辦法節約用紙。英國學者弗雷德里克·G.凱尼恩在《古希臘羅馬的圖書與讀者》一書中曾引用馬提雅爾的詩句："皮肯斯在紙的背面寫詩，同時抱怨道，在他這樣做的時候，靈感之神也轉身背對著他。"② 這説明在羅馬，使用紙背書寫"不好的作品"（或曰"非正式的作品"，即草稿、雜寫一類）是常見的事情。將紙正反面重復利用這一做法我國古代亦有，宋代蘇易簡記："《抱朴子》曰：'洪家貧，伐薪買紙墨，故不得。早涉藝文，常乏紙，每所寫，皆反覆有字，人少能讀。'"③葛洪因家貧紙貴，只能將紙正反面重復利用。實際上，一旦物資稀缺，無論公私，都必須節儉，在各種資源尤其是紙資源稀缺的西北地區，對紙的使用更須如此。榮新江曾指出："其實，吐蕃統治時期的敦煌，紙也是缺乏的，所以佛寺往往把廢弃的唐朝官文書收集起來，用背面抄經。到了歸義軍時期，好紙是由官府控制使用的，歸義軍的軍資庫司負責紙的管理和支用，一般佛寺和民眾所用的紙，往往是十分粗糙的紙或者背面已經寫了字的紙。"④ 這一傳統可能一直延續到了西夏國統治時期及區域，前揭中國國家圖書館、中國歷史博物館和北京大學圖書館所藏的西夏文草書《六祖壇經》便是一例。

紙之珍貴，使得寫就文書之後的空白紙頁也常常被再次利用來書寫。P.2746《孝經》卷末題記作："歲至庚辰，月繞秋季，日逮第三，寫詩（書）竟記。後有餘紙，輒造五言拙詩一首，翟飆。"後抄寫《讀書須勤苦》詩一首。類似的題記又見於 P.3192《論語卷第六》卷末："書後有殘紙，不可到時歸。"P.3322《卜筮書》卷末："書後有淺（殘）紙，不可別將歸。"題記之後均是利用小段的空白紙張題寫"學郎詩"或習字雜

---

① ［宋］歐陽修、宋祁撰：《新唐書》卷一百二十六《杜暹傳》，中華書局，1975年版，第4421頁。
② ［英］弗雷德里克·G.凱尼恩：《古希臘羅馬的圖書與讀者》，蘇傑譯，浙江大學出版社，2012年版，第240頁。
③ ［宋］蘇易簡：《文房四譜》卷四《紙譜·一之叙事》，《十萬卷樓叢書》本，光緒七年（1881）刊本。又見《文淵閣四庫全書》，臺灣商務印書館，1986年版，第843册第40頁下欄。
④ 榮新江：《敦煌學十八講》，北京大學出版社，2001年版，第345頁。

寫，其使用者一般爲習字的兒童、學郎。

這種學童、學郎在已使用過的紙頁背面習字的做法在西方也有例證，如弗雷德里克·G. 凱尼恩所引用的馬提雅爾歌詠紙的詩句："如果他對你心唯口誦，你就不會害怕壞心眼的人的譏諷，也不會成爲青花魚的煩人包裝。如果他討厭你，你就會直接去了鹹魚販子的貨架，或者小學生在你背上亂畫。"①

從現存的敦煌寫本中我們可以看到，很多文獻都是雙面書寫的，有些是同一文獻一面没有書寫完，換到另一面繼續書寫，這在一些比較簡短的帶釋家思想的宣傳型和應用型文獻中比較顯著，如 S. 191《法師問答》、S. 2165《箴偈銘抄》（亡名和尚絶學箴、青峰山祖誡肉偈、先洞山祖辭親偈、先青峰祖辭親偈、思大祖坐禪銘、龍牙祖偈等）、S. 3092《歸願文》+《道明還魂記》、S. 3096《大乘净土讚》+《太子成道變文》、S. 4039《十空讚一本》+《五臺山讚一本》、S. 4211《壬辰年四月十一日支付寫經人物色名目》、S. 4412《沙彌十戒文》、S. 5405《顯德二年（955）八月福慶和尚邈真贊》、S. 5659《瑞像記》、S. 5722《辭道場讚》、S. 5977《和戒文》、S. 6248《開經文》、S. 6600《真覺祖偈》+《出家功德文》。

另外的主要集中在兩個系統中，一是《切韻》系列寫本，如 S. 2055《切韻并序》、S. 6012《切韻》、S. 6056《切韻》、S. 6076《切韻》；另一系統是範文形式的《文樣》類，此如 S. 1164《文樣》、S. 4501《文樣（結壇散食文）》、S. 4511《文樣（結壇散食文）》（1—2）+《金剛醜女因緣》（2—7）、S. 4536《文樣（願文二通）》、S. 4625《文樣（燃燈文）》、S. 4629《文樣（患文、願文）》、S. 6155《文樣》、S. 6246《書儀一卷（朋友書儀）》、S. 6313《文樣》、S. 6315《文樣（燈文、願文等）》。比較特殊的是 S. 1443《春秋左傳杜注》（哀公十四年、僖公十六年、僖公廿二年、僖公廿三年）、S. 5530《孔子項託相問書》、S. 5655《太公家教一卷》S. 5785《天地開闢已來帝王記》、S. 1588《嘆百歲詩》、S. 5796《王梵志詩集卷上并序》、S. 5900《新集周公解夢書》這些帶有俗世色彩的文學類、歷史類和民間實用性書籍。上述這些文獻的正背面均爲同一字迹、同

---

① ［英］弗雷德里克·G. 凱尼恩：《古希臘羅馬的圖書與讀者》，蘇偉譯，浙江大學出版社，2012 年版，第 241 頁。

一內容，且背面正好接續正面書寫。這其實說明無論是在釋門之內還是在民間，均有正反面反復利用紙張書寫的習慣。

還有紙頁的一面書寫一種文獻，另一面用來書寫另一種文獻的情況。檢閱敦煌文獻我們不難發現，有時候它們是在被粘合之後再進行重新利用的，如許多官府文書就常常被粘在一起來抄寫其他文獻，這在擬名《文樣》類的作品中最爲常見。又有的是直接利用已經殘破的殘卷、斷片來進行書寫，如 S.2506（2）、P.2810（1）、S.2506（1）、P.4073、P.2810（2）、P.2380，正面均爲開元廿七年《文子》抄本，背面則均爲《唐代殘史書》。通過對這幾個殘片的比勘，我們可以確定它們之間的綴合關係，而且我們還發現，抄寫者并不是先抄完一面，再用另一面抄寫其他文獻，而是"開元廿七年抄寫的《文子》的背面被貞元四年或更晚的人用來書寫'大事記'，而此前原卷就已分裂成大小不等的若干片，也許是書寫者的主觀行爲，或許是他人或其他客觀原因，總之，原卷斷裂成了若干片，後來書寫'大事記'者沒有或者說也沒必要把這些斷片按照正面內容整理好順序後，再來書寫他的'大事記'。我們還可大膽設想，原卷中一些斷片另作他用，甚至廢弃不用。就這樣，我們看到了這樣一個事實：正面的內容殘缺不全，無法拼接；相反，背面的內容反倒較完整、連續、拼接完好"①。無論是《文子》還是另一面的《唐代殘史書》，從抄寫狀況來看，其字迹工整、行款有序，均不是隨意寫就的雜抄、雜寫類文書，而是內容比較重要、抄寫非常仔細的文獻，這一情況進一步說明敦煌當時紙張得之不易，很多文書無論完整還是殘破，只要背面可以重復利用，都會被重新利用起來。

三、敦煌紙的原料

藏經洞中所藏文獻產生時間跨度極大，"在敦煌文獻中，有紀年的寫本和文書大約有一千件，紀年的時間是從五胡時代的西涼（5 世紀初）開始到北宋初期（11 世紀初）"②，根據題記所示紀年及學者考證結果，其

---

① 盛朝暉：《敦煌寫本 P.2506、2810（a）、2810（b）、4073、2380 之研究》，載於《敦煌研究》2001 年第 4 期，第 126 頁。

② ［日］池田溫：《敦煌文書的世界》，張銘心、郝軼君譯，中華書局，2007 年版，第 9 頁。

中自晉至宋近 700 年間的文獻均有留存。

而自晉至宋這段時間正是中國造紙技術工藝不斷改進提高的階段，所以各時期造紙原料并不一致，但總的來看，以桑、麻爲原料製成的紙張占其中的絕大多數。一般來説，造紙用的植物纖維中長纖維優於短纖維，這是因爲長纖維在舂搗製成紙漿的過程中，纖維本身雖然被拉開，但斷裂以後仍然有足够的長度，而且纖維兩端舂搗后分絲帚化，結締成紙之後纖維互相交纏，能形成組織比較細密的薄片，紙的拉力强度比較大，不易輕易散開；而短纖維被舂搗之後長度變得更短，形成的結締形式比較單薄脆弱，這就使紙的拉力强度相比長纖維製成的紙要小，散開不成形或者成形后斷裂的可能也就變大了。

孫寶明、李鍾凱在《中國造紙植物原料志》中曾統計收録了中國各地區可供造紙的資源 252 種，根據他們的研究，麻類中的苧麻纖維長寬比爲 3000，大麻纖維長寬比爲 1000，是平均纖維長度最長的兩種；皮料類（如楮皮、桑皮、藤皮等）中纖維長寬比最高的是桑皮，爲 463；草類（如稻草、麥桿等）中纖維長寬比最高的是稻草，爲 114。① 由此可知，各種造紙原料中，桑麻無疑是最爲理想的細長纖維的來源。古人很早就發現了這一點，"中國從一開始發明造紙術時，就選中至今仍堪稱優質原料的麻類纖維"②。以麻類纖維製造而成的紙即爲麻紙，麻紙是中國古代最常見的紙類，"根據出土紙檢驗和文獻記載，漢初所造之紙爲麻紙。麻紙製造其實并不複雜，從漢到唐（公元前二世紀至公元十世紀），中國用紙以麻紙爲大宗"③。

因爲難以接觸到實物，我們無法對敦煌世俗文獻用紙的原料情况作一個詳細的測定報告，但 19 世紀威斯納曾對斯坦因在敦煌、新疆所得的紙張進行過化驗④，并有化驗記録；20 世紀以來，英國克拉帕頓（R. H.

---

① 參見張永惠、李鳴皋《中國造紙原料纖維的觀察》，《造紙技術》1957 年第 12 期，第 9 頁；第一輕工業部造紙工業科學研究所主編《中國造紙原料纖維圖譜》，輕工業出版社，1965 年版，第 8 頁；潘吉星《中國科學技術史·造紙與印刷卷》，科學出版社，1998 年版，第 9 頁。
② 潘吉星：《中國造紙史話》，臺灣商務印書館，1994 年版，第 17 頁。
③ 潘吉星：《中國造紙史話》，臺灣商務印書館，1994 年版，第 17 頁。
④ J. Wiesner, Mikroskopische Untersuchungen alter ostturkestanischer Papiere. Denkschriften der Kaiserlichen Akademie der Wissenschaften/Mathematich–Naturwissenschaftlichen Klasse, 1902, 72, (Vienna) 等，轉引自潘吉星《中國科學技術史·造紙與印刷卷》，科學出版社，1998 年版，第 11 頁。

Clapperton）研究了不列顛博物館藏敦煌寫經①，日本的加藤晴治研究了日本敦煌藏品②，德國的哈德斯—施泰因豪澤（M. Harders-Steinhauser）則研究了德國藏品③，法國戴仁（Jean-Pierre Drège）研究了巴黎藏品④，日本的增田勝彦又對瑞典人斯文赫定在中國西北所得的魏晉南北朝字紙作了檢驗⑤。通過他們的化驗所得數據可知，敦煌寫經紙大多數均爲麻紙，"麻紙原料以大麻（Cannabis sativa）、苎麻（Boehmerria nivea）居多，所用原料來自破布"⑥，"實際上與漢代造紙原料是一致的"⑦。

日本學者藤枝晃的研究也證明，敦煌寫卷用紙主要是麻紙，質量較差的紙中還留有較粗的麻條纖維，并指出吐蕃占領敦煌時期的文書寫本曾使用一種灰白色的麻紙，紙質較差，有明顯的麻條纖維。⑧

又潘吉星利用國家圖書館藏敦煌文獻所得的實驗數據分析，亦可知敦煌文獻基本的用紙狀況："晋、六朝多是麻紙。隋、唐除麻紙外，有楮皮與桑皮紙。自然也能有麻、楮（桑）或楮、桑混料紙。五代多麻紙，也有再生紙。在寫經紙的原料及操作精緻程度上看，大體可以説隋、唐是高峰，六朝次之，五代紙反多粗製濫作。"⑨

不過，敦煌文獻所用乃西晋以後的麻紙，原料并非東漢蔡倫時期常用的破布熟麻。此時爲了擴大原料來源和降低成本，開始逐漸廣泛使用野麻生纖維和其他樹皮纖維造紙。但使用生的麻或其他植物纖維造紙與使用破

---

① R. H. Clapperton, Paper: A historical account of its making by hand from its earliest times down to the present day (Oxford, 1934).

② [日]加藤晴治:《敦煌石室寫經とその用紙について》，紙パ技協志，1963，卷13，2號，第28~34頁。

③ M. Harders-Steinhauser, Mikroskopische Untersuhung einer ostasiatischer Tun-Huang. Das Papier, 1968, vol. 23, no. 3, pp. 210-216.

④ J. P. Drège, Papiers du Dunhuang: Analyse morphologique des manuscrits chinois dates. T'oung Pao, 1981, vol. 67, pp. 305-360; L'analyse fibreuse des papiers et la datation des manusrits de Dunhuang. Journal Asiatique, 1986, vol. 274, nos. 3~4, pp. 403-415.

⑤ [日]增田勝彦:《樓蘭文書殘紙に關する調查報告, スウェン・ヘデイン樓蘭發現殘紙・木牘》，東京：日本書道教育會議編印，1988年版。

⑥ 潘吉星:《中國科學技術史·造紙與印刷卷》，科學出版社，1998年版，第111頁。

⑦ 潘吉星:《中國造紙史話》，臺灣商務印書館，1994年版，第17頁。

⑧ 參見安·克里斯蒂娜·謝勒—肖布著，王啟龍譯《敦煌與塔波古藏文寫本研究的方法論問題》，《法國漢學》北京版，2000年第5期，第255頁。轉引自巴桑旺堆《關於古藏文寫本的研究方法的再探索》，載於《中國藏學》2009年第3期，第64頁。

⑨ 潘吉星:《敦煌石室寫經紙的研究》，載於《文物》1966年第3期，第47頁。

布麻繩造紙相比，會多出一道工序，那就是要經過漚製。漚製即把生麻或樹皮、竹等植物放入水中，有的還需加入適量的石灰，經過一定時間的浸泡、發酵，得到製紙所需的合適的植物纖維。

桑、麻、楮皮是我國古代常見的造紙原料，特別是楮皮紙在唐時逐漸推廣，并有其他材料成爲造紙原料。從文獻記載可見此時期除桑麻紙、楮皮紙以外還有其他一些材質製成的紙張，如瑞香皮紙。瑞香科植物包括沉香（Aquilaria agallocha）、白木香（Aquilaria sinenis）、白瑞香（Daphne papyracea）、毛瑞香（Daphne odora）、結香（Edgeworthia chrysantha）、黄瑞香（Daphne giraldii）和狼毒（Stellera chamaejasme）、蕘花（Wikstroemia trichtoma）等，在中國分布範圍非常廣，大部分都可以用來製紙。唐人段公路《北戶錄》稱："羅州多箋香樹，身如柜柳，其華繁白，其葉似桔，皮堪擣紙，土人號爲香皮紙。"[1] 瑞香皮紙主要產於嶺南，在新疆、甘肅敦煌亦有發現，但其質量并不理想，唐代劉恂《嶺表錄異》稱："廣管羅州多棧香樹，身似柳，其花白而繁，其葉如橘。皮堪作紙，名爲香皮紙，灰白色，有文如魚子牋。其紙慢而弱，沾水即爛，遠不及楮皮者。"[2] 其流行程度遠低於楮皮、桑麻紙。但在吐蕃占領敦煌的時期，使用的除產於甘隴地區的紙張外，還有一部分使用的是產於吐蕃的藏紙，"藏紙以瑞香狼毒、沉香、山茱萸科的燈臺樹、杜鵑科的野茶花樹和故紙等爲主要原料"[3]，其中瑞香狼毒具有獨特的防蟲能力，有利於紙張的長期保存，因此在吐蕃統治敦煌的中後期，即墀祖德贊贊普執政的時期，曾被大量利用來抄寫佛經。[4]

藏紙的造紙原料還包括"故紙"，即已使用過、廢弃不要的紙頁。以"故紙"所造的紙即潘吉星所言之"再生紙"，古時稱爲"還魂紙"。明代宋應星《天工開物·殺青篇》曾記："其廢紙洗去朱墨污穢，浸爛入槽再造，全省從前煮浸之力，依然成紙，耗亦不多。南方竹賤之國，不以爲

---

[1] ［唐］段公路《北戶錄》卷三，《十萬卷樓叢書》本，光緒六年（1880）刊。又見《文淵閣四庫全書》，台灣商務印書館，1986年版，第589册第56頁下欄。

[2] ［唐］劉恂《嶺表錄異》卷中，《說郛》本，1927年刊。又見《文淵閣四庫全書》，台灣商務印書館，1986年版，第589册第90頁上欄。

[3] 次旺仁欽：《藏紙考略》，載於《西藏研究》2002年第1期，第88頁。

[4] 參見張延清《吐蕃時期的抄經紙張探析》，載於《中國藏學》2012年第3期，第99~103頁。

然，北方即寸條片角在地，隨手拾取再造，名曰還魂紙。"① 可知因北方造紙原料不如南方豐富充足，將廢弃不用的舊紙或者殘紙利用來重新造紙十分常見，敦煌文獻中亦有實例，如中國歷史博物館所藏《救諸眾生苦難經》，經尾題記作"乾德五年丁卯歲七月廿四日善興寫經"，經專家研究，"該紙是利用了舊紙製成的紙漿而抄造的"②。"故紙"甚至可以"入藥"，Дx.19064（按：未定名，擬名《藥方》）各味藥材中即包括故紙，這説明"故紙"在敦煌爲常見物，利用故紙製作再生紙也就比較易得。

俄藏敦煌藏經洞文獻與西夏文獻屢見有混雜難辨者，因此筆者將西夏文獻的用紙情況也作一個簡單的考察。西夏文文獻的用紙原料與大部分敦煌藏經洞文獻的用紙原料不同，據1964年蘇聯列寧格勒（今俄羅斯聖彼得堡市）造紙製漿工業研究所對送檢的16個不同等級的西夏紙紙樣的檢測，"認爲西夏紙基本上都含有碎布等織物原料"③，這些碎布織物的主要原料是棉花。《梁書·西北諸戎傳》有高昌地區種植棉花的記載，這説明河西地區有種植棉花的傳統，所以西夏紙以棉花作爲原料不足爲奇。雖然敦煌文獻用紙没有確切的證據證明其以棉花爲原料，但棉纖維與桑麻纖維具有類似的特性，既然棉花在河西地區有長期的種植傳統，以之作爲替代物或桑麻紙的原料添加物也應有可能。

唐代已有以竹子爲原料製成的紙，李肇《國史補》提及唐代各地紙的種類時説："紙則有越之剡藤，蜀之麻面……韶之竹牋。"但是，在常見的造紙原料中，竹纖維屬於短纖維，并不是理想的原料，所以"唐代的竹紙產量很小，而且還敵不過麻紙及皮紙，只是一種剛剛出世的新紙種"④。另外，竹紙的原料竹子主要出產於南方，地處河西的敦煌并無種植，所以敦煌文獻用紙中并未見竹紙的實例。

桑、麻、楮皮作爲敦煌紙的主要原料，采用的製作方法是利用漚製等人工技術對其中的植物纖維進行加工，使其分散爲純度較大的纖維素，配水製成紙漿，過濾去水后成爲薄層，最後經乾燥而成平滑可書寫的紙張。

---

① [明]宋應星：《天工開物》卷第十三《殺青篇》，臺灣商務印書館，1967年版，第231頁。
② 潘吉星：《敦煌石室寫經紙的研究》，載於《文物》1966年第3期，第44頁。
③ 崔紅芬：《俄藏西夏佛經用紙與印刷》，載於《蘭州學刊》2009年第2期，第1頁。
④ 潘吉星：《中國造紙史話》，臺灣商務印書館，1994年版，第17頁。

其中，能否製成純度較大的纖維素，以及植物纖維的分散度直接影響著製成紙頁的品質。"麻紙的來源很多，其中必雜有土質、砂礫、霉爛物、繩結、雜草、皮條、木屑等，對紙漿及造紙設備有不良影響，必須在除塵、選擇工序中除去。"① 雜質太多，紙就容易發霉變爛，若分散出來的纖維太大，就無法打成紙漿，紙的厚度也就無法控制，纖維交錯結合的程度就會降低，紙面凹凸不平，容易掉絮、折斷。可見原料的選取和處理對於紙張能否經久耐用尤爲關鍵。

四、敦煌紙的特殊工藝與世俗文獻用紙情況

原料之外，影响紙張寿命的还有製作工艺。造紙的關鍵在於利用纖維素的結締，但天然造紙原料中除纖維素外又含有木素等其他雜質，造紙原料中木素成分含量的多少對於植物纖維造紙的成功與否有決定性影響。降低木素的含量，提高纖維素的含量，纔有可能使纖維素交錯結合成薄層，故造紙工序中必須使用傳統的蒸煮或者是用其他方法盡量去除左右造紙成敗的木質素、脂肪等。現代造紙技術中這一工序也必不可少，只是現代是利用化學製劑幫助進行，古人則往往通過加草木灰、石灰或牡蠣灰等天然碱性製劑來實現。

前文已指出，以生的麻或生楮皮等植物纖維造紙時還需要漚製。漚製實際就是將生的皮料砍下後打成小捆，放入水塘中，借助天然霉菌的生物化學作用把其中的果膠質分解成水溶性低分子物的過程。只有將生麻中的果膠質、脂肪、色素、木素及其他非纖維素的成分除去，纔能得到較純的纖維素，進行下一步的紙張製造，漚製時果膠質成爲水溶性低分子物就能隨水漂去，而與被漚製物中纖維素分離，這樣就能得到較純粹的纖維素。漚製不好，纖維素不純，木質素和果膠質的含量過高，製作的紙就會非常脆弱，容易碎裂，不易保存。對魏晋六朝時期敦煌寫經紙的分析可以發現，"麻紙表面多間有纖維束，迎光發現紙漿分布不勻。説明這種紙在選料、蒸煮、舂擣上做得還不到家，而紙漿在抄紙時也懸浮得不够好"②。大多數敦煌世俗文獻的用紙遠不如寫經紙，其製作工藝更不精細，纖維素

---

① 潘吉星：《敦煌石室寫經紙的研究》，載於《文物》1966 年第 3 期，第 44 頁。
② 潘吉星：《中國造紙史話》，臺灣商務印書館，1994 年版，第 44 頁。

含量低，木質素含量高，直接影響著紙張的壽命。

中國古代用於書寫繪畫的紙分生紙和熟紙兩種，生紙指未經加工的紙張，熟紙則是在生紙的基礎上使用研光、拖漿、填粉、加臘、施膠等工藝，阻塞紙纖維之間的小空隙，使含水的墨汁不致走墨、暈染。唐代人對於製作和選用生、熟紙已極有研究，一般畫工筆畫、寫小字時選用熟紙，畫寫意畫或大字書法時多用生紙。當時裝裱書畫也多用生紙，張彥遠《歷代名畫記》論及裝裱書畫時就稱："勿以熟紙背，必皺起；宜用白滑漫薄大幅生紙，紙縫先避人面及要節處。"① 確實，因為熟紙施膠時多使用了澱粉劑，紙面存放過久或多次捲曲之後，就容易龜裂或會有一些小片隆起，這樣就會使紙上的墨迹脫落影響內容。敦煌文獻用紙大部分還是生紙，所以書寫在個別纖維間孔隙較大的紙張上的墨迹有暈染爛漫的情况。

有學者指出，敦煌文獻抄寫用紙非常講究，爲了防止紙本書籍最常見的蠹蟲的蠶食以致紙頁損壞的情況，除在造紙過程中加入瑞香狼毒等一類的特殊原料之外，有一些紙在製作完成後還采用了特別的技術進行處理，即"入潢"製成"硬黃紙"。張世南《游宦紀聞》載："硬黃謂置紙熱熨斗上，以黃蠟塗匀，儼如枕角，毫釐必見。"② 這種加臘處理過的紙張呈黃色或淡黃色半透明狀，表面光滑，質地硬密，并且具有防蛀的性能。宋趙希鵠《洞天清錄》便稱："硬黃紙，唐人用以書經。染以黃蘗，取其辟蠹。"③ 可知這種入潢的黃色寫經紙可以避免蟲蛀。因普通以清水調製的墨汁在硬黃紙上書寫時容易滑筆，這些寫經的墨多以皂莢水或者肥皂水研製，不是普通書手能夠勝任的。敦煌文獻中一些重要的經卷如道經《無上秘要》、佛經《妙法蓮華經》等便使用了這種"硬黃紙"。此點潘吉星《敦煌石室寫經紙的研究》一文已有論析。④ 不過，這其實是針對敦煌寫經（既包括佛經，也包括道經）的用紙情况而言的，并非所有的敦煌文獻都使用了這種流行於唐代的製作工藝非常複雜、價格極高的"硬黃紙"。由於難以接觸到實物，我們無法對所有敦煌世俗文獻的用紙情况作

---

① ［唐］張彥遠著，俞劍華注釋：《歷代名畫記》，上海人民美術出版社，1964 年版，第 58 頁。
② ［宋］張世南撰，張茂鵬點校：《游宦紀聞》卷五，中華書局，1981 年版，第 40 頁。
③ ［宋］趙希鵠：《洞天清錄》，清刻修補《唐宋叢書》本。又見《文淵閣四庫全書》，臺灣商務印書館，1986 年版，第 871 册第 18 頁上欄。
④ 參見潘吉星《敦煌石室寫經紙的研究》，載於《文物》1966 年第 3 期，第 39~47 頁。

詳細的測定報告，但利用國際敦煌項目IDP網站提供的高清圖版照片，還是可以對敦煌世俗文獻的紙質有一個感性的認識，從現存抄寫俗世內容文獻的用紙情況來看，主要使用的還是一般的甚至是非常粗糙的桑麻紙。又因世俗文獻多書寫於佛經的紙背，或者正反雙面書寫，如此便很難對紙張嚴加挑選，所以可以確定敦煌世俗文獻對紙張的質量尤其不講究。

要之，與大量的佛經文獻相比，敦煌世俗文獻的用紙更爲粗糙，基本爲麻紙，有一些透過紙頁還可以見到明顯的纖維狀的麻條；也有部分爲桑皮紙和楮皮，沒有或者説基本沒有"硬黄紙"和瑞香狼毒製成的藏紙，防蛀性較弱；多使用未經加工的生紙，墨迹多易散漫暈染。

第二節　影響敦煌世俗文獻紙張壽命的因素

一般桑麻製紙的優點在於原料便宜易得，能夠大量生產，但其缺點也非常明顯，那就是原料的處理不夠精細，製作工藝也并不精良，再加上沒有經過專業的去酸處理與適度的温濕控制，在長期的自然存放條件下，成紙肯定會產生蟲蛀、霉變、老化、脆化等現象以致斷裂殘損。古人對此早有認識，明代方以智《物理小識》卷八便指出："大約紙絹，無過千年者，自黄長睿、董彦遠、米襄陽諸公，所謂宋時已無晉物。"① 敦煌藏經洞中所藏唐代文獻在進入藏經洞之前，實際經過了流通與傳播等一系列過程，雖然其在藏經洞封閉之後歷經長時間的窨存，沒有外力的干擾，斷裂殘損速度比較遲緩，但損壞也不是沒有。

事實上，紙質文獻收藏保存最重要的是温度和濕度的掌控，温度過高或過低、濕度太大或過度乾燥均不利於紙質文獻的保存。一般認爲，紙質文獻保存的最佳温度爲15℃~18℃，濕度爲50%~60%，儲存地以恒温恒濕的環境爲宜。"温濕度對紙質文獻材料有直接影響和間接影響之分。直接影響主要指温濕度對紙質本身產生的直接損害。如紙質強度變化、變形、老化、墨迹擴散等。間接影響主要指温濕度促發光、酸、有害氣體等

---

① ［明］方以智：《物理小識》卷八，清光緒刻本。又見《文淵閣四庫全書》，臺灣商務印書館，1986年版，第867册第904頁下欄。

外界因素對紙質文獻的損害，以及蟲霉的發生等。"① 溫濕度不合適，紙頁在自然環境下的分解就會加劇，其殘損也是不可避免的。此外，還有一些外在的自然因素也會引起紙張的殘損，例如蟲蛀、酸化環境、地震、火灾等。

一、光照、溫濕度與紙張老化

敦煌文獻面臨的最大問題是高温乾燥和日光照射。

敦煌位於甘肅西北與新疆接壤處，年降水量僅爲 30 毫米，而水分的蒸發量却在 2400 毫米以上，是降水量的 80 倍；全年日照時間超過 3200 個小時。

大部分學者認爲乾燥少雨的氣候條件應該有利於敦煌文獻的保存，如池田温就認爲："從整體上看，藏經洞中的文獻保存得很不錯，基本上没有受潮和蟲蛀的情况，除了卷子最外側的卷頭多有損傷外，托此地异常乾燥之福，基本保持了其本來面目。"② 温度高、少雨乾燥雖然確實能够使文獻免於受潮損壞，但是强光會 "使纖維素分子中的 C-C 單鍵之間的結合力減弱，分子的聚合度大大降低，從而使紙張的機械强度顯著減弱"③，所以强光造成的過度乾燥以及高温會令紙質文獻老化、脆化。而且，紙張生産原料中本含有大量的纖維素、木質素和半纖維素，陽光照射中能量較高的近紫外綫不但會使纖維素分子斷鍵，還會使其與木質素和半纖維素同時發生光氧化反應和光降解反應，生成易斷裂的氧化纖維素，"纖維素在光、高温、高濕和氧化劑的作用下，導致文獻紙質結構發生改變，産生與原來不同的氧化纖維素，氧化纖維素發黄、發脆"④。纖維素、木質素和半纖維素在强光的照射下發生斷鍵和性質改變，這時紙張就發乾發脆，而一旦發脆，稍有外力作用，紙頁也將斷裂碎開。光照强度與紙張脆化的關係是 "光可以使紙張中的纖維素發生化學反應，使紙張的性能改變，其

---

① 北京圖書館圖書保護研究組：《對紙質文獻儲藏適宜温濕度的探討》，載於《圖書館建設》1994 年第 3 期，第 25 頁。
② ［日］池田温：《敦煌文書的世界》，張銘心、郝軼君譯，中華書局，2007 年版，第 9 頁。
③ 劉舜强：《古書畫損毁機理初探》，載於《文物保護與考古科學》2003 年第 1 期，第 39 頁。
④ 馬海鵬、孟碩：《紙質文獻殘舊形成機理與外觀特徵》，載於《中國文物科學研究》2012 年第 1 期，第 55 頁。

變化速率因光的強度大小不同而不同"①。

　　老化實驗表明，在 100℃ 的溫度條件下存放三天的紙張老化程度相當於在紙張正常儲藏室內保存 25 年的老化程度。紙張中的纖維素在過高的溫度環境中極容易產生老化、脆化，直至斷裂。"在古代，我國各地都有每年六月初六曬衣、曬書畫的習俗。曬書畫雖然有利於祛除濕氣、霉菌、蠹蟲，但同時六月酷暑之下高溫暴曬，紙張極易發黃變脆，甚至變成碎頁。"② 實際上古人對此已有認識，如唐代李陽冰便認爲："紙常宜收藏篋笥，勿令風日所侵。若舊露埃塵，則枯燥難用矣，攻書者宜謹之。"③ 溫度過高，紙本身就"枯燥難用"，極易折斷，這點在現代圖書保護試驗中得到了印證，美國研究者曾在一項報告中列舉了在不同溫度條件下，紙張的耐折度從 219 次下降到 65 次所用的時間（見表 1-1）④：

表 1-1　不同溫度條件下紙張的耐折度情況

溫度（℃）	-40	-20	0	20	40	60	80	100	120
時間（年）	10973	1463	195	26	3.5	0.46	0.06	0.01	0.001

　　由上表可知："溫度每升高或降低 20℃，紙張的耐折度就會降低或升高 7~8 倍。"⑤ 敦煌地區靠近新疆吐魯番盆地，夏季溫度最高可持續在 40℃ 以上，對紙質文獻的影響可想而知。

　　而且，敦煌的氣候屬於典型内陸性氣候，夏天酷熱，冬天的溫度却能够降到零下 20℃。晝夜温差明顯，也不利於紙質文獻的保存，因爲一旦氣温變化過於顯著和頻繁，會使紙質產生疲勞性損傷，機械強度降低，紙張失去韌性，變得非常脆弱，稍有碰觸便會碎裂，即杜偉生《中國古籍修復與裝裱技術圖解》一書中所示古籍常見損壞現象中的"糟朽"⑥，雖

---

①　劉舜强：《古書畫損毀機理初探》，載於《文物保護與考古科學》2003 年第 1 期，第 39 頁。
②　曹冠英：《略論古代文獻的自然損壞》，載於《科技情報開發與經濟》2008 年第 4 期，第 15 頁。
③　[宋] 蘇易簡：《文房四譜》卷四《紙譜·一之叙事》，《十萬卷樓叢書本》。又見《文淵閣四庫全書》，臺灣商務印書館，1986 年版，第 843 册第 41 頁上欄、下欄。
④　轉引自北京圖書館圖書保護研究組《對紙質文獻儲藏適宜温濕度的探討》，載於《圖書館建設》1994 年第 3 期，第 25 頁。
⑤　北京圖書館圖書保護研究組：《對紙質文獻儲藏適宜温濕度的探討》，載於《圖書館建設》1994 年第 3 期，第 25 頁。
⑥　參見杜偉生《中國古籍修復與裝裱技術圖解》，中華書局，2013 年版，第 70 頁。

然糟朽現象多發生於纖維素較短成紙韌性就不強的竹紙中，但外在光照也會降低一般紙纖維的機械強度，造成紙張稍受外力影響便會碎裂。

敦煌文獻所用桑麻紙含有高成分的纖維素和木質素，發生紙張老化、脆化導致的斷裂也就是不可避免的了。敦煌文獻中多見紙頁前後非人為因素的斷開，或者上下部分的分裂斷開，可能就是因為年代久遠，纖維素水解造成紙張老化自然斷裂，這也是造就敦煌殘卷最重要的一個因素。在敦煌文獻特別是一些時代比較早的寫卷之上，多表現出紙頁中部的不規則裂紋、裂痕和部分頁面塊狀缺失，這都是文獻所用紙張老化斷裂前、中、後期的表現。

二、濕氣與霉變、水解、絮化

"紙質文獻都極容易吸水，被水浸後輕則生霉生菌，腐爛變質，重則紙頁成漿，面目全非，還會導致紙頁粘連，形成紙'磚'而失去收藏和使用價值。"[1] 以桑麻為主要原料的敦煌文獻用紙吸水性極好，雖然敦煌莫高窟地處戈壁，空氣比較乾燥，但紙本身對水的親和性決定了數量巨大、來源比較複雜的敦煌文獻之間互相吸水粘連的可能，時間一長，紙頁霉爛的情況就會出現。又因其來源複雜，在進入藏經洞之前，敦煌文獻實際經歷過長時間的動態傳遞與使用，這一過程發生的地點多為敦煌本地特別是莫高窟一帶。莫高窟前有黨河水，曾有過夏季河水暴漲，需人為干預防汛防澇的歷史，敦煌文獻中也有記載。又敦煌一帶的佛寺多修建在傍水之地，寺基受潮嚴重，關於此點，文獻中亦有述及。S.5832《（9世紀）某寺請便佛麥牒稿》中記載："請便佛麥壹拾馱，右件物緣龍興經樓置來時久，屬土地浸濕，基階頹朽，若不預有修葺（葺），恐後廢功力。"佛寺藏經樓亦有"土地浸濕"的情況，可以推測，敦煌文獻在其傳播與使用過程中受潮、浸濕的情況肯定也有發生。

而且桑麻紙原料本來就夾雜了霉變物，"由於桑科木本韌皮纖維中含果膠、木素等雜質較多，外邊還包著一層青皮，所以造紙時要將剝下的樹皮在水池中漚一段時間，通過微生物發酵作用除去部分果膠"[2]，即藉助

---

[1] 于絨：《紙介質文獻保護方法研究》，載於《蘭臺世界》2009年第14期，第29頁。
[2] 潘吉星：《中國造紙史話》，商務印書館，1998年版，第39頁。

天然霉菌的生物化學作用把果膠質分解成水溶性低分子物，那麽這種漚製時添加的霉菌在長期不見陽光的存放地點和過程中迅速滋長，紙張霉變腐爛的可能性也就加大了。敦煌殘卷中凡有邊角處不規則者，應該都是紙張霉變腐爛所致。而且紙張霉變還可能影響到紙頁上的字迹，使其模糊不清，如 S. 6339《新譯大乘入楞伽經序》。

還有一點，桑麻一類的植物纖維容易水解。"纖維素的水解是在酸的催化作用下，與水反應，聚合度降低，生成短鏈纖維素，導致紙張脆化。"① "文獻在存續過程中，紙張的主要成分纖維素和木質素與環境中的氧化劑、酸、水等物質發生了氧化和水解反應，産生與原來不同的氧化纖維素，氧化纖維素發黄、發脆。"② 可見纖維素的水解是造成紙張老化的主要因素，而紙張老化就會直接導致紙張發硬變脆。

絮化也主要發生在麻紙和桑皮紙書册上，這是因爲麻紙的纖維素長度在所有造紙原料中是最長的，而桑皮紙的纖維素在皮紙類中最長。一旦桑麻紙受潮，纖維素分子中極富親水性的羥基會大量吸收水分子，從而使纖維潤脹，破壞原先在紙纖維素分子之間起聯接作用的氫鍵，使紙張成爲單靠水分子 H-O-H 聯接的纖維素分子，也就是"濕紙"。因爲靠水分子 H-O-H 搭成的"水橋"聯接的纖維素分子結構并不牢固，因此"濕紙"的物理強度不大，極易損壞。此點我們在日常生活中亦有經驗：即便是極厚的紙，一旦受潮泡水，稍一用力也會斷裂，斷面茬口不平整，呈絮狀，這就是"絮化"的一般原理。有一些紙張被浸泡的程度可能不是很大，可能當時没有直接斷開，但是在受潮之後没有注意，繼續受到外力的摩擦，時間一久也會受損，如閱讀時手上有水（有時只是微量的汗水），反復接觸小面積的同一處紙張，該處紙張就會慢慢發脹，最後纖維散開，呈蓬鬆的棉絮狀，失去物理強度，連同上面的文字内容一同損壞。

三、蟲蛀

一般的紙質文獻在長期的存放過程中都會産生蟲蛀，蠹蟲是文獻收藏

---

① 馬海鵬、孟碩：《紙質文獻殘舊形成機理與外觀特徵》，載於《中國文物科學研究》，2012 年第 1 期，第 55 頁。
② 馬海鵬、孟碩：《紙質文獻殘舊形成機理與外觀特徵》，載於《中國文物科學研究》，2012 年第 1 期，第 55 頁。

最大的敵人。蠹蟲易造成書籍散佚，紙頁漫爛，内容殘壞，不可卒讀，對此古人屢有記載，如《施注蘇詩》的例言稱原本"宋槧舊本闕十二卷，僅存三十卷，而蟲蠹腐蝕，脱簡又什二"①。陸游《劍南詩稿·曝舊畫》云："百年手澤存無幾，蟲蠹塵侵秪涕横。"② 又清代朱彝尊《經義考》卷二百四記徐燉《春秋左氏人物譜》序言曰："吾鄉張子静先生……既没，其所著作，十九散落，凄然傷之。今歲偶過友人張道輔家，得其《春秋人物譜》，皆先生手録草稿，蟲蠹半蝕，點竄糊塗，覽者莫尋頭緒。"③

蟲蠹之書畫往往不能復原，看不清其内容，宋代蔡襄《游徑山記》便比喻晦暝之中的山景"若圖畫蟲蠹斷裂，無有邊幅，而顯隱之物尚可名"④。

爲避免蟲蛀，一般人常用"曝書"法，利用陽光的殺菌除濕作用，控制蠹蟲的生長環境，殺死霉菌與蠹蟲或者減緩蠹蟲的生長繁殖速度。宋代邵雍便有《曝書吟》："蟲蠹書害少，人蠹書害多。蟲蠹曝已去，人蠹當如何。"⑤ "曝"就是曝曬。此外，人們往往會在藏書的地方種植一些芳香科的植物，利用這些植物特殊的芬芳驅除蠹蟲。如明代趙撝謙便稱："友人張君與權好植芸香草，因以名室，蓋以芸之能辟蛀書蟲也。"⑥

也正因爲一般的紙非常容易招致蛀蟲，唐高宗曾下令改用"黄紙"書寫公文："戊午，敕製比用白紙，多爲蟲蠹，今後尚書省下諸司州縣，宜并用黄紙，其承制敕之司，量爲卷軸，以備披覽。"⑦ "黄紙"在《文房四譜》《能改齋漫録》中均有記載。這種黄紙便是古人爲避免蟲蛀，采用"入潢"的方法製作的特殊工藝紙張。世俗文獻幾乎没有采用硬黄紙

---

① 《文淵閣四庫全書》，臺灣商務印書館，1986年版，第1110册第53頁下欄。
② 錢仲聯：《劍南詩稿校注》（第八册），上海古籍出版社，1985年版，第4371頁。
③ 徐維萍等：《補正點校經義考》（第六册），臺灣"中央"研究院中國文史哲研究所籌備處，1998年版，第418頁。
④ ［宋］蔡襄：《端明集》卷二十八《游徑山記》，《文淵閣四庫全書》，臺灣商務印書館，1986年版，第1090册第567頁下欄。
⑤ ［宋］邵雍：《曝書吟》卷十一，《文淵閣四庫全書》，臺灣商務印書館，1986年版，第1101册第89頁下欄。
⑥ ［明］趙撝謙：《趙考古文集》卷二，《文淵閣四庫全書》，臺灣商務印書館，1986年版，第1229册第698頁上欄。
⑦ ［後晋］劉昫等：《舊唐書·高宗下》，中華書局，1975年版，第101頁。

抄寫（抄寫於經卷紙背者除外），被蟲蛀的可能性就非常高。被蛀蟲咬噬造成的殘損在敦煌文獻中多表現爲紙頁中部出現小塊的不規則破洞。

文獻的蟲蛀還發生在紙頁相互結合的地方，如卷子裝文獻兩個頁面粘合的部分，或者包背裝文獻書衣處，因這兩個地方均要用漿糊將分散的紙頁粘合在一起，漿糊的主要原料爲澱粉，非常容易招致蠹魚。

學者曾認爲敦煌文獻卷子部分是用白芨粘和的，可以避免蟲蛀。事實上白芨主要是作爲添加劑摻入澱粉類糊劑配製漿糊，元代《秘書監志》記一冊書籍裝裱用糊劑的配料及配合比爲："打麥糊物料以每冊計，黃蠟一錢，明膠一錢，白礬一錢，白芨一錢，黎蘆一錢，皂角一錢，茅香一錢，藿香半錢，白麵五錢，硬柴半斤，木炭二兩。"① 白芨用量約占整個漿糊配料的1%。明代《長物志》記"法胡"的製作過程爲："用瓦盆盛水，以麵一斤滲水上，任其浮沉。後用清水蘸白芨半兩，去滓和原浸麵打成，就鍋内打勻團。另換水煮熟，去水傾置一器候冷。日換水浸，臨用以湯調開。"② 事實上，白芨產於南方，忌陽光，敦煌沒有此類植物的生長環境，却多出産麵粉，麵粉在此地區易得易用，使用非常廣泛。而且一般文人在書寫之時，只要紙張足夠使用便好，很少考慮防蛀等問題，用普通小麥澱粉粘合小紙形成長卷再書寫這一方法簡便易行，在民間非常流行。敦煌文獻中的一些佛經確實使用了白芨作爲粘合漿糊的添加劑，但一般世俗文獻却很少見到用例。

再者，以白芨作爲黏合劑運用到書籍粘合中的文獻記載多見於元代以後，唐代張彦遠《歷代名畫記》論裝背裱軸時談及裝裱用糊方仍是對麵粉類漿糊製作方法而言的："凡煮糊必去筋，稀緩得所，攪之不停，自然調熟。"③ 説明白芨作爲黏合劑并不可能廣泛使用於唐至五代的敦煌文獻中，倒還是澱粉漿糊是當時最常見的黏合劑。

小麥澱粉作爲含有豐富蛋白質、葡萄糖和碳水化合物的物質，特別容易霉爛而招致蠹魚，張彦遠特别提出："余往往入少細研薰陸香末，出自

---

① ［元］王士點、商企翁編次，高榮盛點校：《秘書監志·卷六》，浙江古籍出版社，1992年版，第105~106頁。

② ［明］文震亨編：《長物志》，商務印書館，1936年版，第34頁。

③ ［唐］張彦遠著，俞劍華注釋：《歷代名畫記》，上海人民美術出版社，1964年版，第57頁。

拙意，永去蠹而牢固，古人未之思也。"① 説明在其前，澱粉類黏合劑被蟲蛀的情况很多，而且唐時張彦遠加入的"薰陸香末"也僅僅是"出自拙意"，想要防蛀，但效果未必良好。直到宋代學者提到的白芨混合小麥澱粉進行紙頁的粘合的方法纔普遍使用："今秘閣中所藏宋版書，皆蝴蝶裝，其糊經數百年不脱落。偶閲《王古心筆録》，有老僧永光相遇，古心問僧：'前代《藏經》接縫如綫，日久不落，何也？'光曰：'古法用楮樹汁、飛麵、白芨末三物調和如糊，以之糊紙，永不脱落，堅如膠漆。'宋世裝書，豈即此法也？"② 白芨味苦，性寒，具有驅蟲抑菌的作用，在糊劑中加入白芨汁就能有效避免蠹蟲對小麥澱粉類糊劑的侵害。

敦煌文獻中由蠹魚造成的小孔狀蟲蛀痕迹不很明顯，但亦有實例。

四、酸化

現代紙張因使用機械造漿，其中的木質素難以除去，纖維短而粗，又含有較多的非纖維素，所以製成的紙張疏鬆而容易脆破，非常容易氧化變黄。又因添加了大量有害的化學試劑，紙漿中殘留的酸性物質更易使成纖維素受到損害和破壞，降低紙張的壽命。唐前手製古紙因其原料多選用麻或者植物的韌皮纖維，紙張呈中性或偏鹼性，在酸性的空氣條件下仍可保存較長時間，一般被認爲好於現代工業化生産的紙張。

不過，這只是比較理想的情况，實際上"上世紀六十年代和 2004 年，國家圖書館對其收藏的善本古籍進行過兩次紙張酸性檢測，結果顯示，紙張的平均 pH 值已從 7.5~7.0 降至 6.6 以下，從弱鹼性、中性轉爲酸性"③。這説明因存放環境的改變，古籍文獻無法避免與空氣中的水分子和酸性氣體接觸，而大氣中的 CO_2、NO_2、SO_2 一旦被潮濕的紙張纖維吸收，就會産生化學反應，生成極富腐蝕性的 H_2CO_3、HNO_3、H_2SO_4 等無機酸，使紙質文獻發生水解；NO_2 遇光則被分解爲 NO 和活潑氧，活潑氧再

---

① ［唐］張彦遠著，俞劍華注釋：《歷代名畫記》，上海人民美術出版社，1964 年版，第 58 頁。
② ［明］張萱：《疑耀》卷五，《文淵閣四庫全書》，臺灣商務印書館，1986 年版，第 856 册第 159~299 頁上欄。
③ 張曉彤、王雲峰、詹長法：《紙質文物保護修復的傳統與現代》，載於《中國文物科學研究》2007 年第 1 期，第 62 頁。

遇到空氣中的氧氣將生成氧化性極强的 O_3，使古文獻在陽光和空氣中被反復氧化。這就是紙張的酸化過程，紙張的酸化是紙張降解變質的最重要原因，一旦酸化，紙張就會變得脆硬，稍有碰觸便會破損。

另外，酸化還是使紙質文獻變色和褪色的主要原因。空氣中的 Cl_2 遇到水分子會生成鹽酸及很不穩定的次氯酸，次氯酸化學性質不穩定，極易分解爲 HCl 和活潑氧，最終導致書籍上的墨迹以及紙張本身褪色變色。根據 IDP 提供的高清圖片，我們可以看到敦煌文獻寫本紙張已出現褪變色和邊緣脆裂的情況。

五、火災

紙由植物纖維製成，不耐高溫，易被燒毀，紙質書籍被燼毀的可能性也因此增大。

中國藏書史上，大範圍的書籍亡佚損壞情況很多，隋代牛弘《請開獻書之路表》首提書有"五厄"之説，明胡應麟補充爲"十厄"，後來近人祝文白又補充李自成攻陷北京、絳雲樓烈焰、清高宗編成《四庫》之後焚毁書籍、英法聯軍掠奪燒毁、抗日戰争五件與文獻損亡有關的歷史大事件。在這些厄難中，書籍基本都毁於火中，如著名的"焚書坑儒"，《史記》記李斯向秦始皇建議："請史官非秦紀皆燒之。非博士官所職，天下敢有藏《詩》《書》、百家語者，悉詣守、尉雜燒之。"① 故最終"及至秦之季世，焚詩書，坑術士，六藝從此缺焉"②。又如梁代兩次圖書焚毁事件，一是"齊末，兵火延燒，秘閣經籍遺散"③，二是梁元帝江陵兵敗，怕心愛的圖書典籍落入敵手，故"命舍人高善寶焚古今圖書十四萬卷"④，均與戰火焚燒有關。

燼毁實是書籍文獻受損的一個重要因素："蠟燭、火災和戰争是古籍

---

① ［漢］司馬遷撰，［宋］裴駰集解，［唐］司馬貞索引，［唐］張守義正義：《史記》卷六《始皇本紀》，中華書局，1959 年版，第 255 頁。
② ［漢］司馬遷撰，［宋］裴駰集解，［唐］司馬貞索引，［唐］張守義正義：《史記》卷一百二十一《儒林列傳》，中華書局，1959 年版，第 3116 頁。
③ ［唐］長孫無忌等：《隋書·經籍志》，商務印書館，1955 年版，第 5 頁。
④ ［宋］司馬光：《資治通鑒》卷一六五《梁記二十一》，中華書局，2012 年版，第 5219 頁。

爐毀的直接原因。"① 古代夜間照明多用蠟燭，以燭照明歷史非常久，《禮記·內則》言："夜行以燭，無燭則止。"《禮記·喪大祭》稱："君堂上二燭，下二燭。大夫堂上一燭，下二燭。士堂上一燭，下一燭。"《周禮·天官·冢宰》云："宮中廟中則執燭。"可知蠟燭最初用於身份較高者及神聖的祭祀活動中。《西京雜記》記載"南粵王獻高帝石蜜五斛，蜜燭二百枚"，說明當時的蠟燭還比較珍貴。傅咸還專門作《燭賦》贊美蠟燭："燭之自焚以致用，亦猶殺身以成仁矣。"到唐代，宮廷設有專門的官員管理蠟燭，文人對蠟燭的關注度非常高，蠟燭意象頻頻在唐五代詩詞中出現，如李白《清平樂》："鸞衾鳳褥，夜夜常孤宿。更被銀臺紅蠟燭，學妾珠淚相續。"雖是以女性口吻書寫，但亦表明蠟燭在文士生活中占有重要地位。更著名的是李商隱《無題》詩中"春蠶到死絲方盡，蠟炬成灰淚始乾"之絕句，說明蠟燭的照明功用已向審美功用轉變，更進一步說明蠟燭在文人生活中已是最常見、最不可或缺的物品之一。

蠟燭之外，古代照明還常用到動植物脂肪油燈，這其實也是燭的一種，凝固狀態的蠟或脂，作爲燃料的稱"燭"，未凝固的油作爲燃料的稱"燈"，故"燈燭"常常并舉，《漢書》稱秦始皇陵"石槨爲游棺，人膏爲燈燭，水銀爲江海，黃金爲鳧雁"②。

電燈發明之前，燈燭爲古代唯一的夜間照明工具，但稍不注意就會引起火災，王欽若《册府元龜·都邑第二》稱："雨雪則有泥濘之患，風旱則多火燭之憂。"③ 故《後漢書·郭伋傳》中記"成都民物豐盛，邑宇逼側，舊制禁民夜作，以防火災，而更相隱蔽，燒者日屬"，不得不在晚間嚴禁點燈，防止火災的發生。但此舉還是未能奏效，常有火燭之禍："紹興己酉，永嘉火災前數日，有熊自楠溪之江游躍入小舟，渡至城下。初不懼人。命獵士殺之。時高開府世則寓城中，謂其倅趙允蹈曰：'熊於字爲能火，郡中宜慎火燭。'笑不以爲然。已而延燒官民舍什七八，獨州治存焉。"④ 雖熊預示火災之聞爲稗官野史，但永嘉火災之烈之猛確如記載。

---

① 張平、吳澍時：《古籍修復案例述評》，國家圖書館出版社，2012年版，第10頁。
② ［漢］班固：《漢書》卷三十六《楚元王傳第六》，中華書局，1962年版，第1954頁。
③ ［宋］王欽若：《册府元龜》卷十四《帝王部·都邑二》，臺灣中華書局，1996年影印，第167頁下欄。
④ ［宋］馬永卿：《嬾真子錄》，《説郛》本，1927年刊。又見《文淵閣四庫全書》，臺灣商務印書館，1986年版，第856冊第159頁上欄。

火災必然會引燃易燃物之一的紙，造成文獻燼毀。

又古人常於燈燭下讀書，陸游自述："吾生如蠹魚，亦復類熠燿。一生守斷簡，微火寒自照。區區心所樂，那顧世間笑。閉門謝俗子，與汝不同調。"① 在"微火"之下閱讀"斷簡"，即在燈燭之下讀書。但稍有不慎就可能打翻蠟燭或油燈，因而引燃紙本書，造成文獻焚毀或殘損。

梁代沈驎士老年時便曾"遭火，燒書數千卷，驎士年過八十，耳目猶聰〔明〕，手以反故抄寫，火下細書，復成二三千卷"②。《宋高僧傳》記釋惠秀"忽誡禪院弟子，令滅燈燭。有白秀曰：'長明燈可留。'亦令滅之。因説火災難測，不可不備云。云：'嘗有寺家，不備火燭，佛殿被毁。又有一寺，鐘樓遭爇。又有一寺，經藏煨燼。殊可痛惜。'時眾不喻其旨，至夜遺火佛殿，鐘樓、經藏三所悉成灰炭"③。這些都是因火災引起藏經被焚毀的確鑿記載。所以古人非常注意防火，認爲"照書燭必令粗而短，勿過一尺。粗則耐，短則近"④，對火燭的形制有一定的要求。在私"嚴整家人，謹慎火燭"⑤，在公強調"又因文卷關係緊要，嚴諭小心火燭，加意防範。今川省文卷房失火，則看守書辦，法難寬貸"⑥，還規定"如燒毁民房又燒毁文卷、倉糧，文册妄藏私家或交衙役被焚者，事屬相因而致，應照例從重"⑦。

戰爭亦是焚毀文獻的罪魁禍首，宋代黄休復《茅亭客話》云："休復嘗謁見之，因得張藻山水一軸，羲之墨迹《蘭亭》一軸，注'崇山'二字、'圍者乎'二字，皆是趙模諸葛貞拓者。檀香軸、古錦標，皆煙晦蟲蠹。時得與諸賢往復玩之。甲午歲，家藏書畫焚掠殆盡。今蜀中兩經寇亂，諸家名書古畫，罕得見聞。"⑧

---

① 錢仲聯：《劍南詩稿校注》卷四十一《燈下讀書戲作》，中華書局，1985 年版，第 2580 頁。
② 〔梁〕蕭子顯：《南齊書》卷五十四《高逸傳》，中華書局，1972 年版，第 944 頁。
③ 〔宋〕贊寧撰，范祥雍點校：《宋高僧傳》，中華書局，1987 年版，第 497 頁。
④ 〔宋〕陸游：《陸放翁全集·齋居紀事》，中國書店出版社，1986 年版，第 73 頁。
⑤ 〔宋〕徐鉉：《稽神録》卷三，《説郛》本，1927 年刊。
⑥ 《世宗憲皇帝硃批諭旨》卷二百二下《硃批查郎阿奏摺》，《文淵閣四庫全書》，臺灣商務印書館，1986 年版，第 424 册第 412 頁下欄。
⑦ 《欽定大清會典則例》卷十九，《文淵閣四庫全書》，臺灣商務印書館，1986 年版，第 620 册第 410 頁上欄。
⑧ 〔宋〕黄休復：《茅亭客話》卷三，《津逮秘書》本。又見《文淵閣四庫全書》，臺灣商務印書館，1986 年版，第 1042 册第 931 頁上欄。

部分紙質書籍在著火之後被完全焚毀，部分經搶救沒有被焚盡，但是已非完璧；而且，"多數爐毀古籍在滅火時被水澆過，所以大多爐毀書籍帶有霉變、粘連等復合破損情況發生"①。這説明部分在火災後幸存下來的文獻除本身呈現燒灼破損痕迹之外，還常常會出現其他次生破損情況，如霉變和粘連引起的紙頁破損。

六、地震

紙頁本身脆化后還可能受到外界自然力如地震等的直接作用力，造成撕裂和斷裂，形成殘卷。

敦煌藏經洞現統一編號爲敦煌第 17 窟，它"位於敦煌第 16 窟甬道北壁，開鑿於晚唐，坐北向南，大致是個方形窟"②，其平面圖與剖面圖如圖 1-1 所示，③ 可以看作一個洞中之洞。既然是石窟，必定要像一般開鑿於山中的洞窟一樣需要承受自然界的各種外力作用，"例如物理風化、化學風化、地下水的作用，地震的影響等就變得更爲複雜"④。敦煌地處阿爾金斷裂帶東段，"是一條規模宏偉的左旋平移深大斷裂。該斷裂由 10 條不連續斷層段組成，晚更新世以來活動強烈"⑤。據學者統計，敦煌莫高窟（包括西千佛洞石窟）所在地區從公元前 193 年至今至少發生了 7 次 5.0~5.9 級地震，1 次 6.0~6.9 級

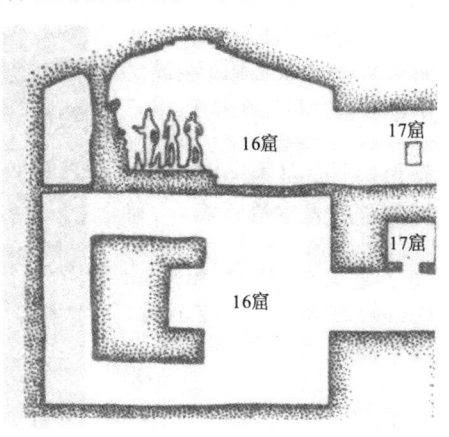

圖 1-1　敦煌藏經洞平面圖與剖面圖

---

① 張平、吳澍時：《古籍修復案例述評》，國家圖書館出版社，2012 年版，第 10 頁。
② 王冀青：《國寶流散——敦煌藏經洞紀事》，甘肅教育出版社，2007 年版，前言第 1 頁。
③ 轉引自王冀青《國寶流散——敦煌藏經洞紀事》，甘肅教育出版社，2007 年版，前言第 1 頁。
④ 牟會寵、楊志法：《文物保護中石窟寺的穩定性分析與評價》，第四屆全國工程地質大會論文選集，1992 年 10 月 23 日。
⑤ 石玉成、王旭東：《甘肅地區石窟文物保護中的地震危害性估計》，載於《敦煌研究》2005 年第 5 期，第 84 頁。

地震，1次7級以上地震（因古代記載不全無法更詳細地統計）。① 根據記載，"發現寫本儲藏物的地方遠在靠北面的一個大洞窟中，該窟的牆壁上有最近修復過的迹象。通往該石窟寺堂的入口處以前曾被落下來的岩石碎塊和流沙阻塞"②。在王圓祿進行的修復莫高窟千佛洞的工作中，有一項就是要把堆積在各個洞口、甬道甚至洞中的流沙和碎石塊清理掉。藏經洞被發現的各種傳說中都有石壁上出現裂縫這一相似之處。如此種種，正説明藏經洞所在的山體有過劇烈的活動。姜亮夫指出："風沙是敦煌最壞的一個地理環境。……再加以大泉的浸蝕，經常有的地震等自然現象，使毀壞石室的最大危險，每天都存在著。"

據斯坦因描述，藏經洞中的文獻最初是完全重疊壘放在一起直達洞窟的頂部，"在一個大壁龕中，完全塞滿了寫本，直達龕頂！"但也有空間，所以斯坦因説"成捆的寫本一直堆積到高出地面10英尺的地方，而且洞內留下的空間只可供兩人站立"③。雖然洞中有可供二人站立的空間是在王圓祿拿出部分藏品之後的情況，但理論上來説王圓祿拿出的物品不可能有那麼多，而且藏經洞最初堆放時也必須預留部分空間供人出入，藏經洞中除藏品之外肯定還有空間。這樣層層壘放但周圍又留有一定空間的結果就是：如若發生地震，其中的寫本必然也會發生震動以致滑落，滑動中因受力過巨或非處於同一方向的均匀受力就不免產生損壞。有一些文獻可能受重力原因墜落時發生了扯壞的情況，有一些本來就脆化很嚴重的紙頁則在抖動的情況下碎成了殘塊，大塊者成爲殘卷，小塊者成爲殘片。

---

① 參見石玉成、王旭東《甘肅地區石窟文物保護中的地震危害性估計》，載於《敦煌研究》2005年第5期，第83~88頁。

② 見［英］斯坦因《塞林底亞》，轉引自王冀青《國寶流散——敦煌藏經洞紀事》，甘肅教育出版社，2007年版，第22頁。

③ 斯坦因1907年5月22日的日記記載了蔣孝琬進入藏經洞所見，5月23日的日記記載了自己進入藏經洞時所見。轉引自王冀青《國寶流散——敦煌藏經洞紀事》，甘肅教育出版社，2007年版，第64頁。

第三節　敦煌世俗文獻的裝訂
方式與卷帙脱落、紙頁分離

　　我國古代傳世典籍大部分是紙本書，紙本書籍的形態又可分爲寫本與印本，其中寫本常見的裝訂方式有卷子裝、梵夾裝、經折裝、蝴蝶裝、旋風裝和綫裝。唐五代之前最常見的裝訂方式是卷子裝，"'紙'字源自縑帛，'卷'也原是縑帛的單位，因縑帛富有彈性，易於舒捲而不易摺疊。自紙應用於書寫之後，卷書的傳統繼續保留，直至 9 世紀中葉，紙纔被摺疊爲册頁式的書籍"①。采用梵夾裝實則與佛典的傳播有關，印度寫經最早使用貝葉，將貝葉裁剪爲合適尺寸后一張一張書寫完畢，再以厚木板夾住上下兩面，最後穿孔以繩索貫穿係住，這就是梵夾裝的原型。敦煌文獻中還見有册頁裝的書籍，也是當時比較流行的樣式。

　　李致忠曾指出："書籍的裝幀形式只能視書籍的製作材料而采用相應的方式。"② 這主要是針對早期的書籍及其裝幀方式而言，如中國簡帛采用卷子的形式，印度的貝葉采用梵夾的形式。到了普遍以紙作爲書寫載體的時代，文獻的裝訂方式主要與紙張的大小有關。潘吉星指出："晋代紙大體有兩種尺寸，甲種紙高 235~240 毫米；乙種紙高 260~270 毫米。一般説甲種紙（小紙）年代較早。也許因爲它近於漢代的'尺牘'。六朝也有兩種尺寸紙，比晋代大些。"③ "隋唐紙也可以分爲兩種：小紙高爲250~260 毫米（長 440~510）。大紙高 265~275 毫米（長 405~435）。五代因社會動亂，尺寸不齊，小的高 146 毫米，大的高 300 毫米，相差一倍多。"④ 隨著抄紙工具與技術的發展，唐代已經能造出大尺寸的紙張，大尺寸的紙頁可以隨意舒捲、裁剪或摺疊，所以能夠較爲方便地選取經卷裝或其他裝幀方式。

---

①　錢存訓：《書於竹帛——中國古代的文字記録》，上海書店出版社，2006 年版，第 115 頁。
②　李致忠：《敦煌遺書中的裝幀形式與書史研究中的裝幀形式》，載於《文獻》2004 年第 2 期，第 78 頁。
③　潘吉星：《敦煌石室寫經紙的研究》，載於《文物》1966 年第 3 期，第 39 頁。
④　潘吉星：《敦煌石室寫經紙的研究》，載於《文物》1966 年第 3 期，第 39 頁。

一、卷子裝文獻的殘斷

以卷子裝形式裝訂的文獻最常見的殘斷原因在於紙頁結合處粘連不穩造成脱落散佚。敦煌文獻中屢見紙頁没有殘缺殘損痕迹，内容却明顯缺頭少尾者，這實際就是由單張紙頁粘合成長卷時粘合處脱落造成的殘卷。

前已述及，唐代可以製造出大尺寸的紙張，只是紙張尺寸再大，也有單頁紙無法容納全部文字的情況。《高僧傳》有記："《道行經》舊本十四匹縑，今寫爲二十卷。"十四匹縑的内容肯定無法在單張紙頁上抄寫完成，所以將單張紙頁頭尾相連，形成連綿不斷的長紙卷，由此形成經卷裝。使用經卷裝，"紙如逐張連接，長度可至無限。一般紙卷展開的長度有9米至12米，最長可達32米"①。既是逐張連接，則連接處必須使用黏合劑。潘吉星稱："凡石室經紙皆由一張張小紙用糊劑粘接成一長紙。"②

民間最常見的文獻黏合劑還是普通易得的澱粉（即敦煌文獻中常見的《斛斗破曆》《納贈曆》一類文書中經常出現的"麵"，有些文獻又寫作"面"）糊劑。該糊劑的製作原料基本爲白麵，如元《秘書監志》記載裱褙匠焦慶安的打麵糊物料配方爲"黄蠟一錢，明膠一錢，白礬一錢，白芨一錢，黎蘆一錢，皂角一錢，茅香一錢，藿香半錢，白麵五錢"③，其中白麵占所有配料比重的一半。明代周嘉胄《裝潢志》中所記製作糊料"先以花椒熬湯，濾去椒，盛净瓦盆内放冷，將白麵遂旋輕輕糝上，令其慢沉，不可攪動"④，然後加白礬、乳香少許，主料也是白麵。又清人周二學《賞延素心録》記糊法爲"用陳天水一缸，以潔白飛麵入水"⑤，還是用白麵做原料。白麵遇水煮透冷却後有較强的黏性，冷透乾涸之後對紙張的固定效果比較好，可以用以修補書籍，也可用做單頁紙張

---

① Loinel Giles, Descriptive Catalogue of the Chinese Manuscripts from Tunhuang (London, 1957) no. 5587，轉引自錢存訓《書於竹帛——中國古代的文字記録》，上海書店出版社，2006年版，第119頁。

② 潘吉星：《敦煌石室寫經紙的研究》，《文物》1966年第3期，第41~42頁。

③ ［元］王士點、商企翁編次，高榮盛點校：《秘書監志·卷六》，浙江古籍出版社，1992年版，第105~106頁。

④ ［明］周嘉胄：《裝潢志》，中華書局，2012年版，第138頁。

⑤ ［清］周二學：《賞延素心録》，中華書局，1985年版，第3頁。

之間的黏合劑。

不過，張彥遠《歷代名畫記》指出："凡煮糊必去筋，稀緩得所，攪之不停，自然調熟。余往往入少細研薰陸香末，出自拙意，永去蠹而牢固，古人未之思也。"① 可見這種糊劑非常容易受蟲蛀，時間一久也比較容易脫落。一般而言，小麥澱粉（"白麵"或稱"灰麵"）漿糊的黏性可以保持三百年左右，過了這個時間段漿糊即會失去黏性，所粘合的紙頁也會脫落開。

潘吉星則認爲敦煌寫卷粘貼用糊劑乃是白芨。元代陶宗儀《輟耕錄》記載："僧永光字絕照，訪余'觀物齋'，時年已八十有四，話次，因問光：前代藏經接縫如一綫，歲久不脫，何也？光云：古法用楮樹汁、飛麵、白芨末三物調和如糊，以之粘接紙縫永不脫解，過如膠漆之堅。"② 清代周嘉冑《裝潢志》亦記載："紙有易揭者，有紙糊薄厚難揭者。糊有白芨者難（揭）。"周嘉冑還特別強調："余裝卷以金粟牋用白芨糊折邊，永不脫，極雅緻。"③ 此外，明代馮夢禎在《快雪堂漫錄》中提及："漿糊用小麥粉、川椒、白礬、百部根細末，可免蟲蛀。"這些均説明至遲到元明清時期，白芨等已廣泛運用於粘合紙張、裝裱字畫的領域，但是，没有文獻可以證明唐代寫經也廣泛使用了白芨作爲黏合劑。白芨喜歡溫暖、陰濕的環境，最忌陽光照射，雖原產地包括陝西南部和甘肅東南部，但并不包括敦煌，即便部分敦煌文獻以白芨作爲黏合劑，也不能説明白芨得到了廣泛使用。再者，白芨製黏合劑并不能保證紙頁粘合處歷經千百年永不脫落，故即便敦煌文獻廣泛使用了白芨，文獻粘合處脫落也不可避免。

長卷文獻紙頁粘合處自然脫落形成單個紙頁的情況在敦煌文獻中出現很多，如 S.1880《永徽令卷第六東宫諸府職員》（參 P.4634、S.3375、S.14466），實際就是多個紙頁粘合而成的長卷，後來粘合處脫開，所以列爲四個卷號，被斯坦因與伯希和分別獲得。S.2060《老子李榮注》也存在卷子裝文獻紙頁與紙頁粘合處脫開的情況。錢存訓曾提及"紙與紙

---

① ［唐］張彥遠著，俞劍華注釋：《歷代名畫記》，上海人民美術出版社，1964年版，第57頁。
② ［元］陶宗儀：《南村輟耕錄》卷廿九《黏結紙縫法》，《四部叢刊三編》（五六），上海商務印書館，1936年版，第八册第8頁。
③ ［明］周嘉冑：《裝潢志》，中華書局據《學海類編》本影印，1985年版，第6頁。

結合處，通常有押縫或印章"①，實際上敦煌文獻實物中很少發現有這種在紙頁連接處出現的押縫或印章，所以一旦散亂，很難辨別哪些卷子可以綴合以及綴合的先後順序。

二、梵夾裝、經摺裝與册頁裝文獻的散斷

除卷子裝這種比較普遍的裝幀形式以外，敦煌文獻中還有比較多的梵夾裝和册頁裝文獻，這些裝幀形式多由打孔穿繩的方式連接紙頁裝訂成書，所以當穿繩斷裂之時，紙頁散開，順序混亂甚至散佚的情況就不可避免，而原來完整的文書也就成了内容不完整的殘卷。

李致中據隋代杜寶《大業雜記》分析認爲："梵夾裝是隋朝人對傳入中國的古印度書寫在貝多樹葉上梵文佛教經典裝幀形式的一種形象的稱呼。其具體的裝幀形式，概是將書寫好的貝葉經，依經文的次序排好，形成一摞，然後用兩塊經過削刮加工的竹板或木板，將排好次序的貝葉經上一塊下一塊地夾住，然後穿洞繫繩，緣其以竹木板上下相夾，又是梵文佛教經典，故稱爲梵夾。"② 此後類似的裝訂方法便用在了非貝葉書寫的經書及紙寫的其他文獻之中。

梵夾裝裝訂時最關鍵的一點即須先整理好書寫完畢的紙頁，按一定順序排列好，穿洞并使用繩索繫聯，纔不致順序顛倒，紙頁散佚。敦煌文獻中所見梵夾裝實例有 S.5532《禪門經》、S.5533《佛門書釋》等，其紙頁上均留有打孔繫繩的痕迹，S.5532 距上下邊欄三分之一處各有一圓孔，S.5533 距紙頁上端三分之一處亦有一圓孔，只是上邊所繫繩索已經朽爛無蹤，這兩個卷號的文獻亦已非完璧，中有若干缺失，正説明此類裝幀形式無法確保文獻的完整性，一旦繫聯的繩索斷裂，文獻也就可能散佚，成爲殘卷。

以繩索繫聯貝葉或紙頁，與簡帛時代使用熟牛皮繫聯單支竹簡有相似之處。司馬遷《史記·孔子世家》有云："孔子老而喜《易》……讀

---

① 錢存訓：《書於竹帛——中國古代的文字記錄》，上海書店出版社，2006 年版，第 115 頁。
② 李致中：《敦煌遺書中的裝幀形式與書史研究中的裝幀形式》，載於《文獻》2004 年第 2 期，第 79 頁。

《易》，韋編三絕。"① 這正從一個側面説明，敦煌文獻殘損的一個原因就是，使用梵夾裝的裝幀形式在翻閲之時，繩索容易斷裂，本來按次序排列好的紙頁散開後順序變亂，有一些紙頁就可能遺失，造成文獻不完整；即便翻閲没有使繩索斷裂，因繩索爲棕麻所製，使用時間太長也會喪失强度和朽爛，最終斷裂。這是梵夾裝敦煌文獻殘損的主要原因。

册頁裝是敦煌文獻中使用頻率僅次於卷軸裝的裝幀形式，册頁裝的裝幀形式也容易造成文獻的缺損。册頁裝的前身實爲經摺裝，經摺裝的産生與佛教的興盛有關："展卷讀經還是很費時費事，特别是唐朝佛事活動很盛，而和尚做法事念經不一定從頭開始，有時只需念其中的一部分，這樣卷子本就不方便了。"② 經摺裝實爲因卷子裝不易舒捲、不方便尋找某一特定段落而做的折中和改造，"將本爲長卷的佛經，從頭至尾的依一定的行數或寬度連續左右摺疊，最後形成長方形的一疊，再在前後各粘裱一張厚紙封皮，於是一種新的裝幀方式出現了，這就是所謂的經摺裝"③。

無論是收納展開或是尋找特定段落，經摺裝都遠優於卷子裝，但是，因爲經摺裝須將長卷多次摺疊并按壓成型纔能製成，在打開合攏之際又會多次在摺疊處形成拉伸，且摺疊形成的書脊没有别紙的保護，完全裸露在外，常遭受磨損，摺疊處紙的强度和韌性會受到極大的破壞，經常性的重復摺疊和磨損就會使折縫處發生斷裂。元代吾衍已認識到此點："古書皆卷軸，以捲舒之難，因而爲折。久而折斷，復爲簿帙。"④ 清代高士奇在《天禄識餘》中亦記載："古人藏書皆作卷軸……此制在唐猶然。其後以捲舒之難，因而爲折，久而折斷，乃分爲簿帙，以便檢閲。"⑤ "久而折斷"，可知古人已意識到經摺裝的文獻使用的時間越久、摺疊的次數越多，摺疊處就越容易斷開。一旦摺疊之處斷開，展開後本爲長卷的文獻就有可能變成長、寬、高相等的單頁紙，在没有打孔固定的情況下，單頁紙

---

① ［漢］司馬遷撰，［宋］裴駰集解，［唐］司馬貞索引，［唐］張守義正義：《史記》卷六《孔子世家》，第1937頁。
② 小羽：《書籍裝幀與佛經》，載於《世界宗教文化》1999年第3期，第51頁。
③ 李致中：《敦煌遺書中的裝幀形式與書史研究中的裝幀形式》，載於《文獻》2004年第2期，第88頁。
④ ［元］吾衍：《閒居録》，中華書局，1991年版，第14頁。
⑤ 轉引自李致中《敦煌遺書中的裝幀形式與書史研究中的裝幀形式》，載於《文獻》2004年第2期，第88頁。

容易佚失，最終造成整部文獻形態的殘損與內容的缺失。此如Дх.11034，其內容爲《妙法蓮華經·觀世音菩薩普門品》，裝幀爲經摺裝，可以很明顯地看到連接摺疊處已出現磨損和缺損，有幾片的連接摺疊處已經完全斷開。

又如 S.2506、P.2810、P.4073、P.2380 四個卷號，實際可以綴合在一起，綴合後正面爲唐開元廿七年（739）鈔本《文子》，半頁7~8行、行17字左右，綴合順序則爲 S.2506（2）+……P.2810（1）+S.2506（1）+……+P.4073+P.2810（2）+……+P.2380，S.2506（2）與 P.2810（1）之間約殘缺28行，S.2506（1）與 S.4073 之間缺漏一行，P.2810（2）與 P.2380 之間應該也還有約24行內容。爲表述清晰，我們現標記爲 1+……+2+3+……+4+5+……+6；反面爲《唐代殘史書》（或又擬名《古今年代曆》《年紀》）半頁14行、行27字左右，綴合順序爲 S.2506V+P.2810V（1）+P.2810V（2）+P.4073V+P.2380V。很明顯正背面的綴合順序并不一致，正面的七個斷片在背面的排列順序變成了（3V+1V）+2V+5V+4V+6V，位置變化很大，而且彼此間不再存在殘缺部分文字的情況。

造成這種情況的原因，可能是書寫《唐代殘史書》的紙葉被人爲裁成若干等分，又加上其他紙葉裁成長寬相當的斷片，利用這些斷片重新排序，抄寫唐開元廿七年鈔本《文子》；但是《唐代殘史書》所記史實已及貞元四年（788），從兩種文獻寫成時間的先後順序上判斷不太可能。又或者是"開元廿七年鈔寫的《文子》的背面被貞元四年或更晚的人用來書寫'大事記'，而此前原卷就已分裂成大小不等的若干片，也許是書寫者的主觀行爲，或許是他人或其他客觀原因，總之，原卷斷裂成了若干片，後來書寫'大事記'者沒有或者說也沒必要把這些斷片按照正面內容整理好順序後，再來書寫他的'大事記'。我們還可大膽設想，原卷中一些斷片另作他用，甚至廢弃不用。就這樣，我們看到了這樣一個事實：正面的內容殘缺不全，無法拼接；相反，背面的內容反倒較完整、連續、拼接完好"①。這種解釋更有說服力。再聯係到唐開元廿七年鈔本《文子》半頁7~8行、行17字左右的行款格式，我們有理由相信它原本很有可能

---

① 盛朝暉：《敦煌寫本 P.2506、2810（a）、2810（b）、4073、2380 之研究》，載於《敦煌研究》2001年第4期，第126頁。

是經摺裝或類似經摺裝的裝幀形式，因長期的摺疊、打開等重復動作導致摺疊處斷裂。

即使是在經摺裝演化到册頁裝之後，因裝訂處本身的牢固度不够或者長期受力，發生散開的情况也十分常見。

三、其他裝幀方式的殘斷

經摺裝進一步演化爲旋風裝、蝴蝶裝及綫裝。李致忠在《敦煌遺書中的裝幀形式與書史研究中的裝幀形製》一文中重點介紹了敦煌文獻中旋風裝這一特殊的裝幀形式。其具體的裝訂方法基本都是先粘底頁，首頁單面書寫，本面全幅粘貼於底頁；其餘書頁雙面書寫，以左端或右端無字處依次比前一頁多出一點粘貼在首頁的左端或右端，形成從首頁向外一頁比一頁短的形式，最後將底紙與所粘書頁捲起捆緊，這樣"從外表看仍是卷軸裝。但裹邊的書頁却是像旋風似的逐頁向右（左）旋轉"①的特點。這一裝幀形式因爲需要將書頁逐頁粘貼在底紙或上一書頁之上，因此黏合劑的牢固程度就決定了各頁之間結合的緊密度，一旦黏合劑的固定性减弱，各書頁也就散開，造成整部文獻的缺損。

敦煌世俗文獻中還有一例比較特殊有趣的例子，那就是由 Дх. 11049、Дх. 12834、Дх. 03860 三個卷號正背面綴合所構成的《下女夫詞》殘卷。

敦煌本《下女夫詞》爲一種反映唐代婚姻文化的重要文獻，所存寫卷較爲豐富。根據現已發現和整理的相關卷號，敦煌寫本中這一文獻又可分爲三個內容不同的系統，甲系統包括 P. 3350、P. 3147B、P. 3266V、P. 3893、P. 3909、S. 3877V、S. 5515、S. 5949、Дх. 02654、北大藏 D. 246、中國書店藏 ZSD. 068+《魏晋隋唐殘墨》第 70 號、傅斯年圖書館藏 188085 號、Дх. 03860、Дх. 03135+Дх. 03138，乙系統爲 P. 2976，丙系統爲 S. 9501+S. 9502V+S. 11419+S. 13002，甲系統共 14 件，乙系統 1 件，丙系統 1 件。宋雪春在《〈俄藏敦煌文獻〉中四件〈下女夫詞〉殘片的綴合》一文中指出 Дх. 11049 與 Дх. 12834V、Дх. 11049V 與 Дх. 12834 四個卷號可以綴合，綴合後屬於甲系統的同一件《下女夫詞》，其抄寫的順序是

---

① 李致忠：《敦煌遺書中的裝幀形式與書史研究中的裝幀形製》，載於《文獻》2004 年第 2 期，第 85 頁。

Дх. 11049（左）→ Дх. 12834V → Дх. 12834 → Дх. 11049V（右）→ Дх. 11049V（左）→ Дх. 11049（右）。① 因 Дх. 12834V 可以綴合在 Дх. 11049（左）的左邊，Дх. 12834R 可以綴合在 Дх. 11049V（右）的右邊，上述抄寫順序我們重新標記爲［Дх. 11049（左）+Дх. 12834V］→［Дх. 12834+Дх. 11049V（右）］→Дх. 11049V（左）→Дх. 11049（右）。

其綴合圖版及抄寫順序示意圖如下②：

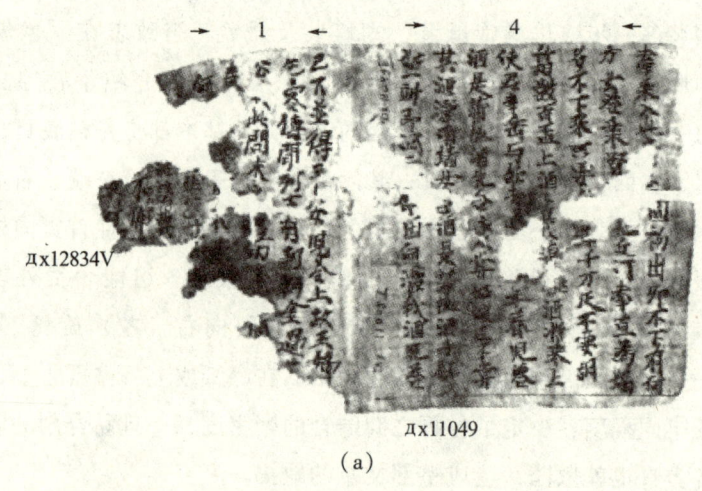

(a)

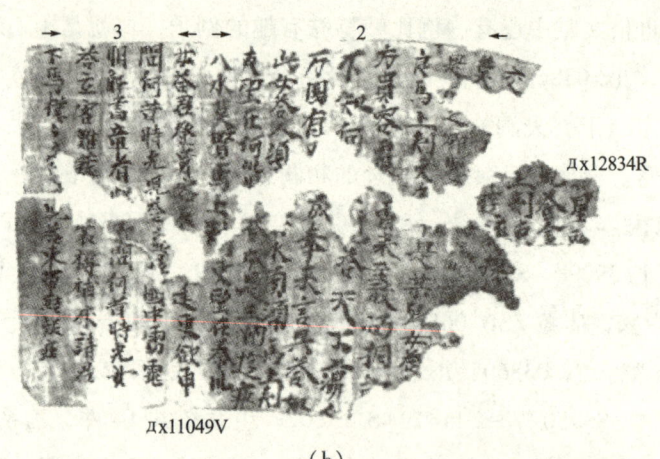

(b)

圖 1-2　《俄藏敦煌文獻》中四件《下女夫詞》殘片的綴合

---

①　參見宋雪春《〈俄藏敦煌文獻〉中四件〈下女夫詞〉殘片的綴合》，載於《敦煌研究》2012 年第 6 期，第 85~87 頁。

②　宋雪春：《〈俄藏敦煌文獻〉中四件〈下女夫詞〉殘片的綴合》，載於《敦煌研究》2012 年第 6 期，第 86~87 頁。

第一章 敦煌世俗文獻潛在的殘損可能性 | 53

　　從上圖中我們可以看出，其抄寫的順序是從一張紙頁的正中間開始從右至左抄寫，然後在反面從右至左接續抄寫，最後又返回正面從紙頁右邊從右至左抄寫的類似循環往復的過程，而且，至 Дх. 11049（右）的最後一行，該《下女夫詞》的內容還沒有完結，剩下的內容又抄到什麼地方去了呢？這一抄寫順序顯得非常奇怪。

　　敦煌文獻中有一件文書 S. 5652 的抄寫順序與此有些相似。該卷號正面抄《辭道場贊》+《宋辛巳年十二月沙洲僧保真貸紅采段契》，其中後一文書只有五行，且第五行的字左半大部分失去。背面從頁面中段開始抄《宋辛巳年十二月沙洲僧保真貸紅采段契》，共六行，首行前七字右半大部分失去，第八至十二字全字失去。

　　其正背面圖版如圖 1-3、1-4 所示：

圖 1-3　S. 5652 正面

圖1-4　S.5652背面

　　金瀅坤《敦煌社會經濟文獻綴合拾遺》將抄有《宋辛巳年十二月沙洲僧保真貸紅采段契》的兩部分進行了綴合，認爲："本件由斯五六五二號（底一）+斯五六五二號背（底二）綴合，原件應寫在卷軸的封口處，卷軸撕裂後，分別爲現在的底一、底二。本件文書從原文的第二行'保真於三界僧乾支面上貸紅'十二字中間撕裂，底一、底二斷裂處的字迹和撕裂文字均可銜接，其中'保真於三界僧'多半（左側）在底二、'乾支面上貸紅'多半（右側）在'底一'。一至二行右半側爲底一，第二行左半側至六行爲底二。綴合後，底卷首尾、下殘，共五行，字迹模糊，爲習字。"①

　　所言基本不差，這兩部分確可綴合，綴合後示意圖如下：

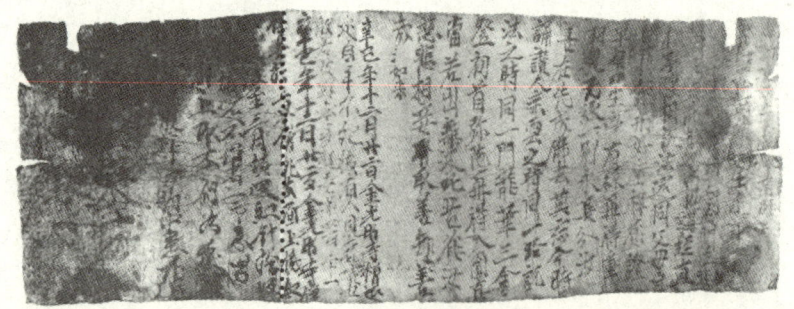

圖1-5　《宋辛巳年十二月沙洲僧保真貸紅采段契》綴合圖

---

①　金瀅坤：《敦煌社會經濟文獻綴合拾遺》，載於《敦煌研究》2006年第2期，第88頁。

但是，從《英藏》所拍攝的 S.5652 正面圖版來看，原卷撕裂的痕迹并不明顯，更像是一張完整的紙頁。若原卷本是一張紙頁，没有撕裂，那麼我們可以推斷還有這樣一種可能：《辭道場讚》先期寫就，學童爲練字，見《辭道場讚》之後還有空白，於是將紙尾部分稍捲曲，這樣正面的空白部分與紙背面就形成了新的可供書寫的空白紙頁，再在其上繼續寫《宋辛巳年十二月沙洲僧保真貸紅采段契》。

因《英藏》圖版比較模糊，國際敦煌項目 IDP 網站又没有提供 S.5652 的圖版，故暫時無法辨認原紙頁是否有撕裂的痕迹，所這種可能性還需進一步的證據證明。

但這一思路這說明，Дх.11049+Дх.12834V 和 Дх.11049V+Дх.12834 所抄《下女夫詞》可能也是抄完 Дх.11049（左）+Дх.12834V 後將紙頁向後捲曲翻轉，再依次抄 Дх.12834、Дх.11049V（右）、Дх.11049V（左），最後翻回正面，再抄 Дх.11049（右）的。

不過，抄寫《下女夫詞》的這兩個卷號與抄寫《辭道場讚》+《宋辛巳年十二月沙洲僧保真貸紅采段契》的 S.5652 亦有不同：一是 S.5652 背面留有空白紙頁供抄完《宋辛巳年十二月沙洲僧保真貸紅采段契》前五行後進行捲曲，却很難證明 Дх.12834 之前有足夠的空白紙頁可以留給抄完 Дх.11049（左）Дх.12834V 後捲曲；二是 S.5652 正面的内容是從頁面最右邊開始抄寫的，這就很難說明 Дх.11049（左）+Дх.12834V 的内容爲什麼會從紙頁中部開始抄寫；三是 S.5652V 將《宋辛巳年十二月沙洲僧保真貸紅采段契》剩餘内容全部寫完，《下女夫詞》的内容在却在 Дх.11049（右）之後還有很大部分，不知抄在何處。

筆者最近發現歸入《下女夫詞》甲系統的另一件殘片 Дх.03860 與 Дх.11049、Дх.12834 兩個卷號字迹相似（特别是其中"女答""兒答"等字，可以辨識判定出於一人之手），行款基本相同（均有界欄，半頁 9 行，行 14 字左右），可以認定爲同一寫本的不同殘片。且 Дх.11049R 末句作"因何灑我酒？兒答"，據 P.3350 等號，其下應接"舍後一園韭，刈却還如舊"；而 Дх.03860 首句正作"▢▢（一）▢（園）韭，刈却還如舊"，從行款推斷所缺者正二字，可以據補爲"舍後"。Дх.11049R（右）之後正可綴合 Дх.03860。Дх.03860 末句作"女（按：其他各本無'女'字）請下床"，據 P.3350 等號，其下應接"漏促更聲急，星流月色藏"，Дх. 03860V 首句正作"陋足更聲急，星流月色藏"，除"漏促"誤寫作"陋足"外，可確認 Дх. 03860V 正與 Дх. 03860 內容相接續。則三個卷號的正反面綴合後抄寫的順序爲［Дх. 11049（左）+Дх. 12834V］→［Дх. 12834+Дх. 11049V（右）］→Дх. 11049V（左）→Дх. 11049（右）→Дх. 03860→Дх. 03860V，其詞句基本與 P. 3350 等《下女夫詞》甲系統的內容無異。

此外，筆者還發現，以上所揭《下女夫詞》的奇怪抄寫順序在綴合 Дх. 03860 和 Дх. 03860V 後，變得可以解釋了：

Дх. 11049R 所抄雖只有 8 行，但最後還有一行留白，故推斷 Дх. 12834V、Дх. 12834R、Дх. 11049V、Дх. 11049R 均爲半頁 9 行。Дх. 03860 和 Дх. 03860V 均只剩半頁 9 行，且 x. 03860V 之後所抄內容未完，則在 Дх. 03860 的右邊、Дх. 03860V 的左邊應該還缺一個半頁 9 行的《下女夫詞》殘片。因暫未發現這一殘片，假定其編號爲 X，其背面編號則爲 XV。Дх. 03860 與 Дх. 03860V 接續抄寫，正與［Дх. 11049（左）+Дх. 12834V］→［Дх. 12834+Дх. 11049V（右）］接續的抄寫形式一致。那麽 Дх. 03860、Дх. 03860V、X、XV 四個半頁的抄寫順序就應該是 Дх. 03860→Дх. 03860V→X→XV 無疑。

如圖 1-6 所示，先將一矩形紙頁（如圖一）沿虛綫向後對摺，在所得的圖二所示的半頁上從右向左由上至下書寫 Дх. 11049（左）+Дх. 12834V 的內容；將圖二所示的半頁向右翻開得到圖三所示的矩形紙頁，分別在圖三虛綫劃分的右半部分按從右向左由上至下的順序書寫 Дх. 12834+Дх. 11049V（右）的內容，在虛綫劃分的左半部分按從右向左由上至下的順序書寫 Дх. 11049V（左）的內容；沿虛綫將圖三所示的左半部分向右前摺疊，在所得的圖四所示的半頁上從右向左由上至下書寫 Дх. 11049（右）的內容。將圖四所示半頁下方的半頁向左打開就可得到圖五所示的矩形紙頁，這時紙頁上就呈現正面如圖五所示那樣左半部分爲 Дх. 11049（左）+Дх. 12834V 的內容，右半部分爲 Дх. 11049（右）的內容；反面如圖三所示那樣左半部分爲 Дх. 11049V（左）的內容，右半部分爲 Дх. 12834+Дх. 11049V（右）的內容。而其內容的先後順序正是［Дх. 11049（左）+Дх. 12834V］→［Дх. 12834+Дх. 11049V（右）］→Дх. 11049V（左）→Дх. 11049（右）。

同樣的，將圖六沿虛綫向後對摺後，按上述順序類推，分別在圖七所示半頁上書寫 Дx. 03860 的內容；在圖八虛綫所劃分的右半部分書寫 Дx. 03860V 的內容，左半部分書寫 X 的內容，在圖九所示半頁上書寫 XV 的內容。這時紙頁上就呈現正面如圖十所示那樣左半部分爲 Дx. 03860 的內容，右半部分爲 XV 的內容；反面如圖八所示那樣左半部分爲 X 的內容，右半部分爲 Дx. 03860V 的內容。而其內容的先後的順序正是 Дx. 03860→Дx. 03860V→X→XV。一旦正面書寫 X 內容，背面書寫 XV 內容的半頁失去，我們看到的就是內容相接續呈正反面關係的寫有 Дx. 03860 及 Дx. 03860V 內容的半頁紙頁。

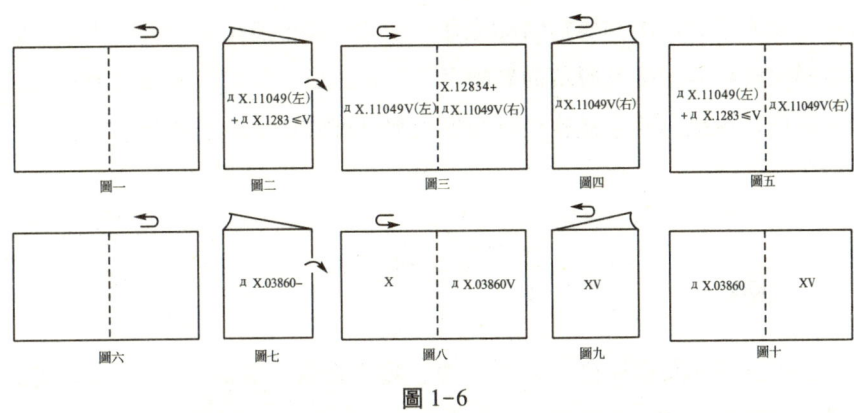

圖 1-6

一般認爲，唐五代是卷軸裝向册頁裝的裝幀方式演變的時期，卷軸裝之外已有經摺裝、蝴蝶裝和旋風裝的裝幀形式。但無論是經摺裝還是旋風裝都無法出現［Дx. 11049（左）+ Дx. 12834V］→［Дx. 12834 + Дx. 11049V（右）］→Дx. 11049V（左）→Дx. 11049（右）→Дx. 03860→Дx. 03860V→X→XV 這樣的抄寫順序。

只有一種方法可以實現這樣的效果，那就是將傳統蝴蝶裝的裝幀方式加以改進。傳統所見蝴蝶裝裝訂的書籍，一般只有紙頁的一面寫字，將每一頁由書口向內對摺，即有字一面相對而折，再將每一書頁背面中縫粘在一張裹背紙上，這樣閱讀時會先見無字紙背，而且往往是須連翻兩頁纔可讀到有字的部分，殊爲不便。如果將紙頁兩面都寫上字，正面相對而折，再將每一書頁背面中縫粘在一張裹背紙上，就可以形成［Дx. 11049（左）+ Дx. 12834V］→［Дx. 12834 + Дx. 11049V（右）］→Дx. 11049V（左）→Дx. 11049（右）→Дx. 03860→Дx. 03860V→X→XV 這樣的內容先後順序。

若 XV 之後內容還未寫完，還可以接續粘貼呈正面左→背面右→背面左→正面右書寫順序的紙頁，直至全部內容完結。

與唯一一件唐代旋風裝實物——故宮博物院所藏吳彩鸞書王仁煦《勘謬補缺切韻》不同，現存的由 Дx. 11049、Дx. 12834、Дx. 03860 正背綴合的《下女夫詞》只剩零散的殘卷和殘片。正反雙面書寫而以蝴蝶裝裝訂的裝幀形式是否存在，還需要有更多的可以綴合的這一寫本的《下女夫詞》殘片被發現。

而［Дx. 11049（左）+ Дx. 12834V］→［Дx. 12834 + Дx. 11049V（右）］→Дx. 11049V（左）→Дx. 11049（右）綴合而成的《下女夫詞》特別裝幀方式的使用和殘斷情況也進一步說明，可能正是由於時人在摸索與探尋比較可靠、不易脫落的裝幀形式，才造成了敦煌世俗文獻所存的裝幀方式比較複雜，而且幾種裝訂的形式都無可避免文獻的殘斷。

小　結

古代重要的文獻往往"書之玉版，藏之金匱，置諸宗廟"①，纔能傳之後世。可見從歷時的層面，用於傳播的文獻必須考慮其耐久性，所選取的書寫介質也應當是經久不壞。在這方面，西方文獻選取羊皮紙作爲書寫《聖經》、法典等重要文獻的載體，中國則早有甲骨、青銅、石碑三種書寫（廣義書寫，包括銘刻）介質，以及後來大量使用的竹簡與木簡。這幾種介質質地都非常緊密，也因此可以成爲比較好的書寫載體，連同刻畫書寫在其上的文字、圖畫等內容一起歷經千年而不腐朽。

這些載體也同樣有破損的可能性，如龜甲在灼燒占卜時便產生了裂紋，層積堆埋數千年后在擠壓、風化和挖掘等外力作用下便會產生破裂，成爲碎甲。石碑包括摩崖石刻等也會在大地運動和自然風化作用下產生斷裂以及文字、雕像、圖畫等的消解，一些人爲的外界作用力如爆破、挖掘也會加劇這種殘損。竹木簡多用皮繩連接，皮繩含蛋白質，容易產生分

---

① 出自《大戴禮·保傅篇》，《顏氏家訓·教子篇》引爲"書之玉版，藏諸金匱"，見王利器《顏氏家訓集解》，上海古籍出版社，1980 年版，第 25 頁。

解，繩斷則簡散，今人釋讀時往往還需要重新串聯；再加上竹木"汗青"處理稍不徹底，就有引起蟲蛀的可能，保存并不容易；而且竹木若未碳化，産生腐朽分解的可能性就非常大。羊皮紙以羊皮製成，本身含蛋白質，若保存不當，在化學侵蝕的情況下也有可能會分解消融。

另一方面，選用這些材料作爲書寫的載體，本是基於其大多質地緊密，不易破碎，面積足够適應進行刀刻斧削之優點；但也正是因爲這些優點，它們也就有了非常笨重而不宜攜帶的缺點（甲骨、青銅、石碑尤甚）。所以雖然利用這些載體製成的文獻存在時間可能會比較久遠，可以完成歷時的傳播，但因其傳遞不便，不具備空間上的廣泛傳播功能。文獻在時間與空間上均能實現比較廣泛的傳播功能的理想狀態，是在以紙爲書寫介質的書籍出現之後纔得以實現的（雖然羊皮和縑帛也具有與紙相似的特點，但其原料的稀少與造價的昂貴使其普及率比較低，遠遠達不到廣泛傳播的要求），所以中國大量的傳世古文獻均以紙作爲書寫的載體。

中國造紙技術大約産生於西漢，至東漢蔡倫改造造紙原料的構成，促進了造紙規模的擴大和造紙技術的提高。一般認爲，到唐代，紙已經非常廣泛地應用於日常生活的方方面面，也是在此時，邊遠地區開始擁有本土造紙工藝。史料記載，公元 641 年文成公主入藏，加強了吐蕃地區與中原的聯繫，還帶去了中原的種種工藝。在與中原取得友好聯繫的背景之下，公元 649 年，吐蕃向唐朝請造紙工匠，敦煌地區大概也是在此時期前後開始造紙。但據潘吉星的考察，到公元 8 世紀中後期，敦煌文獻用紙還多爲唐紙，且多爲河西漢地所造，説明此時敦煌本地造紙業仍不發達；敦煌文獻用紙的原料與唐代中原紙大致相當，多爲植物纖維（且基本爲桑、麻、楮幾種）造紙。隨著時間的流逝，桑麻纖維紙發生老化，脆度變大，防蟲性減弱出現蟲蛀孔洞，或因吸水受潮而產生霉變及硬化，也會使寫本及書於其上的文字圖畫隨之發生破損。

又，敦煌文獻 90% 以上爲佛教經卷，多爲經卷裝或梵夾裝；其餘的世俗文獻大部分也爲經卷裝，少量爲梵夾裝、蝴蝶裝、旋風裝和綫裝。但不管采用哪種裝幀形式，其書頁之間的結合關係都會因爲使用過程中人力的破壞和時間流逝中自然力的侵蝕而變得脆弱，最終造成文獻散開分裂。

此兩點决定了敦煌世俗文獻存在潜在的殘損因素。

第二章 敦煌世俗文獻在傳播流通中的殘損

經驗、知識與學術的傳播在世界文明史上均始於口耳相傳,此點在中西方均有體現,在佛典的結集過程中表現得尤爲明顯。文獻傳播在中國起初也是以口耳相傳的形式進行的,而且,無論是文字產生之前還是之後,這一傳播方式都是非常重要的。"古無私門之著述,未嘗無達衷之言語也,惟托於聲音而不著於文字。故秦人焚禁《詩》《書》,《書》闕有間,而《詩》篇無有散失也。後世竹帛之功勝於口耳,而古人聲音之傳勝於文字,則古今時異,而理勢亦殊也。"①

不過,"古今時異",文字產生以來,特別是在書寫工具的產生與普及之後,文獻的傳播必然經歷從口耳相傳向"書於竹帛"式的文字加圖像傳播方式的發展與演變。造紙術與印刷術的發明進一步推動了聲音式傳播方式到圖文式(圖像、文字)傳播方式的轉變,"印刷時代的到來,是建立在紙張和印刷術發明的基礎之上的,這是中華民族爲世界文明作出的兩大貢獻"②。

但是紙張的發明與廣泛使用比印刷術的發明要早幾百年,在這幾百年間,記錄聲音并以圖文紙質本形式進行傳播的是手寫本書籍。所以在中國,自紙出現之後至印刷術廣泛流行之前的數百年間,知識文化的傳播完全是賴於手寫本文獻的流通和閱讀,手寫文獻風行的時期,即魏晉南北朝

---

① [清]章學誠撰,吕思勉評,李永圻、張耕華導讀整理:《文史通義・內篇・詩教》,上海古籍出版社,2008年版,第22頁。
② 郭慶光:《傳播學教程》,中國人民大學出版社,1999年版,第31頁。

第二章　敦煌世俗文獻在傳播流通中的殘損　| 61

至唐五代時期，也因此被稱爲"寫本時代"或"紙寫本時代"①。梅羅維茨曾這樣概括："'印刷社會'實際上是口語—書寫—印刷社會；'電子社會'實際上是口語—書寫—印刷—電子社會。這種簡寫的標籤僅僅是強調了引起傳播變化的最新的重大進展。"② 將"書寫"這一知識文化傳播史上不可或缺的一環添加進去，纔會使從古到今社會知識文化傳播的所有鏈條變得清晰而完整，否則很難想象印刷媒介出現之前人類知識文化廣泛傳播單靠口耳相傳如何完成。

敦煌文獻是手寫本文獻，它具有印刷本文獻所不具備的種種特徵。在公元6至9世紀甚至在早於或晚於這段時間的很長一段歷史中，這種手寫文獻擔負著傳播社會知識文化的重要任務。

書籍産出之後，若未進入流通領域，只是被收藏保存，只會受到上一章所述及的若干自然因素的影響造成殘損；而一旦成爲傳播媒介，必定歷經眾人之手，被多人閱讀、接觸、傳遞，其受影響的因素就變得更加複雜。外在人力的影響會使書籍的殘損的可能性增大，這種影響很有可能造成卷面文字的污染、漫漶與磨損，雖然并未直接造成破損或殘斷，但減弱了載體的耐折斷性，稍有外力作用就可能加劇其紙質載體的破爛直至殘斷。接觸者越多，傳播流通的過程越複雜，殘破的幾率就會相應地增加。作爲當時知識文化最重要的載體與傳播媒介的敦煌文獻，在進入藏經洞之前，必定有一個比較長久的傳播過程。紙張本身的不耐久性質加上眾人的接觸和磨損，久而久之會加劇敦煌文獻的殘斷情況。

敦煌研究院藏0345號《三界寺見一切入藏經目錄》的題記，顯示敦煌文獻曾經由三界寺比丘道真進行過早期修補，該題記曰："長興五年（按：原文作'伍'。長興應爲後唐明宗李嗣源所用年號，爲930至933年，則無"長興五年"之說）歲次甲午六月十五日，弟子三界寺比丘道真乃見當寺藏內經論部不全，遂乃啓顙虔誠，誓發弘願，謹於諸家函

---

① 參見余欣《中古异象：寫本時代的學術、信仰與社會》，上海古籍出版社，2011年版，第4頁；又見［法］戴仁：《寫本時代的中國藏書》，Jean-Pierre Drège, Les bibolithèque en Chine au temps des manuscrits (jusqu' au X siècle), Paris: Ecole Francaise d' Extreme-Orient 1991. 參看榮新江所撰書評，原載於《九州學刊》第6卷第4期"敦煌學專號"，1995年，第171～173頁，收入榮新江所著《辨偽與存真：敦煌學論集》，上海古籍出版社，2010年版，第325～328頁。

② ［美］約書亞·梅羅維茨：《消失的地域：電子媒介對社會行爲的影響》，肖志軍譯，清華大學出版社，2002年版，第330頁。

（按：原件作'亟'，榮新江校爲'函'）藏，尋訪古壞經文，收入寺（中），修補頭尾，流傳於世，光飾玄門，萬代千秋，永充供養。"① 不止佛經，實際上敦煌文獻中的許多寫本大概都經過一些修復工作，也就是説它們在傳播流通過程中肯定有過損壞。加之敦煌世俗文獻又往往作爲修補物被剪切貼補在佛教文獻的背面，或者被隨意粘合在一起用於抄寫佛教文獻或者其他世俗文獻，其殘斷情況更加複雜。本章將分兩個層面論述：一是敦煌世俗文獻的接觸者之衆，以及他們的頻繁接觸可能對文獻造成的器質性磨損破壞；二是古人的一些特別活動如對敦煌文獻的修復以及利用單面書寫文獻背部空白紙頁再次書寫時可能産生的對文獻的損壞。

第一節 抄寫、買賣、收藏、閱讀、表演中的損壞

一、抄寫

印刷文獻的傳播過程往往是在作者與讀者之間進行的，手寫文獻的傳播與印刷文獻的傳播有一個最大的差異在於其没有"印刷"的環節而只有"抄寫"的環節，而抄寫又往往非一人完成，是一個逐次增加的過程。手寫文獻的抄寫實爲其傳播的第一環節。

《晉書·左思傳》載左思《三都賦》寫成之後，"豪貴之家競相抄寫，洛陽爲之紙貴"②，這是最爲著名的關於當時文獻傳播方式的記録，説明魏晉時期書籍的生産與傳播還多用紙本手抄。這一現象亦有出土實物爲證：1924年新疆鄯善縣出土一份晉人手抄《三國志》殘卷，含有《吳書·虞翻傳》《吳書·張温傳》的部分内容，共計80行，1009字，原卷流入日本；1965年新疆吐魯番出土晉人抄《三國志》殘卷，包括《吳書·吳主權傳》和《魏書·臧洪傳》的内容，共計40行，570餘字，此爲目前所見的時代最早的手寫紙本書籍。③ 印刷術出現和流行之前，紙本

---

① 轉引自榮新江《敦煌學十八講》，北京大學出版社，2001年版，第83頁。又見於北京圖書館新0329號《見一切入藏經目録》。

② ［唐］房玄齡等：《晉書》卷六十二《文苑傳》，中華書局，1974年版，第2377頁。

③ 參見來新夏《中國圖書事業史》，上海人民出版社，2009年版，第52頁。

書籍要産生和傳播，必得手寫手抄。

手寫抄録復製圖書是漢代至五代時期一部文獻得以流通傳播最重要的方式，既然需人工手寫抄録，自然需要"書手"即抄寫人，所以當時許多擅長書法的文士專門以抄書爲業。《顔氏家訓·雜藝》中提及："晋宋已來，多能書者。故其俗世，遞相染尚，所有部帙，楷正可觀。"① 這些字迹"楷正可觀"的能書者中的一部分後來逐漸成爲職業抄書人，當時被稱爲"傭書人"或"書人""書手"。這種職業抄寫者的歷史甚至可以追溯到漢代，《後漢書》稱班超當時"家貧，常爲官傭書以供養"②。南齊庾震因家貧無錢安葬父母，只得"賃書以營事，至於掌穿，然後葬事獲濟"③。王僧孺少年時"常傭書以養母"④。

"傭書者"在北朝時已成爲一個專事抄書的職業群體，其中，"北魏時期的敦煌令狐家族是這種專業抄寫佛經底層知識分子集團中最具代表性的一個群體"⑤。而且根據敦煌卷子中題記的署名，"除了令狐家族成員外，敦煌卷子中記載的北朝敦煌鎮經生還有曹法壽、劉廣周、馬天安、張顯昌、張乾護，他們都是官經生，可見北朝敦煌的佛經抄寫規模是不小的，存在一個比較固定且職業化的、由底層知識分子組成的具有官方背景的佛經抄寫集團"⑥。到了唐代，可能具有官方背景的抄寫人（即"官經生"）的人數仍然不少："先是，太宗命秘書監魏徵寫四部群書，將進內貯庫，別置讎校二十人、書手一百人。徵改職之後，令虞世南、顔師古等續其事，至高宗初，其功未畢。顯慶中，罷讎校及御書手，令工書人繕寫，計直酬傭，擇散官隨番讎校。"⑦

官經生之外，還有民間雇傭性質的職業抄經生，他們以幫人抄書爲業，養家糊口。且民間"傭書者"人數亦多，除像"貧無産業，每傭書

---

① 王利器：《顔氏家訓集解》，上海古籍出版社，1980年版，第514頁。
② ［宋］范曄：《後漢書》卷四十七《班梁列傳》，中華書局，1965年版，第1571頁。
③ ［唐］李延壽：《南史》卷七十三《孝義傳》，中華書局，1975年版，第1822頁。
④ ［唐］姚思廉：《梁書》卷三十三《王僧孺傳》，中華書局，1973年版，第469頁。
⑤ 尚永琪：《北朝時期的職業傭書人與佛經的抄寫》，載於《文史知識》2009年第12期，第69頁。
⑥ 尚永琪：《北朝時期的職業傭書人與佛經的抄寫》，載於《文史知識》2009年第12期，第70頁。
⑦ ［後晋］劉昫等：《舊唐書》卷一百九十上《崔行功傳》，中華書局，1978年版，第4996頁。

養親，快快不平"①的虞世基，"家甚貧婆，父兄并以傭書爲事"②的沈光，"少孤貧，傭書自給，事母以孝聞"③的蕭銑，"常傭力寫佛經以自給"的王紹宗之外，文獻還記載唐代定州僧修德曾雇傭嫣州人王恭抄寫《華嚴經》："唐定州中山禪師釋修德者……於永徽四年，歸④誠方廣，因發大心，至精抄寫。……召善書人嫣州王恭，別院齋戒，洗浴淨衣，焚香布華，懸諸幡蓋，禮經懺悔，方升座焉。下筆含香，舉筆吐氣。每日恒然，精勤無怠。禪師躬自人淨，運想燒香。筆翰之間，并專心目。因修若是，迄於終始。每寫一卷，施縑十匹。迄成一部，總施六百餘段。恭因發心，并皆不受，勞誠竭慮，筋力都盡，寫經纔畢，俄從永化。"⑤這段引文也說明了"傭書者"與雇主之間的經濟聯繫，而且表明他們所抄寫的大多爲佛典。

《北齊書·祖珽傳》中亦提及這些傭書人的故事："揚州客至，請賣《華林遍略》，文襄（即高澄）多集書人，一日一夜寫畢，退其本，曰：'不需也。'"⑥《華林遍略》爲近七百卷的類書，"書人"能在一日一夜之間抄寫完畢，可見當時傭書者的數量之多，而高澄也就可以不買揚州書商兜售的《華林遍略》，另雇書手抄寫。"傭書人"抄寫的內容很大部分屬於佛典，除上揭王恭抄寫《華嚴經》、高澄雇傭的"書人"抄寫《華林遍略》外，《大藏經》中還記："釋法誠，俗姓樊氏，雍州萬年縣人……又訪召當時工書之人。弘文館學士張靜，每事清淨，敬寫此經。誠亦親執香爐，專精供養。乃至一點一畫，住目傾心。然施慧懇重，兩紙酬錢五百。"⑦又如《魏書·劉芳傳》中記載："（劉）芳常爲諸僧傭寫經論，筆迹稱善，卷直以一縑，歲中能入百餘匹，如此數十年，賴以頗振，由是與德學大僧，多有還往。"⑧這些"傭書人"多爲人雇傭抄寫佛經。

---

① [唐] 魏徵：《隋書》卷六十七《虞世基傳》，中華書局，1973年版，第1572頁。
② [唐] 魏徵：《隋書》卷六十四《沈光傳》，中華書局，1973年版，第796頁。
③ [後晋] 劉昫等：《舊唐書》卷五十六《蕭銑傳》，中華書局，1978年版，第2263頁。
④ "歸"一本作"蹄"，依意校，下引《大藏經》中有异文者及標點有誤者，徑改之，不再出注。
⑤ 法藏集：《華嚴經傳記》卷第五，高楠順次郎、渡邊海旭、小野玄妙等《大正新修大藏經》第51冊，東京：大藏出版株式會社，昭和四至九年（1929—1934），第171頁b欄。
⑥ [唐] 李百藥：《北齊書》卷三十九《祖珽傳》，中華書局，1972年版，第515頁。
⑦ 法藏集：《華嚴經傳記》卷第五，《大正新修大藏經》第51冊，第171頁a欄。
⑧ [北齊] 魏收：《魏書》卷五十五《劉芳傳》，中華書局，1974年版，第1219頁。

可見，當時已存在職業"傭書人"，他們抄寫的範圍非常廣泛，且有明確的關於其被雇傭抄寫佛經的記載，敦煌文獻中的大部分也應出自這些職業"傭書人"之手。

敦煌文獻中的佛經往往是由貴族或平民捐獻供養的，一些貴族特別是帝王將相，其供養的佛經規模非常龐大，從 S.996《雜阿毗曇心經》的題記中可知，這是一部由 1464 卷組成的十部"一切經"之一，供養捐獻人是當時修建了七十二座寺院、供養了十六部佛經的北魏文明太后之弟，駙馬、秘書監令、洛陽刺史馮晉國。要製成像這樣的一千卷以上的佛經十餘部，馮晉國手下必定有一個龐大的抄寫和裝幀團隊。甚至有學者由此推測："爲了製成幾千件卷軸，必須建立一個大規模的繕寫機構，不論在敦煌還是在中原的京師，這種繕寫機構都確曾設立過。"①

所以，無論在中原還是在敦煌地區都有專職的抄書手。敦煌地區的傭書人既能抄寫佛經，當然也會抄寫其他類型的文獻，從敦煌文獻的題記中不難分析得出，敦煌文獻中無論是佛典還是其他類型文獻，往往都是多個不同人物的抄本，敦煌文獻是當時眾多流通文獻的一個集合。

傭書人的主要工作是抄寫文獻以換取物質報酬。前已提及，唐代定州僧修德曾雇傭嫣州人王恭抄寫《華嚴經》，并給予報酬："每寫一卷，施縑十匹。迄成一部，總施六百餘段。恭因發心，并皆不受，勞誠竭慮，筋力都盡，寫經纔畢，俄從永化。"② 雖然王恭最後沒有接受修德施捨的"六百餘段"縑，但也能說明抄寫者與雇傭者之間實是具有經濟利益聯系的，甚至抄寫者的酬勞還是非常高的，如《魏書·劉芳傳》記載："（劉）芳常爲諸僧傭寫經論，筆迹稱善，卷直以一縑，歲中能入百餘匹，如此數十年，賴以頗振，由是與德學大僧，多有還往。"③ 又如前提及的張靜抄寫經書，每兩紙酬勞爲五百錢。

"卷直（值）一縑""兩紙酬錢五百"，抄書報酬極高，所以一些像班梁一樣的貧困的下層知識分子能夠借此養家糊口。如崔亮"時年十歲，常依季父幼孫，居家貧，傭書自業"④。崔光"家貧好學，晝耕夜誦，傭

---

① ［日］藤枝晃：《敦煌寫本概述》，載於《敦煌研究》1996 年第 2 期，第 107 頁。
② 法藏集：《華嚴經傳記》卷第五，《大正新修大藏經》第 51 冊，第 171 頁 b 欄。
③ ［北齊］魏收：《魏書》卷五十五《劉芳傳》，中華書局，1974 年版，第 1219 頁。
④ ［北齊］魏收：《魏書》卷六十六《崔亮傳》，中華書局，1974 年版，第 1476 頁。

書以養父母"①。房景伯"生於桑乾，少喪父，以孝聞。家貧，傭書自給，養母甚謹"②。既然爲人抄書能養活自己甚至父母，可見雇人抄寫書籍的花費必定不菲。

但是，古籍中不少"傭書者"并非一般庶民出身，多是士族甚至世家之後，具有一定的知識文化水平，如前所論及的王僧孺乃太原王氏之後，房景伯、崔光、崔亮均爲清河士族之後。因此史籍之中凡有"傭書"之事，往往是對名臣事迹的追述。特別是他們并不是只泛泛抄寫，而是多次翻閱、誦讀所抄的文獻，這實際也是他們認真讀書學習的過程。爲他們以後的仕途打下了良好的知識文化基礎，也往往使他們擁有了與眾不同的優良品質。史載，三國時闞澤一邊爲人抄寫一邊誦讀，"居貧無資，常爲人傭書，以供紙筆，所寫既畢，誦讀亦遍"，所以後來"究覽群籍，兼通曆數，由是顯名"③。東晉時釋僧肇早年"以傭書爲業，遂因繕寫，及歷觀經史，備盡墳籍"④，前所述少年時"常傭書以養母"的南齊王僧孺後爲任昉舉薦，其原因就是他"既筆耕爲養，亦傭書成學"⑤，通過替人抄寫文書而成才。又朱异"以傭書爲業，寫畢便誦，遍覽經史，尤明《禮》《易》。涉獵經史，兼通雜藝"⑥，他也因此成爲當時有名的學士。所以，在抄寫文獻的過程中，很多"傭書者"往往也成爲文獻的閱讀者。同時，作爲抄書手，他們獲得了保有文獻的便利，所以對於被抄寫的文獻，可以多次或者説經常性地翻閱，翻閱次數越多，紙張折舊甚至損壞的可能性就越大。

二、買賣

"書肆"即古代的圖書交流、交易市場。早在漢代此名稱便已出現，揚雄《法言》稱："好書而不要諸仲尼，書肆也。"⑦ 説明漢代書肆中陳

---

① ［北齊］魏收：《魏書》卷六十七《崔光傳》，中華書局，1974年版，第1487頁。
② ［唐］李延壽：《北史》卷三十九《房景伯傳》，中華書局，1974年版，第1422頁。
③ 以上兩段均引自［晉］陳壽《三國志》卷五十三《吳書·闞澤傳》，中華書局，1962年版，第1249頁。
④ ［梁］釋慧皎：《高僧傳》卷六《義解三·僧肇傳》，上海書店，1989年版，第365頁上欄。
⑤ ［唐］姚思廉：《梁書》卷三十三《王僧孺傳》，中華書局，1973年版，第469頁。
⑥ ［唐］姚思廉：《梁書》卷三十八《朱异傳》，中華書局，1973年版，第537頁。
⑦ ［漢］揚雄著，韓敬注：《法言》，中華書局，1992年版，第41頁。

列有除儒家經典之外的諸子百家之書，其存書規模遠非一般士人家中所能比擬。《後漢書·王充傳》記載："（充）家貧無書，嘗游洛陽市肆，閱所賣書，一見輒能誦憶，遂博通眾流百家之言。"①進一步說明書肆乃"賣書"之所；《南唐書·魯崇範傳》記賈皓向魯崇範借書，"以己緡償其值"，"緡"也就是錢，但是"崇範笑曰：'墳典天下公器，世亂藏於家，世治藏於國，其實一也。吾非書肆，何估直以償耶。'"②也說明書肆是有償買賣書籍的地方。

書肆後又稱"書棧""書市""書鋪""書棚""書堂""書屋""書籍鋪""經籍鋪""書坊"等，常見於唐代文獻記載，如《太平御覽》卷六一三記載荀悅"貧無書，每至市間閱篇牘，一見多能憶誦"③。唐末柳玭《柳氏家訓·序言》載："嘗在蜀時，書肆中閱印版小學書。"又載："中和三年癸卯夏，鑾輿在蜀之三年也。余爲中書舍人，旬休，閱書於重城之東南。其書多陰陽雜記、占夢、相宅、九宮五緯之流。又有字書、小學，率雕版印紙，浸染不可曉。"又如吕溫《衡州集·上官昭容書樓歌》云："君不見洛陽南市賣書肆，有人買得《研神記》。"④張籍《送楊少尹赴鳳翔》詩云："得錢只了還書鋪，借宅常時事藥欄。"⑤

可知唐代這種販賣書籍的"書肆"已經在各地出現并流行，書肆中存書多樣，不僅販賣書籍，還可以"賒讀"，允許讀書人在其中閱覽所賣之書，這給時人閱覽書籍提供了極大的便利。"進入到宋代，杭州、婺州、紹興、明州、眉山、吉州、建陽等地，這種刻書、賣書的坊肆，則鱗次櫛比、比屋弦誦。"⑥由此，書肆是漢唐以來非常便利的閱覽書籍的地方。

書肆靈活多樣的買賣方式使更多的讀書人能夠充分接觸書籍，也正是因爲如此，書肆中的書籍損壞的概率就比較大。

除了書肆中的買賣活動以外，當時還有一種比較特殊的文獻買賣與傳

---

① ［南朝·宋］范曄撰，李賢等注：《後漢書》卷四十九《王充仲長統列傳》，中華書局，1965年版，第1629頁。
② ［宋］馬令：《南唐書》卷十八《魯崇範傳》，中華書局，1985年版，第120頁。
③ ［宋］李昉等：《太平御覽》卷六百一十四，上海古籍出版社，2008年版，第六册第613頁。
④ ［清］彭定求等：《全唐詩》，中華書局，1960年版，第4171~4172頁。
⑤ ［清］彭定求等：《全唐詩》，中華書局，1960年版，第4336頁。
⑥ 子厚：《什麽叫書肆》，載於《國家圖書館學刊》2004年第4期，第26頁。

遞途徑，即一般人爲做功德"捨經入寺"時，需要購買一些事先抄好的佛典或其他文書。這種情況在南北朝時便已存在，人們買來佛經一方面爲家中供養、收藏或閱讀之用，更多的是"捨經入寺"以做功德。也就是說，一些信佛者自己并不會書寫，於是向書手買一些抄寫好的經書、文字施捨入佛寺供養用以充功德，"寫經就是可以花錢買來再捨入佛寺的。不少人要麽没有抄寫的時間精力，要麽没有足夠的知識才能，要想捨經，就可以請人、雇人代抄或者直接購買抄好的文書"①。

這種情況在敦煌文獻中屢見不鮮，如 S.2935《大比丘尼羯磨經一卷》尾題所揭："天和四年歲次己丑六月八日寫竟，永暈寺尼智瓊受持供養。比丘慶仙抄訖。"比丘慶仙是此卷《大比丘尼羯磨經》的實際抄寫者，却是由"永暈寺尼智瓊"從其處購得送入佛寺受持供養的。類似的記載又見於 S.3054《觀世音經一卷》尾題："時貞明三年歲次戊寅十一月廿八日報恩寺僧海滿，發心敬寫此經一卷，奉爲先亡考妣，不溺幽冥，乘此善因，早過彌勒。現之存者，所有業部并皆消滅，永充供養。比丘僧□智手寫。"故知此卷《觀世音經》實爲"比丘僧□智"所寫，由"報恩寺僧海滿"獲得并捨入佛寺以充供養。再如 P.2893《報恩經卷四》尾題"僧性空與道圓雇人寫記"，更直接標明此卷《報恩經》是僧性空和道圓用財物雇人抄寫的。

佛經之外，其他類型的敦煌文獻也有他人抄寫完成後被買來充當施捨物的性質，如變文："從變文文字生成的角度看，大量的變文并不是出自文人學士之手，而是由下層僧俗人眾乃至學童們抄成。從抄寫背景上看，半數以上的變文是在佛寺中抄成，或者爲了被捨入佛寺而被抄成的。"②變文複雜的所有關係（真正的作者、抄録者及名義上的所有人）在其題記中也能窺見，如 S.5411《捉季布傳文》，册頁裝，全册共有與寫定相關的題記五條，其中封皮寫有"戊寅年二月十七日田繼長、李應紹、陰驢子三人本應紹舍頭身，▨▨（繼長？）管筆頭，拙憨咄咄自手書記耳。後來獨（按：疑乃"讀"字之誤）頌者更莫怪也"，在該册所有題記中爲寫就日期最早者，應爲在抄寫之前的"約定"，即田繼長、李應紹、陰驢子

---

① 王於飛：《捨經入寺與敦煌變文的文學性》，載於《文學評論》2008 年第 2 期，第 147 頁。
② 王於飛：《捨經入寺與敦煌變文的文學性》，載於《文學評論》2008 年第 2 期，第 145 頁。

三人各自的工作任務分別是：李應紹負責此寫本的"頭身"，即捨經事務的紙張及卷册裝幀；田繼長負責的是"筆頭"，即承擔筆墨費用；陰驢子（按：也就是"拙憨咄咄"）"自手書記"，完成抄寫工作。正因爲陰驢子是該文獻實際意義上的寫成者，故而他後來又分别於"二月十口日""二月廿二日""二月廿五日""四月十日"寫了"戊寅年二月十口日陰奴兒（應該是陰驢子的另一稱謂或是其大名）寫文字一卷，自手書記耳""戊寅年二月廿二日陰奴兒寫季布一卷，自手書記耳""戊寅歲太平興國三年戊寅歲二月廿五日陰奴兒書記"和"太平興國三年戊寅歲四月十日泛孔目學士郎陰奴兒自手書季布一卷"四條題記，最後一條題記寫於正文的尾部，日期距封皮處的二月已過去近兩月，可能是二月時田繼長、李應紹、陰奴兒三人約定好了各自的分工，并確定該文獻爲"田繼長、李應紹、陰驢子三人本"，也就是三人共同所有；直至四月，陰奴兒終於將全册抄寫完畢，之後鄭重題寫了帶有最終完成日期的題記。最終李應紹"捨頭身"，將帶有三人名字的這一部《大漢三年楚將季布駡陣詞文一卷》捨入佛寺。由此可見，田繼長和李應紹提供了物質保證，陰奴兒出力寫就此文獻，三人之間仍然屬於結構比較鬆散的雇傭勞動關係。這種買賣中，文獻本身是作爲商品出現的，祇有傳遞纔能實現其商品價值，幾經人手肯定會出現壞損，在傳遞過程中，經手人并不一定識字，不懂得保管和珍藏紙本書籍，也會造成損壞。

三、藏書

春秋戰國以降，藏書在官方與私人兩個層面開始流行。《戰國策·秦一》記蘇秦受挫之後"乃夜發書，陳篋數十"，乃知當時民間一般讀書人家中便收集有許多書籍。前提及《南唐書》記載："崇范雖婆，九經子史世藏於家。刺史賈皓就取之，薦其名不報，皓以己縑償其值。崇范笑曰：'墳典天下公器，世亂藏於家，世治藏於國，其實一也。吾非書肆，何估直以償耶。'却之。"① 又如唐代藏書家李泌，家中藏書達到三萬卷："鄴

---

① ［宋］馬令：《南唐書》卷十八《魯崇范傳》，中華書局，1985年版，第120頁。

侯家多書，插架三萬軸。一一皆牙籤，新若手未觸。"①

但是，私家所藏之書在閱讀和保存中都有可能造成損壞。所以宋代司馬光藏書特別注意保護：

> 溫公獨樂園之讀書堂，文史萬餘卷。而公晨夕所常閱者，雖累數十年，皆新若手未觸者。常謂其子公休曰："賈豎藏貨貝，儒家惟此耳！然當知寶惜。吾每歲以上伏及重陽間，視天氣晴明日，即設几案於當日所，側群書其上，以曝其腦，所以年月雖深，終不損動。至於啓卷，必先視几案潔净，藉以茵褥，然後端坐看之。或欲行看，及承以方版，未嘗敢空手捧之，非惟手汗漬及，亦慮觸動其腦。每至看竟一版，即側右手大指，面襯其沿，而覆以次指，面撚而挾過，故得不至揉熟其紙。每見汝輩多以指爪撮起，甚非吾意。今浮屠老氏猶知尊敬其書，豈以吾儒反不如乎？當宜志之。"②

可見宋刻本書籍家藏閱讀中有幾點必須注意：其一，多曝曬，以免蟲蛀由漿糊粘連的書腦部分；其二，注意放書處的潔净，不能有濕氣；其三，如果站立行走時讀書，必須注意書頁之下要有平整的方板承受，否則書頁容易褶皺、粘合處容易斷裂；其四，小心手上的汗漬容易污損、浸濕紙頁；其五，翻頁時不能隨意地用指甲尖銳處撮起，不然可能造成紙頁破裂。這幾點同樣適用於經卷裝或梵夾裝的唐代手寫本，敦煌文獻一類的唐代手寫本文獻大部分不存在書腦，但粘合處容易受蟲蛀、易斷裂的問題依然存在。

四、贈閱借閱

因當時書籍賴以生成的物質條件有限，古人讀書多爲借閱，且一部書往往爲多人借閱，或輾轉寄贈，幾經人手。贈書的記載最早見於《史記·留侯世家》：

> 良嘗間從容步游下邳圯上，有一老父，衣褐，至良所，直墮其履圯下，顧謂良曰："孺子，下取履！"良鄂然，欲毆之。爲其老，强

---

① 錢仲聯：《韓昌黎詩繫年集釋·送諸葛覺往隨州讀書》，上海古籍出版社，1994年版，第1272頁。

② [宋] 費袞：《梁谿漫志》卷三《司馬溫公讀書法》，學海類編本，1920年刊。又見《文淵閣四庫全書》，臺灣商務印書館，1986年版，第846冊第711頁上欄。

忍,下取履。父曰:"履我!"良業爲取履,因長跪履之。父以足受,笑而去。良殊大驚,隨目之。父去裡所,復還,曰:"孺子可教矣。後五日平明,與我會此。"良因怪之,跪曰:"諾。"五日平明,良往。父已先在,怒曰:"與老人期,後,何也?"去,曰:"後五日早會。"五日雞鳴,良往。父又先在,復怒曰:"後,何也?"去,曰:"後五日復早來。"五日,良夜未半往。有頃,父亦來,喜曰:"當如是。"出一編書,曰:"讀此則爲王者師矣。後十年興。十三年孺子見我濟北,穀城山下黃石即我矣。"遂去,無他言,不復見。旦日視其書,乃太公兵法也。①

這一則著名的"老人贈書"故事中,尤可注意的一點在於其所贈之書爲"一編書",即竹簡文獻,是有實體的書籍形式,而非口耳相傳無實體的文獻。

此後贈閱書籍的記載多見於史書,如《漢書》中賈誼、朱買臣、疏廣、陳湯、息夫躬、揚雄等傳記均有贈閱書籍的情節。

借閱更是當時書籍流通傳播最常見的方式之一,多數人借書就是爲了閱讀,有一些人借書還爲了抄寫,如袁峻"早孤,篤志好學。家貧無書,每從人假借,必皆抄寫,自課日五十紙,紙數不登則不止"②。《欽定四庫全書總目·五經圭約》記載:"超所述凡例,稱鳴玉食貧之時,借書撮抄,故不及詳載書名,理或然耳。"

借書中的損壞一方面是源於無意,也就是如前所述,紙本本身帶有容易被損壞的潛在因素,閱讀使用的次數越多,越會降低其壽命,故《顏氏家訓》教導子弟:"借人典籍,須加愛護,先有缺壞,就爲補治。"③ 晉代齊王司馬攸"好學不倦,借人書,必手刊其謬,皆治護,然後還之"④。"先有缺壞""皆治護",說明在借閱之前或閱讀過程中,書籍都可能損壞。這種損壞多半是前人借閱或者藏家本人閱讀或收藏時未加留心而致,

---

① [西漢] 司馬遷:《史記》卷五十五《留侯世家》,中華書局,1963年版,第2034~2035頁。
② [唐] 李延壽:《南史》卷七十二《袁峻傳》,中華書局,1975年版,第1777頁。
③ 王利器:《顏氏家訓集解》卷第一《治家第五》,上海古籍出版社,1980年版,第66頁。
④ [宋] 李昉等:《太平御覽》卷六百一十九引王隱《晉書》,上海古籍出版社,2008年版,第六冊第643頁。

如閱讀完不加收拾，"狼藉几案，分散部帙，多爲童幼婢妾所點染"①，造成卷帙分散、亂序、缺漏，或者被無知者亂塗亂畫，毀壞書籍。又如收藏時不注意濕氣、蟲蛀對紙本書籍的危害，而爲"風雨蟲鼠之所毀傷"，《南史·丘巨源傳》記虞和"居貧屋漏，恐濕墳典，乃舒被覆書，書獲全而被大濕"②，説明貧士中藏書爲風雨侵蝕的情況應該存在。所以顔之推舉江禄"讀書未竟，雖有急速，必待卷束整齊，然後得起，故無損敗，人不厭其求假焉"③，以這樣的例子告誡子孫借人書籍應認真愛護，這也從一個側面説明當時借閱他人書籍者必多有不加留心，造成書籍損壞的情況。

還有一些借閱者借書不還，有意造成書籍損失，特別是借閱大型書籍中某一卷帙却一直不歸還，就會對原書的完整性造成損害。《欽定四庫全書總目卷一百四十·字部五十·小説家類一》中列有"常山吕正獻之評曾南豐安簡借書多不還"一條。又宋米芾《書史》記載虞世南枕卧帖"嘉祐中爲太守沈遘借閱拆留"，失去了"秋深"第一帖。更有甚者不惜損毀書籍以泄私憤："李藩嘗欲編集李賀歌詩，所得甚富。聞賀有表兄，與賀筆硯之舊，因示之。其人甚喜，且請借閱，久之不還。李公屢索，乃曰：'素惡賀傲，嘗思報之。遺文已投溷中久矣。'賀文由是傳者少。"④

敦煌文獻中有大量佛經因爲常被請去供養和抄寫，也出現了散逸的情況，所以敦煌文獻中常見"乞經表"和點檢經書的記録。一些民間流通的書籍也有因互相借閱而逸失部分寫卷或者殘損部分内容的情況。

五、表演

敦煌世俗文獻中有一種比較特殊的爲表演預備的寫本，即説唱文學類文獻，包括詞文、故事賦、話本、變文、講經文（又含押座文、解座文）、因緣等類型。

---

① 王利器：《顔氏家訓集解》卷第一《治家第五》，上海古籍出版社，1980年版，第66頁。
② ［唐］李延壽：《南史》卷七十二《丘巨源傳》，中華書局，1975年版，第1769頁。
③ 王利器：《顔氏家訓集解》卷第一《治家第五》，上海古籍出版社，1980年版，第66頁。
④ ［宋］朱勝非：《紺珠集》卷十，《文淵閣四庫全書》，臺灣商務印書館，1986年版，第872册第479頁上欄。

據統計，"敦煌説唱作品，目前已知的有近二百多個抄本，八十多種作品（包括殘篇）"①，占敦煌世俗文獻的很大一部分。除《故圓鑒大師二十四孝押座文》有印本以外，現存的敦煌説唱文學作品基本爲手抄本，而且，"從文中大量出現的訛脱誤衍，俗書別字等情況看，大多是編成後的傳抄，或輾轉易手的重抄"②。所以，一般認爲它們是演出者的底本或稿本，部分爲愛好者的傳抄本。這些供説唱使用的文獻往往帶有塗抹改動的痕迹。在表演中使用的這種稿本式的敦煌世俗文獻，不但經常被使用者加上各種標記（如舞臺動作提示，或者改編、改寫的痕迹等），而且因爲經常翻閱，甚至很多時候要放在表演場合使用，其損壞程度也非常嚴重。

另外，早有學者指出現存的變文文本中，相同內容的不同寫本之間存在較大的差異，不僅詞句不同，在一些情節的詳略、取捨和細節上也有很大的出入，而造成這種差異的原因，在於我們今天所看到的文本并不是變文的"定本"，而是説講變文者的説講"底本"，講説人不一樣，則各本的用詞、用句甚至基本故事情節之間就會有差異。古代小説、戲曲中"世代累積"的特點在具有相似性質的敦煌變文、講經文中也有體現，因爲和變文類似的"所謂明代小説四大奇書《三國》《水滸》《金瓶梅》《西游記》并不出於任何個人作家的天才筆下"，因爲"它們都是在世代説書藝人的流傳過程中逐漸成熟而寫定的"③。流傳過程中的增減、説講環境和對象的變化、即興發揮等，都可能造成各個講説人"底本"的不同。那麼，我們現在所看到的同題或內容相似的幾個不同版本的敦煌變文，如《王陵變文》《舜子變》等，就有可能是根據相同故事敷演出來的不同書稿，也就是説每一版本就是一個特定作者的手稿本，他們可以在前人稿本的基礎上隨意增删改編，直至成爲自己比較滿意的寫本。這種對待前人稿本的態度也就使得改寫者可以經常在其中加上各種標記（如舞臺動作提示，或者改編、改寫的痕迹等），有時也會造成其損壞。

---

① 張鴻勳：《敦煌説唱文學概論》，臺北新文豐出版股份有限公司，1993年版，前言第2頁。
② 張鴻勳：《敦煌説唱文學概論》，臺北新文豐出版股份有限公司，1993年版，第139頁。
③ 以上二段均引自徐朔方《小説考信編》，上海古籍出版社，1997年版，第2~3頁。

第二節　古代修復中形成的殘片

在英、法、俄、中所收藏的敦煌文獻中，有不少均爲很小塊的碎片，"S.6981 以後的寫本較殘，大多數爲一兩尺長，還有許多只有巴掌大小，最後百餘件實際只有一個或半個字"①。這種只有數個字甚至半個字的小塊文獻，我們視之爲殘片。這些殘片大概來源於幾方面。首先，在因自然原因殘損形成殘卷的同時，肯定也會有殘損更爲嚴重的殘片，此點不說亦明。此處將要討論的是另外兩種比較特殊的殘片。

古人在使用敦煌文獻的過程中，會產生正常閱讀造成的殘缺，爲了再利用，古人會對這些有殘缺的文獻進行修復，即收集一些已經成爲碎片的文獻或者將一些不用的文獻剪切成小塊，再貼補到要重復利用的文獻的殘損處。之後，現代的整理者又把它們從上面揭除下來。而有一些古人還沒有來得及用於修復的殘片，只是按照收集來時的樣子放在一起。斯坦因在《契丹沙漠廢墟》中描述了他進入藏經洞時曾見過一些字紙碎片："我發現了許多雖小但又是仔細包裹著的袋子，包裹面裝的都是些聖典上掉下來的小殘片和絹畫上殘存下來的破片。"② 這兩種殘片也爲我們的綴合工作提供了大量的資料。

一、古人對敦煌文獻的修補工作

敦煌文獻流傳至今，大部分都經過了修復，這些修復工作有古人做的，也有近現代人做的。所以部分文獻的背面實際還有一些爲了修補正面內容的殘缺而被貼補在上邊的碎片，這些碎片有些是近現代研究整理者做文獻修復工作時留下的，而其中帶有字迹者，大部分都是古代人修補敦煌文獻所用。

愛護文獻是中國古代讀書人的常識，若不小心損壞，必須認真修補，

---

① 見榮新江《敦煌學十八講》，北京大學出版社，2001 年版，第 100 頁。
② ［英］斯坦因：《契丹沙漠廢墟》，轉引自王冀青《國寶流散——敦煌藏經洞紀事》，甘肅教育出版社，2007 年版，第 67 頁。

《顏氏家訓·治家篇》便教導子弟:"借人典籍,須加愛護,先有缺壞,就爲補治,此亦士大夫百行之一也。"①晋代齊王司馬攸"好學不倦,借人書,必手刊其謬,皆治護,然後還之"②。"科治""治護"其實就是修復。書籍的修補工作至遲到北魏已有非常先進的理念和技術了。賈思勰《齊民要術·雜説第三十》記載:"書有毀裂,酈方紙而補者,率皆攣拳,瘢瘡硬厚,瘢痕於書有損。裂薄紙如蘸葉以補織,微相入,殆無際會。自非向明,舉而看之,略不覺補裂。若屈曲者,還須於正紙上,逐屈曲形勢,裂取而補之。若不先正元理,隨宜裂斜紙者,則令書拳縮。"③

敦煌文獻也有被當時人修補、修復的痕迹。姜亮夫在《敦煌學概論》中談及敦煌文獻拼合問題時就曾指出,一些殘斷的卷子"有殘斷而爲後人補者、失真者",且"剛纔講補足的人,有同時代的,有异代的,有的甚至隔得很遠,比如有唐代的人補六朝的卷子"④。姜亮夫提出了早期敦煌文獻曾爲古代人綴合、綴補的觀點,只是他僅指出了這種情況存在的可能性,并没有提出確鑿的證據加以證明。

這種判斷得到了後來學者的認同和回應。先是王重民在研究中發現,《春秋後語·秦語》中有一種寫本是被貼在其他文書的卷背的:"此卷(指P.2702V)卷首殘闕,卷末題'孟説秦語中第二',存者約可得八十行。中間又割裂爲數段,張儀説趙肅侯一條,裝裱顛倒,陳軫對惠王數行,又間隔於卷末,蓋視作廢紙,用以襯托二七〇二號卷子者,殊令人惋惜不置。"⑤其中所提到的P.2702V,實際是幾個殘片,對於此卷的正面而言,它們是爲了修補正面文書,使其不致殘損而故意貼補在卷背的;但它們本身又是一件文書,雖被割裂,經過綴合後可以發現實際是《春秋後語·秦語》的一部分(雖然并不完整,中間又有間斷的情況)。這説明古人確實使用過一些古寫本、寫卷或殘片對另一些文獻進行了修復。

---

① 王利器:《顏氏家訓集解》卷第一《治家第五》,上海古籍出版社,1980年版,第66頁。
② [宋]李昉等:《太平御覽》卷六百一十九引王隱《晋書》,上海古籍出版社,2008年版,第六册第643頁。
③ [北魏]賈思勰:《齊民要術·雜説第三十》,見王雲五主編《萬有文庫》第一集,臺灣商務印書館,1930年版,第42頁。
④ 姜亮夫:《敦煌學概論》,《姜亮夫全集》(第十二卷),雲南人民出版社,2002年版,第333頁。
⑤ 王重民:《敦煌古籍叙録》,商務印書館,1958年版,第89頁。

後如施萍婷、鄭炳林等通過考察，認爲敦煌三界寺和尚道真曾收集古舊佛典抄本，留待以後修補或作爲修補材料，藏經洞正是他堆放這些抄本的地方①，那些碎片就應該是他用來修補佛典抄本的。

榮新江進一步補充了一條證據，即敦煌研究院藏 0345 號《三界寺見一切入藏經目錄》的題記，提出敦煌文獻曾經由道真進行早期修補。該題記曰："長興五年歲次甲午，六月十五日，弟子三界寺比丘道真，乃見當寺藏内經論部不全，遂乃啓顙虔誠，誓發弘願，謹於諸家函藏，尋訪古壞經文，收入寺（中），修補頭尾，流傳於世，光飾玄門，萬代千秋，永充供養。"② 據此他指出："藏經洞原本是歸義軍初期的河西都僧統洪䇝的影窟，大概是因爲距三界寺寺址較近，故此在十世紀中葉漸漸成爲道真收羅古壞經卷修補佛典的儲藏所，放置佛典殘卷和一些供養具。其中既有完整的藏經，也有絹畫、法器乃至殘經。在很長一段時間裹，它一直是由道真管理的。"③ 同樣的觀點又見於沙武田著《敦煌壁畫故事與歷史傳説》，其在文中又列舉《佛名經卷第十三》題記"沙門道真修此經，年十九，浴（俗）性（姓）張"④，以證明道真曾修補過藏經洞所藏佛經。

後林世田等通過對國圖所藏與道真有關的六個被修復的卷子進行修復痕迹的仔細辨認，得出結論："在敦煌古代衆多的修復者中，最有影響的就是道真。在敦煌文獻中，留下修復記載的，也只有道真。且據已有研究可知，現有至少 52 件寫卷可與其相印證。"⑤ 這說明對敦煌文獻進行修補者可能不止道真一人，確實，就數量龐大的敦煌文獻而言，以一人之力完成如此大規模的修補綴合似乎不太可能，文書上留存的痕迹也説明這些修補綴合應該不是一人一時所完成的。

現在貼補在敦煌文獻卷背的殘片數量極多，很可能是經多人多次修補後留下的痕迹。

---

① 見施萍婷《三界寺·道真·敦煌藏經》，《1990 敦煌學國際研討會文集·石窟考古編》，遼寧美術出版社，1995 年版；鄭炳林《晚唐五代敦煌三界寺藏經研究》，載於《西北第二民族學院學報》2002 年第 4 期。
② 又見於北京圖書館新 0329 號《見一切入藏經目錄》，内容基本一致。
③ 榮新江：《敦煌學十八講》，北京大學出版社，2001 年版，第 86 頁。
④ 沙武田：《敦煌壁畫故事與歷史傳説》，甘肅人民出版社，2009 年版，第 24 頁。
⑤ 林世田、張平、趙大瑩：《國家圖書館所藏與道真有關寫卷古代修復淺析》，載於《中國典籍與文化》2007 年第 3 期，第 31 頁。

二、收集來的零散碎片

斯坦因《契丹沙漠廢墟》述及："我發現了許多雖小但又是仔細包裹著的袋子，包裹面裝的都是些聖典上掉下來的小殘片和絹畫上殘存下來的破片。"① 他已認識到這些碎片是"神聖"的，因爲"按照當地的習慣，在地面上或者其他地方發現的每一小片書寫物，都應被撿起來并被放在一邊。毀壞那些書寫下來的文字，被視爲是不吉利的"②。

如其所述，中國民間確實普遍存在對文字、字書、字紙乃至紙張的崇拜現象，這是出於對知識和文化的一種尊敬，而這也是促成敦煌文獻中的"每一小片書寫物"均不能被輕易丟弃的原因之一。

北齊顏之推《顏氏家訓·治家》以自身經歷告誡子孫："吾每讀聖人之書，未嘗不肅靜對之。其故紙有《五經》詞義，及賢達姓名，不敢穢用也。"③ 所謂"不穢用"，就是不用在不尊敬的場合，唐代道宣《教誡新學比丘行護律儀·上厠法》就明確規定僧徒如厠"不得用文字故紙"④。敦煌文獻 S.2073《廬山遠公話》言："於大内，見諸宫常將字紙穢用茅厠之中，悉嗔諸人，以爲偈曰：'儒童説五典，釋教立三宗。視禮行忠孝，撞遣出九農。長揚并五策，字與藏經同。不解生珍敬，穢用在厠中。悟滅恒沙罪，多生懺不容。陷身五百劫，常作厠中蟲。'是時大内因遠公説偈，盡皆修福。"將俗家文書與"藏經"均視爲神聖之物，一旦將字紙"穢用"，便會有報應。

"字紙不可穢用"的民間風俗往往和因緣果報觀相聯繫，發展到極致而成爲一種迷信。《太平廣記》記載宋代京師尼智通還俗後，將爲尼時的生絹所制《無量壽》《法華》等經"悉練搗之，以衣其兒"，結果肌體壞爛，痛苦不堪，"常聞空中語云：'壞經爲衣，得此報也。'旬餘而死"⑤。若此則材料還可能與不敬佛法而受果報相關，大概成書於南宋前的《太

---

① ［英］斯坦因：《契丹沙漠廢墟》，轉引自王冀青《國寶流散——敦煌藏經洞紀事》，甘肅教育出版社，2007年版，第67頁。
② 王冀青：《國寶流散——敦煌藏經洞紀事》，甘肅教育出版社，2007年版，第66頁。
③ 王利器：《顏氏家訓集解》卷第一《治家第五》，上海古籍出版社，1980年版，第55頁。
④ 道宣述：《教誡新學比丘行護律儀》，《大正新修大藏經》第45册，第873頁a欄。
⑤ ［宋］李昉等：《太平廣記》，中華書局，1961年版，第800頁。

上感應篇》卷二十三記載，王曾（沂公）之父"每遇故紙必掇拾，滌以香水收之"，後得孔子托夢，言"當遣曾生來生汝家"，果然晚年得子，"因以曾字名之，竟以狀元及第，官至中書侍郎門下平章事"①。這是敬惜字紙得善報的典型例子。在明清時期的筆記中，類似故事極多，此不贅述。

　　正是在逐漸的規定强化和風俗演化中，對傳承知識文化的字書的尊敬漸漸演變爲對帶字之紙的崇拜。民間常有"祭書"之俗，以焚香酹酒的形式對字書進行祭拜；宋代以後還修築了大量"惜字亭""惜字宮""字庫塔"，將被視爲神聖之物的字紙恭敬地焚化，至今一些古場鎮如四川的崇州、洛帶等地仍可見保存完整的"字庫塔"。佛教徒更爲珍惜廢舊佛經，許多佛塔塔基中央部分均留有小室，專門用來存放廢舊佛教典籍，敦煌藏經洞的性質也許正屬此類，故桑良至甚至認爲敦煌石窟可能是全國最大的"惜字林"②，在藏經洞中出現大量"聖典上掉下來的小殘片和絹畫上殘存下來的破片"便不足爲奇。

　　正是這些被珍視而未被丟棄的字紙碎片提供了早期用於綴補敦煌文獻的部分材料，S.6806 便是最爲典型的例子，其紙頁上貼補了一塊殘片，四周都有自然形成的殘損，内容爲包括"唐文殊""王順"等姓名的《差科簿》。這部分用來修補的帶字殘片可能就是道真等人從敦煌各寺收集而來最後存儲在藏經洞中的，部分已經用於古人修補敦煌文獻，部分未曾使用，成爲斯坦因所見到的"雖小但又是仔細包裹著的袋子"所包裹的"聖典上掉下來的小殘片和絹畫上殘存下來的破片"。這些包裹在袋子中的碎片，進入各收藏地後，大多未經整理拼合，直接編號，《英藏》《俄藏》較靠後的幾册圖版所收很多碎片都是此類。

三、剪取的殘片

　　古人在修補敦煌文獻時，若殘破處太大，可能要用到較大的甚至是整頁的廢舊文書，王重民所提到的《春秋後語》的三個綴補在 P.2707 後的

---

　　① ［明］張宇初、張宇清等：《正統道藏》，臺北新文豐出版公司，1977 年版，第 46 册《太上感應篇》，第 163 頁下欄。
　　② 參見桑良至《中國古代的信息崇拜》，載於《北京大學學報》1996 年第 3 期，第 81~86 頁。

殘片就屬於此類；若收集到的殘破文書中本就有一些比較小的殘片，其大小又正好和需要修補的破損處吻合，他們就直接將殘片貼補在破損文獻的背面，經過這樣修補的敦煌文獻有很多。

還有一種情況，即若需要修補的殘破處比較小，而收集品中又沒有合適的小殘片，則可能將一些完整的廢舊文獻或較大的殘片剪成大小合適的殘片貼補在有破損的地方。如對國家圖書館所藏《金光明最勝王經》的古代修復痕迹進行調查時，就發現 BD.000068《金光明最勝王經》卷四背面有多塊補紙，其中第一、二、三塊補紙是同一抄本的《佛名經》，第一塊補紙内容爲《佛名經》卷一，用的是其中一整頁紙的上半頁，長度爲47釐米（一紙之長度），高爲15釐米（相當於一紙之一半的高度），裱補在《金光明最勝王經》第一紙及第二紙的下半部分。第二、三塊補紙爲從《佛名經》上豎切下來的兩個長紙條，爲一個烏絲欄的寬度，長度爲29.5釐米（這也説明第一塊補紙整頁的高度應該爲29.5釐米左右），内容亦爲《佛名經》卷一。這説明在修補《金光明最勝王經》時，修補者曾根據殘損處的大小情況，將用於修補的廢舊文獻裁成合適的大小後纔進行修補。①

同樣的痕迹在敦煌文獻中還可以發現很多。所以，有一部分用於綴補的材料可能不是被收集起來的紙片，而是基於補綴其他文書的目的，專門從單頁紙張上剪取下來的碎片，有一些用於補綴其他文書的碎片上并無字，而有時這種單頁紙張本身是有字的文書，可以依據内容的聯繫將這些碎片拼接綴合起來。

（一）從某一文書上取下有字碎片貼補在其他文書背面的情況

有字碎片貼補在其他文書上的情況非常多，此處僅列舉比較特殊的碎片本身可綴合的情況，因爲這些本身可綴合的紙片可以證明它們最初本不是被收集起來的殘片，而是某件文書的一部分。正如王重民曾指出的，P.2702卷子背面是被割裂爲數段的《春秋後語·秦語》，本身可以綴合成爲《春秋後語·秦語》一部分（雖然并不完整，中又有間斷的情況）；而對於此卷的正面而言，它們又是爲了修補正面文書，使其不致殘損而貼

---

① 參見林世田、薩仁高娃《國家圖書館藏敦煌寫本〈金光明最勝王經〉古代修復簡論》，載於《敦煌研究》2006年第6期，第183~191頁。

補在卷子背面的殘片。

　　類似情況在英藏敦煌文獻中亦可以得到印證：

　　S.32V 定名爲《殘片（僧奴狀）》，從圖版看似是從其他文書上剪下的四個小紙片粘補在背面，這四個小塊中三塊有字，從字迹和内容上看應爲同一件文獻上剪下來的。

　　S.2746V 共有七個殘片，字迹相似，内容均屬各種物色的收支賬目，同屬某寺的《斛斗破曆》。

　　S.3111V《大業五年（609）六月十五日隊副賈宗申槊弓箭賬牒》（1、2）、《隸古定尚書（大禹謨）》（3、4），本爲四個殘片，但第一個和第二個殘片實際可以綴合，第三個和第四個殘片可以綴合。

　　S.4309V《張瓊俊爲亡考設齋請僧疏》，本身就是一個内容較完整的殘片。

　　S.4761 正面爲《書儀》，背面有從其他文書上撕剪下來的三個殘片粘補，其中前兩個殘片同屬一件《社司轉帖》，可以綴合。

　　還有一個明顯的例子能够説明古人曾將一些廢弃的有字文書剪切成數個小殘片用於修補其他他們認爲有用的文書，那就是 S.6424，此卷背面有多個有字或無字小紙片貼補的痕迹，將這些有字的小紙片簡單拼合以後可以得到《乾德六年（968）社官陰乞德録事陰懷慶請鑌（賓）頭爐（盧）波羅墮和尚疏》《社官陰性恩録事陰懷慶請鑌（賓）頭爐（盧）波羅墮和尚疏》《開寶八年（975）十月兄弟社社官陰幸恩等請鑌（賓）頭盧波羅墮和尚疏》三個比較完整的文書，其中《開寶八年（975）十月兄弟社社官陰幸恩等請鑌（賓）頭盧波羅墮和尚疏》完全不缺字，《乾德六年（968）社官陰乞德録事陰懷慶請鑌（賓）頭爐（盧）波羅墮和尚疏》《社官陰性恩録事陰懷慶請鑌（賓）頭爐（盧）波羅墮和尚疏》有少量的字缺損，且可以看出缺字處實際是另一些被剪下的小紙片，這些小紙片可能用於修補其他文書了，也可能是因爲使用了無字的一面向上有字的一面向下貼補在 S.6424 卷背，所以被當作那幾個無字的小紙片，若將這些無字紙片揭下翻轉過來，可能會有所發現。

　　又，S.343V$_6$《大唐皇帝述聖記》+《進譯經表》中的《進譯經表》非常有意思，這一個文書上倒數第六至十五行有一小片紙可以看出是從别處剪下補粘於此，内容如下：

（第一行實際是添補前一行非此紙片上的紙頁上的文字，添補完整後作"性三種欝無性以訐"）

之士猶希渠質況乘（添補前一行非此紙片上的紙頁上的文字，添補完整後作"杯"字）

（此行比前兩行高二字左右，後七行同）觀世音菩薩福不唐捐

是故眾生皆應受持

觀世音菩薩名號

無盡意若有人受持

六十二億恒河沙菩薩

名字復盡形供養飲

食衣服臥具醫藥

圖版如下所示：

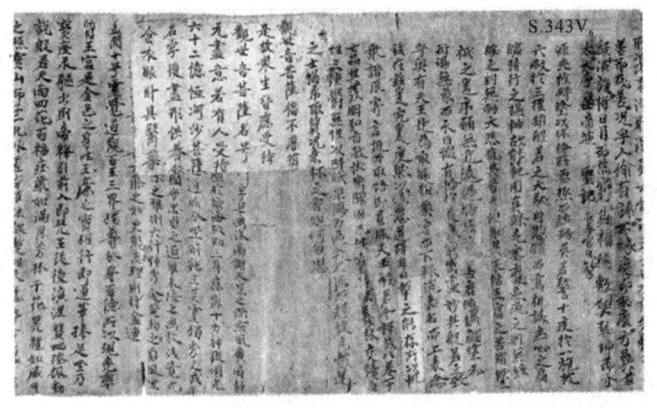

圖 2-1　S.343V 局部

此紙片後七行之下明顯是粘貼住了原寫於紙頁上的文字。此紙片上的內容大部分與觀世音菩薩相關，與本頁此紙片以下的其他內容無涉。但值得注意的是，該紙片前兩行與其前內容是相關的，而且可以看出，是特意添加到紙片上的，字迹雖不明顯，但仔細辨別後可以發現它們與原來紙頁上的字還是有一定區別的。猜想此紙片不是空白紙片，原來有部分字迹，被貼於此後，後在有空白的地方添補上了之前被遮蓋住的部分內容。應爲 S.343 的正面第五張照片相對應處有破損（估計是被撕開了）而補粘，故此卷子背面的內容應晚於正面內容寫成的時間。有意思的是，就在 S.343 的背面，我們還可以看到兩個用其他紙片貼補在背面，而相對應的正面被

貼補處正好是裂開的地方，它們是 S.343V$_6$ 上的第十二行文字下半部分 "擊之能存所以軌" 七字所在紙片，和 S.343V$_4$ 倒數第十三至倒數第十一行文字的上部分的三段文字：

  蓋聞二義有像（實心點號句讀）顯覆載以含生（實心點號句讀）四時（后寫在原紙頁上，作 "無形 [實心點號句讀] 潛寒暑以"）

  化物（實心點號句讀）是以窺天鑑地（實心點號句讀）庸愚皆識（添補其下非此紙片上的紙頁上的文字，添補完整後作 "其" 字，后寫在原紙頁上，作 "端 [實心點號句讀] 明陰洞陽 [實心點號句讀] 賢"）

  哲罕窮其數（實心點號句讀）然而天地苞乎陰（添補其下非此紙片上的紙頁上的文字，添補完整後作 "陽"）

圖版如下所示：

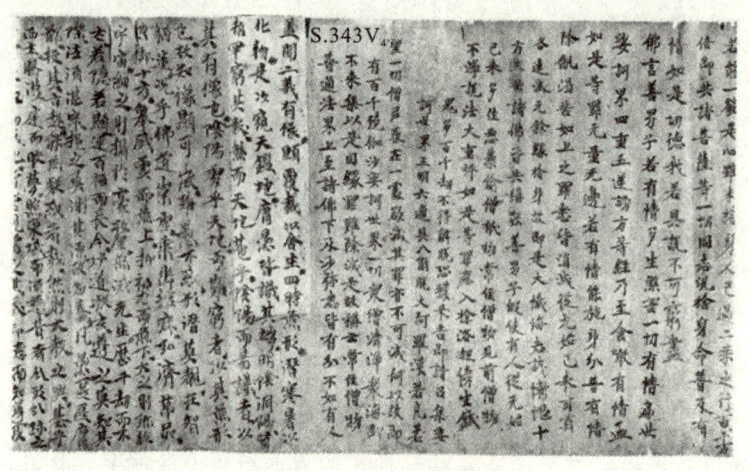

圖 2-2　S.343V 局部

將此紙片與原紙頁上的文字拼合后此段內容實應作："蓋聞二義有像（實心點號句讀）顯覆載以含生（實心點號句讀）四時無形（實心點號句讀）潛寒暑以化物（實心點號句讀）是以窺天鑑地（實心點號句讀）庸愚皆識其端（實心點號句讀）明陰洞陽（實心點號句讀）賢哲罕窮其數（實心點號句讀）然而天地苞乎陰陽。"所以，S.343 的背面實際上有三個從別的地方上剪切下的紙片綴補，其中一個為有字紙片，另兩個為無字紙片，而且都添補上了字，并與原紙頁相結合，使原紙頁的內容沒有因被後貼補的紙片而損壞其完整性（S. 343V₆倒數第六至十五行的紙片則損害了原文書的完整性，因爲它的後七行將其下的內容遮蓋住了）。

又 S. 6349 也有類似的情況，此卷殘損已經非常厲害，紙頁中間有多處出現了破裂、裂紋和殘缺。正面爲《易三備》卷二、卷三，背面本無文書，正反面均可見多個紙片綴補的痕迹。這些紙片大部分是空白無字的，但是正面第一張照片顯示上方有一塊紙片是將有字的一面貼在頁面紙背上，所以有右轉90°的"☒（水?）方☒"三字從正面破損處顯露出來，非常有意思；第七張照片上顯示有一塊紙片是將無字的一面貼在頁面正面上，有字的一面則可以看到（或者兩面都有字），有字的這一個紙片上寫有"周易"二字。又正面有一些紙片的綴補直接將一些正文的字迹貼住了，説明殘損實在太厲害。背面第二張照片則顯示，除大部分無字紙片以外，有一塊紙片是將無字的一面貼在頁面紙背上，有字的一面則可以看到（或者兩面都有字），有字的這一個紙片上寫有佛號"南無大慈大悲觀世音菩薩""南無阿閦佛"兩行及"學郎詩"一行："我有一片心，價直萬兩金。"從内容看應該屬於雜寫。

類似的情況還發生在 S. 9500V 上，此卷《英藏》編者擬名爲《十二時（法體）》和雜寫，圖版所顯示的該卷號確有兩種内容，一是正寫的"十二時"，共十四行（下半行殘缺）；一是倒寫的兩行雜寫，字作"寶塔表慈育於含☒（靈）/☒（妙?）蘗☒（收?）得"。值得注意的是，兩行雜寫并非寫在"十二時"所在的紙頁上，而是寫在另一塊上部完整下部殘損的紙片上，此紙片又貼補寫在了"十二時"所在紙頁的最後部分，粘合處有明顯的痕迹。而紙片與紙頁粘合的地方又出現了類似 S. 343V₆第六、七行那種一行字一部分寫在原紙頁上，一部分寫在後來粘補的紙片上的情況。仔細辨認還可以發現，S. 9500V 寫有雜寫兩行的貼補用殘紙片所粘住的原紙頁上是有文字的。由此我們可以推測，S. 9500V 寫有雜寫兩行的貼補用殘紙片是用來修補 S. 9500V 正面的殘缺，殘紙片本來有字，貼補在 S. 9500V 上後，又在空白的地方補寫了被貼補遮蓋了的"十二時"的部分内容。其圖版如下所示：

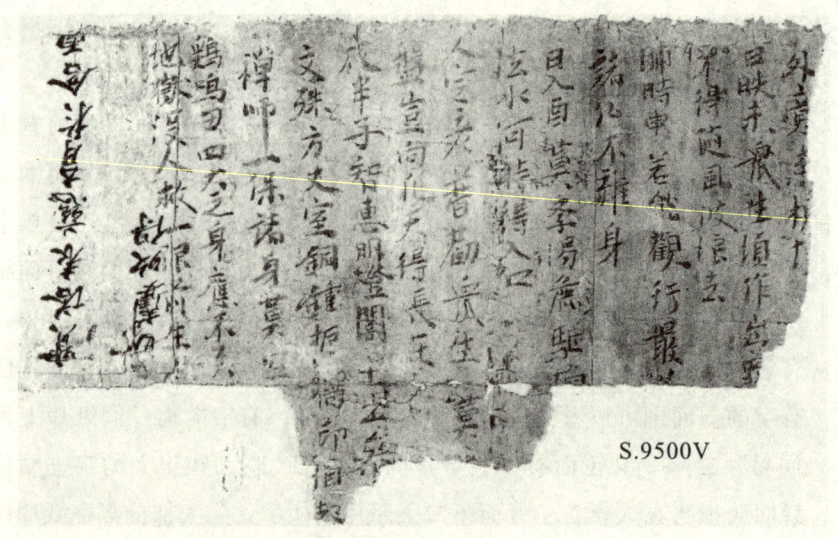

圖 2-3　S.9500V

　　此外，在英藏敦煌文獻中，我們還可以看到一些并非綴補在卷子背面但形狀非常規整的殘片，如自 S.5522 至 S.5527，每一個卷號的文獻都呈紙條狀，每一個紙條上僅有一至兩行字。很難説在這樣狹小的紙片上書手能够自如地寫下内容，它們更像是從某一個書寫完畢的文書上剪切下來的紙條，從存在的形態來看似乎還經過了精心修剪。而它們之所以要被如此小心地剪下來，很可能就是爲了準備好被貼補在一些有殘損的卷子的背面。這種特意從某些文書上取下來的紙片又被貼補在其他文書之上，充分説明了被綴補文書的重要性。

　　（二）從某一文書上取下無字碎片粘補在文書背面的情況

　　翻閲圖版，我們不難發現有一些文獻的邊角留有空白，而很多這種空白的卷面又被小心翼翼地撕下或剪下了一塊。如 S.986，卷尾部頁面下部分被裁剪掉一塊空白的正方形紙頁。S.1588《嘆百歲詩》，卷前頁面上部分一角似被撕去，但不影響文字，應是一空白紙片。S.3876 最前面在"釋門法律（小字）慶深"下剪切掉一塊無字長方形紙片。S.3326《雲氣雜占》，卷後左角缺一角，所缺處空白不影響内容，似是被撕下了。S.3876《乾德六年（968）九月法律慶深買舍請判憑牒》，最前面在"釋門法律（小字）慶深"下剪切掉一塊長方形空白紙片。S.4438《十恩德》，卷末被撕下一小塊呈長方形的紙片，但似未影響内容，應爲空白紙片。S. 4634《大乘五更轉》等，最後有一似無字空白紙條被剪切下來。又如 S. 4453《淳化二年（991）十月八日歸義軍節度使下壽昌都頭等依例看侍防援兵將并官車牛帖》，卷末有一塊似被撕下來，但并未影響内容的完整性，故應該是一塊空白紙片。S. 4634V《陰陽書》（其實是該卷號上的第三個文書）的最後，也有一塊無字的空白紙片似被剪切下來。

　　這些空白的小紙片到哪兒去了呢？我們可以從一些文獻的背面發現它們的蹤迹。S. 620 爲《解夢書》，從圖版看，此文書已經有不少裂痕，所以在其背面上有多個紙片貼補在正面裂痕相對應的地方，這些紙片正是空白無字的。此種情況又見於 S. 1386《孝經一卷并序》、S. 1586《論語集解卷第二》（里仁）、S. 2092、S. 3048《丙辰年東界羊籍》、S. 3074《高僧略傳》（康僧會、鳩摩羅什、竺道生、法顯、佛圖澄）、S. 4696《論語集解》（學而篇第一、爲政篇第二）、S. 6349《易三備卷二卷三》、S. 6424 等卷號的背面。

　　而前所述及的 S. 343V_6 上的第十二行文字下半部分"擊之能存所以軋"七字所在紙片，和 S. 343V_4 倒數第十三至倒數第十一行文字的上部分也應歸入這種情況，只是後來在空白的紙片上又添補了文字而已。

　　這些空白無字的紙片很可能是從一些寫本未用完的紙頁部分上撕剪下來的，否則很難解釋爲什麽會有那麼多被取下來的無字紙片。

（三）本粘貼在文獻背面被後人揭下來的殘片

　　上述這些被貼補在文獻背面的殘片，本身有又被揭下來的。榮新江曾提到，"另外，S. 編號的寫本原來只有 8000 餘件"[①]，這從翟斯理編目爲 G. 1~8102 號也可以看出來，但是榮新江又指出，"近年來，英國圖書館修復部又陸續從敦煌絹畫、寫經、經袟等已編號文物或文獻上，揭除許多殘片，在總編號後順序增加，截止到 1991 年 8 月我離開倫敦時，已編到 13677 號"[②]。又"斯坦因的《西域考古圖記》第四卷圖版 C 上，還可以見到背面的裱紙（Serindia, IV, pl. C.）露出字的那片後來被揭了下來，據羽田亨先生的記録，就是提到'河西諸州蕃渾嗢末羌龍狹雜'的 Ch. 936 號文書，這件後來又被編作 S. 5697 號，説明英國圖書館是把揭下

[①] 榮新江：《海外敦煌吐魯番文獻知見録》，江西人民出版社，1996 年版，第 14 頁。
[②] 榮新江：《海外敦煌吐魯番文獻知見録》，江西人民出版社，1996 年版，第 15 頁。

來的殘片放在 S 編號的後面繼續編號，S. 8400～13677 編號間的殘片幾乎都是這樣來的"①。據此，這類殘片的數量就有約 5000 個卷號之巨。

四、看似殘片的非殘片

需要説明的一點是，有一些看似殘片并不是殘片。古人所做的修復，如前所舉道真的工作，他所使用的材料，部分就是從各地蒐集而來的殘片和殘卷，"例如道真補經，只能四處募集廢紙，諸如：過期的地契、合同、公文、告示、檔案，以及缺頭斷尾的佛經"②。

但今人所做的修復則另當別論。衆所周知，在敦煌文獻流出的最初曾被當作文物進行買賣和收藏，而這些收藏買賣的大部分是書寫比較精美的經卷，所以往往采用傳統的裝裱手卷的方式進行修復，具體的做法一般是先將文書（一般爲寫卷）的上下方裁切齊整，寫卷比較厚的還需要揭薄，然後或在寫卷背面托裱一層其他的紙或不托裱，再在經卷前後分别加上别紙或絲織品的引首、拖尾，然後捲起收藏。其中在卷背用另紙進行托裱的經卷，往往有背面本有字迹却被覆蓋的情況。

在敦煌文獻入藏英、法、俄、中各圖書館、博物館後，曾有專門人員對其進行綴合、綴補一類的修復工作。如英藏敦煌文獻共經過了 20 世紀 20 年代、60 年代後期、70 年代和 90 年代四次大規模系統的修復。前三次修復雖然各有側重，但基本都沿用了在原寫本背面加紙的做法，只是紙的厚薄、色澤、質地及與原寫本的粘合度不同而已，依然存在將卷子背面原有字迹遮擋的情況；90 年代末則使用了新方法，"弃置了裝裱手卷的先鑲後裱的傳統方法，全部采用局部修補的方法，即只在殘缺的部位經行多層粘補或沿著卷子有缺口的地方粘貼補紙"③。這種在原卷殘缺處背尾碼補小紙片而不覆蓋原卷紙背的修補方法比較可行。

可見，在近現代對敦煌文獻的修復中，大多有覆蓋卷子背面内容的情

---

① 參見榮新江《英國圖書館藏敦煌漢文非佛教文獻殘卷目録》，臺北新文豐出版股份有限公司，1994 年版，第 26～29 頁；又參見榮新江《敦煌學新論》，甘肅教育出版社，2002 年版，第 20～21 頁。

② 林世田、薩仁高娃：《國家圖書館藏敦煌寫本〈金光明最勝王經〉古代修復簡論》，載於《敦煌研究》2006 年第 6 期，第 190 頁。

③ 張平：《英國倫敦圖書修復印象》，載於《北京圖書館刊》1999 年第 1 期，第 75 頁。

况。實際上，這些書寫於卷背的內容，有一些是非常重要的。爲了使寫在原書寫於卷背的字迹、文書等重新顯露出來，研究者采用了將原托裱的紙張挖開的做法。郝春文指出："如所周知，不少敦煌文獻在當時被時人修補過，修補的辦法之一是往破裂或有漏洞的地方粘貼廢紙，有的廢紙上有文字。敦煌文獻入藏英國博物館後，收藏者曾經采用的修復辦法之一是給一些殘破的文書背面裱紙，如果這件文書的背面有字，就把字露在外面。從現在的圖版上看，這種修復時露在外面的字與古人修補的紙條很難區分"。① 所以，從四川人民出版社出版的《英藏敦煌文獻（漢文佛經以外部分）》的圖版來看，一些像是貼補於卷子背面的殘片的文書，實際上并不是殘片，而應該是書寫在卷背的文字。

不過修復時造成的字迹外露類似於綴補紙片的情況其實還是可以辨別的，一類是那些卷背類似於早期綴補的痕迹，但被英藏整理者定名爲"雜寫"的，因爲定名爲"雜寫"説明整理者已確定它們并非殘片，如 S.19（正面爲《失名算經》，背面爲雜寫）、S.161（正面是《禮懺文》，背面是定名爲"雜寫"的殘片）；一類是雖未定名，但實際是與正面卷子相接續的內容，這從字迹、內容和形式上都能看得出來，此類如 S.4461（正面爲《園地計簿》，背面未定名，看似是殘片貼補，但從字迹上可以辨認出它實際是接續正面內容的）、S.5405（正面爲《顯德二年（955）八月福慶和尚邈真贊》，背面未定名，看似是殘片貼補，但從字迹上可以辨認出它實際是接續正面內容的）。我們將這些情況排除，仍可以得到若干確定是綴補在文書背面的殘片。

再如法、英等國所保存的部分文獻，有不少因保存不當造成的破損毀壞情況，而部分絹畫和寫經背面上原有一些帶文字的殘片，又曾被人爲剝落，這些殘片本屬於編好號的文物或文獻，剝離後又重新編號。現代敦煌文獻的標號均按照一份一號進行，這樣完整的文書、殘損的文書和有數行字甚至只有一個字、兩個字不可辨認內容的殘片均有單獨編號，統計數量時按卷號進行。大量殘卷、殘片的出現就大大增加了後一時期的統計數值。

---

① 郝春文：《英倫研讀敦煌文獻札記——研讀原件對全面整理、研究敦煌文獻的意義》，載於《敦煌研究》2000 年第 2 期，第 98 頁。

無論是古人爲修補敦煌文獻收集、剪切得到的殘片，或是今人從被修補文獻上剝離的殘片，實際都構成了我們今天所說的殘卷、殘片，它們殘缺不全但又有綴合的可能性。

第三節　古代紙張再利用中造成的殘斷

前已提及，敦煌造紙術的發展較中原地區更爲落後，直至吐蕃統治時期和歸義軍統治時期，紙張依舊匱乏，"所以佛寺往往把廢弃的唐朝官文書收集起來，用背面抄經"①。"一般佛寺和民眾所用的紙，往往是十分粗糙的紙或者背面已經寫了字的紙。"② 古人利用單面書寫的文書空白的背面書寫其他文書，使得某一編號的文獻正背面皆有內容是敦煌文獻中常見的情況。

所謂紙張的正面和背面，其實并無定論，敦煌文獻中某一編號者的正背面實際是人爲確定的。一般認爲先寫就的文書或者比較正式的文書所在的一面是紙頁的正面，反之則爲背面，但是敦煌文獻整理者在編號時因對文獻時間的確定受條件的限制，所以對正背面的確定亦有一些錯誤，學者多有糾謬，此不贅述。

敦煌文獻中利用文書空白背面書寫者其實又分爲兩種情況：一爲利用單頁紙張空白背面書寫較爲簡短的文書，二爲利用較長的紙頁（多爲多張紙頁粘合而成）的空白背面書寫較長的文書。

S.276，正背面雙面抄寫，一面抄《具注曆日［癸巳歲（933）］》，另一面編號 S.276V 者抄《付法傳》+《靈州史和尚因緣記》+《佛圖澄羅漢和尚讚》+《雜寫（羅什法師讚等）》。其中 S.276V 所抄四個文書中，前三個字迹行款一致，使用的是楷書，明顯出於同一人之手，而《雜寫（羅什法師讚等）》爲行草，且第一行與前一文書末行明顯分別寫在兩張不同的紙頁上，前一紙頁末和後一紙頁首均有裁剪過的痕迹，兩個紙頁之間有粘合的痕迹；《具注曆日［癸巳歲（933）］》第 23 行（起

---

① 榮新江：《敦煌學十八講》，北京大學出版社，2001 年版，第 345 頁。
② 榮新江：《敦煌學十八講》，北京大學出版社，2001 年版，第 345 頁。

於"四月",止於"乙庚上取土及麵□□造吉")正處於該兩張紙頁的粘合處,但從圖版看,該行字是紙頁粘合之後纔寫的,所以部分處於前一紙頁,部分處於後一紙頁。所以 S.276 正背面的關係應該是先寫成 S.276V 的內容,然後將《付法傳》+《靈州史和尚因緣記》+《佛圖澄羅漢和尚讚》+《雜寫(羅什法師讚等)》所在的紙頁粘合在一起,之後纔利用其背面的空白紙頁抄寫的《具注曆日〔癸巳歲(933)〕》。

類似的情況在敦煌世俗文獻中多有出現,如 S.381,一面抄《唐京師大莊嚴寺僧智興判》+《鳩摩羅什傳》+《龍興寺毗沙門天王靈驗記》+《鳴鐘振響覺群迷詩》,一面則抄《僧威信等祭審(嬸)文》+《己卯〔年〕十二月廿四日僧惠繹等祭表姊什二娘文》+《丁亥年五月十五日僧常惠等祭姊文》,驗其圖版,應是先抄《唐京師大莊嚴寺僧智興判》等,將四個文書所在的紙頁粘合後抄寫另一面的《僧威信等祭審(嬸)文》等三個文書。S.1441,一面抄《勵忠節抄》,另一面抄《文樣》(《二月八日文》《患難月文》《維摩押座文》《鹿兒讚文》《印沙佛文》《燃燈文》《爲亡人追福文》等)(V1~V4)+《雲謠集雜曲子共三十首》(V5~V9)+《優婆夷舍家學道》(V10~V12)+《文樣》(《慶陽文》《讚功德文》《慶經文》《願文》《患文》《難月文》《亡母父文》等)(V13),驗其圖版,應是將《文樣》等所在的紙頁粘合在一起,利用另一面空白長紙卷抄寫的《勵忠節抄》。

以上基本是雙面內容均爲俗世文書的情況,亦有將幾個俗世文書所在紙頁粘合後利用背面空白抄寫佛經者,如 S.1475,一面抄寫《大乘稻芉經隨聽疏》,S.1475V 則是《申年五月趙庭琳牒及判文二通》(V1)+《〔申年〕五月廿三日社司轉帖》(V2)+《申年五月社人王奴子等牒》+《西年三月一日下部落百姓曹茂晟便豆契》(V3)+《未年十月三日上部落百姓安環清賣地契》(V4)+《寅年正月廿日令狐寵寵賣牛契》(V5)+《酉年十一月行人部落百姓張七奴便麥契》(V6)+《殘契、某年四月十五日沙洲寺户嚴君便麥契》(V7)+《某年二月十四日靈圖寺僧神寶便麥契》+《某年四月廿二日靈圖寺人户索滿奴便麥契》(V8)+《某年二月一日靈圖寺僧義英便麥契》(V9)+《某年三月廿七日阿骨薩部落百姓趙卿卿便麥契》+《某年三月廿七日當加(家)人使(史)奉仙便麥契》+《某年三月六日靈圖寺僧神寂便麥契》(V10)+《某年三月六日靈圖寺僧惠云便麥契》+《卯年二月十一日阿骨薩部落百姓馬其隣便麥契》（V11）+《卯年四月十八日悉骨薩部落百姓翟米老便麥契》（V11）十七個文書的集合，這十七個文書字迹行款完全不同，有一些是後來寫在頁面空白處的雜寫，而且每一文書彼此之間都有明顯的裁剪過後粘合的痕迹，以致部分文書造成了殘缺，如《酉年十一月行人部落百姓張七奴便麥契》之後的幾個文書頁面上部都有被裁剪過的痕迹，幾乎每行的首字均缺少字頭；這十七個文書所在的頁面下部亦被裁減過，每行的末尾均缺數字（但各文書所缺字數并不相同）。一些文書之間還存在因粘合處重疊了部分文書的內容而損害文書完整性的情況，如《申年五月社人王奴子等牒》的末行"☐代"就被《酉年三月一日下部落百姓曹茂晟便豆契》所在紙頁的紙頭粘住，使部分字迹壓在後一紙頁下方無法辨認；《某年三月六日靈圖寺僧惠云便麥契》末行"惠云年卅"之後應該還有內容，從圖版可以隱約看出部分字的殘筆畫，但是其後却緊接《卯年二月十一日阿骨薩部落百姓馬其隣便麥契》的開端"☐年二月十一日阿骨薩部落百姓馬其隣爲☐/☐糧種子"，可見《某年三月六日靈圖寺僧惠云便麥契》的部分內容可能在粘合的時候被《卯年二月十一日阿骨薩部落百姓馬其隣便麥契》所在紙頁的開端壓住，或者《某年三月六日靈圖寺僧惠云便麥契》的部分內容殘缺或者被裁減掉了。正面的《大乘稻芉經隨聽疏》沒有殘缺，驗其筆迹應爲一人寫就，內容比較完整，紙頁粘合的地方也沒有寫成之後纔粘合的情況。很明顯，該編號中《申年五月趙庭琳牒及判文二通》等文書應該先寫成，進行過裁剪粘合處理，成爲長寬合乎要求的長卷之後，將紙卷空白的背面又用來抄寫《大乘稻芉經隨聽疏》。這一例子也說明，在利用多個文書粘合後的空白紙頁抄寫其他內容時，被粘合的文書很可能會造成殘損。

這一現象在另一實例中更爲明顯：S.2506（2）、P.2810（1）、S.2506（1）、P.4073、P.2810（2）、P.2380幾個卷子，正面爲開元廿七年《文子》抄本，背面則爲《唐代殘史書》。通過對這幾個殘片的綴合，我們可以發現，抄寫者并不是先抄完一面，再用另一面抄寫其他文獻，而是"開元廿七年抄寫的《文子》的背面被貞元四年或更晚的人用來書寫'大事記'，而此前原卷就已分裂成大小不等的若干片，也許是書寫者的主觀行爲，或許是他人或其他客觀原因，總之，原卷斷裂成了若干片，後來書寫'大事記'者沒有或者說也沒必要把這些斷片按照正面內容整理好順序後,再來書寫他的'大事記'。我們還可大膽設想,原卷中一些斷片另作他用,甚至廢棄不用。就這樣,我們看到了這樣一個事實:正面的內容殘缺不全,無法拼接;相反,背面的內容反倒較完整、連續、拼接完好"①。而這樣一來,正面的《文子》殘缺了非常多的部分,即 S.2506(2)與 P.2810(1)之間約殘缺 28 行,S.2506(1)與 S.4073 之間缺漏一行,P.2810(2)與 P.2380 之間應該也還有 24 行左右的內容。我們已無法確知這些殘缺的內容究竟是因為早已遺失還是當時人在粘合時造成的遺失,但這種紙張的再利用對正面文書造成的殘缺損壞確是無法彌補的。

書寫完的紙頁除了利用空白背面書寫其他文書此一用途之外,還可以用作製造其他生活所需品,今天有些地區還在使用碎布製作鞋底、鞋墊,製作時一般要先用廢舊硬紙板畫剪出鞋樣,再在鞋樣上粘貼碎布,或者依鞋樣修剪布匹,有的人乾脆就用廢舊紙來製作鞋底、鞋墊,在古代物資匱乏的情況下這一做法更為流行。榮新江《吐魯番新出〈前秦建元二十年籍〉研究》來就提到,2006 年吐魯番洋海一號墓地搶救性發掘中,發現女性死者腳上原本所穿的一雙鞋(已被盜墓者盜至墓道中和北偏室)鞋面為紫紅色的絲絹,"鞋面的下層和鞋底,都由紙質文書剪成,其中左腳的鞋底和兩層鞋面是用戶籍剪成的,戶籍的另一面是白文《論語》。鞋底的一張和其中一層鞋面可以完全綴合,另一層鞋面不能綴合,但屬於同一件戶籍是沒有問題的,背面的《論語》也是一樣"②。可見在吐魯番地區,將書寫後的紙頁剪開製作鞋底、鞋墊的情況應該和其他地區一樣較為常見,這樣被剪開的文書也就成了殘卷或者殘片。

S.5770 本為一件官府文書,《英藏》擬名《矜免諸雜差發等役判》,但不知何故被人多次摺疊之後,又用綫縫成了一件較厚的紙板,從《英藏》的圖版來看,就如同一塊殘片,如下圖所示:

---

① 盛朝暉:《敦煌寫本 P.2506、2810(a)、2810(b)、4073、2380 之研究》,載於《敦煌研究》2001 年第 4 期,第 126 頁。

② 榮新江:《吐魯番新出〈前秦建元二十年籍〉研究》,載於《中華文史論叢》2007 年第 4 期,第 3 頁。

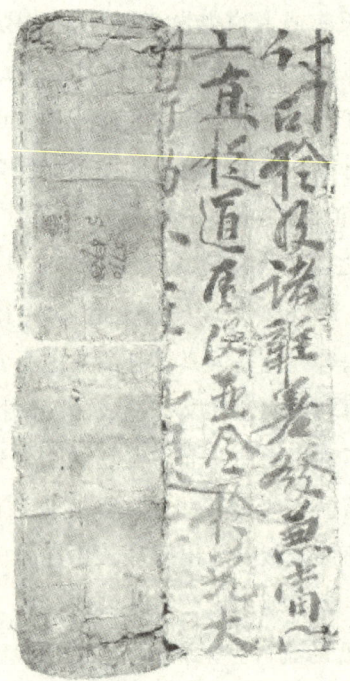

圖 2-4　S.5770

　　IDP 網站提供了非常清晰的圖片，摺疊及縫綫的情況都很清楚，更能幫助我們認識它本來的面貌：

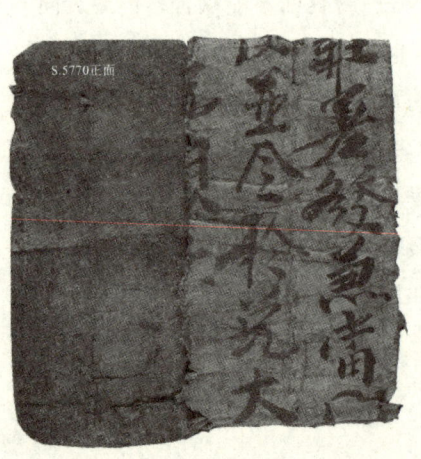 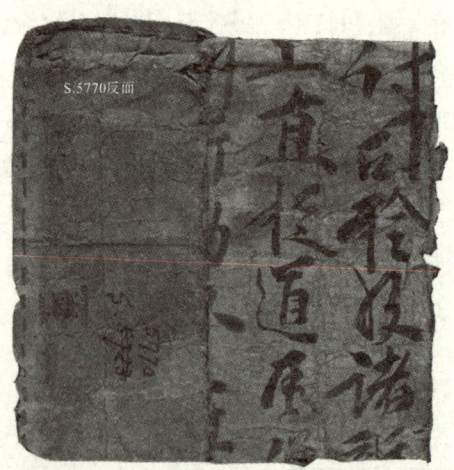

圖 2-5　S. 5770

　　這樣的處理方式極有可能造成文書的殘損，其或被斷爲多截，或被剪開成爲多個形狀不規則的殘片，或者被摺疊起來讓人誤認爲是一塊小殘片，影響後人對它們的認識與研究。

小　結

　　敦煌文獻是反映"寫本時代"特徵的代表。敦煌文獻大部分屬紙質寫本，其所處的時代決定了它必須擔負傳遞知識文化的任務，必須進行傳播流通，而它一旦進入傳播流通領域，就屬於媒介，必須廣泛爲人所接觸。手寫本文獻實際在印刷術出現之前完成了聲音式的傳播方式向圖文式傳播方式的轉變，這種轉變的過程加速了知識文化定型化以及在時間空間中更爲廣泛和有效的傳播。

　　敦煌文獻所處的這一時期決定了它實際上充當了現代意義上"書籍"的角色，并且承擔著傳播流通的任務。這一點從大量相同內容的文獻被多次傳抄可以看得出來，"多個寫本抄寫同一篇（部）作品，當然是這篇（部）作品廣爲傳播的標志之一"[1]，據不完全統計，敦煌文獻中家訓家教

---

[1] 伏彥冰、楊曉華：《敦煌文學的傳播方式》，載於《敦煌學輯刊》2012年第2期，第66頁。

類的《太公家教》《武王家教》均有多個不同抄本，童蒙類讀物的傳抄更爲廣泛。《王梵志詩》有33個不同的抄本，《燕子賦》有18個風格不同的殘卷，《孔子項託相問書》有16個漢文寫卷和3個藏文寫卷，更不用說卷帙浩繁的佛經類文獻了，可見當時無論是世俗文獻還是佛教文獻，都曾被反復傳抄和閱讀使用，廣泛流播於僧俗之間，成爲不可或缺的知識與文化、信仰的傳播載體。

"手寫媒介"要成爲知識與文化的傳播載體，紙張、書寫、作者、讀者不可或缺。此四者不僅決定了手寫文獻能否得以生產，更在敦煌文獻殘損過程中起著至關重要的作用：紙張決定了敦煌文獻之所以成爲殘卷的可能，紙在長期的使用和保存過程中會產生一系列的物理化學反應，最終導致寫本破損、殘損，影響其作爲知識文化載體的作用。而除了紙張自身可能存在殘破的潛在因素外，敦煌世俗文獻的作者構成成分複雜，閱讀者身份複雜，在傳播流通過程中經多人之手，從而被書寫、改寫、閱讀、販賣、流通、收藏、焚毁、修整、再利用，加速了這種殘破的可能性。

第三章 敦煌世俗文獻出藏經洞后的人爲毀壞

敦煌莫高窟所藏文書在藏經洞被打開後不久,大部分被英、法、俄、日等國的考古學家、漢學家通過種種手段劫掠,僅有少部分留存於國内。在流散的過程中,出現了被割裂充數、僞造出售、改變原生狀態的裝裱等人爲破壞的情況。

第一節 敦煌文獻的發現與早期流散

敦煌文獻的面世,本身是因了一個偶然而必然的機會。

湖北麻城人王圓禄(按:斯坦因的《契丹沙漠廢墟》和《塞林底亞》認爲其是湖北麻城人,張大千《莫高窟記》及謝稚柳《敦煌石室記》認爲其是陝西人。另"禄"也常寫作"箓"或"籙",張涌泉、方廣錩認爲作"禄"爲確)在1899年以前可能"初在肅州巡防軍爲卒,後出家爲道士"①,當過兵,後進入莫高窟,并漸漸站穩了脚跟,還參與了敦煌縣商紳信眾發起的對莫高窟大修整的活動。在這次修整活動中,"鄂省羽流圓禄,又能宏樂善之心,不辭勞瘁,不避星霜,旋睹迤北佛洞寂寥,多爲流沙所掩没,遂發願披沙開洞"②。"於是修建太清宫,以爲栖鶴伏龍之

---

① 見張大千《莫高窟記》及謝稚柳《敦煌石室記》,又見王冀青《國寶流散——敦煌藏經洞紀事》,甘肅教育出版社,2007年版,第5~6頁。
② [清]郭璘:《重修千佛洞三層樓功德碑記》,轉引自王冀青《國寶流散——敦煌藏經洞紀事》,甘肅教育出版社,2007年版,第18頁。

所。又復苦口勸募，極力經營，以流水疏通三層洞沙。"① 王圓禄修整的主要是古漢橋以北的下寺中的"三層樓"（舊稱"三層洞"），其下層便是第十六窟（斯坦因編號第一窟，伯希和編號第 163 窟，張大千編號 151 窟），第十七窟也就是敦煌藏經洞，正在此洞窟甬道北壁之上。

1900 年夏月的某一天（依據王圓禄的叙述，這一天一般被認爲是 1900 年 6 月 22 日），也許是一次修整佛窟中的無意發現，也許是冥冥中報答王圓禄辛勤修整古迹的善舉，據他所稱："至貳拾陸年五月貳拾陸日清晨，忽有天炮響震，忽然天裂一縫，貧道同工人用鋤挖之，欣出閃佛洞一所，内有石碑一個，上刻大中五年國號，上載大德悟真名諱，系三教之尊大法師。内藏古經書萬卷，上注繙繹，經中印度經、蓮花經、涅槃經、多心經，其經名種頗多。"② 於是，"一座給二十世紀的學術研究帶來豐富素材的文化寶庫就這樣被發現了，一個在中國考古學史上難得的驚人發現就這樣被一個完全不懂得考古爲何物的道士發現了"③。事實上，就算不是王道士也會是其他人，即便不在 1900 年的 6 月，也可能會在其他的某個時候，透露十六窟壁畫下秘密的那條裂縫終會出現。敦煌文獻注定不可能湮没於漸漸熱鬧起來的莫高窟，注定會被已經進入中國西部邊陲的外國探險家和考古隊注意到，注定會在清季的動亂中開始和繼續它幸與不幸的輾轉旅程。藏經洞的打開和藏經洞文物的流散，應該是不可避免的。

羅振玉曾言："先皇帝光緒之季歲，海内再見古遺寶焉。一曰殷墟之文字，二曰西陲之簡軸。洹陽所出，我得其十九，既已氈拓之，編類之，考證之。雖舉世尚未知重，而吾則快然自足，一若天特爲我出之者。鳴沙之藏，則石室甫開，縹緗已散。"④ 其慨嘆與殷墟甲骨大部分馬上被國人收集研究，而藏經洞剛被打開，其中文獻便已逸散，且散落於域外。最早造成藏經洞文獻流失的就是其發現人王圓禄。

藏經洞中所藏物品種類實不止書記文獻一類，王圓禄《催募經款草

---

① ［清］趙明玉、方至福：《太清宫大方丈道會司王師法真墓志》，轉引自王冀青《國寶流散——敦煌藏經洞紀事》，甘肅教育出版社，2007 年版，第 18 頁。

② ［清］王圓禄：《催募經款草丹》，轉引自王冀青《國寶流散——敦煌藏經洞紀事》，甘肅教育出版社，2007 年版，第 24 頁。

③ 榮新江：《敦煌學十八講》，北京大學出版社，2001 年版，第 55 頁。

④ 羅振玉：《鳴沙石室佚書序·永豐鄉人稿乙稿·雪堂校勘群書叙録二卷》，《羅雪堂先生全集》初編册一，臺灣文華出版公司，1969 年版，第 104 頁。

丹》中記"内有石碑一個，上刻大中五年國號，上載大德悟真名諱，系三教之尊大法師"，"内藏古經書萬卷，上注繙繹，經中印度經、蓮花經、涅槃經、多心經，其經名種頗多"。1906年郭璘撰《重修千佛洞三層樓功德碑記》稱："庚子孟夏，新開洞壁偏北，復掘得覆洞，内藏釋典充宇，銅佛盈座。"表明洞中除佛經之外，還有大量的銅佛像。又，題署爲"光緒丙午六月（1906年7月21日至8月19日），知縣黄萬春報"，向清廷學部呈交的《敦煌縣鄉土志》稱："縣治南四十里千佛洞，光緒庚子孟夏，新開沙壓佛龕，乃掘得覆洞，内藏蕃漢釋典、銅鑄佛像、紗絹繪造佛像。側立碑（即'大中碑'）云：'大唐大中五年沙門洪䛒立。'"且王圓禄徒弟趙明玉、徒孫方至福所撰《太清宫大方丈道會司王師法真墓志》中則稱"内藏唐經萬卷，古物多名"。均提及除古經之外，洞中還有石碑、銅佛像等古物。在打開藏經洞之初，石碑便被小心翼翼地移出拓印，後嵌於16窟的甬道中，而銅佛像、部分精美的絹畫等極有可能在當地政府命令封存洞中文物的幾年間（1900—1908），被王圓禄首先當作禮物送給了從敦煌到蘭州的大小官吏。伯希和向塞納的匯報非常明確："那道石碑被首先運了出來，稍後又被砌在過道的洞壁中了。其後，大批卷子被作爲禮物而贈送給甘肅的官吏們了，但這些人普遍都更喜歡小銅像。洞中收藏的一批銅像很快就告罄。……有人向甘肅的官吏們分送了在洞中搜集到的小銅像，我有幸又找到了整整一褡褳各種小銅像，我將要把它們帶回去。"伯希和曾對這些小佛像的來歷有過推測，認爲是"近年蒙人朝禮時所遺之小佛像耳"[①]。那最後剩餘的一些銅佛像等文物也被伯希和帶走了。所以王圓禄在1910年後的追述中已不再提及古經卷之外的物品，以免泄露他早年的一些秘密勾當。

王圓禄打開藏經洞后，1904年敦煌縣令汪宗瀚曾奉命檢點過藏經洞中文物，趁此機會，"縣令某（很可能就是指汪宗瀚）攜佛爐而去，又取經二百卷"[②]。汪宗瀚還順手撿取過一些絹畫，如1916年出版的上海廣倉學宭《藝術叢編》第三册所刊布的《唐畫大士像》之汪宗瀚題記便自稱：

[①] 關於伯希和敘述的兩段引文均轉引自王冀青《國寶流散——敦煌藏經洞紀事》，甘肅教育出版社，2007年版，第32~33頁。

[②] ［清］徐珂：《清稗類抄》，轉引自王冀青《國寶流散——敦煌藏經洞紀事》，甘肅教育出版社，2007年版，第32頁。

"光緒卅年四月（1904年5月15日至6月13日）朔，奉檄檢點經卷畫像畢，迎歸署中供養。"

除汪宗瀚以外，當時敦煌甚至遠在蘭州的地方鄉紳也有機會獲得藏經洞中的文獻。葉昌熾在1903年12月30日的日記中記述藏經洞被打開之後，"當時僧眾皆不知貴重，各人分取。恒介眉都統、張又履、張篠珊所得皆不少"。1941年吕鍾在《重修敦煌縣志》所收《千佛洞古佛經發現記》中亦指出："時縣令汪宗瀚率同文武官紳，大致翻閲一過，約數佛經二萬餘卷。當時人亦不之重也，有攜回一二卷者，亦有不攜回者。"① 均説明當時藏經洞藏品管理鬆散，許多人都有機會攜帶出去。

汪宗瀚等人後又將這些經卷、絹畫作爲禮物進獻給上級官員：甘肅學政葉昌熾《緣督廬日記》記："光緒二十九年十一月十二日（1903年12月30日）：汪栗庵（即汪宗瀚）大令自敦煌寄至唐元拓片。……又舊佛像一副，所繪系水陸道場圖。……又寫經四卷，皆《大般涅槃經》。……聞此經出千佛洞石室中……" "光緒三十八年八月二十日（1904年9月29日）：汪栗庵來公私兩牘。……又宋畫絹本《水月觀音像》，下有繪觀音菩薩功德記……又寫經三十一頁，密行小字，每半頁八行，行三十三至三十五字不等……以上經像栗庵皆得自千佛洞者也。"同年九月初五（1904年10月13日）記："敦煌王廣文宗海以同譜之誼餽塞外土宜，拒未收，收唐寫經兩卷、畫像一幀，皆莫高窟中物也。"② 曹元忠《沙州石室文字記》序言提及陸季良曾得到汪宗瀚所贈的一幅天成四年（929）絹本《藥師琉璃光如來像》："光緒戊申（1908），同年陸季良示余敦煌汪宗瀚所遺後唐天成四年乙丑歲五月廿九日樊宜信造《藥師琉璃光如來像》，絹本……其題記文字皆右行，蓋千佛岩莫高窟物也。"③

之後，得到藏經洞物品、文獻的地方官員又互相轉贈甚至搶奪。如直隸總督端方於1907年獲得北宋開寶八年（975）繪製的《觀音菩薩像》，此像爲當時任職蘭州的嚴金清寄贈，此點從圖像左右兩側的題記可知：

---

① ［清］吕鍾：《重修敦煌縣志》所收《千佛洞古佛經發現記》，轉引自王冀青《國寶流散——敦煌藏經洞紀事》，甘肅教育出版社，2007年版，第32頁。
② ［清］葉昌熾：《緣督廬日記》，轉引自榮新江《敦煌學十八講》，北京大學出版社，2001年版，第60頁。
③ ［清］曹元忠：《沙州石室文字記》，轉引自榮新江《敦煌學十八講》，北京大學出版社，2001年版，第67頁。

"宋靈修寺開寶八年觀音畫像，光緒二十五年（1899年，應爲誤記）出敦煌千佛洞，嚴金清自蘭州寄贈。""香齋尚書永充供養，光緒三十三年（1907）元旦清信士王馥（端方幕府，著名篆書家）敬書。"① 而嚴金清此畫像應該也是源於敦煌地方官員的餽贈。

據說獲得王圓禄最早贈予藏經洞藏品的安肅道道臺兼兵備使廷棟被抄家後，"周炳南突入廷棟家，殺廷棟及其二子……將其中敦煌經卷、流沙墜簡之類，擇優供給（張）廣建……廣建派司法人員許家拭、張慶瑜等往查，乃與楊炳榮分贜作弊（分得唐人寫經，首尾完備的不少，後來許家拭的父親許承堯，所存此項經卷有六百卷之多，大部皆從此案得來），一味袒護"②。

這是1907年之前的情形。以斯坦因、伯希和等爲代表的國外考古學家、漢學家自1907年開始在中國西北地區進行文物、文獻劫掠。王圓禄曾記"於（光緒）三十三、四年（1907—1908），有法國游歷學士貝大人諱希和，又有英國教育大臣司大人諱代諾，二公至敦煌，親去千佛洞，請去佛經萬卷"③。"萬卷"之數實無虛。二人中斯坦因先至，分別於1907年5月至6月之間從王圓禄手中買去17箱敦煌文獻（述見斯坦因1907年10月14日寫給好友阿倫的信）："我在6月份曾將17箱子的古代寫本等物品存放在了安西州衙門。我現在安全、完整地收回了我的17隻箱子，我對此感到極爲高興。"④ 并於10月派助手師爺蔣孝琬再次造訪王圓禄，結果"好道士在勸説之下，又出讓了230捆子寫本，大體上包括將近3000件典籍卷子，絕大多數都是漢文佛經和藏文佛教著作"⑤。

法國人伯希和略晚於斯坦因來到敦煌藏經洞，但其所得頗豐，也是在他與端方、劉師培、羅振玉等人的交流過程中，促成了敦煌藏經洞爲世人所廣知及其中剩餘文獻的最後被集中收藏在北京。繆荃孫1908年11月

---

① 照片刊布於1929年8月11日出版的《藝林旬刊》第29期。
② 見水梓《張廣建督甘時期的見聞》，轉引自榮新江《敦煌學十八講》，北京大學出版社，2001年版，第57頁。
③ ［清］王圓禄：《催募經款草丹》，轉引自王冀青《國寶流散——敦煌藏經洞紀事》，甘肅教育出版社，2007年版，第93頁。
④ 轉引自王冀青《國寶流散——敦煌藏經洞紀事》，甘肅教育出版社，2007年版，第74頁。
⑤ 見斯坦因1907年10月14日寫給好友阿倫的信，轉引自王冀青《國寶流散——敦煌藏經洞紀事》，甘肅教育出版社，2007年版，第74頁。

18日在日記中記述："伯希和到圖書館（南京江南圖書館），言敦煌千佛洞有唐人寫經七千餘卷，渠挑出一千餘卷。并有唐人《沙洲志》，又有西夏人書、回紇人書，宋及五代刊板，奇聞也。"惲毓鼎（國史館總纂）在1909年10月4日日記中轉述了伯希和對敦煌探險的描述："伯希和充東方學會會長，素留意中國古學，頗悉其源流，審視所贈書，乃唐人寫本也。亟詣其處，以銀元數百元購得十餘箱，僅居石室中全書三分之一。然所有四部各書及經卷精好者，則均囊括而去也。"

葉昌熾在日記中記述："午後，張𧶭如來，攜贈《鳴砂山石室秘錄》一冊，即敦煌之千佛山莫高窟也。唐宋之間所藏經籍碑板、釋氏經典文字，無所不有。其精者大半被法人伯希和所得，置巴黎圖書館。英人亦得其畸零。中國守土之吏，熟視無睹。鄙人行部至酒泉，雖未出嘉峪關，相距不過千里。已聞石室發現事，亦得畫像兩軸，寫經五卷，而竟不能罄其室所藏。"① 所述極爲確切。

伯希和攜卷歸國之前，曾與清季學者羅振玉等人有過交流，建議將藏經洞中剩餘文獻自甘肅運抵北京，羅振玉之子羅繼祖在《永豐鄉人行年錄》一書中記其父："當晤伯氏時，伯氏爲言：石室尚有卷軸約八千，以佛經爲多，曷早購置京師，否則將爲人篡取無疑。"②

伯希和的預判何其準確，在其走後不久，王圓禄置兩個巨大的"轉經桶"，將部分藏經洞内的文獻轉入此中，并可能在自己所居住的第342窟及第16窟中藏匿了一些文獻，後來這些文獻則落入1914年參加第三次中亞考察時重新來訪的斯坦因和俄國人鄂登堡等人手中。《甘寧青史略》記載，在北京來人運送藏經洞中剩餘文獻前後，當地官員因明白了這些文獻的價值，紛紛從中選撿："及書差至，笑而言曰：'多年無人過問之唐經，北京城不知如何訪聞？一經品題，聲價十倍矣。'於是敦煌士大夫始恍然於佛經之有用，乘機竊取。書差亦不之禁。運至縣署，其精者爲陳澤藩留存。其餘瀝猶將萬軸，派差賫至蘭州。又久之，總督派員輦至京。而達官名士巧取豪奪，其尤精善者多入私家。今教育部圖書館者，約七千

---

① 轉引自王冀青《國寶流散——敦煌藏經洞紀事》，甘肅教育出版社，2007年版，第98頁。
② 羅繼祖：《永豐鄉人行年錄》，轉引自王冀青《國寶流散——敦煌藏經洞紀事》，甘肅教育出版社，2007年版，第99頁。

軸，又個人選擇之餘也。"① 這說明，經敦煌和甘肅地方兩層的盤剝，敦煌文獻中又有部分被無法追蹤查實的多人奪掠，陳澤藩只是其中一個，另如廷棟等人，也在此期間藏匿了不少。廷棟據説是最早從王圓禄處得到敦煌卷子的人，謝稚柳在《敦煌石室記》中記載，最初打開藏經洞後："王道士頗機詐，思藉之貿利，私載經卷一箱至酒泉，獻於安肅道道臺滿人廷棟（按：王冀青書中寫作'安肅道道臺、滿洲鑲白旗人和爾賡額'，第33頁。其在《關於敦煌寫本廷棟收藏本》[《敦煌學輯刊》2008年第2期第1~9頁]一文中糾正了敦煌文獻最早爲廷棟所收的錯誤認識，認爲在1905年之前擔任甘肅道道臺的正是和爾賡額。但廷棟在其後自1908至1911年擔任甘肅道道臺這段時間内，必定也搜刮了不少藏經洞内文獻）。"② 當時甘肅道道臺并不重視，贈予了他人。此後廷棟應該還搜刮了不少，以致1917年"周炳南突入廷棟家，殺廷棟及其二子，抄出廷棟財物六十大箱，内藏有價值文物不少，將其中敦煌經卷、流沙墜簡之類，擇優供給（張）廣建"③。接踵斯坦因與伯希和而來的日本人吉川小一郎、橘瑞超，俄國人鄂登堡等或收買，或挖掘，從藏經洞及莫高窟其他洞窟中又獲取了部分文獻，并均以"敦煌文獻"名之，當然，其中有部分是混入的非藏經洞所出文獻。

　　在敦煌文獻早期流散的過程中，因爲王圓禄等最早接觸的人毫無文獻保護意識和知識，完全爲一已之私利進行挑選，從堆積如山的文獻中任意拿取那些看起來狀態比較好的經卷、絹畫，其時很有可能會拉扯到那些載體質量不好，本來就已經發生朽壞的世俗文獻，或者没有顧忌長卷頭尾的完整性，只截取某段文獻，這都會使本來較爲完整的文獻出現損壞。

---

① 《甘寧青史略》，轉引自王冀青《國寶流散——敦煌藏經洞紀事》，甘肅教育出版社，2007年版，第107頁。
② 謝稚柳：《敦煌石室記》，轉引自榮新江《敦煌學十八講》，北京大學出版社，2001年版，第56頁。
③ 轉引自榮新江《敦煌學十八講》，北京大學出版社，2001年版，第57頁。

第二節　堆放、選揀、轉贈及轉運中的損壞

一、堆放

藏經洞中文獻數量巨大但洞窟并不大，據斯坦因丈量，"藏書室東西長 9 英尺，南北寬 8 英尺 8 英寸"①，并没有足够的空間保證每件文獻都不受擠壓。斯坦因在日記中記載："我得以進入藏經的地點。看到成捆的寫本一直堆積到高出地面以上 10 英尺的地方，而且洞內留下的空間只可供兩人站立。"可知藏經洞中文獻存放的方式是一捆一捆地重疊上壓堆積，實在没有空間了就塞在較小的孔隙之中，即使距王圓禄發現藏經洞已過去 7 年，王圓禄本人及當地官紳拿走部分文獻之後，斯坦因看到的情形仍然是"透過道士那盞閃爍不定的燈所發出的昏暗燈光，眼前顯示出一大堆堅實的寫本捆子。它們緊密地排列在一起，一層層向上堆積，但又没有任何秩序，一直堆積到將近 10 英尺的高度。根據後來的測量結果顯示，它們塞滿了將近 500 立方英尺的空間。而小室或小廟窟的尺寸，也就大約 9 英尺見方。室内已經清空的空間，只能容得下兩個人站立進去。"

圖 3-1　伯希和在藏經洞挑選文獻

從伯希和所拍攝的敦煌藏經洞文獻堆放情况的照片②也可以看出，在斯坦因離開之後，藏經洞文獻的收藏狀况并未有任何改善，其堆放仍然是雜亂無章，層層積壓，洞窟底部的文獻受上層文獻的擠壓，破裂折斷的情况更加嚴重。一件文獻長期受到四方所施加的擠壓力量，册頁裝文獻書頁

---

①　見 Stein, Serindia, Vol. Ⅲ, Plan43. 轉引自王冀青《國寶流散——敦煌藏經洞紀事》，甘肅教育出版社，2007 年版，第 65 頁。
②　1908 年伯希和在藏經洞挑選文獻的照片，Polliit, Les Grottes de Touen-houang, Tome Ⅵ, Plate 368.

之間或兩書之間互相粘連的情况就會非常嚴重，很難徒手分開。而經卷裝的文獻因爲往往沒有中間的卷軸，本來震動之類的外力就會逐漸發生，圓筒狀的文書就可能被擠扁，卷面出現裂痕，堆積時間一久，稍一受力即裂開。

二、選揀

敦煌文獻經歷了多次選揀和轉運。王圓禄發現藏經洞之後不久，就曾經不止一次地將整個洞窟騰空。首先是爲了尋找新被發現的這一密室中的"寶物"："據道士承認，在藏經洞被發現的時候，曾被騰空過，目的是爲了尋找值錢的東西。"① 其後，爲了方便拓碑，王圓禄將本鑲嵌在藏經洞西壁上的《大中碑》轉移到第16窟甬道上時，再一次騰空了藏經洞中的文獻："後來藏經洞又被騰空過，爲的是將那塊大石碑從室内的西牆上移到外邊的甬道上去。"② 再之後，"時縣令汪宗瀚率同文武官紳，大致翻閱一過，約數佛經二萬餘卷"③之時，要讓文武官紳大致翻閱一過藏經洞内的文獻并得出"約二萬餘卷"的數量，這些文獻肯定又一次被全部倒騰過。1904年，汪宗瀚奉命"檢點"藏經洞中經卷畫像并就地封存之時，藏經洞再次被騰空。

上述有明確證據可以證明的藏經洞四次被騰空均是由愚昧無知的王圓禄及直奔其中銅佛像之類值錢"寶物"而去的汪宗瀚之流完成的，毫無文物、文獻知識的他們在將藏經洞中的文獻搬進搬出的過程中，肯定既不留意文獻原來存放的次序、位置，又不珍惜在洞窟中封存了很久已經發生自然老化、脆化的寫本，造成人爲損壞在所難免。

斯坦因與伯希和從王圓禄手中掠買文獻之時，亦曾將整個藏經洞中的物品翻檢搬運過一遍，其中斯坦因曾記録："到了5月28日的黄昏，我成功地將全部的正規'藏經洞捆子'都搬了出來，并把它們整整齊齊地排

---

① [英]斯坦因：《契丹沙漠廢墟》，轉引自王冀青《國寶流散——敦煌藏經洞紀事》，甘肅教育出版社，2007年版，第31頁。
② [英]斯坦因：《契丹沙漠廢墟》，轉引自王冀青《國寶流散——敦煌藏經洞紀事》，甘肅教育出版社，2007年版，第31頁。
③ 吕鍾《重修敦煌縣志》所收《千佛洞古佛經發現記》，轉引自王冀青《國寶流散——敦煌藏經洞紀事》，甘肅教育出版社，2007年版，第32頁。

列起來，主要是在寺廟的寬敞內室里排列的。"① 這次騰空藏經洞之後，斯坦因還對第 17 窟進行了一次比較精確的測量，并繪製了洞窟的剖面圖。②

1908 年 3 月，伯希和在王圓祿的帶領下進入藏經洞，花了三個星期的時間在洞中選揀文獻，并且將此時剩餘的藏經洞文獻完整地目驗了一遍："我於是便迅速作出了決定，必須是至少是簡單地研究一下全部藏書，我應該在此完成這項工作。"③ 在此期間，伯希和還將文書根據自己的判斷作了分類："但我必須至少是全部打開它們，辨認每種文獻的性質，看一下在何種程度上能有幸爲我們提供新文獻。然後將它們分成兩份，其一是精華和高級部分，也就是要不惜一切代價讓他們出讓的部分；另外一部分是盡量争取獲得、同時在無奈時也只得放弃的部分。"④

據他自己詳細描述："儘管我非常勤奮地用功，這種分堆還是用了我近三個星期的時間。前 10 天，我每天要拆開近 1000 捆卷子，這應該是創下一種記録了：每小時打開 100 卷，跪在一個小龕中，以一種供語史學家使用的那種汽車速度進行。我後來放慢了速度。這首先是由於我有點累了，文書捆包中的灰塵嗆喉嚨；其次是由於我購買文書的談判也激勵我去贏得時間，否則就只好失去它們了。"⑤ 爲了追求瀏覽和挑選的速度，伯希和顯然也沒有顧及如何更好地保護好那些文獻；況且，在經過王圓祿等人屢次三番的倒騰之後，那些文獻已經重新與陽光、氧氣、水分接觸，很難保持它們在密封時那種緩慢的損毁速度，因爲長期處於避光封閉狀態下的紙質文獻一旦面對開放式的保存環境，就非常容易老化、脆化和酸化，從而發黄、發脆，最終斷裂。而且，伯希和向王圓祿購買敦煌文獻時，并非王圓祿給他哪些就接受哪些，他選揀的標準是"背面有非漢文的卷子、帶有寫經題記的卷子、估計未入佛藏的卷子和非佛教的典籍與文書"⑥，

---

① ［英］斯坦因：《塞林底亞》，轉引自王冀青《國寶流散——敦煌藏經洞紀事》，甘肅教育出版社，2007 年版，第 65 頁。
② 參見 Stein, Serindia, Vol. Ⅲ, Plan43. 轉引自王冀青《國寶流散——敦煌藏經洞紀事》，甘肅教育出版社，2007 年版，第 65 頁。
③ 轉引自王冀青《國寶流散——敦煌藏經洞紀事》，甘肅教育出版社，2007 年版，第 89 頁。
④ 轉引自王冀青《國寶流散——敦煌藏經洞紀事》，甘肅教育出版社，2007 年版，第 89 頁。
⑤ 伯希和給塞納的信，轉引自王冀青《國寶流散——敦煌藏經洞紀事》，甘肅教育出版社，2007 年版，第 91 頁。
⑥ 榮新江：《敦煌學十八講》，北京大學出版社，2001 年版，第 71 頁。

那些發硬、鬆脆或者本身就有殘損的文獻再經選撿，斷裂的可能性進一步增大。

三、轉贈

轉贈中的損壞主要體現爲受贈者對敦煌文獻的不珍惜，或多次閱讀造成的損壞，或受贈者對文獻施加外力造成其破損等。

據記載，在向汪宗瀚贈送大量敦煌文獻之前，王圓禄曾經向當時的甘肅道道臺進獻了一箱挑出來的寫卷，該道臺在榮新江《敦煌學十八講》中寫作"廷棟"，在王冀青《國寶流散——藏經洞紀事》中寫作"和爾廣額"，以下仍記作廷棟。敦煌石室打開之初，爲人看重者實爲其中的書法藝術，所以"大中碑"首先被王圓禄從石室中移出，其拓片被四處贈送，如葉昌熾在1903年12月30日的日記中記録："適汪栗庵大令自敦煌寄至唐元拓本……栗庵共拓寄《唐索公碑》、其陰《楊公碑》、《李大賓造像》、其陰《乾寧再修功德記》、經洞《大中碑》，皆六分。"① 説明他就是早期收到汪宗瀚寄送的《大中碑》拓片的人之一。對於藏經洞文獻書法藝術外的價值，時人開始并未明了，故廷棟因認爲王圓禄所進寫卷書法不如自己，并不重視這些寫卷："廷棟不省，以爲此經卷書法乃出於己之下，無足重。王道士頗喪沮，弃之而去。"王圓禄抛弃的經卷後來一部分被廷棟自己收藏或轉贈他人。從記録看，這些經卷在當時絶對没有被重視和鄭重地對待，很有可能當時就出現了損壞。

廷棟手上的藏經後來抄家時歸於張廣建、許承堯、楊炳榮、周炳南。再之後，張廣建將藏品轉手出售給了日本三井家族；許承堯藏品部分由其子許家拭繼承，部分歸售與葉恭綽和龔釗，其餘零散售出，現分藏於安徽省博物館、中國國家圖書館、北京大學圖書館、上海圖書館、上海博物館、天津藝術博物館、臺北"中央"圖書館、臺北"中央"研究院語史所、日本天立大學圖書館、美國弗利爾美術館等處；周炳南所收卷子則可能與他其後在敦煌任職期間的其他文書混雜在了一起，基本歸敦煌研究院

---

① 葉昌熾日記，1903年12月30日，轉引自王冀青《國寶流散——敦煌藏經洞紀事》，甘肅教育出版社，2007年版，第35頁。

收藏。① 按照常理，王圓祿最早拿出進獻給廷棟的經卷應該是藏經洞中最上層、最易得、最完整而且品相最好的部分，那麽，現在這些地方所藏的經卷應該是完好的，但是從敦煌研究院所藏周炳南所得部分來看，基本都是殘經。這又説明，無論是在廷棟收藏期間或是在爭奪這批文獻的過程中，都可能損壞經卷的完整度。

一些得到贈予文獻的人在閲讀過程中也會加劇文獻的破裂，尤其是一些人不懂得文物保護措施，對所得文獻任意處置，或保存不當，造成了無可彌補的嚴重後果。如葉昌熾得自汪宗瀚的後題"於時乾德六年歲次戊辰五月癸未朔十五日丁酉題記"的"水月觀音"絹製畫像，其下方以薄紙裱托，"其幀僅以薄紙拓，而千餘年不壞"②，又畫像卷面上有字，除題記之外，"又大字一行云：'節度行軍司馬金紫光禄大夫檢校司空兼御史大夫上柱國曹延清供養。'又三行云：'女小娘子宗花一心供養，慈母娘子李氏一心供養，小娘子陰氏一心供養'。歷七年之後的1911年10月21日，葉昌熾已經損壞了這幅絹像及上邊的題字："敦煌石室乾德畫像内夾油紙，經蒸經後膠黏牢固，手自揭開，已損四五字，罪過罪過。"葉昌熾對原有的畫像"内夾油紙"并"蒸"，目的是保持它的平整、乾燥，但是因不諳唐代畫像裝裱技術的特點，反而弄巧成拙，使得畫像與所夾油紙粘在一起難以揭開，當他徒手硬揭的時候，卷面上的數個字粘在了油紙上發生了與原卷面的脱離，最終損毁。其所保存的另兩幅絹畫也在葉昌熾老家蘇州潮濕的氣候條件下破爛。

葉昌熾是清末著名的金石學家，他所保存的敦煌文獻也發生了這樣的損壞，可以想見其他人員收藏保存的寫本出現殘損的概率更大。

四、轉運

伯希和離開中國之前曾建議將藏經洞中剩餘文獻"曷早購置京師"，但因經費問題屢遇阻礙，直至1910年5月纔由學部出面購置。但是這些文獻在從藏經洞裝車那一刻開始的整個轉運過程中，都没有被認真對待

---

① 見榮新江《敦煌學十八講》，北京大學出版社，2001年版，第56~69頁。
② 葉昌熾1904年9月29日日記，轉引自榮新江《敦煌學十八講》，北京大學出版社，2001年版，第60頁。

過，以致王圓禄對他精心守護的這一批"寶物"淪落到此等命運極爲傷心："王道士確實很辛酸地解釋説，當解運的命令從蘭州府轉到時，從他小心翼翼地守護著的那個小室中搜集到的寫本被漫不經心地、亂七八糟地塞進6輛大車中，然後被送往敦煌縣衙門。"① 這種漫不經心收撿剩餘文獻的結果就是加劇了這批文獻的殘破。斯坦因、伯希和等人選撿剩餘的文獻，本就是那些"只得放弃的部分"，可能本來品相就不佳；又因長期堆放在下層，被壓得脆碎、粘連，稍有碰觸就會斷裂。軍士收撿又絶不會小心翼翼地按照文獻原來的保存狀態將其分門别類，只可能稍作歸置就裝車，根本不曾顧及文獻原有的捲起方式、册頁連接情況，所以殘破情況就會更嚴重。

最後來到莫高窟收穫敦煌文獻的鄂登堡，其藏品中殘片非常多，而且據稱鄂登堡"對石窟地面以及掩埋石窟的沙層進行了挖掘，發現了大量古代藝術品殘片和古代寫經殘片"，這些殘片泰半屬於從地面及砂礫堆中挖掘出來的小殘塊，這也説明在鄂登堡到來之前每一次從藏經洞中取出文獻，都有可能掉落或遺漏一些殘片，取運的文獻也是不完整的。

第三節　裂卷與作僞

在藏經洞文獻轉運至京的途中，"不斷發生嚴重的官員鄉紳哄搶盜竊、押運人員監守自盜的事件。從莫高窟到敦煌縣，從敦煌縣到蘭州，再從蘭州到北京，沿途盜竊事件如影隨形，無處不在，相伴始終"②。此時敦煌文獻的價值已逐漸爲世人所知，人人都想囤積居奇，清末官場腐敗，王冀青所陳述的情況可以想見。至少從敦煌到蘭州的運程中，就可以確定發生過盜竊文獻的事件，先是斯坦因在《千佛洞取經始末記》中記載："王道士以予爲舊時施主，前來歡迎，并告予……全部寫本，已爲官家用大車捆載而去。且打包之時，極爲草率。當大車尚停於敦煌衙門之時，偷盜走漏，已極可觀。一九一四年已有挾許多整捆精美的佛經寫卷來余處求

---

① 斯坦因記録，轉引自王冀青《國寶流散——敦煌藏經洞紀事》，甘肅教育出版社，2007年版，第91頁。

② 王冀青：《國寶流散——敦煌藏經洞紀事》，甘肅教育出版社，2007年版，第100頁。

售者矣。不敏道出甘州，及道經中國土耳其斯坦（按：即新疆南路）時，隨處皆有以石室古卷求售者。由此推想，最後到北平時，藏卷實餘若干，無人能道也。"① 故羅福頤在《敦煌石室稽古録》中亦沿用敦煌文獻在運輸途中屢遭盜竊的説法，稱"清末政府既命甘省大員，收購石室古卷軸，由敦煌起途，以及抵京，中途走漏，遺失無數"。后羅振玉在文中也提及運京途中的盜竊行爲："比既運京，復經盜竊。"②

1910 年 10 月 20 日出版的《民立報》報道稱："詎上月杪，學部某司員到琉璃廠書肆，見有寫經一大卷，詫爲奇遇。諦視之，乃石室之物，即學部所藏之一。"③ 説明即便是在運抵北京入藏學部之後，仍有學部内部人員盜竊這些文獻："蓋部中所藏者，檢點後知已失去甚夥。幸旬日間陸續查得原物多件，據聞已將盜物之人捕獲，連日正在詰詢。惟關防嚴密，外人難得其詳，但知盜物者即該部中人耳。"④ 魯迅曾猜測偷盜者之一即爲羅振玉，其實羅振玉在文中就多次提及學部中人的盜竊行爲，在《敦煌本〈春秋後語·秦語〉殘卷跋》中，他叙述殘卷的來歷："宣統庚戌，得之燕市，蓋石室藏書由敦煌解送學部時爲人所盜鬻者。"⑤

爲了掩人耳目，有人在盜竊卷子的過程中將原寫本一件裂爲二至數件濫竽充數，也可能造成本爲一書的寫卷被撕裂、被分割。

有明確證據的撕裂、分割敦煌文獻事件集中發生在轉運進京的這部分中。1910 年 1 月，學部決定以 6000 兩銀子的價格買下時藏經洞剩餘的 8000 餘卷文書，甘肅布政使何彦升負責這批文獻轉運進京的相關事宜。何彦升的兒女親家正是近代著名收藏家李盛鐸，何彦升又委派了李盛鐸的外甥傅寶華擔任押送藏經洞文獻的"解送委員"。這樣一來的直接後果就是方便了李盛鐸對這批文獻的選盜。李盛鐸同其另一位兒女親家劉廷琛（也是當時京師大學堂的總監督）、女婿何震彝以及方爾謙三人選盜了數

---

① ［英］斯坦因：《千佛洞取經始末記》，轉引自羅福頤《敦煌石室稽古録》，載於《嶺南學報》1947 年第 2 期，第 92 頁。
② 羅振玉：《永豐鄉人乙稿·雪堂校勘群經叙録二卷·鳴沙石室佚書序》，《羅雪堂先生全集初編一》，臺北文華出版公司，1969 年版，第 106 頁。
③ 《民立報》1910 年 10 月 20 日版。
④ 《民立報》1910 年 10 月 20 日版。
⑤ 羅振玉：《永豐鄉人乙稿·雪堂校勘群經叙録二卷·《敦煌本〈春秋後語·秦語〉殘卷跋》，《羅雪堂先生全集初編一》，臺北文華出版公司，1969 年版，第 275 頁。

百個卷子。2000年中國國家圖書館善本部"百年敦煌，秘笈重光"展覽中展出一件時間爲宣統二年十一月十二日學部向京師圖書館撥送敦煌文獻的行文，文作：

> 學部爲片行事，前據甘陝總督委
> 解敦煌寫卷十八箱，業由
> 貴館派員取運在案。查此項寫經，經
> 上年曾由甘陝總督送到原樣一
> 卷，亦應一并檢送收藏。并據原解
> 委員續行呈到寫經二十二卷、粘
> 片二本。相應開單，片行
> 貴館查收可也。須至片者
> 右片行（粘單一件，木匣一件，內經一卷）
> 京師圖書館
> 宣統二年十一月十二日（印）
> 監印室一等書記官存（押）①

從這一公文中，我們可知何彥升先向學部送交自敦煌押運的18箱文獻，但選盜事情敗露，傅寶華被拘捕，何彥升後又續交了藏匿的22個寫卷及1個樣卷。這23個寫卷絕對不是他們選盜的全部，只是掩人耳目罷了，內閣中書吳昌綬後受何震彝之托爲傅寶華向主管此事的張祖廉求情："甘省解經之傅委員，淹留已久，其事既無佐證，又係風流罪過，今窮不得歸，日乞鬯威爲道也。弟聞前事已了，堂憲本不深求……"② 以"其事既無佐證，又係風流罪過"輕輕帶過，其餘經卷便"不深求"。

在準備由學部出面購買之前，清政府曾責令敦煌縣令陳澤藩清點藏經洞中的卷子，結果爲8000餘卷，遇運送途中的哄搶、盜竊，再經李盛鐸等人選盜之後，抵京時文獻數目已遠遠不夠。羅振玉曾言："（敦煌文獻）比既運京，復經盜竊，然其所存，尚六七千卷。"③ 知此時李盛鐸等人所

---

① 轉引自方廣錩《百年前的一樁公案——關於22卷續交敦煌遺書的考察》，載於《敦煌研究》2009年第1期，第64頁。
② 轉引自王冀青《國寶流散——敦煌藏經洞紀事》，甘肅教育出版社，2007年版，第101頁。
③ 羅振玉：《永豐鄉人乙稿·雪堂校勘群經叙錄二卷·鳴沙石室佚書序》，《羅雪堂先生全集初編一》，臺北文華出版公司，1969年版，第106頁。

盜竊的卷子估計在千卷以上。爲了補齊數目，李盛鐸等采用將長卷割裂開的方式掩人耳目，本爲一個卷號的長卷由此變身多個，從而"湊成了後來通過學部存入京師圖書館的那8679卷文書"①。方廣錩通過對現存於國家圖書館的14000號卷子的研究，認爲："以前還有一種説法，由於每麻袋裝100個卷子，所以，李盛鐸等人偷卷子時，不得不用撕裂寫卷的方法充數。從北圖現存的敦煌遺書的現狀來看，李盛鐸等人撕裂寫卷以充數的傳説應屬事實。"②

這一做法後來被出售敦煌經卷的古董商人效仿。羅振玉總結敦煌寫卷的四"可戚者"之三便是："遺書竊取，頗留都市，然或行蒷字，析以易升斗。"③ 又日本杏雨書屋所收羽609號題記乃光緒二十三年（1897）升任新疆布政使的王樹枏所記，其曰："在余初至新疆，土人持大卷求售，無人過聞。余每以賤價得之。自英法日本游士出重價購買，價遂踴貴。又多將全卷割裂，零星出售，遂少全經，可惜亦可惡也。癸亥仲夏陶廬老人識。"④ 敦煌經卷有流至新疆者甚多，如廷棟得自王圓禄者就有部分輾轉到新疆："嘉峪關比國人某將回國，來謁廷棟。臨行，廷棟出數卷贈之。此比國人行過新疆，夫謁長庚將軍（亦滿人）及道臺潘某，相與道敦煌事，復以經卷分贈長庚與潘道臺。"⑤ 這些寫卷因爲是王圓禄最早挑出來的，完整的應該占大多數，但是却因爲被商人出售牟利，故"將全卷割裂，零星出售，遂少全經"。

完整的經卷被割截成數段出售，非完整的長卷亦有被這樣損壞以致殘斷者。因最後的8000餘卷是多方勢力挑選之後的，完整的比較少，最好的又被收藏家李盛鐸選取，與李盛鐸一起選盜的方爾謙所得首尾俱全者很少，大多是一些品相較好的長寫卷。後來他甚至將這些長卷分割成數十行一段的短卷售與羅振玉："方君（即方爾謙）則選唐經生書迹之精者，時

---

① 王冀青：《國寶流散——敦煌藏經洞紀事》，甘肅教育出版社，2007年版，第100~101頁。
② 方廣錩：《百年前的一樁公案——關於22卷續交敦煌遺書的考察》，載於《敦煌研究》2009年第1期，第66頁。
③ 羅振玉：《永豐鄉人乙稿·雪堂校勘群經叙録二卷·鳴沙石室佚書序》，《羅雪堂先生全集初編一》，臺北文華出版公司，1969年版，第106頁。
④ 録文引自鄭阿財《杏雨書屋〈敦煌秘笈〉來源、價值與研究現狀》，載於《敦煌研究》2013年第3期，第118頁。
⑤ 榮新江：《敦煌學十八講》，北京大學出版社，2001年版，第57頁。

時截取數十行鬻於市。""予篋所儲,方所售者外,無有也。"① 羅振玉所藏《春秋後語·秦語》實際就是從方爾謙處購得。

除割裂出售之外,商人們還想出一些辦法從敦煌文獻中謀取利益,比如將原卷子空白的紙頁截取下來,再僞造内容、字迹出售,是爲作僞。有截取下來的一些卷子正面是空白無字的,但背面有内容,截取之後對於背面所抄文獻來説也是一種損壞。

第四節 裝裱中的損壞

因書畫古紙易損壞,裝裱技術在很早以前就已流行,張彦遠《論裝背褾軸》中稱"自晋代以下,裝背不佳,宋時范曄始能裝背。宋武帝時徐爰、明帝時虞龢巢尚之。徐希秀、孫奉伯編次圖書,裝背爲妙。梁武帝命朱异、徐僧權、唐懷克、姚懷珍、沈熾文等又加裝護"②,歷數自宋至唐的裝裱技藝高超之人。此時的書畫裝裱技術已稱精妙。張彦遠還總結了裝裱時應注意的幾個問題,如裝裱所用漿糊的製作方法,"必去筋,稀緩得所,攪之不停,自然調熟"③,在其中還可以添加一些驅除蠹蟲的香料。又如裝裱應該注意時令,調和温濕變化:"侯陰陽之氣以調適,秋爲上時,春爲中時,夏爲下時。暑濕之時不可用。"④ 裱褙的襯紙不能用"熟紙",也就是阻塞生紙紙纖維之間的小空隙,使含水的墨汁不致走墨、暈染的"加工紙":"勿用熟紙背,必皺起,宜用白滑漫薄大幅生紙。"⑤ 另外,因紙的大小有定,襯紙的首尾兩端可能會與卷子裝的書畫作品紙頁接縫處剛好對齊,或者襯紙接縫處正在原卷比較關鍵的地方,這種情況是不被允許的。因爲這樣裝裱的書畫捲起或展開時會出現襯紙接縫處分開,從而損壞襯紙接縫處所對應的原卷紙頁,或者襯紙接頭處太硬或太薄無法輕鬆捲起卷軸的情況:"若縫縫相當,則强急捲舒有損。要令參差其縫,則

---

① 轉引自王冀青《國寶流散——敦煌藏經洞紀事》,甘肅教育出版社,2007年版,第102頁。
② [唐] 張彦遠著,俞劍華注釋:《歷代名畫記》,上海人民美術出版社,1964年版,第57頁。
③ [唐] 張彦遠著,俞劍華注釋:《歷代名畫記》,上海人民美術出版社,1964年版,第57頁。
④ [唐] 張彦遠著,俞劍華注釋:《歷代名畫記》,上海人民美術出版社,1964年版,第58頁。
⑤ [唐] 張彦遠著,俞劍華注釋:《歷代名畫記》,上海人民美術出版社,1964年版,第58頁。

氣力均平。太硬則强急，太薄則失力。"① 張彥遠還提及裝裱時操作臺的要求、卷軸的軸竿選材、配飾的選擇等。說明唐時的裝裱技術已經非常成熟和講究了。此後歷代名貴的書畫作品往往會進行裝裱。

藏經洞被發現後，其中文獻甫一流散，因奇貨可居，曾在國內被當作文物進行買賣和收藏。被買賣收藏者大部分是書寫比較精美、完整的經卷，所以也常采用傳統裝裱手卷的方式進行裝裱以矜其價。一些原來卷面上有斷裂、殘損的卷子裝寫本也常常采用托裱的形式進行修復，具體做法一般是先將文書（多爲寫卷）的上下方裁切齊整，寫卷比較厚的還需要揭薄，然後或在寫卷背面托裱一層其他的紙，或不托裱，再在經卷前後分別加上別紙或絲織品的引首、拖尾，最後捲起收藏。現在國家圖書館所藏很多敦煌佛經也采用了這種修復方式進行托裱修補。

在用傳統托裱方式對敦煌卷子進行保護和收藏的過程中，其實在很多方面都會造成對原卷的損害。杜偉生在《談敦煌遺書的修復》一文中曾列舉了四個例子說明托裱式裝裱或裱補式修復可能會對原文獻造成的損害②。

一是今藏於國家圖書館的原日本大谷探險隊所得的《大般涅槃經卷第五》，原寫經紙上下兩邊在裝裱時已經裁剪整齊，無法推測原來寫經的尺寸大小；原寫經紙背後托裱了一層又厚又硬的皮紙，舒捲極不容易，失去了原寫卷卷子裝的形態特徵；原寫經前有引首，後有拖尾，均爲白紙，但托裱用的皮紙染成了黃色，使得染料渗透紙面后將引首、拖尾都染上了色，黃迹斑斑，極爲不雅；另外，因爲裝裱工匠技藝不精，該寫卷首頁首行"大"字、第二行"尒"字、第三行"世尊"二字、第四行"有密"二字以及第二十三紙第八行"是"字、最後一行"未來世百千億劫"等字在裝裱時"跑墨"，造成了不可彌補的損失。

二是印有"故宫博物院修整組修復"朱印章的唐開元六年（718）寫本《無上秘要》，該寫卷是由故宫博物院修整組修復、裝裱，比上揭《大般涅槃經卷第五》的裝裱情況更理想，但也有不少問題。第一，原寫經

---

① ［唐］張彥遠著，俞劍華注釋：《歷代名畫記》，上海人民美術出版社，1964年版，第58頁。
② 參見杜偉生《談敦煌遺書的修復》，載於《北京圖書館館刊》1993年Z2期，第146~149頁。

紙的上下已經被裁切整齊，損害了原卷的尺寸。第二，又因該卷全卷托裱，無法測量出原寫經紙的厚度信息。而且一般來説，"書畫裝成手卷時，大都需要揭薄或干脆揭掉一層，這樣裝裱成的手卷纔柔軟，便於舒捲"①，裝裱後的《無上秘要》柔軟易捲，很可能也是經過了揭薄的，但揭薄無疑會丢失掉原寫卷紙頁的厚薄、卷背文字等有用的信息，對原件的文物價值和資料價值都是不可估量的損失。第三，因爲裝裱時會用到含有水分的漿糊，而紙張中的植物纖維一旦吸水後會"漲出"，而干燥以後又會收縮，但漲出率與收縮率并不一定一致，這樣紙頁就會變形無法恢復到原來的尺寸，不利於托裱。當時往往使用在原件上施加膠礬溶液作爲固定劑的方法控制紙頁的伸縮率，但礬容易對紙張内部結構造成破壞，促成纖維素締結的氫鍵斷裂，所以施加膠礬溶液後的紙耐折能力大大降低，時間稍長就會酥脆老化。

三是國家圖書館所藏一件《道德經》，殘卷，全卷托裱，但是原文獻實際上紙頁正背兩面均寫有字，正面爲漢文《道德經》，背面爲藏文，托裱之後就無法看到藏文的部分了，必須揭開裱紙纔能使背面内容顯露出來。而且，國圖所藏另一件《道德經》殘卷没有進行通卷的托裱，但在原寫經紙上下方和卷末鑲有以其他舊寫經紙製作的天頭、拖尾，使得形態與全卷托裱的《道德經》呈現出極大的不同，但事實上，此二件殘卷原爲一卷之裂，須去掉原有的托裱痕迹纔能完全綴合起來，這種托裱方式實際上造成了《道德經》的不完整。而且，將舊寫經紙作爲《道德經》托裱材料的做法，對這些文獻來説也是一種損壞。

此外，早期修復對敦煌文獻亦有損壞。林世田指出："國家圖書館在寫經組時期曾對一些寫卷進行了簡單的修補，如 BD.00040《金光明最勝王經》卷八，卷首1、2紙有多處横向斷裂，近代寫經組用白色薄皮紙裱補，黏合劑使用的好像是化學膠水，塗抹極爲隨意，極不均匀。"②

綜上，裝裱中對敦煌文獻可能造成損壞以致形成殘卷的情況主要有以下幾點：

首先，托裱材料選用不當。托裱紙的選擇有比較嚴格的規定，張彦遠

---

① 杜偉生：《談敦煌遺書的修復》，載於《北京圖書館館刊》1993年Z2期，第146頁。
② 林世田、薩仁高娃：《國家圖書館藏敦煌寫本〈金光明最勝王經〉古代修復簡論》，載於《敦煌研究》2006年第6期，第191頁。

就提出"勿用熟紙背，必皺起，宜用白滑漫薄大幅生紙"；也不能使用太厚的紙頁，以免裝裱後的寫卷無法捲舒；有色彩的背紙還可能將被托裱的原紙頁染上顏色。托裱時的漿糊膠水也非常有講究，前舉例子中，化學膠水、加入礬的漿糊對紙頁的耐折性都會造成破壞，一些澱粉類漿糊沒有防蛀的功能，還會使文獻被蟲蠹。實際操作中，因為托裱者的身份、財力、技術各方面複雜的原因，使用熟紙、厚紙甚至隨便用紙托裱的情況常見，膠水漿糊的選用更是未曾留意，非常容易對托裱後的敦煌文獻造成損害。

其次，全卷托裱的方式并不適用於敦煌文獻。因為前已提及敦煌紙貴，民眾往往以使用過的紙頁背面抄寫其他文獻，世俗文獻尤然，往往都是正反兩面抄寫一部或多部世俗文獻，或者正面抄寫佛經，再在反面抄寫世俗文獻。如敦煌變文中幾個比較重要的本子都是寫在其他文獻的背面的，特別是現在只留存有一個抄本的那些，如《秋胡小說》（研究者又稱《秋胡變文》）所在的 S.133，全卷前後均有不同程度的殘缺，今可見的殘餘部分由 7 張小紙粘合成長卷，正面抄寫《春秋左傳杜注》，後抄《秋胡小說》及《類書》。又如《孟姜女變文》，在項楚《敦煌變文選注》及其前的敦煌變文校錄研究成果中均只著錄 P.5039 一種，今學者又發現并綴合一個卷號，即 Дx.11018+BD.11731+P.5019。先是劉波、林世田綴合為 P.5019+BD.11731①；後張新朋補綴并糾正前後順序為 Дx.11018+BD.11731+P.5019②，其中 P.5039 只使用了紙頁的正面抄寫，Дx.11018+BD.11731+P.5019 則在背面有圖畫，郭在貽等《敦煌變文校議》定名為《孟姜女變相》③，與正面文字相關，完全綴合之後"極有可能是連環畫型變相的其中一幅"，"整幅畫所表現的顯然是修築長城的場景，與正面描寫勞役艱辛的文字相表裏，配合頗為緊密"④。另如 S.1156V《捉季布傳文》便是抄寫在《光啟三年沙洲進奏院狀》的紙背；北 7707，由十二張紙頁粘合而成，卷正面為《佛說無量宗壽要經》，但是并不是一件寫卷，

---

　① 劉波、林世田：《〈孟姜女〉殘卷的綴合、校錄及相關問題研究》，載於《文獻》2009 年第 2 期，第 18~25 頁。
　② 張新朋：《〈孟姜女變文〉、〈破魔變〉殘片考辨二題》，載於《文獻》2010 年第 4 期，第 21~29 頁。
　③ 見郭在貽、黃徵、張涌泉《敦煌變文校議》，岳麓書社，1990 年版，第 62 頁。
　④ 上二段引文均見劉波、林世田《〈孟姜女〉殘卷的綴合、校錄及相關問題研究》，載於《文獻》2009 年第 2 期，第 25 頁。

而是兩種寫卷，第一至第五張紙頁爲一件，第六至第十二張爲另一件，兩件的紙張質地明顯不同，且內容前後不相接續，《大目乾連冥間救母變文》就抄寫在粘合後的兩種《佛說無量宗壽要經》的背面，荒見泰史認爲："該寫本實際上是兩件廢紙拼凑起來，爲了利用反面空白的紙張書寫《大目乾連冥間救母變文》用的。"① 像這種雙面均抄寫有文書的寫卷，若使用全卷托裱的方式，無論托裱哪一面，都會影響到另一面的内容，對於敦煌文獻的價值而言都是不可估量的損失。

又如一個比較有代表性的文學寫本 P. 3716，其正面本抄有《瑜伽師地論手記》，前後殘泐，殘餘 378 行，有烏絲欄，字迹疏朗俊秀，有朱筆句讀、勾乙符號，明顯是花費了一定功夫抄成的佛典。在其背面，則是題記作"天成五年庚寅歲五月十五日燉煌伎術院禮生張儒通"的《新集書儀一卷》，以及《王梵志詩一首》《燕子賦一首》《趙洽（冷?）醜婦賦一首》《百鳥名》。《新集書儀一卷》無界欄，後幾種有烏絲欄，且字迹似非出自一人之手；《百鳥名》未寫完，后留有約半張紙頁的空白，應是內容没有抄寫完。要其背面所抄者均爲敦煌文學研究史上非常重要的篇章作品，如果托裱，這些珍貴的材料我們就看不到了。

這樣，在卷背後進行托裱的經卷，往往有背面本有字迹却被覆蓋的情况，很多時候對原文獻來説也是一種損壞。

第五節　敦煌文獻在現代收藏保存狀態下的殘損

國家圖書館善本部主任張志清在國際敦煌項目第六次會議上曾就一個敦煌寫卷在不同歷史時期呈現形態的變化作出説明："以 S. 6349 唐咸通寫本《周易三備》爲例，1994 年四川人民出版社出版的《英藏敦煌文獻》圖版上，第二紙正面的《中備》'需''比'兩卦和背面的'謙'卦都是殘缺不全的。但在國家圖書館所藏三十年代王重民所攝的大英圖書館敦煌遺書照片中，上面三卦的地方雖然可以看出紙張即將斷裂的痕迹，但基本還是完整的，比現在看到的圖版多出半個手掌大小的一張紙，正背兩

---

① ［日］荒見泰史：《敦煌講唱文學寫本研究》，中華書局，2010 年版，第 65 頁。

面多出 65 字，其中就有僞托孔子弟子子夏所述的筮辭。指出我們今天看到的敦煌遺書經過歷史歲月的磨難大都已經殘破，有些出現了斷裂的危險情形，這種斷裂即使只是一個字的丢失，也會有巨大的影響。"① 英藏敦煌文獻六十年的時間中便已經發生斷裂，部分原卷甚至已經丢失②，這說明即使是在現代收藏保存的條件之下，敦煌文獻的殘破也無可避免。各國所藏的敦煌文獻均有此類非人力可以挽回的破損情況。

此外，在清理甚至保護敦煌文獻的過程中也可能對其造成破壞。以英國國家圖書館所藏敦煌文獻爲例，英藏敦煌文獻共經過了 20 世紀 20 年代、60 年代、70 年代和 90 年代四次大規模系統的修復，前三次修復雖然各有側重，但都沿用了在原寫本背面加紙的做法，只是紙的厚薄、色澤、質地及與原寫本粘合度（有些直接粘貼在原文獻背面，有些是用兩張紙將原文獻夾在其中）不同而已，依然存在將文獻背面原有字迹遮擋的情況。國家圖書館、北大圖書館亦使用了這種修復方法。後來，研究者逐漸認識到文獻背面文字的重要性，爲了使背面被遮住的文字重新顯露出來，研究者又采用了將原托裱的紙張挖開的做法。

還有一種方法是在有殘缺的頁面上進行綴補，這種方法的使用時間比較靠後。如英國國家圖書館 20 世紀 90 年代末纔開始使用，"弃置了裝裱手卷的先鑲後裱的傳統方法，全部采用局部修補的方法。即只在殘缺的部位經行多層粘補或沿著卷子有缺口的地方粘貼補紙"③。這種在原卷殘缺處背後貼補小紙片而不完全覆蓋原卷紙背的綴補方法是比較可行的。古人修補敦煌文獻采取的往往也是這種方式。

不過，兩種方法之間有一個問題，即使用第一種方法挖開被原托裱的紙遮住的文字的寫本背面被拍攝成寫真照片時，往往會呈現出類似用寫有文字的小紙片貼補在寫本背面的假像。好在現代人采用粘貼補紙方法時所用的補紙均爲無字的白紙，所以不難將二者區分開來。但是，"衆所周

---

① 林世田：《敦煌文獻是修復，還是原樣保存？——國際敦煌項目（IDP）第六次會議在國圖召開》，《人民日報》（海外版）2005 年 4 月 29 日。

② 後來張志清、林世田在英國國家圖書館目驗 S.6349 之後認爲"中備的需、比二卦，以及下備的漸、純兑二卦下半部不知何故均漏拍"，說明原卷斷裂后并未丢失，但是有丢失的危險。見張志清、林世田《S.6349 與 P.4924〈易三備〉寫卷綴合整理研究》，載於《文獻》2006 年第 1 期，第 54 頁。

③ 張平：《英國倫敦圖書修復印象》，載於《北京圖書館館刊》1999 年第 1 期，第 75 頁。

知，不少敦煌文獻在當時被時人修補過，修補的辦法之一是往破裂或有漏洞的地方粘貼廢紙，有的廢紙上有文字。敦煌文獻入藏英國博物館後，收藏者曾經采用的修復辦法之一是給一些殘破的文書背面裱紙，如果這件文書的背面有字，就把字露在外面。從現在的圖版上看，這種修復時露在外面的字與古人修補的紙條很難區分"①。換句話說，若古人修補過敦煌文獻，則其留下的痕迹與挖開被原托裱的紙露出的文字在圖版上基本呈現相似的痕迹。所以，從四川人民出版社出版的《英藏敦煌文獻（漢文佛經以外部分）》的圖版中可以看出，一些像是貼補於卷子背面的殘片的文書，實際上并不是殘片，而應該是書寫在卷背的文字。這就使我們對英藏敦煌文獻的殘片進行認定時出現了一些小麻煩，哪些是寫在背面的文字，哪些是可以拿來進行綴合的殘品往往比較難分清。

　　圖書修復領域常有"整舊如舊"的原則，就是說修復過程中盡量不改變原文獻舊有的面貌，特別是載體上豐富的信息，對於敦煌文獻這一寫本時代最珍貴的留存更是如此。一旦在修復中托裱、綴補掩蓋了原來寫本上的字迹，原來文獻上一些有用的研究信息也就失去了，這是非常可惜的。在殘卷綴合的過程中我們又常常需要利用正背面的關係、古人修復的痕迹等，現代的裱補却破壞了這些可以利用的信息，給殘卷、殘片的綴合工作也帶來了不小的麻煩。

小　結

　　綜上，敦煌文獻雖數量眾多，但很多寫卷都是殘缺的。《英藏敦煌文獻（漢文佛經以外部分）》已刊布至 13650 號②，其中 1～6980 號爲較完整的文書（實際上，此所謂"較完整"僅是相較於 6980 號之後而言的，其中卷子無頭、無尾、首尾俱殘的情況仍大量存在，在筆者已統計的 875 個英藏非佛典文獻卷號中，僅 161 個卷號是完整的），"S. 6981 以後的寫本較殘，大多數爲一兩尺長，還有許多只有巴掌大小，最後百餘件實際只

---

① 郝春文：《英倫研讀敦煌文獻札記——研讀原件對全面整理、研究敦煌文獻的意義》，載於《敦煌研究》2000 年第 2 期。

② 據《英藏敦煌文獻（漢文佛經以外部分）》編號統計，榮新江言已編號到 13677 號。

有一個或半個字"①。實際細檢英藏圖版，自7900號之後，上下左右均殘缺的呈碎片狀的殘片非常普遍。法藏本較英藏整體完整一些，但亦有許多無頭、無尾或首尾均無的殘卷和碎片。奧登堡因到達敦煌的時間更晚，而且其收集品往往是藏經洞中已被揀選過的殘品、堆放在沙土中的殘塊和其他洞窟中的零碎發現，所以俄藏的情況更爲殘碎，多爲殘片。這些情況，從敦煌文獻整理者的記述及較完整刊布的《英藏敦煌文獻》和"敦煌吐魯番文獻集成"的圖版中不難了解。

造成敦煌文獻殘碎的原因是多方面的。首先是藏經洞藏品本身的殘碎性。首次自藏經洞帶出大量藏品的斯坦因曾提出藏經洞封閉的原因是文獻被"廢弃"，根據是他在洞中所藏的一些包裹皮中發現了一批數量相當可觀的漢文碎紙塊和與這些碎片相關的帶有木軸的殘經尾、木軸、絲帶、布包皮等，説明文獻殘卷、殘片在藏經洞藏品未流出之前就已經大量存在。

其次，藏經洞藏品流出之後的破損情況不可避免。據榮新江考證，斯坦因和伯希和到來之前，經道士王圓祿之手流出藏經洞的文獻，曾送與安肅道臺廷棟、敦煌縣長汪宗翰（汪栗庵）、敦煌典使蘇子培等人。其中的延棟藏品一部分又輾轉送於一個比利時稅務官（後在新疆送與長庚和潘道臺），一部分抄家時歸於張廣建、許承堯、楊炳榮、周炳南。之後，張廣建藏品（多爲完整的佛經）轉手出售給了日本三井家族，許承堯藏品部分由其子許家拭繼承，部分歸售給了葉恭綽和龔釗，其餘零散售出，現分藏於安徽省博物館、中國國家圖書館、北京大學圖書館、上海圖書館、上海博物館、天津藝術博物館、臺北"中央"圖書館、臺北"中央"研究院語史所、日本天立大學圖書館、美國弗利爾美術館等處，期間輾轉流離，已非最初原貌；周炳南所收卷子則可能與他之後在敦煌任職期間的其他文書混雜在了一起，基本歸敦煌研究院收藏。②僅從延棟藏品後來散布的複雜性，我們就不難看出最初流出藏經洞的敦煌文獻大部分經多人之手多次販賣出售，經手人又多非專業的藏書家，本身缺乏對紙製文物的保存常識，加上爲出售之利益，損毀、裂卷的可能性非常大。其他英、法、俄藏及國圖所藏以外的卷子，大多存在相似的情況。

---

① 見榮新江《敦煌學十八講》，北京大學出版社，2001年版，第100頁。
② 見榮新江《敦煌學十八講》，北京大學出版社，2001年版，第56~69頁。

最後，英國、法國、俄羅斯、日本和中國等國的幾大敦煌文獻集中收藏機構中存在不少因保存不當造成的破損毀壞，特別是在一些特殊的歷史時期，因天災人禍無暇顧及古籍的收藏，一些珍貴的文獻資料被隨意處理造成殘損。如原北京圖書館的地下室曾經堆積了一些"不明來歷"的箱子，其中有一箱就是已發霉碎裂的敦煌文獻殘卷。另外，部分絹畫和寫經背面上原有一些帶文字的殘片又曾被人爲剥落，亦可能造成原寫卷和被剥離殘片的損毀。

種種原因造成了現在我們可以看到的敦煌文獻，真正能稱爲完本的并不多，絕大部分實是一些殘卷、殘片，佛經以外的世俗文獻殘損尤多。"敦煌吐魯番研究，由於是建立在新材料基礎上的學問，雖被冠以'國際顯學'之尊號，其實圈内外不乏鄙薄者，以爲無非靠一些破紙殘字，寫些餖飣之作。"① 敦煌學被稱爲"碎片之學"不免有被貶低之感，但從敦煌文獻留存的實際來看，"殘"却是真實的。

---

① 余欣：《整體書寫文化史構築芻議：關於東西古寫本研究的思考》，載於《敦煌研究》2012 年第 3 期，又見於其《博望鳴沙：中古寫本與現代中國學術史之會通》，上海古籍出版社，2012 年版。

綴合論

藏經洞甫一打開，親眼所見之人無不被其藏品數量的豐富震驚，但最初并未對其中的文獻數量作精確的統計，後來又因爲人掠奪、散存各處、裂卷出售、保存不善等原因，始終不能作最有效、最精確的統計。不過我們可以將對其數量的認知的可信統計放在兩個時段：第一個是王圓祿打開藏經洞至伯希和挑走現存於法國的藏品之前，第二個是俄羅斯公布奧登堡發現的藏經洞藏品之後至今。前一個時間段因爲文獻沒有後代作僞、混摻敦煌非藏經洞所出或吐魯番其他地區出土文獻的情況，文獻基本未經損毀，應該比較可信；缺點是無論是王道士還是斯坦因均缺乏較深厚的文獻學知識，對卷帙的認定可能有偏差，而且王道士可能沒有完整翻閱過所有文獻，斯坦因所見文獻已經是王圓祿"進貢"給大小官吏之後的，也不完備；後到來的伯希和雖然完整翻閱了藏經洞中所剩文獻，但數量上是遠少於原藏的。第二個時間段則因爲數據來自各大收藏機構專業學者的研究成果，且統計的是現存已披露的全部敦煌文獻，統計應該比較精確；但是，肯定會有後世非藏經洞出土的文獻摻雜其中（特別是俄羅斯藏品和日本藏品），也會出現原來完整的文獻隨時間的流逝消失或者一卷裂爲多卷、一本裂爲多本無法復原，因此被重復統計的情況。

第一個時間段中，王圓祿給了一個"萬卷"的約數，這應該是對他所見石室中存放文獻景象的描述性語言，極言敦煌文獻數量之多，并非一個科學統計的結果。因爲沒有條件和興趣對這些文獻作進一步的研究，其他中國相同時期的人的記載中也多采用這種描述性語言。其後，斯坦因則是最早對敦煌文獻數量進行統計的學者，可惜他的統計并不很正規，只以"捆子"爲計量單位來進行："到了5月28日的黄昏，我成功地將全部正規的'藏書室捆子'都搬了出來，并把它們整整齊齊地排列起來，主要是在寺廟的寬敞內室排列的。包含有漢文卷軸的捆子，總數大概在 1050 個。經過粗略的計算，每個捆子裏平均至少裝有 12 件的獨立寫本。除此之外，還必須加上至少 80 包藏文卷軸和卷摞，以及 11 件巨大的波提式寫本。"① 斯坦因所言之"捆子"，或即爲"帙"（又寫作"袟"），每帙十卷左右，斯坦因自言"每個捆子裏平均至少裝有 12 件的獨立寫本"，按照這樣的描述，藏經洞中的文獻應該是 1130 個捆子，13560 件以上。但實際數量遠遠不止這些，因斯坦因專門强調了這是"正規的'藏書室捆子'"，也就是首尾可能均完整，收藏也比較仔細的部分，另外的被稱爲"雜包裹"的部分并未計入其中。這種"非正規"的包裹，除梵文、于闐文、藏文的貝葉形寫本，回鶻文或粟特文寫本卷軸和一些絹畫、絲織品以外，大部分都是廢弃物，其中又有大部分是廢弃文獻，所謂"非正規"可能主要體現在其中所包裹的文獻缺頭缺尾，成爲殘卷，或者文獻本身就是殘片甚至是非常細小的碎片："我發現了許多雖小但又是仔細包裹著的袋子，裏面裝的都是些聖典上掉下來的小殘片和絹畫上殘存下來的破片。"② 從現在各大收藏機構中敦煌文獻的完整度來看，殘卷、碎片的數量是完整卷子的數倍，我們有理由相信，斯坦因的描述是准確的，在可能是完整收藏的 13000 餘件文獻之外，還有數倍於此的殘卷、殘片。斯坦因從藏經洞帶走了多少文獻，他本人并未述及，但是可以知道的是他在莫高窟期間與王圓禄一共進行過三次交易，最後一次交易時，"好道士在勸説下又出讓了 230 捆子寫本，大體上包括近 3000 件典籍卷子，絶大多數都是漢文佛經和藏文佛教著作"③。學者判斷"這 23 個堅實的捆子中，包含了近三千件典籍卷子，比斯坦因於 1907 年 5 月和 6 月在莫高窟獲得的藏經洞文獻還要多，無疑是斯坦因一次性獲取的最大一批敦煌文獻"④，則斯坦因三次所得不應超過 9000 卷。

---

① ［英］斯坦因：《塞林底亞》，轉引自王冀青《國寶流散——敦煌藏經洞紀事》，甘肅教育出版社，2007 年版，第 65 頁。
② ［英］斯坦因：《契丹沙漠廢墟》，轉引自王冀青《國寶流散——敦煌藏經洞紀事》，甘肅教育出版社，2007 年版，第 67 頁。
③ ［英］斯坦因 1907 年 10 月 14 日寫給好友阿倫的信，轉引自王冀青《國寶流散——敦煌藏經洞紀事》，甘肅教育出版社，2007 年版，第 74 頁。
④ 王冀青：《國寶流散——敦煌藏經洞紀事》，甘肅教育出版社，2007 年版，第 75 頁。

伯希和從敦煌帶走的文獻有6000~7000件。① 但伯希和本人并未述及確切數目。伯希和曾言在藏經洞中"前10天，我每天要拆近1000捆卷子：……每小時打開100卷"②。總共閱讀的文獻當在15000~20000卷，這與他在北京告訴國內學人的他"以銀圓數百元購得十餘箱（即學者所統計的6000~7000件），僅居石室中全書三分之一"（惲毓鼎1909年10月4日日記），即藏經洞中仍餘18000~21000卷是基本吻合的。伯希和離開後，藏經洞中所藏文獻於1909年10月由陳澤藩會同王圓禄進行過清理，得出的數目是8000餘卷，但由於衆所周知的原因，王圓禄曾在之前巧立"轉經筒"存放了部分文獻，而且還可能在其他不爲人知的場所有所藏匿，故所剩遠不止此數。這樣看來，斯坦因帶走了不到9000卷，伯希和帶走了6000~7000件，洞中仍餘20000餘卷，加上斯坦因到來之前被送出的一些，統計時"件"與"卷"可能不是同樣的數量單位，"一件"中可能包括數卷，將這些複雜情況一并考慮其中，藏經洞中的文獻應該在40000~50000卷。

而現代學者在統計編號現存於各處的敦煌文獻後，得出的結果是不少於60000號。

敦煌文獻數量統計中有將近10000卷的差距，其中確有早期統計不夠精確的原因，但這并不是最主要的。首先，來自其他地區如吐魯番、黑水城等地出土的文獻或非藏經洞的莫高窟其他洞窟出土的文獻被誤混入敦煌文獻收藏，這主要體現在俄羅斯奧登堡藏品中，對此學者已多有論及，此不贅述。其次，在日本收藏者手中的藏品，特別是李盛鐸收藏後輾轉出賣的很大一部分，均被認爲是後人見有利可圖而作的僞卷（詳見榮新江）。僞卷和混雜入藏經洞出土文獻的部分藏品現在比較難分辨，所以在統時也被計算入敦煌文獻。

但是，這些誤收文獻和僞卷的數量造成的統計誤差并不是最主要的，敦煌文獻中大量殘卷、殘片的存在實際上纔是統計數值差距巨大的關鍵的原因。

---

① 6000餘件説見王素《敦煌吐魯番文獻》，文物出版社，2002年版，第60頁；7000餘件説見郝春文《石室寫經：敦煌遺書》，甘肅教育出版社，2007年版，第22頁
② 伯希和1908年3月26日從莫高窟寫給朋友塞納的信，轉引自王冀青《國寶流散——敦煌藏經洞紀事》，甘肅教育出版社，2007年版，第91頁。

藤枝晃曾提及："（敦煌文獻中）首尾完整的卷子所餘極少，充其量只占10%。大部分卷子的外部破損，還雜有很多僅寬幾釐米的殘片。"①卷子本文獻占敦煌文獻的大多數，且不只是卷子本的文獻，敦煌文獻中其他裝幀形式的文獻更是殘破不全。

我們還可以從英藏敦煌文獻的構成情況來考量。英藏敦煌文獻原有編號爲8000餘號，其中S.6981號之前爲較完整的文書，之後1000餘號均爲較小片的殘片，大部分只有巴掌大小，有的紙片上甚至只有一兩個字留存。而今天英藏文獻已編到13677號，多出來近5000個編號，而這些文獻其實基本上都是殘片，有一些是從原文獻背面揭下來的，有一些是從絹畫、經袟等上取下來的，則英藏敦煌文獻10000多個編號中，將近一半都是殘片。殘片如此之多，首尾不全的殘卷自然也不在少數。

殘卷、殘片的存在不僅使敦煌文獻的數量統計變得比較複雜，更制約著我們對敦煌文獻的瞭解、整理、釋讀和利用。所以，如果將這些殘卷、殘片集中在一起，并采用科學的手段將其中本爲一卷之裂的那些拼合還原，即將其綴合，對於我們進一步研究敦煌文獻是有極大益處的。這種認識和早期的綴合工作嘗試是從最早接觸和研究敦煌文獻那一批學者就開始了的。

---

① ［日］藤枝晃：《漢字的文化史》，翟德芳、孫曉林譯，知識出版社，1991年版，第74頁。

第四章　早期學者對敦煌文獻殘卷及綴合問題的認識

第一節　對殘卷存在的認識

　　最早接觸敦煌文獻的學者首先意識到了殘卷、殘片的存在。斯坦因在《契丹沙漠廢墟》中描述他進入藏經洞後曾見過一些字紙碎片："在此前的很長一段時間裏，這個隱蔽得很好的小洞窟很有可能已經被當作儲存地使用了，用來存放各個寺廟中習慣上被崇爲聖物的，但又不再需要了的各種各樣的東西。我發現了許多雖小但又是仔細包裹著的袋子，裏面裝的都是些聖典上掉下來的小殘片和絹畫上殘存下來的破片。"① 這些小殘片是今存於英法各地敦煌文獻中的一些無頭、無尾甚至只剩一兩個字的殘卷、殘片中的一部分。斯坦因在這段描述中指明了兩個問題：第一，他認爲藏經洞是"儲存地"，即後來其"廢弃説"中的所謂廢置不用"神聖物"的儲存地；第二，這些廢弃物中有一部分是包在袋子中的"聖典上掉下來的小紙片和絹畫上殘存下來的破片"。所以斯坦因是最早注意并記載敦煌文獻中存在殘卷（殘片）的學者。

　　因爲曾一卷一卷地翻閱原文獻，伯希和對殘卷存在情況的記載更加清晰明了，入藏經洞之時，"余解數版觀之，其中寫本或失首，或缺尾，或中裂，亦有僅存標題者"②，這指明了本來藏於藏經洞的敦煌文獻中就有大量殘卷的存在。即使是殘卷，也是有莫大價值的，所以"然余亦不敢

---

① 轉引自王冀青《國寶流散——敦煌藏經洞紀事》，甘肅教育出版社，2007年版，第67頁。
② ［法］伯希和：《敦煌石室訪書記》，陸翔譯，《國立北平圖書館館刊》九卷五號抽印本1936年，第5頁。

輕心從事，每過一卷，即破碎不堪者，亦不率爾放過"①。伯希和對殘卷的科學認知態度值得敦煌學人奉爲楷模，也是自他始，學者逐漸認識到殘卷、殘片的重要價值。

得到伯希和所贈敦煌文獻照片的羅振玉在《鳴沙石室佚書正續編》中曾多次記錄各書的殘損情況②，更顯示了他對殘卷大量存在的問題已有認識。而其《敦煌本玉臺新詠殘卷跋》言："《新詠》（即《玉臺新詠》）刊本以寒山趙氏重槧本、宋嘉定乙亥陳玉父本爲最善，且有此失。惜石室所遺僅此五十餘行，不獲偏（遍?）校，則又可憾耳。"③ 因敦煌本《玉臺新詠》殘卷的殘缺度太大，不能據之校補後出的寒山趙氏本和嘉定陳玉父本，羅振玉感到非常遺憾，顯示出最早的一批敦煌學人對只見殘卷不見完秩的感慨以及其對敦煌殘卷文獻價值的認識。他也明言，即便是這種殘卷，也有非常重要的價值，"敦煌遺書在法京者，予既影照二十餘種，顧以不得見全目爲憾。……雖吉光片羽，彌足珍貴"④。同樣，孫毓修在得見《尚書釋文》殘卷後感嘆："吾輩生後宋人八百年，而金絲流響，閟帙重逢，雖未睹三峽之全，已足證二典之偽，不其幸歟?"⑤ 其後，陳槃校理《易三備》（S.6015、S.6349，均爲殘卷），只得《中下二備》的殘卷，亦稱："《三備》沉薶，蓋數百年於茲矣。此鈔雖非完璧，然古籍理董，有資於此者已不在少，是可貴也。"⑥

敦煌文獻殘卷的第一點價值是可以使未曾流傳至今的古籍得以重見或被證實。王重民也稱："此殘卷（指P.3383）徐邈《毛詩音》雖僅存九十八行，而爲音已近千事；清馬國翰有是書輯本，纔得二百五十餘條，則其寶貴可知也。"⑦ 指出《毛詩音》久已不傳，所以敦煌本殘卷極其寶貴。

---

① 轉引自王冀青《國寶流散——敦煌藏經洞紀事》，甘肅教育出版社，2007年版，第67頁。
② 見羅振玉《鳴沙石室佚書正續編》，北京圖書館，2004年版。
③ 《永豐鄉人稿乙稿下雪堂校刊群書敘錄·跋》第五十頁，見《羅雪堂先生全集·初編》（冊一），臺北文華出版公司，1969年版，第344頁。
④ 羅振玉：《雪堂校勘群書敘錄》卷下，第516頁，轉引自王重民《敦煌古籍敘錄》，商務印書館，1958年版，第25~26頁。
⑤ 孫毓修：《尚書釋文校語跋》，見涵芬樓秘笈本，轉引自王重民《敦煌古籍敘錄》，商務印書館，1958年版，第25頁。
⑥ 陳槃：《敦煌唐咸通鈔本〈三備殘卷解題〉》，《歷史語言研究所集刊》第十本，1947年，轉引自王重民《敦煌古籍敘錄》，商務印書館，1958年版，第166頁。
⑦ 王重民：《敦煌古籍敘錄》，商務印書館，1958年版，第38頁。

敦煌殘卷的第二點價值是能使只有輯佚本的古籍得以擴充。在《春秋穀梁傳范寧集解》中，王重民又言："（敦煌本）卷末總記經注字數，大字一千九百言，小字二千二百六十言，按《古逸叢書》翻宋紹興間刻本，所記字數，經傳一千八百六十九字，注一千九百八十三字。兩本相較，在此一卷之內，刻本經傳少三十一字，注文少二百七十七字，其異同之數，有足驚人者。"①

敦煌文獻殘卷的第三點價值是可以糾正傳世本的錯漏。有些殘卷本身比較特殊，比如有些是配圖的，"此殘卷（指 P. 2862）《白澤精話圖》）尚有圖二十幅，著以彩色，頗為省目，可藉窺吾國中世紀時，對於萬物精魂之想像畫，彌足珍貴"②。而此圖早佚，唯有"此殘卷有文，有圖，尚存古書之舊"，圖像得以在敦煌殘卷中保存。因此他進一步贊嘆："敦煌寫本，幸得殘存；崑山片玉，寧非至寶。若其文字之由資於校訂輯佚，又不待論已。"③ 這說明還有部分殘卷甚至可以幫助我們深入瞭解中國文化。還有一些殘卷可以提供與傳世本不同的版本，從而幫助我們進一步認識某些古籍版本的傳播、流傳情況，如敦煌本《玉臺新詠》便與今傳的寒山趙氏重槧陳玉父本有很大的不同："其與今本尤異者，潘岳詩之前，此本先題'潘岳詩四首'，下小字夾注'《內顧二首》，《悼亡》二首'。其《內顧詩》前別出題目，《悼亡詩》前亦然。蓋此書之例，先題作者姓名及總篇數，下分注各篇篇題篇數，每詩之前，仍各冠以本篇題目；今本則但書潘岳《內顧詩》二首，而總篇數及小注皆削去。經後人妄改，舊例賴此本存之，尤可喜也。《新詠》刊本以寒山趙氏重槧宋嘉定乙亥陳玉父本最為善，且有此失。惜石室所遺僅此五十餘行，不獲遍校，則又可憾耳。"④

羅振玉還是最早試圖將這些殘卷還原的學者，他在整理敦煌本古《尚書》時曾寫作提要稱，"唐寫本隸古定《尚書》殘卷二，存《夏書》四篇，《商書》七篇，又《周書·顧命》九行半，乃在書帙之背，前後均

---

① 王重民：《敦煌古籍叙錄》，商務印書館，1958 年版，第 38 頁。
② 王重民：《敦煌古籍叙錄》，商務印書館，1958 年版，第 61 頁。
③ 王重民：《敦煌古籍叙錄》，商務印書館，1958 年版，第 174 頁。
④ 羅振玉：《雪堂校勘群書叙錄》卷下，轉引自王重民《敦煌古籍叙錄》，商務印書館，1958 年版，第 324 頁。

斷缺",并稱"驗其書迹,三卷各殊,蓋初非出自一帙"①,可見羅振玉曾經對比過三個古《尚書》的殘卷,但因爲三個殘卷字迹不同,他最終排除了它們是一個卷子分裂爲三個殘卷的可能性,因此未將其綴合起來。

　　羅振玉有過一些試圖將殘卷綴合起來的嘗試,主要見於他判斷某殘卷是否屬於同帙的論述中:"敦煌本《莊子郭象注》殘卷三,曰《刻意篇》,首尾完具。曰《山木篇》,曰《徐無鬼篇》,皆佚其前。……甲與丙字迹相類,殆出於一帙,乙則别是一帙。"②

　　王重民則因爲能夠綴合殘卷狂喜不已,1935年10月13日,他辨認出只有43行的P.3670是《尚書·盤庚》殘卷,於是想起羅振玉《鳴沙石室古籍叢殘》一書所收録的《尚書·盤庚》另一殘卷(P.2516),兩相對比,認定"檢而二五一六號《尚書》殘卷,起《盤庚》中篇'今其有今亡後'句,正與此卷銜接。更驗其筆迹,而知確爲同卷。蓋因割裂,遂分别著録也。按二五一六號卷子,羅振玉已印入《鳴沙石室古籍叢殘》;今余重獲此卷,適可爲延津之合,不禁狂喜"③。又《春秋後語》一書久佚,現只能見《白氏六帖》本卷四之引用和紹興剡川姚氏本《國策》之姚宏續注引用的句子,不見完本,但經王重民綴合自己於巴黎所見叢殘中的兩個長卷與羅振玉《鳴沙石室佚書》影印本(第二册)以及P.2702V、S.713,終得到完整的《秦語》上、中、下;再加上不可直接綴合但同爲一書的P.3616(《趙語上》)、P.2872(《趙語下》)、P.2589(《魏語》),基本可以看到原書大部分的内容。王重民對敦煌殘卷的重要綴合工作,筆者將在本章第二節、第四節中進行更詳細的論述。

第二節　著眼内容補齊的"合"與恢復原卷形態的"綴合"

　　因爲孜孜以求於得到完整的文獻,羅振玉曾試圖爲這些殘缺的卷子尋

---

　　① 羅振玉:《鳴沙石室佚書正續編》,北京圖書館出版社,2004年版,第5頁。
　　② 羅振玉:《雪堂校勘群書叙録》卷下,轉引自王重民《敦煌古籍叙録》,商務印書館,1958年版,第247頁。
　　③ 王重民:《敦煌古籍叙録》,商務印書館,1958年版,第16頁。

找補齊的方法，首先想到的就是將所有相關聯的殘卷，無論在英國還是在法國或其他國家的都蒐集在一起，互相比照補充，以獲得較完整的內容。故稱："法京所藏五卷外，英京尚有《豳風》殘卷，雖未得影印，而吾友狩野子溫（直喜）博士曾手記异文，予得傳寫；惟《小雅》以後，不見流傳，至爲憾事。但聞司坦因博士再渡流沙，所得不少，以戰事方殷，未曾發篋，或其中尚存殘卷否？爰書以俟之。"① 同樣的感嘆再見於其對《春秋經傳集解》的叙録："惜此殘卷（指 P.2562、P.2509、P.2540、P.2523）僅得全書之什一，不知司坦因博士攜歸英京者尚有他卷否？"② 可見羅振玉認爲，只要是内容相關聯的殘卷，就有可能合在一起。其《敦煌寫本尚書顧命殘卷跋》曾言：

> 敦煌寫本《尚書·顧命》九行半，乃往在京師時就伯希和君行篋寫影者，予得見。天寶以前未改字《尚書》蓋自此始。厥後，又得敦煌本《夏書》四篇、《商書》七篇，影本又見日本神田氏所藏唐寫本《周書·泰誓》至《武成》五篇。又得見《周書·洪範》以下五篇於海東故家。復於亡友楊星吾舍人許影寫《商書·盤庚上》至《微子》九篇。既先後印行矣。而深以所見未逾半爲恨。蓋英倫所藏尚有《洛誥》《大禹謨》《泰誓》。東邦岩崎氏得唐寫本，予曾見《禹貢》及《盤庚》上中下。聞尚有《周書》數篇，澤（按：疑爲"則"之誤）未之見也。又閲楊舍人《日本訪書記》，所藏尚有古寫本第一、二及第七至第十三，凡九卷。舍人在往昔未嘗以告予，今舍人亡，所藏不啻與之俱亡，可慨也！然去歲林浩卿博士爲予言："東京有内野氏藏古寫《尚書》全帙，則唐本之所無者。尚得以東邦古寫本足之。异日當謀之。"浩卿博士倘得叚付影印，則失之於楊舍人者，將償之博士。并將求岩琦氏所藏而印行之，或幸得完有唐書府之舊乎？③

---

① 羅振玉：《雪堂校勘群書叙録》卷下，第617頁，轉引自王重民《敦煌古籍叙録》，商務印書館，1958年版，第28頁。
② 羅振玉：《雪堂校勘群書叙録》卷下，第819頁，轉引自王重民《敦煌古籍叙録》，商務印書館，1958年版，第50~51頁。
③ 羅振玉：《永豐鄉人稿乙稿下雪堂校刊群書叙録·跋》第五頁，見《羅雪堂先生全集·初編》（册一），臺北文華出版公司，1969年版，第253~254頁。

羅振玉親見的敦煌古寫本《尚書》有伯希和所示《尚書·顧命》九行，後得《夏書》四篇、《商書》七篇，所聞者有英藏《洛誥》《大禹謨》《泰誓》，均非完帙，深以爲憾，一直致力於尋找剩餘殘卷，使之成爲完本。

羅振玉在對敦煌本《莊子郭象注》的三個殘卷進行綴合（將 P.2508 與 P.2531 兩個"出自一帙"的殘卷綴合在一起，并判斷爲言此書存第一四五三卷，今僅得二卷，异日 P.2508〔乙〕與其他并非出於一帙）之後，還希望能完全還原原書，所以"予往者曾見北宋及南宋刊《莊子》二殘本，又見何義門先生手校本，予皆一一移校於藏本之上。東邦尚有古寫本，曾列之京都博物館，异日當就彼一校，會合諸本，可成一善本矣"，提出不管出處（包括出於敦煌石室的手抄本，也包括宋代刊本，還包括藏於日本的古本）均可"會合"，以期"成一善本"。可見其注意的并不是各寫本之間有無相連接、吻合、可以綴聯的可能性，只是注意到它們的内容是否屬於同書，希望將各本合在一起之後能得到完整的内容。

當然，羅氏仍比較清晰地分辨了"同書"與"同卷"屬不同的概念，如他在《敦煌本太玄真一本際經殘卷跋》中寫道："但卷係兩截，前百五十四行爲一截，後四十七行爲一截，中有脱佚。觀前後文義，則確爲一經，而行字略有高低之差，或非一卷歟！"

從羅振玉的描述中，我們不難發現，他所見的古寫本《尚書》的幾個殘卷，有些只是別人的傳抄本，并非敦煌文獻的原貌，很多都不是一卷之裂、可以精確拼合還原，但他還是希望將它們蒐集齊全合并在一起進行校勘。這説明最早期的學者對殘卷綴合問題的態度只是著眼於内容可否合成完整的文書（即使有重複也可以），主要是看重殘卷的校勘意義，與我們所説的綴合還原并不完全相同。這種綴合的結果并不理想，往往學者本著一腔希望將原本復原，但并不能達到目的（他們所稱"一卷之裂"，可能本義是指同書的不同版本散出，可以復原原書的内容，而并非指還原敦煌文獻的原貌）。如羅振玉曾將日本傳入的《論語鄭氏注》與伯希和攜走的敦煌本《論語鄭氏注》"合"在一起："鄭注《論語》唐以後久佚，宣統庚戌，東友内藤湖南富岡君撝兩君，先後寄其國本願寺主大穀氏所得西域卷軸影本至京師，中有《論語·子路篇》殘注九行，予據《詩·棠棣正義》所引，定爲鄭注，已詫爲希世之寶，爲印行矣。越四年，法友伯希和君，又寄此卷影本至，則由《述而》至《鄉黨》凡四篇，視前所見逾十倍。每篇題之下，皆書'孔氏本，鄭氏注'，楮墨書迹，與本願寺本不殊，蓋是一帙而紛失者。"① 雖然羅振玉言自己驗證了兩卷的字迹，但他還是看走了眼，王重民指出："兩卷書迹殊異，絕非一帙而紛失者。"②

當然，這種"合"也有其合理性，如久佚之書，可以用此"合本"窺豹一斑，甚至確定其目次，如王重民訂正《春秋後語》便是一例："此卷（P.3616）首尾殘闕，存者百九十行，首爲張孟談治晉陽事，次豫讓爲智博復仇事，又次至卷末均爲蘇秦説六國事。按二五六九號《春秋後語略出本》卷首，正殘缺豫讓復仇事一節，次題《春秋後趙語》第五，則豫讓事在《後趙語》第四，因知此殘卷爲《春秋後語趙語上》第四矣。孔衍原書雖未盡出，而十卷舊第，今可復明。卷一、二、三當爲《秦語》上、中、下，卷四、五《趙語》上、下，卷六《韓語》，卷七《魏語》，卷八《楚語》。倫敦所藏敦煌書目，有《春秋後語注燕第十》，則卷九爲《齊語》矣。"③《秦語》上、中、下與《趙語》上、下并非可以綴合的同卷，而《〈春秋後語注〉燕第十》非王重民目驗，只是根據書目，其餘更未知是否存有殘卷，更談不上一一綴合，不過已能根據可以合在一起的卷目的次序推測原書的篇目順序，不能不説這是古籍整理中非常有實際意義的例子。

又如王重民還依據此法，將法藏《李陵蘇武傳》三個本子（P.2498、P.2847、P.3692）進行了對校，"三本互相校補，文字得無殘缺"④。而《王陵變文》亦同此情況，王重民先是將藏於巴黎國家圖書館的三個殘卷（P.3627、P.3867、P.3627）綴合後，發現開端尚有殘缺，不過後來又發現英藏本中亦有《王陵變文》寫本，於是將它與法藏的三個殘卷互校互補，得到了一個比較完善的本子："巴黎所藏《王陵變文》殘卷三，唯卷首有殘缺。余既校録其文，布之《北平圖書館館刊》，以拔出本郵英倫博物院東方部主任翟斯理博士。及拜覆書，稱斯坦因所獲五四三七號寫本，

---

① 羅振玉：《雪堂校勘群書叙録》卷下，轉引自王重民《敦煌古籍叙録》，商務印書館，1958年版，第65頁。
② 王重民：《敦煌古籍叙録》，商務印書館，1958年版，第65頁。
③ 王重民：《敦煌古籍叙録》，商務印書館，1958年版，第91頁。
④ 王重民：《敦煌古籍叙録》，商務印書館，1958年版，第309頁。

亦爲《王陵變文》。前三葉可補巴黎本之缺，後七葉可據以校文字異同。且允以照片見寄。余大喜過望，即覆書致謝，并請求攝影。不數日接到影片十葉，且叮惠贈。使文學要籍，千年佚書，成延津之合，俾世人得見其全，則稱手感荷者，固不僅重民一人也。"①

這種綴合著眼於內容上的"合"，此種情況又見於學者最早對《敦煌雜曲子》的認識。朱孝臧在整理敦煌本《雲謠曲子詞集》時，有如下感慨："《雲謠集雜曲子》敦煌石室藏唐人寫卷子本，今歸英京博物館。昆陵董授經游倫敦，手錄見貽。原題三十首，存十八首。《傾杯樂》以下，佚目無存。集中脫句譌文，觸目而是，授經間有諟正，未盡袪疑。旋從吳伯言索得石印本，用疏舉若干條，質之。況蕙風細意鉤撢，復多創獲。爰稽同異，臚識如右。其爲詞樸拙可喜，洵倚聲椎輪大輅，且爲中土千餘年來未睹之秘笈，亟付槧人，以冠吾書，以饗同嗜。倘《傾杯樂》諸佚詞，得旦暮遇之，斯集復成完秩，俾益幸也！"② 在得到《傾杯樂》之前的十八首敦煌本《雲謠雜曲子集》之後，朱孝臧非常希望能獲得剩餘的部分，以能夠"復成完秩"。不過此處所說的"完秩"并不是原卷的"完秩"，只是內容上可以恢復三十首的版本。朱孝臧所得董授經手錄的巴黎國家圖書館藏本《雲謠集雜曲子》從內容上來說也并非完本，後龍沐勛"獲讀劉半農復在巴黎所輯《敦煌掇瑣》，亦載《雲謠雜曲》，亟走告翁（指朱孝臧）。翁取以校舊刻，除《鳳歸雲》前二首兩本重出外，悉爲倫敦本所無，合之適符三十首之數。翁大喜過望"③。說明朱孝臧後又合《敦煌掇瑣》所錄本成三十首，終於使其成爲內容上的"完秩"。

實際上，最初接觸敦煌文獻者均不能看到大量敦煌文獻，沒有充分可供綴合的材料；一些學者所依賴的版本都是輾轉抄寫而回的二手材料，而非原本或比較可靠的寫真照片，經過加工的材料有訛誤或者不明朗之處，有些時候直接影響對版本的認識，更根本談不上從字迹、邊緣形態甚至紙質等方面判斷它們是否爲一卷之裂。對版本認識的不清楚會使我們將本來是兩種的寫本當成一種，這樣就失去了將其綴合的準確性。任二北在編輯《敦煌歌辭總編》時便指出了這一點，他在對《雲謠雜曲子》的校理中寫

---

① 王重民：《敦煌古籍叙錄》，商務印書館，1958年版，第348~349頁。
② 王重民：《敦煌曲子詞集·附錄二》，商務印書館，1950年版，第69頁。
③ 王重民：《敦煌曲子詞集·附錄二》，商務印書館，1950年版，第70頁。

道，"敦煌歌辭於二十年代零星回國者，首入王、羅、董、朱諸人手"①，大力批判王國維等人任意删改原文，又言鄭振鐸等人誤認伯希和贈羅振玉本與英藏 S.1441 爲一本，其原因實際也是眾學者只見傳抄的文本，并未見到原件，亦未加以驗證之故，他還説："事之有效處理，不在辨英京、法京之异地，或斯來伯往之异乎……凡此皆在，外不足輕重之分歧。所重者，當在掌握斯（指英藏本之《雲謡集雜曲子》）羅（指羅振玉所抄法藏本《雲謡集雜曲子》）兩本上能於對比之文字异同，亦足據斷其本之確實爲一或爲二否？"②

後來的學者大多秉持了這種科學嚴謹的做法，已認識到即便是"合"眾本以補齊内容，也應該是在見到原卷或者是至少弄清楚各抄本在英、法各地原編號的基礎上，確認它們是否是不同的卷號，以便查檢和綴合。進一步親自見到和校理過敦煌文獻原卷的學者更明確地將内容"爲同書"的殘卷之"合"與"爲同卷之裂"的殘卷之"綴合"分開："巴黎所藏《漢書·刑法志》及《敦煌石室碎金》所印匡衡、張禹、孔光等列傳，余既證明其注爲蔡謨《集解》，在英倫又獲見《蕭望之傳》，寫本雖不同，然同爲蔡氏注本則一也。"③這種處理意見對敦煌文獻的真正"綴合"有極爲重要的意義。

此後的學者對"綴合"的理解和成果漸有突破，這是在學者所見敦煌寫本原卷逐日增多以後。這些學者在翻閱原卷或忠實於原卷的寫真照片時，逐漸發現有許多殘卷，而這些殘卷之間存在一定的聯繫，甚至有一些可以直接辨明是同一卷裂爲多卷者，將這些殘卷拼合在一起可以還原原卷的内容，甚至還原最初的書寫形態。

陳垣《敦煌劫餘録》著録了當時藏於北平圖書館的敦煌文獻，在序言中便稱："《敦煌劫餘録》十四秩，著録寫經八千六百七十九號（中有缺號，有一號裂爲二三軸者，均於檢目注明之）。"④説明陳垣所見北平圖書館藏敦煌文獻中有本爲一卷後裂損爲多個殘卷的情況，他已發現并且在

---

① 任二北：《敦煌歌辭總編》，上海古籍出版社，1987 年版，第 11 頁。
② 任二北：《敦煌歌辭總編》，上海古籍出版社，1987 年版，第 6 頁。
③ 王重民：《敦煌古籍叙録》，商務印書館，1958 年版，第 79 頁。
④ 陳垣：《敦煌劫餘録》，黄永武《敦煌叢刊初集》影印，臺北新文豐出版公司，1985 年版，序第 3 頁。

著作中注明。"夫寫定之難,厥爲首尾不具之殘軸"①,在爲文獻定名時感到最困難的是"首尾不具之殘軸",説明他對殘卷的存在制約著對文獻定名問題的深刻體會,故在著録時特別注意寫明瞭首尾"破爛"、"破損"、"碎損"、"有餘"(即留有空白紙頁)、"殘"等情況,盡力爲後人的研究留下依據。這種著録原文獻殘缺或完整的方法在後來敦煌研究者的著作中也一一沿用。

後來親眼見到敦煌寫卷(或寫真照片)的學者對殘卷及殘卷的"合"基本上是著眼於卷子復原式的綴合,而不再只是内容恢復式的"合",這實得益於他們所見文獻的增多和卷子形態的明晰。

早期學者著眼於内容補齊的"合"甚至影響了當代一些學人,他們在綴合的時候往往更多考慮内容的前後一致與連貫,而忽略了從寫卷本身字迹、行款、紙張等外在形式上對殘卷、殘片能否綴合的判斷意義。

第三節　早期敦煌學者"綴合"的嘗試與認識

實際綴合還原敦煌卷子的工作實始於劉復,他於20世紀20年代在法國國家圖書館抄寫敦煌文獻,寫作《敦煌掇瑣》時,就已敏鋭地認識到敦煌卷子存在殘缺,所以在目録處便注明了P.2647《季布歌》、P.2648《季布歌》、P.3386《季布駡陣詞文》等爲"殘",P.2553《昭君出塞》、P.2653《燕子賦》等爲"缺首",P.3248《醜女緣起》、P.3360《十四十五上戰場》等爲"缺尾"、P.2794《伍子胥》等"缺前半";同時他還發現這些殘缺的卷子又存在可以相互拼合還原爲一卷的情況,如認爲P.2647《季布歌》(擬名)"此似應與前號(P.2648)合爲一本"②;P.2794《伍子胥》(擬)則"似不能與前號(P.3213)合"③,這已開殘卷綴合之發端。

---

① 陳垣:《敦煌劫餘録》,黄永武《敦煌叢刊初集》影印,臺北新文豐出版公司,1985年版,序第4頁。
② 劉復:《敦煌掇瑣》,黄永武《敦煌叢刊初集》影印,臺北新文豐出版公司,1986年版,目録第2頁。
③ 劉復:《敦煌掇瑣》,黄永武《敦煌叢刊初集》影印,臺北新文豐出版公司,1986年版,目録第2頁。

20世紀30至50年代，學者對敦煌殘卷的綴合工作達到一個高潮，主要體現在一些學者集中介紹或抄錄敦煌文獻的著作。如王重民《敦煌曲子詞集》《敦煌變文集》《敦煌古籍叙錄》、任二北《敦煌曲校錄》等。

20世紀50年代，姜亮夫首先明確提出了殘卷綴合（姜亮夫又稱爲"殘卷拼合"）問題的重要性："這種綴合工作是我們做研究工作前的第一件事。這是一個問題。"① 他還指出了綴合工作對於殘卷甚至所有敦煌文獻研究的重要性："所以這個問題是技術上很複雜的問題，馬馬虎虎就拼不起來，拼不起來我們的研究工作就要落空。爲什麽呢？你拼不起來，許多殘的東西是丟掉還是留著？留著是殘的，不單單殘的東西沒用，而且連那些大體完整的殘了一點的也沒用了。"② 認爲對於殘破的卷子而言，必須將其綴合，不然會直接影響它的研究價值。而且小塊殘片和缺損極小的殘卷都要納入殘卷綴合的視野，小塊殘片綴合到殘損極小的殘卷上恢復成原來的完整的卷子，纔能夠説得上真正地將敦煌文獻綴合還原，否則小塊的殘片單獨來看沒有價值，缺損極小的卷子單獨來看也有可能缺失掉它本來可能有的重大價值。

同時，他也認識到完成這項工作的困難性，這是王重民、向達、姜亮夫在校理敦煌佛經卷子時所共同發現的"至難問題"："重民先生嘗以其所遇之疑難寫信告予。其一即爲許多原卷無以綴合。此事吾等三人皆無從解決，遂請示中央，望能向天下公私藏卷者購求原卷或微縮片子。因敦煌卷子往往有一卷損裂爲三卷、五卷、十卷之情況，而所破裂之碎卷又往往散處各地：或在中土，或於巴黎，或存倫敦，或藏日本，故唯有設法將其收集一處，方可使卷子復原。而此事至難，欲成不易。余在西歐時，即知蘇聯列寧格勒有敦煌卷子，而其時即禁止對外。如今，蘇聯所藏敦煌卷子已編目公世，至爲可喜。安得天下各公私藏家皆能獻玉，則事可成矣。"③

姜亮夫再三強調了須收集所有敦煌卷子之後纔談得上進行綴合工作："這裏有一個很大的技術問題。譬如我手裏只有十個卷子，要把它們拼合

---

① 姜亮夫：《敦煌學概論》，《姜亮夫全集》（第十二卷），雲南人民出版社，2002年版，第333頁。
② 姜亮夫：《敦煌學概論》，《姜亮夫全集》（第十二卷），雲南人民出版社，2002年版，第333頁。
③ 姜亮夫：《敦煌碎金》，《姜亮夫全集》（第十二卷），雲南人民出版社，2002年版，第348~349頁。

完整，到哪裏去找它們的對象呢？所以一定要把所有的卷子都集中在一道，然後纔說得上拼合。這件事，不是我們單個在書房裏能够做的。要靠國家的力量，把所有敦煌卷子收集起來放在一道，然後找十個八個人，坐下來定出許多條例，哪些哪些咋個拼合法。大家對這規律都熟悉了，卷子是擺在中間的，然後每個人抓住卷子就去找，就去查，要這樣做。"①

其次，關於綴合的方法，姜亮夫提出了綴合過程中必須要特別注意正背面有文書的卷子："有甚麽方法讓我們簡單地拼合呢？首先需要識別，希望卷子不要拼錯，第一件事情要搞清楚這個卷子是單面寫的還是雙面寫的。單面寫的當然只能拼在單面上，雙面寫的當然只能拼在雙面上，第二件事情，不管是單面寫的還是雙面寫的，有沒有後人修改的痕迹，這個問題是很嚴重的。在單面上的後人修改，我們很容易看出來，就算了。雙面的東西就很糟糕。到底是兩面都修改了還是只修改了一面呢？又是怎麽樣子修改的？一定要鬧清楚。"② 這種方法是非常有啓發性和參考價值的。可以説姜亮夫是早期敦煌學家中對文獻綴合工作認識最早、最清楚的一位，他所提出的綴合方法今天仍有重要的指導意義。

第四節　早期學者殘卷綴合工作實例

除劉復《敦煌掇瑣》中對 P.2747 和 P.2648《季布歌》進行了綴合之外，姜亮夫在論及敦煌文獻的語言學價值時曾列舉巴黎藏《爾雅》二卷爲例："二六六一卷，今存《釋天》《釋地》兩篇，三七三五卷今存《釋丘》《釋山》《釋水》三篇"，并言"這兩卷其實是一卷之裂，自紙質、墨色、款式、字迹皆可斷之"③。認爲 P.2661 與 P.3735 實是一卷分裂而成的兩個卷號，判斷的依據是"紙質""墨色""款式""字迹"四種，在無意中已完成殘卷綴合工作實例，還爲後來的綴合判斷標準提供了

---

① 姜亮夫：《敦煌學概論》，見《姜亮夫全集》（第十二卷），雲南人民出版社，2002年版，第333頁。

② 姜亮夫：《敦煌學概論》，見《姜亮夫全集》（第十二卷），雲南人民出版社，2002年版，第333頁。

③ 姜亮夫：《敦煌——偉大的文化寶藏》，見《姜亮夫全集》（第十二卷），雲南人民出版社，2002年版，第194~195頁。

指引。

　　早期綴合成果最多者則應是王重民，他在 1950 年出版的《敦煌曲子詞集》和 1957 年出版的《敦煌變文集》中對所收變文、曲均有綴合（前者對"綴合"的理解還有一些問題）。在《敦煌變文集》中，他明確記載："（《伍子胥變文》）甲卷伯三二一三存故事開端處。乙卷斯六三三一僅存十二行，且有六斷行，據王慶菽校録本。丙卷斯三二八存故事的主要部份。丁卷伯二七九四存兩截，且在丙卷所存部分内。但文句稍有异同，茲將其重要者入校記。"① "（《舜子變》）甲卷斯四六五四存前題。乙卷伯二七二一存後題。兩卷雖非同一寫本，銜接處殘缺似不多，整個故事，大致得以保全。"② 另如《韓朋賦一卷》，王慶菽記："斯四九〇一爲丁卷，斯三九〇四爲戊卷。兩卷原屬同一人之鈔本，乃倫敦博物館整理時未注意所誤編。"可以看出，王重民等人非常注意有可能綴合的卷子之間的聯繫，不過他們所做的工作基本沿襲羅振玉一路，是將所有相關内容的卷子放在一起，并不要求形式和内容上完全還原原卷，只是根據内容的缺與存進行相互補充，目的是從内容上恢復原來的面貌，這與我們所說的綴合還有一定差距。當然，這也是因爲王重民所見的《伍子胥變文》幾個殘卷之間本不存在可以綴合的關係。

　　不過，在校録《漢將王陵變》時，王重民的綴合工作有了明顯的變化，他在校録中記載："此變文現存五個小册子，實爲三個寫本（第二寫本分裂成爲三個部分）。甲卷斯五四三七較乙卷開端多出二百七十餘字。乙卷伯三六二七（一）。丙卷伯三八六七。丁卷伯三六二七（二），以上三殘册，筆迹相同，互相銜接，實爲一個寫本。茲用甲卷開端部分（二百七十餘字）與乙丙丁三卷配成全文。甲乙兩卷重復部份，校其异文入校記。"③ 説明王重民在將所有相關内容的卷子收集在一起時，發現了其中有些卷子之間存在著"筆迹相同，互相銜接，實爲一個寫本"的情況，於是將它們綴合在一起，視爲一個寫卷再進行校録。其綴合的依據是首先要"筆迹相同"，然後内容上還要存在"相互銜接"的關係，纔可以拼合在一起。相似的情況還出現在《捉季布傳文》中，在所見的十個内容相

---

① 王重民、王慶菽、向達等：《敦煌變文集》，人民文學出版社，1957 年版，第 28 頁。
② 王重民、王慶菽、向達等：《敦煌變文集》，人民文學出版社，1957 年版，第 135 頁。
③ 王重民、王慶菽、向達等：《敦煌變文集》，人民文學出版社，1957 年版，第 47 頁。

關的本子中，他發現 P.2747 與 P.2648 可以綴合（實際劉復已發現），還發現這兩個殘卷與 P.3386 也是可以綴合的，只是并非直接相銜接。故記："甲卷伯二七四七存百二十六句。伯二六四八存百九十四句，與上卷相銜接。丙卷伯三三八六存二十七句。甲、乙、丙三卷爲同一寫本今并刻入《敦煌綴（按：應爲掇）瑣》上輯。"① 又如《降魔變一卷》："今存有六卷，其中一卷裂爲兩段，實爲五卷。……原卷全卷完整，但裂爲二段。第一段在倫敦，編號爲斯五五一一。僅存開端九行。第二段在國内，驗其筆迹及殘缺處，適與第一段相符合。"② 此處王重民又提出了能否綴合的另一個條件，即"殘缺處"是否"相符合"，説明學者已經注意到了紙頁形態在綴合中的地位，即兩個殘卷若能綴合，殘缺之處應該是互補的，是可以拼合在一起的。不過王重民也注意到"原卷兩段銜接處，文字多有破損"，所以使用了 S.4398 進行校補，説明他認識到即便是可以綴合的卷子，也可能本身綴合處有損壞，并不能嚴絲合縫地拼合恢復爲原貌。這種態度j非常科學嚴謹的。

　　20 世紀 30 年代，王重民在巴黎、倫敦二地爲北京圖書館挑選并且攝製敦煌古籍影片的時候，順手寫過一些題記、對寫卷的起訖和内容所作的札記，後收入 1958 年出版的《敦煌古籍叙録》，中有不少綴合成果。如其中論及 S.5735《周易釋文（殘卷）》時，言"伯二六七一始大有，正接此卷之後，且筆迹相同，則原爲同一寫本，無疑"③；論及 P.3605 和 P.3615 兩個《尚書》殘卷時，言"兩卷筆迹相同，治字并不缺筆則原爲一書，唐高宗以前寫本也"④；論及 P.3469、P3169、P.5522、P.4033、P.3628 五個《尚書·禹貢》的殘片時，稱："驗其筆迹，甲乙二卷（即 P.3469 與 P3169）同，丙丁戊三卷（即 P.5522、P.4033 與 P.3628）同，蓋原爲二書斷裂爲五者。"⑤ 判斷第一、二個筆迹相同，後三個筆迹同，故應爲二種《尚書》，各自可綴合。如是者，在《敦煌古籍叙録》中有許多的例子，我們可以列表以便顯示（見表 4-1）：

---

① 王重民、王慶菽、向達等《敦煌變文集》，人民文學出版社，1957 年版，第 71 頁。
② 王重民、王慶菽、向達等《敦煌變文集》，人民文學出版社，1957 年版，第 389~390 頁。
③ 王重民：《敦煌古籍叙録》，商務印書館，1958 年版，第 8 頁。
④ 王重民：《敦煌古籍叙録》，商務印書館，1958 年版，第 14 頁。
⑤ 王重民：《敦煌古籍叙録》，商務印書館，1958 年版，第 14 頁

表 4-1 《敦煌古籍叙錄》的綴合成果

書（題）名	可綴合殘卷卷號（括號內爲原論述）	頁碼
《尚書·盤庚》	P.3670+P.2516（檢而二五一六號《尚書》殘卷，起《盤庚》中篇"今其有今亡後"句，正與此卷銜接。更驗其筆迹，而知確爲同卷。蓋因割裂，遂分別著錄也。按二五一六號卷子，羅振玉已印入《鳴沙石室古籍叢殘》；今余重獲此卷，適可爲延津之合，不禁狂喜）	16
《尚書·費誓》至《尚書·秦誓》	P.2980+P.2871（古文《尚書》殘卷二：甲卷著錄號碼在二五四九，爲全書篇目；乙卷在三八七一，爲《費誓》殘文，始"亡敢寇攘踰垣墻"，至篇末。驗其筆迹與紙色，并與二九八〇《秦誓》相同；卷背所裱，亦爲同一古類書，則原爲同書無疑）	21
《毛詩定本》（?）	S.3330+S.6346［斯坦因所獲《毛詩》白文凡三卷……乙丙兩卷（乙卷即S.3330，丙卷即S.6346）筆迹相同，當爲同一鈔本，甲卷（指S.789）稍古］	44
《春秋左氏抄》（?）	S.133+S.1443（又斯一四四三，唐寫本。爲僖公十六、二十二、二十三年傳節文，專輯公子重耳走國事，亦有杜預注，疑亦是是書殘本）	57
《春秋穀梁傳范寧集解》	P.2486+羅振玉影印本（即P.2536）+馮國瑞藏本［羅振玉曾影印《穀梁傳》莊公十九年至滑公二年一殘卷（P.2536），後題"龍朔三年三月十九日書吏高義寫"，或與此卷同爲一書，蓋當時由衆人分寫者。故亟付影攝，俾與羅本并觀焉。重民按：馮國瑞先生藏桓公殘卷，亦龍朔三年寫本，與哀公莊滑兩卷爲同書。聞有意彙編影印行世］	61
《爾雅郭璞注》	S.2661+S.3735（今《巴黎圖書館敦煌書目》，上截著錄在二六六一號，下截著錄在三七三五號，驗其斷痕與筆迹，實爲一卷）	74

續表4-1

書（題）名	可綴合殘卷卷號（括號内爲原論述）	頁碼
《漢書·刑法志》	P. 3669+羅振玉《敦煌石室碎金》本之《漢書·匡衡張宇孔光傳》殘卷（羅振玉印《敦煌石室碎金》，有《漢書·匡衡張宇孔光傳》一殘卷，蓋爲不列顛博物院藏本，予尚見原卷。然所引舊注，亦較師古爲多，疑與此卷同爲一書）	77~78
《漢書·刑法志》	P. 3669+……+P. 3557（敦煌本《漢書·刑法志》，余已著録三六六九號殘卷七十一行。此卷爲同一寫本，自"此刑之所以蕃也"，至卷後題，存者四十五行。兩卷之間有缺損，斷裂之後，今不可復見矣）	78
《漢書·蕭望之傳》	P. 2485+P. 2513〔（P. 2485）書法極工，驗其筆迹，蓋與二五一三號卷子《王莽傳》同爲一書〕	81
《唐代殘史書》	S. 2506+P. 2810+P. 4073〔重民按：是跋（王國維《觀堂集林》卷二十一，二一三頁）題"唐寫本失名殘書跋"，《沙州文録補佚》題作"開元天寶殘史書"，其原書名今不可考。然是書在敦煌寫本内尚殘存四段，王氏所跋者爲斯二五〇六號卷子。余所見者，尚有伯二八一〇號，始天寶十三年二月訖大曆七年（此卷從上元元年又裂爲兩段，而又爲裱工前後所倒裝）。伯四〇七三號始大曆七年訖貞元二年，均是同一寫本，且互相銜接〕	86~87
孔衍《春秋後語·秦語》	王於巴黎所見叢殘中兩長卷+羅振玉《鳴沙石室佚書》影印本（第二册）+P. 2702V+S. 713〔孔衍《春秋後語》前三卷爲秦語，余既已證實羅振玉説，復據巴黎二七〇二號卷子，訂正《古籍叢殘》所印羅卷爲《秦語》中，非《秦語》上。後於倫敦又見《秦語》下（斯七一三），今又於巴黎所藏叢殘之中，得兩長卷，并爲《秦語》上，蓋同卷而斷爲兩截者。於是《秦語》三卷，重顯於世矣〕似三卷并不一定是同卷，不過二七〇二卷背可以綴合。	89~90

續表4-1

書（題）名	可綴合殘卷卷號（括號内爲原論述）	頁碼
孔衍《春秋後語·秦語》	［此卷（即二七〇二）卷首殘闕，卷末題"孟説秦語中第二"，存者約可得八十行。中間又割裂爲數段，"張儀説趙肅侯"一條，裝裱顛倒，"陳軫對惠王"數行，又間隔於卷末，蓋視作廢紙，用以襯托二七〇二號卷子者，殊令人惋惜不置］，所得兩長卷亦可綴合。 其書可能有間斷的（又按《後語》原編，若至張儀爲上卷，至秦武王二年爲中卷，至楚漢之際爲下卷，則中卷似太少，下卷似太多，今書缺有間，余有疑焉。又二七〇二號卷子，裱裝顛倒之"張儀説趙肅侯"一條，裝裱顛倒，"陳軫對惠王"數行，證以此卷，并當在上卷，與孟説事非在同卷）	89~90
《唐律疏義》	P.3593+《敦煌石室碎金》排印德化李氏所藏《律疏》卷第二［此卷（指P.3593）裝潢甚都，字亦工整，欵式與《敦煌石室碎金》排印德化李氏所藏《律疏》卷第二相同，疑或原爲一書］此句應爲羅振玉言？	144
《算經一卷》	P.3349+S.19+S.5779［丙種算經一卷（并序）則一九二五年六月劉復初次校勘入《敦煌掇瑣》中，一九三五年李儼再校勘入《北平圖書館館刊》，一九三六年北平圖書館向達君在倫敦發現丁、戊二種，舉與丙種校對，知其同爲一書，。今此殘本，假定共有一百二十九行，則丁種可據以補校其中之三十五至五十五行，戊種可據以補校其中之一百至一百二十九行］ 按：此爲李儼言，見李儼《敦煌石室立成算經》（《圖書季刊》新第1卷第4期，1939年12月出版）	160

續表4-1

書（題）名	可綴合殘卷卷號（括號內爲原論述）	頁碼
《唐高宗天訓》（？）	P.5523斷片一+P.5523斷片二（巴黎藏此殘卷二，著錄號碼均在五五二三號，并無書題。甲卷存九十七行，乙卷存九十行，驗其斷損處，適相銜接，則同爲一卷可知）	188
《莊子郭象注》	P.2508+P.2531（敦煌本《莊子郭象注》殘卷三，曰《刻意篇》，首尾完具。曰《山木篇》，曰《徐無鬼篇》，皆佚其前。……甲與丙字迹相類，殆出於一帙，乙則別是一帙）	
李嶠《雜詠注》	S.555+P.3738（斯坦因所得五五五號，爲殘詩十七行，有注；伯希和所得三七三八號，僅六行，詩注均相似，書法亦同，知爲同書）	289
《故陳子昂遺集》	P.3596+S.5967（一殘片）+S.5971（四殘片）（斯五九七一殘文四碎片，又五九六七殘文一碎片，并與巴黎所藏《故陳子昂遺集》爲同卷。以楊春重編本校之，并在卷八中。且五九六七一片，適與巴黎卷相銜接）	294
《文選》	P.2554+P.2493+P.2525（敦煌本《文選》殘卷四，并無注。甲卷著錄號碼在二五五四，存六十五行，爲謝靈運《樂府》一首，鮑明遠《樂府》五首又半，在今李善注本卷第二十八。乙卷著錄號碼在二四九三，存百四十五行，爲陸士衡演《連珠》，共五十首，此卷第一首及末首缺，第二首及四十九首殘。以上兩卷，與二五二五號《文選》殘卷第二十五，筆迹相同，蓋原爲一書，陳隋間寫本也）	3316

續表4-1

書（題）名	可綴合殘卷卷號（括號內爲原論述）	頁碼
《文選》	P. 2707 + P. 2543 + P. 2542 + P. 3778 + P. 3345［（又《文選》）甲卷著錄號碼爲二七〇七，僅存九行，在王元長《三月三日曲水詩序》中。乙卷爲二五四三，存五十四行，亦《三月三日曲水詩序》，起"用能免群生於湯火"，訖《王文憲文集序》開端兩行。丙卷爲三七七八，存三十五行，爲顔延年《陽給事誄》，起"受憲勍寇"，訖篇末，并《陶給事誄》爲篇題。丁卷爲三三四五，存五十四行，爲王仲寶《褚淵碑文》之後半，并原書後題"文選第二十九"。此四卷筆迹相同，潢色無異，蓋原爲一書，裂爲數截。又有"二五四二"一卷，爲《王文憲文集序》殘簡，上接乙卷，亦爲同書，羅振玉已印入《古籍叢殘》］	320-321
《珠英學士集》	P. 3771+S. 2717（伯三七七一與斯二七七一兩殘卷，筆迹相同，斯氏卷馬吉甫詩前，有"珠英集第五"一行，故知同爲《珠英學士集》殘卷）	325
《詩選》	P. 2552+P. 2567［（又 P. 2552）《詩選》殘卷，存四十一首。……又二五六七號卷子亦爲詩選，與此卷書法相同，蓋是一書］	327
《捉季布傳文》	P. 2747 + P. 2648 + P. 3386［又劉氏三卷（即 P. 2747、P. 2648、P. 3386），今校以全文，并驗其裂痕，確爲同卷，今割裂爲三截。半農先生疑三三八六號卷子，"與前二號字體不類，是另一人所寫"者，非是（《掇瑣》頁四十一）］	343

續表4-1

書（題）名	可綴合殘卷卷號（括號內爲原論述）	頁碼
《王陵變文》	P.3627+P.3867+P.3627［敦煌本《漢八年楚滅漢及王陵變》一卷，袖珍蝴蝶裝，末有"天福四年（939）八月十六日孔目官閻物成寫記"一行，今藏巴黎國家圖書館，分在三處著録（即P.3627+P.3867+P.3627）。余詳加校閲，知互相銜接，同爲一書。惟卷端開首處，殘缺一小部分，斯爲可惜然據書中所述史事以推，所存者似尚可得十七八乃至十八九，故覺放失之後，雖僅或殘編，猶有餘幸也］	344

1955年出版的任二北《敦煌曲校録》實是《敦煌歌辭總編》的前期成果，後出的《敦煌歌辭總編》實是對王重民《敦煌曲子詞集》等的補輯，其中有更多的對敦煌歌辭綴合的成果。

不過限於條件，這些殘片、殘卷是否可以綴合實際是可以商榷的，研究者也多是對這些殘卷、殘片之綴合做介紹性提示。

提出"殘卷綴合"概念，并通過對單個寫卷的仔細研讀，揭示殘卷綴合在敦煌文獻研究中意義的還是20世紀60年代以後。陳鐵凡《敦煌本尚書十四殘卷綴合記》①《法京所藏敦煌左傳兩殘卷綴合校字記》②《敦煌本〈孝經〉類纂》③和潘重規《倫敦藏二七二九號暨列寧格勒藏一五一七號敦煌〈毛詩音〉殘卷綴合寫定題記》④等文章相繼發表，學者逐漸認識到將分散的敦煌殘卷拼合整理後所得到的完整本有助於對文獻原貌的還原，并有利於與傳世本對比校勘，或有利於對一些現象的再認識，從而得到更爲可信的結論。20世紀70年代至今，有更多的綴合成果公布。這些綴合大致分成兩類：一是在研究單個文獻（專書、專篇）時，查尋可能存在的相關殘卷殘片，或參考前人論述，經比勘確認之後將其綴合，得出單篇文獻的綴合成果；二是在對某一類文獻進行歸類研究時，參考已有的綴合成果，并加入個人的努力，得出某類別文獻的綴合成果。

---

① 陳鐵凡：《敦煌本尚書十四殘卷綴合記》，載於《新社學報》1969年第3期。
② 陳鐵凡：《法京所藏敦煌左傳兩殘卷綴合校字記》，載於《書目季刊》5卷，1970年第1期。
③ 陳鐵凡：《敦煌本〈孝經〉類纂》，燕京文化事業股份有限公司，1977年版。
④ 潘重規：《倫敦藏二七二九號暨列寧格勒藏一五一七號敦煌〈毛詩音〉殘卷綴合寫定題記》，載於《新亞學報》9卷，1970年第2期。

第五章　各國收藏機構對敦煌文獻殘卷的綴合

敦煌文獻流出之後，因種種原因收藏情況比較散亂，主要集中在英國倫敦、法國巴黎、俄羅斯聖彼得堡和中國北京，還有一些藏品分散在中國、日本、歐洲、美國公私收藏者的手里。其中，英、法、俄、中四國的藏品占大多數，并且得到了有效的整理和保護。

第一節　英國對所藏敦煌文獻殘卷的綴合

英藏敦煌文獻主要是指"斯坦因收集品"中的文獻部分，其來源是1900—1916年匈牙利裔英籍考古學家斯坦因（M. A. Stein，1862—1943）三次中亞考察期間所收集的中國西北地區出土的文獻和文物。這些文獻和文物被運回英國以後分別歸於英國博物館、印度事務部圖書館和印度德里中亞古物博物館。後來英國國家圖書館獨立，其中的文獻材料入藏英國國家圖書館東方寫本與印本部。這批文獻材料包括以漢文、粟特文、突厥文、回鶻文、西夏文書寫的文獻，還有少量用蒙文、藏文、梵文、龜茲文、于闐文書寫的文獻。需指出的是，其中其實混雜了部分非敦煌藏經洞所出的文獻，榮新江就曾發表研究成果稱："S. 編號雖說著錄的主要是斯坦因第二次中亞考察從敦煌藏經洞取得的漢文寫本和印本，但也有一些斯坦因第一、三次考察得自新疆和田和吐魯番等地的文書混入其中，如S. 5862~5872, 6964~6972, 9437, 9464, 11585, 11606~11609, 12597

號等，甚至還混入霍恩雷的中亞收集品，如 S.9222～9225 號。"① 不過這批文獻比較早地得到了系統的保護和研究：翟斯理在 1919 年便開始了對英藏敦煌文獻的編目（雖然進行得非常困難和緩慢，并有許多錯誤），而 S.1～S.6980 號的微縮膠卷也比較早地公布并爲學界所廣泛使用。這批藏品的保存和保護工作汲取了中國文物和文獻保護的經驗（如裱托法的采用），詳見彼得·勞森（Peter Lawson）《英國圖書館所藏中國材料的修復與保存》（Conservation of Chinese Materials in the British Library），收入吳芳思（Frances Wood）編《中國研究》（Chinese Studies）（倫敦：英國國家圖書館，1988 年，英國國家圖書館不定期論文集之十，第 181～183 頁）。②

　　研究者在對英國所藏敦煌文獻進行整理、編訂目錄的工作中，實際已進行了粗略的綴合工作，到 1990 年中國社會科學院歷史研究所、中國敦煌吐魯番學會敦煌古文獻編輯委員會與英國國家圖書館、倫敦大學亞非學院合作出版《英藏敦煌文獻（佛經以外部分）》之時，又廣泛吸收了 1990 年之前的綴合研究成果，所以由四川人民出版社出版的《英藏敦煌文獻（佛經以外部分）》中便表現了兩種殘卷綴合的方式：一是在圖版中可以看到的將有殘損殘缺的同一寫本的幾個殘卷、殘片放在一起進行拍攝，二是在文獻定名時在題名之後以小括號標注"參××××（卷號）"。

一、《英藏》出版拍攝及拍攝之前的綴合工作

　　敦煌文獻在被發現之時便已經出現了殘損、殘缺的情況，入藏英國博物館之後，由於種種原因，有一段時間没有得到有效的整理與保護，自然因素作用下的殘損更加嚴重。好在因爲入藏之後到正式被整理之前的時間内，它們没有受到其他方面的損害，所以殘卷還保持著原先的疊放結合順序，這有利於整理者識别哪些殘片本屬於同一文書。因此這種本屬同一文書，因自然原因出現殘斷的殘片被整理者放在一起并用同一個卷號進行標識，在拍攝微縮膠卷和最後出版製成圖版之時就被拍攝在一張照片之上，很容易被識别出是屬於同一篇文獻的殘片、殘卷。《法藏》《俄藏》亦有

---

　　① 榮新江：《敦煌學十八講》，北京大學出版社，2001 年版，第 99 頁。
　　② 見中國社會科學院歷史研究所、中國敦煌吐魯番學會敦煌古文獻編輯委員會、英國國家圖書館、倫敦大學亞非學院《英藏敦煌文獻（佛經以外部分）》第一卷，四川人民出版社，1990 年版，第 12 頁。

相似的情況，下文不再述及。

二、《英藏》編製時的綴合工作

由中國社會科學院歷史研究所、中國敦煌吐魯番學會敦煌古文獻編輯委員會、英國國家圖書館、倫敦大學亞非學院合作編製，四川人民出版社出版的《英藏敦煌文獻（佛經以外部分）》，充分吸收了1990年之前學者對英藏敦煌文獻的研究成果，特別是榮新江在對 S.6980 之後編號時的研究，所以在編製圖版目錄時，或編者將已經被綴合的殘卷之間的關係在題名上作了提示，或已經將可以綴合的殘片進行拼合處理，以 "參……" 或 "與……拼合" 來表明這種綴合關係。需特別說明的是，因爲該書爲多册陸續出版，後期汲取了榮新江最新綴合成果，前期已出版者并未體現，所以有標注可綴合者前後不一致的情況，如 S.3329《張淮深修功德記》只標明了 "參 S.6161、S.6973、P.2762"，在出版 S.6161《勅河西節度兵部尚書張公德政文碑》時則標明 "參 S.3329、S.6973、S.11564、P.2762"，增加了 S.11564。現將屬於這種情況的殘片、殘卷的編號迻錄如下：

S.79《失名類書》（參 S.2588、P.4636）

S.329《書鏡儀》（參 S.361）

S.361V5《游通信狀》（參 S.329V）

S.372《丁亥年正月一日某寺諸色斛㪷入破曆計會》（參 S.378）

S.1113《道經節抄》（參 P.2469）

S.1605《太上洞玄靈寶真一勸戒法論妙經》（參 S.1906）

S.1880《永徽令卷第六東宫諸府職員》（參 P.4634、S.3375、S.14466）

S.1897《龍德肆年（924）二月一燉煌鄉百姓張某雇工契》（參 S.1605）（按：此卷注明參 S.1605，但 S.1605 是《太上洞玄靈寶真一勸戒法論妙經》，且 S.1605 又注明參 S.1906，此卷與 S.1605 并不可綴合，而 S.1605 與 S.1906 可綴合，所以此處的注是錯誤的）

S.2506V《失名書》［記開元九年（721）至天寶十三載（754）事］（參 S.2810、S.4073）（按：因 S.2506V 爲 S.2506 卷背，若其能與 S.2810、S.4073 綴合，則正面應該可以與 S.2810、S.4073 的背面綴合）

S.3329《張淮深修功德記》（參 S.6161、S.6973、P.2762）

S.3329V《詩九首》（參 S.6161V）

S.3904《韓朋賦》（參 S.4901）

S.3907《敦煌縣敦煌郡龍勒鄉都鄉里天寶六載籍》（參 P.2592、P.3354、羅振玉舊藏）

S.3969《摩尼光佛教法儀略一卷》（參 P.3884）

S.4121《甲午年五月十五日陰家小婢子小娘子榮親客目》（參 S.4700、S.4643）

S.4172《至道元年（995）正月一日沙州何石住等户受田簿》（參 P.3290）

S.4277《王梵志詩》（參聖彼得堡Дx.1456）、S.4314《紫文行事訣》（參 S.6193、P.2751）

S.4649《庚午年某寺破曆》（參 4657）

S.4673《神龍散頒刑部格》（參 P.3078）

S.4681《老子道德經下卷上河上公注》（參 P.2639）

S.4707《馬法律賣宅院契》（參 S.6067）

S.4963《太上業報因緣經卷第一》（參臺北藏 4721）

S.5640《文樣》（先修十王會文）（參 S.5639）

S.5735《周易釋文》（參 P.2617）

S.5740《太玄真一本際經卷第七》（參聖彼得堡藏Дx.00110、S.6145）

S.5756《論語卷第五》（《鄉黨》）（參 S.966）（按：S.966 處未標注參 S.5756）

S.5791《化度寺故僧邕禪師舍利塔銘》（拓本）（參 P.4510）

S.5820《未年潤十月廿五日尼明相賣牛契》（參 S.5826）

S.5834《秦婦吟》（參 P.2700）

S.5861《姓氏書》（參 S.9951、P.391）（按：S.5861 標注爲"參 P.391"錯誤，實應是"參 P.3191"）

S.5873V《戊午年靈圖寺倉出便斛門與人名目》（參 S.8658）（按：此爲 S.5873 卷背，若 S.5873V 能與 S.8658V 綴合，則 S.5873V 也應能與 S.8658 綴合，在 S.8658 出版時作了標注）

S.5878《某寺子年領得什物曆》（參 S.5896）

S.5971《陳子昂集卷八》（參 S.9432、P.3590）

S.5996《六禪師七衛士酬答故事》（參 S.3017）

S.6054《失名五兆卜法》（參 S.6017）

S.6111《書儀鏡》（參 S.10595）

S.6111V《爲申考典索大禄納圖錢及經等事狀》（參 10595V）

S.6121《論語鄭氏注》（《雍也》第六、《述而》第七）（參 S.11910）

S.6161《勅河西節度兵部尚書張公德政文碑》（參 S.3329、S.6973、S.11564、P.2762）（按：前 S.3329 標注時未注明參 S.11564）

S.6161V《詩九首》（參 S.3329V、S.11564）

S.6168《灸法圖》（參 S.6262）

S.6176《切韻》（參 P.3693、P.3694、P.3696）

S.6245《失名書釋》（參 S.9431、S.9443）

S.6245V《五臟脉侯陰陽相乘法》（參 S.9431V、S.9443V）

S.6298《沙州敦煌縣籍》［開元時期］（參 S.10604）

S.6298V《大唐内典録單本一切經序》（參 S.10604V）

S.6312《洞玄靈寶長夜之府九幽玉匱明真科第二十五》（參 S.7730、P.2451）

S.7939《諸寺僧尼給糧曆》（參 S.7940B）

S.7939V《某寺什物點檢曆》（參 S.7940BV）

S.8266《太玄真一本際經卷第四》（參 P.2425）

S.8387《敦煌縣受田簿》［天寶年間］（參 S.9487A、聖彼得堡 Дх.1379、Дх.8721、Дх.3160）

S.8445V《丁未年十一月廿五日常樂（副使）田員宗領得新稅羊憑》（已與 S.8446V 拼合）（按：有綴合圖版）

S.8446《丙午年六月廿七日羊司於常樂稅羊人名目》《丙午年三月九日羊司諸見得紫亭羊名目》《丙午年二月十九日稅巳年出羊人名目》《丙午年二月廿四日監使王速略副使陳保定不奉官格罰羊數》《丁未年四月十二日米羊司就於常樂官稅挈家羊數名目》《辛亥年正月廿七日紫亭羊數名目》（已與 S.8445、S.8468 拼合）（按：有綴合圖版）

S.8448A《辛亥年正月廿七日紫亭羊數名目》（參 S.8446）（按：

S. 8448B 未定名，似謂接續 S. 8448A，則也應參 S. 8446，但似明顯不可綴合，且 S. 8448BV 與 S. 8446V 全無涉）

S. 8459《捉季布傳文》（參 P. 2747、P. 2648A、P. 2648B、P. 3386、P. 3582）

S. 8466《孟姜女詩》（已與 S. 8467 拼合）（按：有綴合圖版，但頁面中部缺一部分，行三至四字的一條貫穿全卷的橫向紙條）

S. 8516F《新集書儀》（參 S. 8680、S. 9937）

S. 8521《文選音》（參 P. 2833）

S. 8574《失名五兆卜法》（參 P. 3452）

S. 8658《戊午年靈圖寺倉出便斛斗與人名目》（參 S. 5873V）

S. 8658V《嘲胡僧詩三首》（參 S. 5873）

S. 8681V《法律惠德請緩還欠練狀》（已與 S. 8702 拼合）（按：有綴合圖版）

S. 8758《付囑法藏傳略抄》（參 S. 9407）

S. 9213A、B《孝經鄭氏解》（廣至德章第十三至諫諍章第十五）（參 S. 3993）

S. 9431《道經注疏》（參 S. 6245、S. 9443，S. 6245 出版時擬名《失名書釋》，此處重新定名）

S. 9431V《平脉略例》（參 S. 9443V、S. 6245V，S. 6245V 出版時擬名《五臟脉侯陰陽相乘法》，此處重新定名）

S. 9460A《律（名例）》［永徽年間（？）］（參聖彼得堡 Дх. 1916、Дх. 3116V、Дх. 3155）

S. 9460AV《元暕爲永業地事狀》（參聖彼得堡 Дх. 1916V、Дх. 3116、Дх. 3155V）

S. 9471《春苗曆》［吐蕃時期］（參 S. 10009、S. 11298）

S. 9502《孔子馬頭卜法》（與 S. 9501V 拼合，參 S. 11419、S. 13002V）

S. 9502V《下女夫詞》（已與 S. 9501 拼合）（按：有綴合圖版，參 S. 11419V、S. 13002）

S. 9532《轉帖》（參 S. 9533V）

S. 9532V《具注曆日》（參 S. 9533）

S. 9928《列子張湛注》（《楊朱》）（參 S. 777、S. 10799、S. 11422、

S. 12087、S. 12124、S. 12285V、S. 12288、S. 12295、S. 12710、S. 12728、S. 12951、S. 12971、S. 12991、S. 13219、S. 13441、S. 13469、S. 13624）

S. 9929《社司轉帖》（參 S. 10184C）

S. 9931《曲子詞抄》（參 S. 2607）

S. 9931V《某寺常住什物案》（參 S. 2607V）

S. 9948V《右厢都虞候氾進賢狀》（參 S. 10557V）

S. 9987A《（備）急單驗藥方卷并序》（參 S. 9987B$_2$V、S. 3347、S. 3395）

S. 9987B$_1$《莊子郭象注摘抄》（《田子方》）（參 S. 3395V）

S. 9987B$_1$V《相書》（參 S. 3395）

S. 10056A《孝經》（《諸侯行孝章》第三、《卿大夫行孝章》第四）（參 S. 10060B）

S. 10240B 殘狀（參 S. 10180B）

S. 10273《丁巳年二月十一日董再德出便麥與人名目》（參 S. 10279）

S. 10274《出便物與氾善祐等名目》（參 S. 10277、S. 10290）

S. 10285《某寺常住什物案》（參 S. 10286）

S. 10312《御注孝經讚》（參 S. 10726）

S. 10312V 雜寫（大中十六年等）（參 S. 10726V）

S. 10468《悟真自序》（參 S. 12956）

S. 10639AV《陰陽書》（參 S. 12456C、S. 12456B）

S. 11282《中和三年（883）正月報恩寺都師寶德諸色斛斗入破計會牒》（參 S. 11283）

S. 11284《出便黃麻與法力等名目》（參 S. 11288）

S. 11332《戊申年四月六日兄善護弟遂恩分書》（參 P. 2685）

S. 11387《存慶鎮宅文》（已與 S. 11388A 拼合）（按：有綴合圖版）

S. 11415《李老君周易十［二］錢卜法抄》（參 S. 3724）

S. 11415V《六十甲子納音》（參 S. 3724V）

S. 11423《時要字樣》（？）（參 S. 5731、S. 6208）

S. 11450A、B《開元九年（721）十一月史氾迪爲長行坊給馬及馬料事牒并判》（參 S. 11451）

S. 11453H～L《唐瀚海軍典抄牒狀文事目歷》（參 11459C～H）（按：

"11459"即"S. 11459",原書漏寫"S.")

S. 11586A、B《敦煌縣某鄉名簿》(參 S. 2703)

S. 11586AV、BV《敦煌縣某鄉徵革鞍歷》(參 S. 2703V)

上述各卷,有的是可以直接拼合在一起的,有的是本屬同一寫本,但中間可能還有其他的殘斷部分,因此不能直接綴合。從《英藏敦煌文獻》的編寫體例中,可以注意到編者使用了兩種表述方法來處理這些可以綴合的寫卷,一種是"參……",另一種是"與……拼合",這説明他們注意到了這一問題,於是以"參"來描述本屬同一寫本,但中間可能還有其他的殘斷部分,因此不能直接綴合的殘卷;以"與……拼合"來描述可以直接拼合在一起的殘卷。但是,其中仍有不少錯漏,特別是有一些標記爲"參……"的殘卷實際是可以直接綴合的寫卷。且這種表述方式不能確定綴合時卷子的先後順序,還只是基礎性的綴合工作。

第二節　俄羅斯對所藏敦煌文獻殘卷的綴合

俄羅斯學者對所藏敦煌殘卷、殘片亦有豐富的綴合成果,采取的描述方式一般是在某一卷號後以斜體字標注可與之綴合的其他卷號編碼。其中已綴合的世俗文獻簡單記載如下:

俄 Ф247《百行章》(按:後列爲 Дx. 1386《百行章》、Дx. 2153(館藏缺)、Дx. 2197《百行章》、Дx. 2197V《索浄增善神護位題記》、Дx. 2752《百行章》、Дx. 2842《百行章》、Дx. 2752V《離別詞》、Дx. 2863《百行章》、Дx. 3076《百行章》等,應是凡《百行章》者似應可綴合,其中 Дx. 2752 與 Дx. 2842《百行章》、Дx. 2863 與 Дx. 3076 可直接綴合,且有綴合後的圖版)

俄 Ф263、俄 Ф326《散經文》《轉經文》《四門轉經文》《入宅文》《燃燈文》《社文》《臨壙文》《亡僧以捨施文》《亡烤文》《難目文》《脱眠(按:疑爲"服")文》《十恩德》《勸善文》

俄 Ф263V、俄 Ф326V《釋門文範》

俄 Ф249、俄 Ф327《金剛亥母修習儀》

俄 Ф249V、俄 Ф327V《雜寫》

俄 Дх.00003、俄 Дх.00026《禮懺文》

俄 Дх.00020V、俄 Дх.03803V、俄 Дх.04285V、俄 Дх.04308V、俄 Дх.10513V、俄 Дх.10520V《三界寺僧名》

俄 Дх.00003、俄 Дх.00026《禮懺文》

俄 Дх.00050、俄 Дх.00949、俄 Дх.00951、俄 Дх.01583《講經文》

俄 Дх.00105、俄 Дх.10299《僧志貞法舟五言詩二首》

俄 Дх.00113V、俄 Дх.02198V、俄 Дх.02641V、俄 Дх.02646V《佛經論釋（裱紙）》

俄 Дх.00169、俄 Дх.00170、俄 Дх.02632《無上秘要》

俄 Дх.00169、俄 Дх.00170、俄 Дх.02632V《書儀》

俄 Дх.00223、俄 Дх.00341、俄 Дх.00377、俄 Дх.01889《禮懺文一本》

俄 Дх.00235、俄 Дх.00239、俄 Дх.03070《醫書》

俄 Дх.00240、俄 Дх.01622、俄 Дх.01870《太上洞玄靈寶空洞靈章》

俄 Дх.00253、俄 Дх.00253V《梁朝傳大士誦金剛經序》

俄 Дх.00285、俄 Дх.02150、俄 Дх.02167、俄 Дх.02960、俄 Дх.03020、俄 Дх.03123《須大拏太子變文》

俄 Дх.00285V、俄 Дх.02150V、俄 Дх.02167V、俄 Дх.02960V、俄 Дх.03020V、俄 Дх.03123V《須大拏太子變文》《祭慈母文》《破曆》

俄 Дх.00290、俄 Дх.00385、俄 Дх.01183《佛教問答》

俄 Дх.00302、俄 Дх.00494V《庚子年十一月張某題記》

俄 Дх.00320、俄 Дх.00386《一切經音義卷第四十八瑜伽師地論》

俄 Дх.00350V、俄 Дх.00728V、俄 Дх.00989V《裱紙內側反文》

俄 Дх.00352、俄 Дх.00463、俄 Дх.00464、俄 Дх.00466《維摩詰所說經注釋》

俄 Дх.00352V、俄 Дх.00463V、俄 Дх.00464V、俄 Дх.00466V《騎縫押》

俄 Дх.00362、俄 Дх.01252、俄 Дх.01263、俄 Дх.01463、俄 Дх.02945《春秋左氏僖公二十一、二十二年傳》

俄 Дх.00362、俄 Дх.01252、俄 Дх.01263、俄 Дх.01463、俄 Дх.02945V《道經》

俄 Дх.00364、俄 Дх.03837、俄 Дх.03913《禮懺文》

俄 Дх.00393、俄 Дх.00394《佛經論釋》

俄 Дх.00395、俄 Дх.00698、俄 Дх.00723、俄 Дх.00999《佛經論釋》

俄 Дх.00397V、俄 Дх.01235V、俄 Дх.02025V《男子采龍世界雜寫》

俄 Дх.00420、俄 Дх.00421《佛經論釋》

俄 Дх.00444、俄 Дх.00445《史書》

俄 Дх.00471V、俄 Дх.00472V《經題雜寫》

俄 Дх.00476、俄 Дх.05937、俄 Дх.06058《宅經》

俄 Дх.00476V、俄 Дх.05937V、俄 Дх.06058V《唐開元五年沙州敦煌縣龍勒鄉籍》《便粟麥歷》

俄 Ф256、俄 Дх.00485《王梵志詩一百一十首》

俄 Дх.00487、俄 Дх.00829、俄 Дх.02771A《論剛柔性情》

俄 Дх.00487V、俄 Дх.00829V、俄 Дх.02771AV《類書》

俄 Дх.00302、俄 Дх.00494《大乘稻芉經隨聽手鏡記》

俄 Дх.00503V、俄 Дх.00504V《契據》

俄 Дх.00510、俄 Дх.02385《禮懺文一本》

俄 Дх.00585、俄 Дх.00586A《一切經音義放光般若經》

俄 Дх.00597、俄 Дх.01030《戒本》

俄 Дх.00630V、俄 Дх.21219V《雜寫》

俄 Дх.00638V、俄 Дх.00874V《雜寫》

俄 Дх.00665、俄 Дх.02462《徵心行路難》

俄 Дх.00710、俄 Дх.00940《無常偈》

俄 Дх.00787V、俄 Дх.00884V《雜寫》

俄 Дх.00796、俄 Дх.01343、俄 Дх.01347、俄 Дх.01395《燕子賦》

俄 Дх.00796V、俄 Дх.01343V、俄 Дх.01347V、俄 Дх.01395V《雜寫》

俄 Дх.00889、俄 Дх.02558《王梵志詩》

俄 Дх.00889V、俄 Дх.02559V《雜寫》

俄 Дх.00890、俄 Дх.00891《王梵志詩》

俄 Дх.00894B、俄 Дх.04737（按：原目錄只記"04737"，應是漏記"俄 Дх."）《文書》

俄 Дх.00895、俄 Дх.01442、俄 Дх.02655《開蒙要訓》

俄 Дх.00897、俄 Дх.02452《和菩薩戒文》

俄 Дх.00922、俄 Дх.03132《十空讚》

俄 Дх.00050、俄 Дх.00949、俄 Дх.00951、俄 Дх.01583《變文》（按：與前擬名不同）

俄 Дх.00955、俄 Дх.04272《敬禮三寶文》

俄 Дх.00970、俄 Дх.06116《類林》

俄 Дх.00981、俄 Дх.01311、俄 Дх.05741、俄 Дх.05808《亥年某寺破用歷》

俄 Дх.00981V、俄 Дх.01311V、俄 Дх.05741V、俄 Дх.05808V《滿月文一本》《願文》

俄 Дх.01048、俄 Дх.01233《禮懺文》

俄 Дх.01064、俄 Дх.01699、俄 Дх.01700、俄 Дх.01701、俄 Дх.01702、俄 Дх.01703、俄 Дх.01704《雜寫》《會興題禮佛文》《故圓鑒大師二十四孝押座文》《洗頭擇吉日法》《講經文》

俄 Дх.01073、俄 Дх.02169《貧窮緣去》

俄 Дх.01111、俄 Дх.01113《老子道德經》

俄 Дх.01111V、俄 Дх.01113V《涼州都督府之印》

俄 Дх.01131V、俄 Дх.01139BV、俄 Дх.01149V《蒙書》《禮懺文》

俄 Дх.01201BV、俄 Дх.01201CV《卷帙號》

俄 Дх.01248V、俄 Дх.01470V《騎縫押》

俄 Дх.01255、俄 Дх.01885、俄 Дх.01886《願文》

俄 Дх.01257、俄 Дх.02868《太平廣記卷第九》

俄 Дх.01259、俄 Дх.01289、俄 Дх.02977、俄 Дх.03162、俄 Дх.03165、俄 Дх.03829《天穿鬼鏡圖并推得病日法》（按：俄 Дх.03162、俄 Дх.03165 作見俄 Дх.01258，誤）

俄 Дх.01265、俄 Дх.01457《沙洲某人上于闐押衙張郎等狀》

俄 Дх.01267、俄 Дх.03109《刊謬補缺切韻》

俄 Дх.01269、俄 Дх.02155、俄 Дх.02156《某弟身故納曆》

俄 Дх.01269V、俄 Дх.02155V、俄 Дх.02156V《付餅粟曆》

俄 Дх.01274、俄 Дх.03029《占書》

俄 Дx.01274V、俄 Дx.03029V《書信》

俄 Дx.01282、俄 Дx.03127《佚書》(《解執篇》第四等)

俄 Дx.01282V、俄 Дx.03127V《沙州諸鄉納草人名目》

俄 Дx.01286、俄 Дx.03424《社司轉帖》

俄 Дx.01287、俄 Дx.01324《中和四年四月靈圖寺方等道場司智藏等牒》

俄 Дx.01291、俄 Дx.01298《昨來唯命歸黃砂詩》《善諮阿耶與婦兒詩》《某甲奉牒補充節度押衙兼龍勒鄉務上大王謝恩啓》

俄 Дx.01295、俄 Дx.02976、俄 Дx.03515《醫書》《具注曆》

俄 Дx.01303、俄 Дx.06708《己卯年五月九日馬軍某男海宜貸絹契》

俄 Дx.01303V、俄 Дx.06708V《殘字》

俄 Дx.01305、俄 Дx.02154、俄 Дx.03026《施紬絹曆》

俄 Дx.01309、俄 Дx.01310、俄 Дx.01316、俄 Дx.02969、俄 Дx.03016、俄 Дx.03024、俄 Дx.03153、俄 Дx.03159《書儀》

俄 Дx.01311《亥年日用功德賬》(見俄 Дx.00981)(按：俄 Дx.00981 除俄 Дx.01311 外，還標明與俄 Дx.05741、俄 Дx.05808 可綴合)

俄 Дx.01316《書儀》(見俄 Дx.01309)(按：俄 Дx.01309 除俄 Дx.01316 外，還標明與俄 Дx.01310、俄 Дx.02969、俄 Дx.03016、俄 Дx.03024、俄 Дx.03153、俄 Дx.03159 可綴合)

俄 Дx.01323、俄 Дx.05942《押衙劉某使當王牧羊契》

俄 Дx.01327、俄 Дx.02844A《解夢書一卷》

俄 Дx.01329B、俄 Дx.02151《道場司狀》

俄 Дx.01329BV、俄 Дx.02151V《寺院破曆》

俄 Дx.01350、俄 Дx.011351《尼羯磨》

俄 Дx.01355、俄 Дx.03130《洛晟晟買園舍契》

俄 Дx.01356、俄 Дx.02451《孔子項託相問書》

俄 Дx.01359、俄 Дx.03114《己卯年六月牧羊人康定奴狀》

俄 Дx.01359V、俄 Дx.03114V《轉帖》

俄 Дx.01360、俄 Дx.02974《敦煌馬太守後亭歌等詩》

俄 Дx.01393V、俄 Дx.01465V《佃種土地人名目》

俄 Дx.01395《燕子賦》(見俄 Дx.00769)(按：俄 Дx.01343《燕子

賦》亦見俄 Дх.00769，則三卷可綴合）

俄 Дх.01396、俄 Дх.01404、俄 Дх.01407《宅經》（附陰宅圖）

俄 Дх.01396V、俄 Дх.01404V、俄 Дх.01407V《陰陽書》

俄 Дх.01399、俄 Дх.02844B《論語集解鄉黨第十》

俄 Дх.01399V、俄 Дх.02844BV《玉篇》

俄 Дх.01400、俄 Дх.02148、俄 Дх.06069《某年九月新婦小娘子陰氏上某公主狀》《天壽二年九月弱婢員孃祐定牒》《天壽二年九月右馬步都押衙張保勳牒》

俄 Дх.01400V、俄 Дх.02148V、俄 Дх.06069V《禮懺文》

俄 Дх.01405、俄 Дх.01406《布頭索留信等官布籍》

俄 Дх.01416、俄 Дх.03025《甲寅、乙卯年大乘寺百姓李恒子等便粟契》

俄 Дх.01425、俄 Дх.11192、俄 Дх.11223《辛酉年冊儀用布歷》

俄 Дх.01432、俄 Дх.03110《衍訥等便麥歷》

俄 Дх.01432V、俄 Дх.03110V《鳥形畫押》

俄 Дх.01454、俄 Дх.02418《書儀鏡》

俄 Дх.01454V、俄 Дх.02418V《具注曆日》

俄 Дх.01458、俄 Дх.01467、俄 Дх.03814、俄 Дх.03849、俄 Дх.03870、俄 Дх.03875、俄 Дх.03902、俄 Дх.03905、俄 Дх.03917《書儀》

俄 Дх.01563V、俄 Дх.02067V《百歲篇》

俄 Дх.01672、俄 Дх.01680《黃仕強傳》

俄 Дх.01746、俄 Дх.05360《佛經點檢歷》

俄 Дх.01827、俄 Дх.01839《和菩薩戒文一本》

俄 Дх.01827V、俄 Дх.01839V《張字押》

俄 Дх.01891V、俄 Дх.02642V《詩文殘片》

俄 Дх.01898、俄 Дх.10241《勘經錄》

俄 Дх.01916B、俄 Дх.03116、俄 Дх.03155《唐名例律卷第一》（又見於 S.9460A）

俄 Дх.01916BV、俄 Дх.03116V、俄 Дх.03155V《唐沙州□元暎請地辭》（又見於 S.9460AV）

俄 Дх.01946、俄 Дх.01979《太上洞玄靈寶無上度人上品妙經》

俄 Дх.01958V、俄 Дх.02568V《雜寫》

俄 Дx. 01962、俄 Дx. 02052《金真玉光八景飛經》

俄 Дx. 02008、俄 Дx. 02063《道經經典》

俄 Дx. 02065V、俄 Дx. 02330BV《佛經（裱紙）》

俄 Дx. 02159V、俄 Дx. 03113V、俄 Дx. 03119V《敦煌壽昌縣田契》

俄 Дx. 02201、俄 Дx. 02204、俄 Дx. 02507《習字》

俄 Дx. 02201V、俄 Дx. 02204、俄 Дx. 02507V《雜寫》

俄 Дx. 02226、俄 Дx. 02938《太玄真一本際妙經卷第三》

俄 Дx. 02264、俄 Дx. 08786《押衙朗神達牒》

俄 Дx. 02320、俄 Дx. 02321《張良變文》

俄 Дx. 02345、俄 Дx. 02353A《佛經目錄》

俄 Дx. 02371、俄 Дx. 02377《亡妣文》

俄 Дx. 02449、俄 Дx. 05176A《呈文》

俄 Дx. 02449、俄 Дx. 05176B《社司轉帖》

俄 Дx. 02449V、俄 Дx. 05176C《牒狀》

俄 Дx. 02449V、俄 Дx. 05176CV《五月五日等雜寫》

俄 Дx. 02464、俄 Дx. 00015《咒食施一切麵燃餓鬼飲食水法》

俄 Дx. 02465V、俄 Дx. 02468V《殘字》

俄 Дx. 02602、俄 Дx. 03813、俄 Дx. 03910、俄 Дx. 03915V《禮懺文一本》

俄 Дx. 02663、俄 Дx. 02724、俄 Дx. 05341、俄 Дx. 05784《史記・秦本紀》

俄 Дx. 02683、俄 Дx. 11074《黃帝內經素問》

俄 Дx. 02683V、俄 Дx. 11074V《地畝清冊》

俄 Дx. 02800、俄 Дx. 03183《醫卜書》

俄 Дx. 02800V、俄 Дx. 03183V《公文底稿》

俄 Дx. 02832、俄 Дx. 02840、俄 Дx. 03066《悼亡文範》

俄 Дx. 02835、俄 Дx. 02873V《卷帙號》

俄 Дx. 02881、俄 Дx. 02882《開元廿九年二月九日授得菩薩戒牒》

俄 Дx. 02883、俄 Дx. 02884《尚書・洪範》

俄 Дx. 02907BV、俄 Дx. 02924V《卷帙號》

俄 Дx. 02957、俄 Дx. 01280《光定十三年十月初四日殺了人口狀》

俄 Дx. 02999、俄 Дx. 03058《醫方》

俄 Дx. 02999V、俄 Дx. 03058V《夾注五言詩》

俄 Дx.03015、俄 Дx.03156《順慶三年公牘封套》

俄 Дx.03033、俄 Дx.03129《發願文》

俄 Дx.03135、俄 Дx.03138《變文》

俄 Дx.03177、俄 Дx.03187《和菩薩戒文一本》

俄 Дx.03412、俄 Дx03415《懸泉鎮使牒》

第三節　法國對所藏敦煌文獻殘卷的綴合

法藏敦煌文獻大部分比較完整，可供與同處所藏殘卷、殘片綴合者并不多，其中已經綴合的世俗文獻簡單轉錄如下：

P.2415p1、P.2869p5《乾元寺僧寶香僱工契》

P.2417、P.2255、2421《老子道德經》

P.2417V、P.2455V、P.2421V《做法事發願文等》

P.2849、P.3611《春秋左氏傳集解》

P.2499、P.4058《粟豆曆》+《陸德明莊子音義》+《春秋左氏傳集解》

P.2499V、P.4058V《大方廣等大集經卷第二十》+《二十八宿紀日》+《推十二相屬法》+《諸色入破曆算會稿》

P.2535、P.4905《春秋穀梁經傳釋僖公上第五》

P.2535V、P.4905V《雜寫》

P.2549、P.2580《勵忠節抄》

P.2549V、P.2580V《古文尚書及目錄》

P.2549、P.2580、P.3871P《二月十四日從姑藏縣君十七娘狀》

P.2549、P.2580、P.3871PV《記物賬》

P.2552、P.2567《唐人選唐詩》

P.2552V、P.2567V《雜寫》+《癸酉年蓮臺寺諸家散施曆狀》

P.2581、P.2919《孔子備問書一卷》

P.2581V、P.2919V《醉娘讚》

P.2596、P.2435《老子道德經序訣》+《太極隱訣》+《道德經上》

P.2619、P.3872B《周易王弼注》

P.2619V、P.3872BV《書儀》

P.2626、P.2862《唐天寶年間敦煌郡會計牒》

P.2626V、P.2862V《佛法東流傳》

P.2661、P.3735《爾雅卷中》

P.2661V、P.3735V《諸雜略得要抄子一本》

P.2674、P.3428P4《咸通九年十一月雜寫》

P.2674、P.3428P6《信札》

P.2678、P.3956《籯金》

P.2678V、P.3956V《籯金》

P.2678、P.3956p1《執倉司法律定願供社人食飯帖》

P.2750、P.2430《臺上靈寶昇玄內教無極九誡妙經第九》

P.2750V、P.2430V《大乘百法明門論開宗義訣》

P.2759、P.2771《太上一乘海空智藏經》

P.2759V、P.2771V《千字文》

P.3056、P.4895《佛家詩曲集》

P.3220、P.3536V《書儀》+《社邑文》+《丙子年神沙鄉某便黃麻麥等曆》+《舜子變》

P.3243p13、P.3243p14、P.3243p16、P.3243p17《習字》

P.3288、P.3555A《立像西秦五州占第廿二》

P.3288V、P.3555AV《佛典摘要》+《佛曲》+《樂住山》+《住山樂》+《五臺山讚》+《藏文文獻》+《乾寧三年丙辰歲正月歸義軍節度使押衙兼某雜寫》+《步軍都知兵馬使張賢慶銜名》+《歸義軍節度馬步都虞候銀青光祿大夫檢校太子賓客兼監察御史上柱國張懷政邈真讚并序標題》

P.3368p2、P.3368p3《納柴曆》

P.3386、P.3582《大漢三年季布罵陣詞文一卷》+《楊滿川詠孝經壹十捌章》

P.3476、P.4996《唐景福二年癸丑歲具注曆日》

P.3476V、P.4996V《卜筮書》

P.3559V、P.3664V《天寶十載敦煌縣差科簿》+《天寶十二載敦煌縣郡倉賑目》

P.3686、P.3901、P.4867《唐護法沙門法琳別傳》

P.3691（p2、p3、p6至p13）《書儀牒狀絹帛曆等》

第五章　各國收藏機構對敦煌文獻殘卷的綴合 | 161

P.3785、P3786《太玄真一本際妙經卷第二》

P.3819、P.3825《佛堂文》+《讚功德文第二》+《禳災文第三》《患文第四》+《亡文第五》

P.3875AP3、P.3875AP5《契》

P.4627V、P.4625AV、P.5548V《雜寫》+《五臺山讚》

P.4899、P.5546（1）《武王家教》+《伊州學生龍進通書本等雜寫》

P.4899（1）V、P.5546（1）V《社司轉帖》+《乾寧二年歲次乙卯四月五日題記》+《千字文》

P.4899、P.5546（2）《神沙鄉人名錄》

P.4899（2）V、P.5546（2）V《武王家教一卷等雜寫》

P.4899、P.5546（3）《武王家教》

P.4899（3）V、P.5546（3）V《雜寫》

P.5591、P.3899《道經義疏》

P.5591V、P.3899V《開元十四年沙州徵懸縣泉府馬社錢案卷》

　　其他地區藏卷亦有在本地所藏中相互綴合者，如甘肅藏敦煌寫卷，計有：《敦煌文物研究所藏敦煌遺書目錄》第0124（按：後凡是《敦煌文物研究所藏敦煌遺書目錄》編目者，只注編號，如"第0124"）與土地廟所出土第0014號（按：後凡是土地廟所出者，按照當時發表時的編號順序，注爲"土第××××號"）、土第0013號、土第0015號，可綴合爲《中論·觀行品》《中論·觀佛合品》《中論·觀有無品》；第0267號、第0256號可與土第0040號綴合；土第0035號可與第0218號及第0222號綴合；第0175號可與土第0046號、土第0038號綴合；又第0321號可與土第0044號綴合爲《鞞婆沙論卷第十四中陰處第四十一》；土第0052號可與第0224號、第0264號綴合爲《大智度論卷第三十三釋初品中到彼岸義第五十》；日本青山捐贈品（即青山慶示向敦煌研究院所捐贈的八件敦煌文獻中的一件，後編爲敦研373號）與土第0056（2）可綴合爲《大般涅槃經卷第二十三光明遍照高貴德王菩薩品第十四》等。①

---

① 參見施萍婷《甘肅藏敦煌文獻·概述》，段文傑主編《甘肅藏敦煌文獻》，甘肅人民出版社，1999年版，第8頁。

第六章　現有綴合條件

　　對敦煌文獻的綴合，首先應建立在全面占有可見到的所有文獻資料基礎上。上文已言及，敦煌文獻的殘損主要在四個階段中產生：第一，作爲流通文獻，在人們閱讀使用和文獻交換、交流的過程中出現不可避免的器質性磨損和傷害；第二，入藏藏經洞後，因存放地諸種外在自然因素叠加的影響，發生蟲蛀、腐爛、斷裂和破碎；第三，清末至民國初年，當藏經洞打開之後，敦煌文獻成爲古董商和外國漢學家競相争奪的具有文物性質的收藏品，在其流散之際，因收集、保存不當和人爲撕裂而產生殘斷；第四，即使是已經在中、法、英、俄、日各家公私收藏機構被保護性收藏和研究之後，作爲收藏品的敦煌文獻仍然存在自然因素和人爲因素造成的損壞。在第一階段中的敦煌文獻的殘斷基本已經無法恢復（當然，前文所論及的古人修復敦煌文獻時從某一文書上剪切截取斷片的情況下，被剪切的文書還有綴合的可能性）；但是，只要是進入了藏經洞的文獻，除銷損的部分外，在第二、三、四階段中發生斷裂造成的殘卷、殘片，總是有綫索可以確定其去向的，而且大部分能够尋找到實際存在的實物。因爲出藏經洞后敦煌文獻發生了流散，其收藏地、收藏情況比較複雜，我們現有條件能够得到的可供綴合的材料，首先是各收藏者發表的文獻圖版。

第一節　目録與定名

　　敦煌文獻存世者在五萬卷以上，一般人無法一一目驗。要對其進行綴合，需要藉助一定的工具書和資料，如前人匯編的敦煌文獻目録。一般而言，已有的敦煌文獻目錄主要由三個部分構成：一是按照數字順序排號的卷號，二是每一卷號相應的名稱，三是部分目錄附有的編者所作的解題。

首先，根據目錄和相配合的圖版資料，我們可以按圖索驥，尋找需要綴合的殘卷的藏地及圖版。如王重民在論及 S.5735《周易釋文（殘卷）》時，言"伯二六一七始大有，正接此卷之後，且筆迹相同，則原爲同一寫本，無疑"[1]。要驗證二卷是否能够綴合，相互的連接關係究竟如何，以及綴合後可以得到什麽樣的文獻，我們可以通過王重民等編《敦煌遺書總目索引》（中華書局，1983年）、黄永武主編《敦煌遺書最新目錄》（臺北新文豐出版公司，1986年）以及敦煌研究院施萍婷等主編《敦煌遺書總目索引新編》（中華書局，2000年）三本敦煌文獻最常用的目錄確定 S.5735 爲英藏敦煌文獻，P.2617 爲法藏文獻，再使用與《法藏》圖版配合的目錄、與《英藏》圖版配合的目錄，檢索到它們分别在《英藏》第九册第105頁，以及《法藏》第十六册第287～293頁，再進行核對，確認二卷行款、字迹一致，内容相接續，正是一卷之裂，S.5735 末行與 P.2617 首行完全可以拼合在一起，綴合後成爲200餘行的前殘后完整的《周易經典釋文》殘卷。

其次，因爲大部分目錄的定名吸收了最新的研究成果，辨認比較精審，我們可以依靠相同或相近名稱的文獻有可以綴合的關聯關係原則，對它們進行歸類、篩選和確認綴合。如根據目錄，敦煌童蒙讀物《雜抄》者（也有將其歸入類書者，見王三慶《敦煌類書》[2]），見於法藏敦煌西域文獻中的 P.2721、P.2816、P.3393、P.3649、P.3662、P.3671、P.3683V_0、P.3769、P.3906，英藏敦煌文獻中的 S.4663、S.5658、S.5755 和 S.9491 等號。《英藏》和《法藏》的目錄中，P.2721 定題爲《雜抄一卷并序》，P.3393 作《辛巳年十一月十一日三界寺學士郎梁流慶書雜抄一卷并序》，P.3649 作《雜抄一卷》，P.3662 作《雜抄》，P.3671 作《雜抄一卷》，P.3683V_0 作《雜抄一卷》，P.3769 作《雜抄一卷》，P.3906 亦作《雜抄一卷》，S.4663 作《雜抄一卷（一名珠玉抄，二名益智文，三名隨身寶）》，S.5658 爲《雜抄（一名珠玉抄）》，S.5755、

---

[1] 王重民：《敦煌古籍叙録》，商務印書館，1958年版，第8頁。
[2] 王三慶：《敦煌類書》，高雄麗文文化事業股份公司，1993年版。

S.9491 題名均同 S.4663。再參照黃永武的《敦煌遺書最新目錄》和施萍婷的《敦煌遺書總目索引新編》，各目錄著錄定題均作《雜抄》者居多，其内容基本一致。

將這些文書對比以後可以發現，其中有四個卷號是可以兩兩綴合的。

一是 P.3393 與 S.4663。王三慶就曾指出："P.3393 乃 S.4663 之前半段，文字可以綴合，筆迹同，知爲一卷分藏二地者。"①

二是 S.5658 與 P.3906。S.5658 内容起自論"（七月）十四、十五日何謂"一條的"造諸惡業"句，止於"何人伐凶（按：應爲'匈'）奴至瀚"句，而 P.3906 前一部分抄《雜抄》，後一部分抄《字寶碎金》，其中《雜抄》部分正好起自"海而（按：P.3906 原卷作'如'）還□霍（按：P.3906 原卷作'崔'）去（按：P.3906 原卷作'起'）病"一句，直至卷尾題記均完整。參校別本，兩個卷號的内容正好互補，合在一起纔通順完整；而且二寫本從裝幀形式上均可辨認爲經摺裝；手書文字無論從"之""子""一"等簡單的字看，還是從"謂""然""煞""經"等有明顯書寫特徵的字來考察，均應出於一人之手；再從版式看，二本均爲半頁 9 行（二本均有作 8 行或 10 行者，極少），每行 30 字左右。以上幾點説明 P.3906 和 S.5658 亦實爲一帙，爲人撕裂而成二本而分藏兩地，可將二本綴合爲 P.3906+S.5658。而王三慶《敦煌類書·問答體之類書》一章中認爲 P.3769 與 S.5658 是接續且爲同人筆迹，故斷定"先抄於册頁，後以紙張不足，又另録於卷子上"②，將其綴合；但實際來看，二卷爲同人筆迹無誤，内容却并非完全接續，裝幀版式均不相同，P.3769 與 P.3906+S.5658 應該是同一人抄寫的兩個本子。

兩個可以綴合的例子均是部分屬英國所藏、部分屬法國所藏，身處异地，若無目錄與定名的幫助，我們比較難以發現其間的綴合關係。

最後，部分目錄有本身帶有解題，其中就提供了許多有用的綴合信息，翻覽即知，此不再贅述。

最早對敦煌文獻進行編製目錄工作的包括劉恕銘《斯坦因劫經録》；伯希和編、陸翔譯《敦煌石室訪書記》（《巴黎圖書館敦煌寫本書目》）③；

---

① 王三慶：《敦煌類書》，高雄麗文化事業股份公司，1993 年版，第 123 頁。
② 王三慶：《敦煌類書》，高雄麗文化事業股份公司，1993 年版，第 123 頁。
③ 有《國立北平圖書館館刊》九卷五號抽印本，1936 年 9 月。

翟理斯（Lionel Giles）編《英國博物館藏敦煌漢文寫本注記目錄》[1]；孟列夫主編，袁席箴、陳華平譯《俄藏敦煌漢文寫卷敘錄》[2]和《敦煌石室經卷總目》、陳垣《敦煌劫餘錄》等，因爲是針對某一地所藏敦煌文獻編製的目錄，還不夠完善和全面，可供綴合檢索時參考。

現有比較常見、編製比較合理的敦煌目錄主要有：

（1）王重民主編《敦煌遺書總目索引》（中華書局，1983年）；

（2）黃永武主編《敦煌遺書最新目錄》（臺北新文豐出版公司，1986年）；

（3）敦煌研究院施萍婷等主編《敦煌遺書總目索引新編》（中華書局，2000年）。

但三本目錄均未包括後來公布的俄藏敦煌文獻的內容，所以我們還要利用到的有：

（1）中國社會科學院歷史研究所編《英藏敦煌文獻（漢文佛經以外部分）》（四川人民出版社，1990—1995年）的目錄；

（2）俄羅斯東方研究所聖彼得堡分所等編《俄藏敦煌文獻》（上海古籍出版社1992—2001年）的目錄；

（3）上海古籍出版社等編《法藏敦煌西域文獻》（上海古籍出版社1995—2005年）的目錄；

（4）必要時還要用到《俄藏黑水城文獻》的目錄。

需要利用到的叙錄類文獻有：

（1）翟理斯（Lionel Giles）編《英國博物館藏敦煌漢文寫本注記目錄》（《敦煌叢刊初集》有影印本，臺北新文豐出版公司，1985年）；

（2）伯希和編、陸翔譯《敦煌石室訪書記》（《巴黎圖書館敦煌寫本書目》）[3]；

（3）孟列夫主編，袁席箴、陳華平譯《俄藏敦煌漢文寫卷敘錄》（上海古籍出版社，1999年）；

（4）金榮華主編《倫敦藏敦煌漢文卷子目錄提要》（臺北福記文化圖書有限公司，1993年）；

---

[1] 《敦煌叢刊初集》影印本，新文豐出版公司，1985年版。
[2] 孟列夫主編：《俄藏敦煌漢文寫卷敘錄》，袁席箴、陳華平譯，上海古籍出版社，1999年版。
[3] 有《國立北平圖書館館刊》九卷五號抽印本，1936年9月。

（5）王重民《敦煌古籍叙録》（商務印書館，1958年）；

（6）王冀青《〈英國博物館藏敦煌漢文寫本注記目録〉中誤收的斯坦因所獲和闐文書辨釋》（《敦煌學輯刊》1987年第2期）；

（7）王惠民《哈佛大學藏敦煌文物叙録》（《敦煌研究》2013年第2期）；

（8）曾雪梅《甘肅省圖書館藏敦煌藏文文獻叙録》（《敦煌研究》2003年第5期）；

（9）張崇依《浙藏敦煌文獻解題目録》（南京師範大學碩士學位論文，2012年）。

第二節　敦煌文獻圖版發表情況

黄永武所編《敦煌寶藏》大多依據微縮膠片製成，收録了其當時能收集到的所有敦煌文獻的圖版，在很長一段時間以來都是學者研究敦煌文獻的首選圖版資料。但是，這套書的圖版拍攝質量和印刷質量都不是特別理想。20世紀90年代初開始，各地敦煌文獻收藏機構開始整理出版各自所藏的敦煌文獻圖版，隨著電子資源公開化程度的提高，許多圖版還可以通過互聯網獲得，更爲方便。以下試分別論之。

一、英藏敦煌文獻

斯坦因第二次、第三次中亞考古調查所得大部分即得自敦煌藏經洞中的絲質畫幡、紙卷和其他物品，曾先後分藏於英國國家博物館、印度德里中亞文物館、印度事務部圖書館等地①，其中斯坦因"在其第二次中亞細亞探險（1906—1908）和第三次中亞細亞探險（1913—1906）過程中用低價購買的數千卷文書，原藏倫敦英國博物院的東方印本與寫本部（Department of Oriental Printed Books and Manuscripts, The British

---

① 參見吳芳思《〈英藏敦煌文獻（漢文佛經以外部分）序言》，汪濤譯；中國社會科學院歷史研究所，中國敦煌吐魯番學會敦煌古文獻編輯委員會，英國國家圖書館，倫敦大學亞非學院《英藏敦煌文獻（佛經以外部分）》第一卷，四川人民出版社，1990年版，序言第11頁。

Museum），1973年以後改歸英國圖書館保存"①，也就是我們常説的"英藏敦煌文獻"。

英國國家圖書館藏敦煌文獻有15000餘號，數量爲各地藏品之最。這批文獻的圖版在早期敦煌學者的研究中時有介紹和寫真，英國國家博物館於1953年開始將這一批藏品中的大部分拍攝成微縮膠片，也就是中國學者在早期敦煌學研究中經常用到的S.1—S.6981文獻的微縮膠片。到1973年英國國家圖書館建立時，微縮膠片已經拍攝到了第8149號，不過6981號之後的大部分文獻未曾定名。20世紀80年代，我國臺灣地區學者黄永武根據這些微縮膠片製成《敦煌寶藏》（臺北新文豐出版公司，1986年），并配有相應的《敦煌遺書最新目録》（臺北新文豐出版公司，1986年），吸收了當時最新的研究成果，是當時最完整、清晰、易得的圖版及目録。《敦煌寶藏》是迄今已全部刊布的包括敦煌漢文文獻中佛典和佛經以外部分最完備的圖版作品。

不過本書綴合所需材料最爲清晰、完整的圖版資料主要來自以下三種。一是中國科學院歷史研究所、中國敦煌吐魯番學會敦煌古文獻編輯委員會、英國國家圖書館、倫敦大學亞非學院聯合編輯，由四川人民出版社出版的十四册本《英藏敦煌文獻（漢文佛經以外部分）》（四川人民出版社，1990年9月—1995年5月），這套書基本囊括了英藏敦煌文獻中佛經之外的所有文書的圖版，拍攝的圖片清晰，圖版印刷質量高，這也是本書所依據的最重要的圖版資料之一。不過這套書没有收録英藏敦煌文獻中的佛經。二是四川人民出版社正在出版的《英藏敦煌文獻》，其中包括了佛經，至2015年已出版前十册（現在陸續出版到50册以上）。三是國際敦煌項目網站IDP，它提供了非常清楚的圖版資料，其特别的好處在於這些圖版可以輕鬆下載，而且均爲彩色圖片形式，既有利於出版物黑白圖版上無法分清的非黑色筆墨書寫的文字材料和句讀符號更清晰直觀的顯示，又利於綴合時使用Photoshop等圖形處理軟件進行處理。

正如王冀青《〈英國博物院藏漢文寫本注記目録〉中誤收的斯坦因所獲和闐文書辯釋》一文所指出的，早在翟理斯對當時英國國家博物院所

---

① 王冀青：《〈英國博物院藏漢文寫本注記目録〉中誤收的斯坦因所獲和闐文書辯釋》，載於《敦煌學輯刊》1987年第2期，第94頁。

藏敦煌遺書進行編目和叙錄時，已經"把斯坦因 1900 至 1901 年第一次中亞細亞探險期間在新疆和闐地區丹丹威里克（Dandān-Uiliq）遺址和安德悦（Endere）遺址中出土的非敦煌漢文紙文書幾乎全部收入，而未加指明"①。所以在根據這些圖版進行綴合工作之時，必須要注意分清混入其中的非敦煌藏經洞出土的文獻。

二、法藏敦煌西域文獻

"法藏敦煌及西域文獻是法國著名學者伯希和於 1908 年從敦煌莫高窟第 17 號窟（少部分從第 464 號和第 465 號窟即伯編第 181 號和第 182 號窟）直接得到的。少量新疆地區搜集品也編入了這批文獻中。"② 這批文獻構成比較複雜，既包含漢文文獻，又包括藏、梵、于闐、西夏、回鶻、粟特等不同語種的文獻，其中漢文文獻基本集中在以"伯希和漢文"（Pelliiot chinois）開頭編號的第 2001 號至 6064 號，學者統計共存 3700 號左右。我們的討論又盡量限制在其中藏經洞所出的漢文文獻，若有已確定的非藏經洞藏品，必要時應加以指出。

伯希和得於新疆和敦煌的這一批文獻全部入藏法國國家圖書館，他自己首先對它們進行了編目，也就是伯希和編、陸翔譯《敦煌石室訪書記》（又稱《巴黎圖書館敦煌寫本書目》）。之後王重民編有《巴黎敦煌殘卷叙錄》和《伯希和劫經錄》，後收入《敦煌遺書總目索引》（商務印書館，1962 年）。從 20 世紀開始，法國國家圖書館開始編製《法國國家圖書館藏伯希和編號敦煌漢文寫卷目錄》五卷本，其中第一、三、四、五卷已經問世。同時，就在 20 世紀 70 年代末，法國國家圖書館將所有皮藏的敦煌西域文獻拍攝成了微縮膠卷，這與羅振玉等早期學者從伯希和處拍攝影印的膠片不同，也與王重民等在巴黎期間拍攝的照片不同，前者的拍攝數量和質量都遠遠優於後兩者。微縮膠片也為各國的研究者提供了便利。黃永武亦根據這些微縮膠片製成了《敦煌寶藏》（臺北新文豐出版公司，1986 年），并配有相應的《敦煌遺書最新目錄》（臺北新文豐出版公司，

---

① 王冀青：《〈英國博物院藏漢文寫本注記目錄〉中誤收的斯坦因所獲和闐文書辯釋》，載於《敦煌學輯刊》1987 年第 2 期，第 94 頁。

② 李偉國：《法藏敦煌西域文獻·導言》，上海古籍出版社，法國國家圖書館編《法藏敦煌西域文獻》，上海古籍出版社，1995 年版，第 1 頁。

1986年）。

但微縮膠片的準確性、逼真效果還不甚理想，現在最好的伯希和藏品中漢文寫本圖版材料來自上海古籍出版社、法國國家圖書館編，上海古籍出版社 1995 年 10 月開始陸續出版的《法藏敦煌西域文獻》三十四冊本。① 除此之外，法國國家圖書館網站和 IDP 國際敦煌項目網站也提供了非常清楚的圖版資料，法國國家圖書館網站提供的圖版與 IDP 國際敦煌項目網站提供的圖版基本一致，分辨率更大，可以結合在一起使用。

三、俄羅斯所藏敦煌文獻

С. Ф. 奧登堡所率領的"俄國西域考察團"1914 年至 1915 年間從敦煌藏經洞及其他石窟底部甚至是砂礫堆中挖掘出來的殘卷、殘片，從敦煌當地百姓手中收集的文獻，連同俄國駐烏魯木齊領事 Н. Н. 克羅特科夫收集到的同類型漢文文獻，"於一九〇六——一九〇九年間前往和闐的 С. Е. 馬洛夫考察團，以及一九〇九——一九一〇年間前往吐魯番的 С. Ф. 奧登堡考察團所收集"②的同類型漢文文獻，一并被當作俄國"敦煌藏卷"。它們入藏於 1929 年前稱爲亞洲博物館、後稱俄羅斯科學院東方研究所聖彼得堡分所。

這批文獻來源複雜，數量眾多（據 М. П. 沃爾科娃、Л. И. 丘古耶夫斯基、Н. И. 諾索娃的編目，數量在 18000 號以上），而且長期秘而不宣，所知者甚少，研究更爲不便。後雖有孟列夫主編的《俄藏敦煌漢文寫卷敘錄》（孟列夫主編，袁席箴、陳華平譯《俄藏敦煌漢文寫卷敘錄》上海古籍出版社，1999 年），但圖版不如英、法所藏敦煌文獻那樣比較早被介紹、影印、刊布，直至 1993 年纔由俄羅斯科學院東方研究所聖彼得堡分所、俄羅斯科學出版社東方文學分部與上海古籍出版社合作編製，上海古籍出版社出版了十七冊本的《俄羅斯科學院東方研究所聖彼得堡分所藏

---

① 上海古籍出版社、法國國家圖書館編：《法藏敦煌西域文獻》，上海古籍出版社，1995 年版。
② 孟列夫［Л. Н. 緬什科夫］：《俄羅斯科學院東方研究所聖彼得堡分所藏敦煌文獻·前言》，俄羅斯科學院東方研究所聖彼得堡分所、俄羅斯科學出版社東方文學分部、上海古籍出版社編《俄羅斯科學院東方研究所聖彼得堡分所藏敦煌文獻》，上海古籍出版社出版，1993 年版，《前言》第 2 頁。

敦煌文獻》①，這也是我們現在的綴合工作所能利用的唯一一個俄藏敦煌文獻的圖版來源。

四、日本藏敦煌文獻

日本現藏敦煌文獻主要來自 1910 年至 1914 年大谷探險隊第三次中亞探險所得，即橘瑞超和吉川小一郎在敦煌得到的收集品，"1912 年 2 月，吉川氏（即吉川小一郎）與沿南道東來的橘氏（即橘瑞超）在敦煌巧遇。在敦煌期間，兩人分別購得一些敦煌寫卷"②。他們購得的這些寫卷加上後來日本私家藏家和研究者私人陸續從中國購得的一些敦煌文獻（其中一些被認爲是偽卷）構成了日本所藏的敦煌文獻。

大谷探險隊所得的敦煌文獻後來大部分歸入龍谷大學"西域文化資料"中，其中屬於敦煌漢文文獻的部分，大部分亦是佛經，1958 年京都法藏館出版的西域文化研究會編《西域文化研究》第一卷中就刊布了部分文獻的錄文和研究成果，并發表了《龍谷大學所藏敦煌古經現存目錄》，1984 年井之口泰淳與臼田淳三聯合發表《龍谷大學圖書館所藏大谷探險隊將來敦煌古寫經目錄》，對其進行了訂正。③ 這批文獻現已有完整的圖版刊布，即小田義久主編《龍谷大學善本叢書二十三·大谷文書集成》。④ 這套叢書非常優秀的一點在於它已經將文書按照内容的一致性進行了歸類，不按圖版卷號順序而是按照内容相關的順序排列，如圖版一至九實際是所有"高昌國時代諸文書"的集合；圖版九至一一七實際是所有"西州時代諸文書"的集合，其中又分爲"籍帳""官厅文書""土地制度関係文書""兵役関係文書""唐代力役関係文書""户主名簿""唐代差科籍""取引法関係文書""藥方書斷片""仏教関係文書""仏典及び仏書斷片""道教関係文書斷片""文學関係文書"十三種以及兩種無法歸類可以綴合的文書；圖版一一八至一三〇是"吐魯番出土敦煌関係

---

① 俄羅斯科學院東方研究所聖彼得堡分所、俄羅斯科學出版社東方文學分部、上海古籍出版社編，上海古籍出版社出版，1993 年版。
② 榮新江：《海外敦煌吐魯番文獻知見錄》，江西人民出版社，1996 年版，第 156 頁。
③ ［日］井之口泰淳、臼田淳三著，賀小平譯：《龍谷大學圖書館所藏大谷探險隊將來敦煌古寫經目錄》，載於《敦煌研究》1991 年第 4 期，第 58~66 頁。
④ ［日］小田義久主編：《龍谷大學善本叢書二十三·大谷文書集成》，日本東京法藏館，2003 年版。

文書"的集合；圖版一三一至一三四是"庫車ドルドルオコル出土文書"的集合。一些可以確定本爲一卷之裂的卷號直接放在一起，如圖版一〇四包括兩個卷號，即大谷1063號和大谷2833號，小笠原宣秀、大庭修《關於吐魯番出土的張懷寂告身》明確二卷號可以綴合（《龍谷大學論集》349号），《大谷文書集成》第一册將二卷號圖版拼合，綴合後示意圖如下：

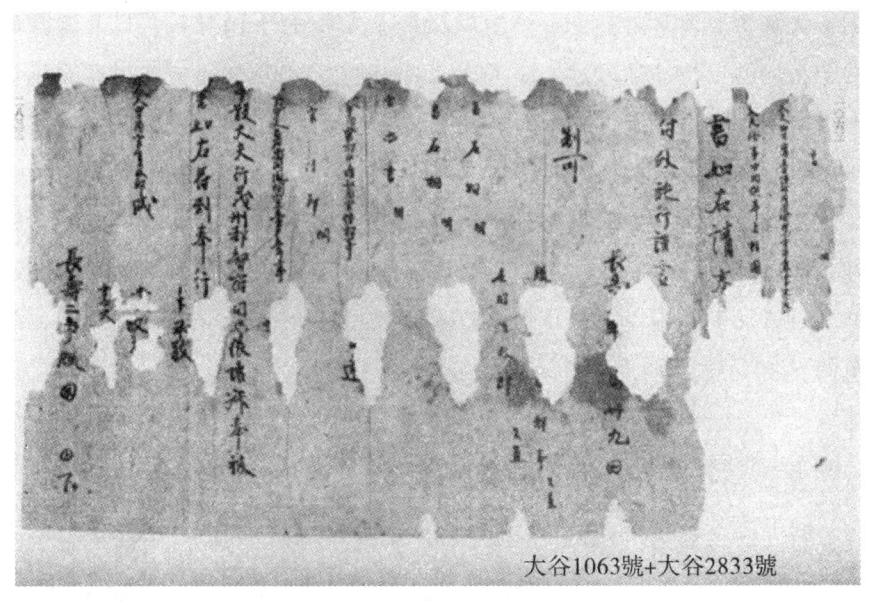

圖6-1　《大谷文書集成》圖版一〇四

還有一部分便是爭議比較大的李盛鐸藏品流入日本者，其上大多鈐有李盛鐸"德化李氏凡將閣珍藏""木齋眞賞""木齋審定""麐嘉館藏"等藏書印，藤枝晃曾視其中絶大部分爲贋品，後來學者如榮新江等認爲不能完全否定這批文獻的眞實性[1]，日本私人收藏敦煌文獻者如羽田亨的藏品以及日本京都國立博物館收藏的敦煌文獻很多都來自李盛鐸的舊藏源流售出者。羽田亨的藏品"主要來自羽田亨對李盛鐸舊藏的用心收購，還有富岡謙藏、清野謙次、高楠順次郎等人舊藏以及書肆收購、友人贈送的西域文獻"[2]，現在共編爲775號（實際刊布了758個卷號），其目錄於

---

[1]　參榮新江《敦煌學十八講》，北京大學出版社，2001年版。
[2]　鄭阿財：《杏雨書屋〈敦煌秘笈〉來源、價值與研究現況》，載於《敦煌研究》2013年第3期，第117頁。

2009年3月由杏雨書屋出版①，其圖版則於2009年12月至2013年3月期間編爲《敦煌秘笈影片册》九册本出版②。但是這套圖版共發行了250部，比較難以得到。其中的社會經濟文書可堪重視③，一些文書還可以與他處所藏綴合，如羽003R便可與P.273綴合爲《十戒經》④。

私人收藏敦煌文獻較多的還有中村不折的書道博物館，其藏品的來源可能主要是"最早在吐魯番乃至庫車等地收集出土文獻的新疆布政使王樹楠和新疆清理財務官梁玉書的舊藏精品"⑤。其中的部分官私文書收錄於金祖同的《流沙遺珍》⑥，完整的藏品圖版於2005年出版爲《臺東區立書道博物館中村不折舊藏禹域墨書集成》上、中、下三卷本⑦。這套書是以彩色圖版印刷的，又因大部分是佛典，而且這些文獻是中村不折得自最早收集吐魯番出土文獻的王樹楠、梁玉書等人之手，收藏、保存情況比較好，所以圖版清晰，質量非常高。其中的一些漢文非佛經文獻值得關注，如《搜神記》一卷，先由羅振玉收入《敦煌零拾》，後又收錄於王重民等編的《敦煌變文集》。

五、國外其他地方所藏敦煌文獻

除上述各國藏品之外，尚有德國國家圖書館、丹麥皇家圖書館、瑞典國立人種科學博物館、芬蘭赫爾辛基大學圖書館、土耳其伊斯坦布爾大學圖書館、印度藝術博物館、美國哈佛大學福格藝術博物館、美國國會圖書館、美國耶魯大學圖書館、美國普林斯頓大學葛斯德圖書館等處收藏有部分敦煌文獻，因各處收藏均不多，漢文非佛經部分更少，且很難得到圖版，待有機會時再加以考察。

---

① 吉川忠夫編：《敦煌秘笈》（目録册），日本大阪杏雨書屋，2009年版。
② 吉川忠夫編：《敦煌秘笈》（影片册），日本大阪杏雨書屋，2009—2013年。
③ 池田温：《李盛鐸舊藏敦煌歸義軍後期社會經濟文書簡介》，《慶祝吳其昱先生八秩華誕敦煌學特刊，臺北文津出版社，2000年版，第29~56頁。
④ 劉永明：《日本杏雨書屋藏敦煌道教及相關文獻研讀札記》，載於《敦煌學輯刊》2010年第3期，第68~82頁。
⑤ 榮新江：《海外敦煌吐魯番文獻知見録》，江西人民出版社，1996年版，第175頁。
⑥ 金祖同輯：《流沙遺珍》，黄永武《敦煌叢刊初集》第五册影印，臺北新文豐出版公司，1985年版。
⑦ 磯部彰：《臺東區立書道博物館中村不折舊藏禹域墨書集成》，日本東京文部科學省科學研究非特定領域研究"東ジア出版文化の研究"総括班2005年。

六、我國所藏敦煌文獻

國内所藏敦煌文獻主要集中在北京、天津、甘肅、上海、南京、浙江、安徽等地，分散在各地當爲藏經洞打開之後文獻流失所致。中國國家圖書館藏敦煌文獻最多，編號達 18000 餘號，以下將詳細論述。甘肅因地理位置關係，所保存的敦煌文獻也不在少數。

中國國家圖書館（原北京圖書館）藏敦煌文獻爲國内收藏數量最多者，共計 16500 餘號，主體即爲 1910 年由學部購置解送入京的部分，另有 1949 年中華人民共和國成立以後由文化部調撥的部分，以及海内外人士捐贈和圖書館采訪所得。中國國家圖書館在不同時期爲所藏的敦煌文獻編過七種目錄，最新、最全的即《中國國家圖書館藏敦煌遺書總目錄》。[①] 國圖所藏敦煌文獻在不同時期曾經以不同原則進行了編號，如以千字文順序開頭進行的編號、以"北敦"開頭進行的編號、微縮膠卷的編號，以及以"北新"開頭的編號，還有部分曾經以"臨"字開頭進行了編號等，今統一以"北敦"（"BD."）開頭進行編號。爲了方便學者研究，方廣錩編成《中國國家圖書館藏敦煌遺書總目錄（新舊編號對照卷）》[②]，可供參考。中國國家圖書館藏敦煌文獻歷經幾代學人的默默耕耘，在整理、保護和研究諸多方面已經有了令人矚目的成果，但是因爲其數量巨大，藏品的存貌又參差不齊，圖版的刊布工程浩大，曾經由任繼愈任主編的《中國國家圖書館藏敦煌遺書》[③] 出版了一至七册，共收錄從 BD.00001 號至 BD.14005 號的圖版，但出版情況明顯不够理想。直到 2012 年 5 月，一共 146 册的《國家圖書館藏敦煌遺書》終於全部面世[④]。

因地理位置的原因，敦煌所屬的甘肅省留存的敦煌文獻自不在少數。現已知曉的甘肅省所藏的敦煌遺書主要分布於甘肅省圖書館（32 件）、甘肅省博物館（138 件）、酒泉市博物館（18 件）、張掖市博物館（1 件）、

---

① 方廣錩：《中國國家圖書館藏敦煌遺書總目錄》（新舊編號對照卷），中國人民大學出版社，2013 年版。
② 方廣錩：《中國國家圖書館藏敦煌遺書總目錄》（新舊編號對照卷），中國人民大學出版社，2013 年版。
③ 任繼愈：《中國國家圖書館藏敦煌遺書》，江蘇古籍出版社，1999—2001 年。
④ 任繼愈：《國家圖書館藏敦煌遺書》，北京圖書館出版社，2005—2012 年。

定西縣博物館（10件）、高臺縣博物館（3件）、永登縣博物館（8件）、敦煌市博物館（81件）、敦煌研究院（383件）、西北師範大學（19件）、甘肅中醫學院（3件）等處；其中既有18世紀末至20世紀初自敦煌藏經洞流出輾轉於甘肅全境官員、鄉紳、收藏家等之手後被當地文博部門及圖書館收藏者，又有1944年在莫高窟中寺土地廟出土的被普遍認定爲藏經洞藏品的部分，另外亦有購自北京者和國内外人士捐贈者。甘肅藏敦煌文獻有許多有價值的漢文非佛經作品，此處不一一叙述，可參施萍婷《甘肅藏敦煌文獻·概述》。① 這些文獻中的漢文文獻圖版業已出版，即段文傑主編的《甘肅藏敦煌文獻》六册本。②

此外，天津藝術博物館藏有350件，其中主體部分是周叔弢於1981年向天津藝術博物館捐獻的256件敦煌文獻。這些文獻中，佛教經、論占絶大部分，數量在300件以上。津藝所藏世俗文獻主要集中於書信、狀、契約、賬簿、藏經目録、勘經記和一些雜寫等，很多都是抄寫在佛教經典的背面，其中編號爲津藝107（77·5·4446）擬名《文選注》者以及編號爲津藝134（77·5·4473）V擬名《曲子詞》者二號較值得關注。由上海古籍出版社、天津市藝術博物館聯合編製，上海古籍出版社出版的《天津藝術博物館藏敦煌文獻》六册本已經出版③，圖版拍攝質量較好，綴合時可以利用。

上海圖書館藏有敦煌文獻187號，主要是其原主管機構——上海市人民政府文物保管委員會征集而來，此外還從甘肅購得張維舊藏唐寫本九種，從上海朵雲軒書畫社購得12件，上海歷史文獻圖書館并入3件，還有一些是從北京榮寶齋和上海古籍書店收購而來。上海圖書館藏敦煌文獻中，非佛經文獻共有十餘號，包括"家書一紙、《葬經》二紙、《僧正致都督狀》一紙、《卜筮法》二紙、《分家據》一紙、《雇驢契》一紙、《開蒙要訓》一紙"，"唐天寶八載寫本公文殘紙、唐寫本《書儀鏡》、五代寫本《祭大阿孃文》、《發願文》等"④，還包括五代寫本《歡喜國王緣》兩

---

① 段文傑：《甘肅藏敦煌文獻》，甘肅人民出版社，1999年版，概述第8頁。
② 段文傑：《甘肅藏敦煌文獻》，甘肅人民出版社，1999年版。
③ 上海古籍出版社、天津市藝術博物館編：《天津藝術博物館藏敦煌文獻》，上海古籍出版社，1996—1997年。
④ 陳秉仁：《上海圖書館藏敦煌吐魯番文獻·序言》，上海圖書館、上海古籍出版社編《上海圖書館藏敦煌吐魯番文獻》，上海古籍出版社出版，1999年版，第1頁。

件（編號分別爲上圖016［812379］和上圖028［812406］V），其中編號爲上圖028［812406］V者可以和法國國家圖書館藏號綴合。由上海圖書館、上海古籍出版社聯合編製，上海古籍出版社出版的《上海圖書館藏敦煌吐魯番文獻》四册本①，圖版拍攝質量較好，綴合時可以利用。

上海市人民政府文物保管委員會收集的敦煌文獻實爲兩部分，除移交上海圖書館的142件之外，其餘部分移交上海博物館保存，這一批敦煌文獻的圖版見於《上海博物館藏敦煌吐魯番文獻》②，共收録了館藏敦煌吐魯番文獻八十號，以及十一號館藏傳世唐、宋人寫經。上海博物館所藏敦煌文獻絶大部分爲佛經，唯編號上博24（24579）者，爲《論語鄭玄注》，有較高的校勘和綴合價值。

浙江藏有敦煌文獻在200號左右，據《浙藏敦煌文獻》公布的是204號，其中部分有收藏者印章，可知許多爲近現代浙江書畫家、收藏家、官員的藏品，今分别藏於浙江省圖書館、浙江省博物館、浙江省文物保管所和温州市博物館、靈隱寺等處。除大部分佛教經典外，尚有編號爲浙敦026（浙博001）《黄仕强傳》、浙敦131（浙博106）《卜筮書》、浙敦117（浙博092）《七言敦煌詩+殘數儀》、浙敦113（浙博088）《曲子詞及雜抄》、浙敦135（浙博110）《敦煌鄉百姓曹海員訴狀并判》、浙敦116（浙博091）《子年金光明寺麵油等破歷+某寅年殘文書》、浙敦070（浙博045）《寺院欠經請經賬目雜抄》、浙敦071（浙博045）《寺院欠經請經賬目雜抄》浙敦155（浙博130）《付軍械狀》、浙敦156（浙博131）《付軍械狀》、浙敦061（浙博036）《和菩薩戒文》、浙敦062（浙博037）《和菩薩戒文》、浙敦115（浙博090）《和菩薩戒文》、浙敦196（浙博171）《和菩薩戒文》、浙敦165（浙博140）《禮佛懺悔文》、浙敦154（浙博129）《某寺修舍告疏》、浙敦65（浙博040）《三娘子祭叔文尼靈飯遺囑》、浙敦132（浙博107）《宋佛奴等捐木條記》、浙敦168（浙博143）《院僧名録》等世俗文獻值得關注。其中浙敦070與浙敦071字迹行款相似、内容相關，或可綴合；浙敦156與浙敦157，一件"此爲領物者領

---

① 上海圖書館、上海古籍出版社編：《上海圖書館藏敦煌吐魯番文獻》，上海古籍出版社，1999年版。

② 上海古籍出版社，上海博物館編：《上海博物館藏敦煌吐魯番文獻》，上海古籍出版社1993年版。

狀"（原件左邊張宗祥所題），一件"此爲付狀"（原件左邊張宗祥所題），很可能是一紙所寫裂爲兩半的憑信，應該可以綴合。毛昭晰主編的《浙藏敦煌文獻》已出版①，圖版可參考。張崇依有《浙藏敦煌文獻解題目錄》②，補正了一些《浙藏敦煌文獻》敘錄部分的錯誤。

中國書店所藏敦煌文獻圖版已編爲《中國書店藏敦煌遺書》出版③，共收圖版近 100 件，雖然其中有已被明確證實爲僞卷者，但亦有不少漢文非佛經文書可以通過與其他地區所藏敦煌文獻綴合的方式，確認其真實性，如其中的 ZSD043 可與 Дx.00541 綴合爲《太玄真一本際經》卷第二付囑品之殘抄本④，又 ZSD.068 可與《魏晉隋唐殘墨》第 70 號綴合爲《下女夫詞》。

北京大學收藏的敦煌文獻圖版已編爲《北京大學圖書館藏敦煌文獻》二册本出版⑤，絕大部分爲佛經，編號北大 D126V《千字文一卷+雜寫》、北大 D18《漢將王陵變》、北大 D246 及北大 D246V《下女夫詞一本+社司轉帖》等世俗文獻值得關注。

安徽博物館石谷風購自方子才（方懿梅）處的一批敦煌文獻（當然也應混有一些非敦煌文獻）有一百多件，收藏於其"古風堂"，大多都是極小的殘片，石谷風自謂："絕大部分是不完整數行文字的殘卷，或幾個字的斷片，這都是人爲的破壞。"⑥ 這些殘卷、殘片大都是從敦煌寫本上掉落下來的小碎片，正可與其拼合，恢復原寫本缺失之處，非常寶貴。它們的圖版業已編爲《魏晉隋唐殘墨》出版，而且采用彩色照片拍攝製成彩色圖版，有利於辨識原文獻的寫本特徵而加以綴合。其中第 78 頁之殘片，原書定名爲《唐文書殘片》⑦；方廣錩《〈魏晉隋唐殘墨〉綴目》定名爲《尚書·夏書·禹貢》⑧，經比定，可與中國國家圖書館藏 BD.15695

---

① 毛昭晰：《浙藏敦煌文獻》，浙江教育出版社，2000 年版。
② 張崇依：《浙藏敦煌文獻解題目錄》，南京師範大學碩士學位論文，2012 年。
③ 《中國書店藏敦煌遺書》編委會編：《中國書店藏敦煌遺書》，中國書店，2007 年版。
④ 參王卡《兩件敦煌道經殘片的定名》，載於《文獻》2009 年 7 月第 3 期，第 39 頁。
⑤ 北京大學圖書館編：《北京大學圖書館藏敦煌文獻》，上海古籍出版社，1995 年版。
⑥ 石谷風：《魏晉隋唐殘墨·前言》，見《魏晉隋唐殘墨》，安徽美術出版社，1992 年版，前言第 1 頁。
⑦ 《魏晉隋唐殘墨》，安徽美術出版社，1992 年版，第 78 頁。
⑧ 方廣錩：《〈魏晉隋唐殘墨〉綴目》，《敦煌吐魯番研究》第六卷，北京大學出版社，2002 年版，第 327 頁。

綴合爲僞孔注本《尚書·禹貢》。

啓功生前所搜集收藏的古代碑帖與經卷寫本後爲王連起等整理編爲《堅净居叢帖》十册出版，其中第十册《敦煌寫經殘片》是他收集的敦煌文獻殘片圖版①，數目有170餘枚。其中亦有可供綴合者，如第28頁道經殘片便可以與法國國家圖書館藏P.4676綴合爲《洞玄神咒經》。

除以上所論已公開出版發行的敦煌文獻圖版以外，尚有南京師範大學藏敦煌文獻未出版，不過數量不多，且大部分爲佛經。上已提及的上海博物館藏敦煌文獻的圖版也還未公布。我國臺灣地區傅斯年圖書館也藏有一些敦煌文獻，其圖版比較難看到。

第三節　釋錄

敦煌世俗文獻的綴合當然首先離不開對其內容的辨識、閱讀、理解。眾所周知，敦煌文獻閱讀中最常見的障礙就是俗字的辨認，黃征《敦煌俗字典》是解決這一難題的參考工具書。我們可以利用它對敦煌世俗文獻中的俗體字進行辨識。

我們更可以利用現代學者對敦煌文獻已有的豐富的分類集校、匯釋類著作，其中關於敦煌世俗文獻非常重要者，以下分別加以介紹：

1. 經部：張涌泉主編《敦煌經部文獻合集》（共11册，中華書局2008年出版）；

2. 史部：郝春文《英藏敦煌社會歷史文獻釋錄》（社會科學文獻出版社，共30卷，至2015年已出版12卷）；

3. 經濟類：唐耕耦、陸宏基《敦煌社會經濟文獻真迹釋錄》第一輯（北京圖書館敦煌吐魯番資料研究中心主編，書目文獻出版社1986年出版）；

4. 分類集校：

（1）沙知錄校《敦煌契約文書輯校》（江蘇古籍出版社，1998年出版）；

---

① 王連起等：《堅净居叢帖·敦煌寫經殘片》，北京師範大學出版社，2006年版。

（2）寧可、郝春文輯校《敦煌社邑文書輯校》（江蘇古籍出版社，1997年出版）；

（3）鄧文寬錄校《敦煌天文曆法文獻輯校》（江蘇古籍出版社，1996年出版）；

（4）馬繼興、王淑民、陶廣正、樊飛倫輯校《敦煌醫藥文獻輯校》（江蘇古籍出版社，1998年出版）；

（5）張錫厚錄校《敦煌賦彙》（江蘇古籍出版社，1996年出版）；

（6）趙和平輯校《敦煌表狀箋啓書儀輯校》（江蘇古籍出版社，1997年出版）；

（7）周紹良、張涌泉、黃征輯校《敦煌變文講經文因緣輯校》（上下冊，江蘇古籍出版社，1998年出版）；

（8）李方《敦煌〈論語集解〉校證》（江蘇古籍出版社，1998年出版）；

5. 詩賦類：

（1）任半塘《敦煌歌辭總編》（三冊，上海古籍出版社，1987年出版）；

（2）伏俊璉《敦煌賦校注》（甘肅人民出版社，1994年出版）；

（3）徐俊《敦煌詩集殘卷輯考》（中華書局，2000年出版）。

6. 變文類：

（1）王重民等六人《敦煌變文集》（上下冊，人民文學出版社，1957年出版）；

（2）潘重規《敦煌變文集新書》（文津出版社，1994年出版）；

（3）項楚《敦煌變文選注》（上下冊，巴蜀書社，1990年出版，增訂本上下冊由中華書局於2006年出版）；

（4）張涌泉、黃征《敦煌變文校注》（中華書局，1997年出版）。

7. 法律類：劉俊文《敦煌吐魯番法制文書考釋》（中華書局，1989年出版）有部分敦煌藏經洞出法制文獻的錄文與考釋。

第四節　綴合成果

　　自20世紀以來，學界已開始利用敦煌文獻進行中古社會歷史、經濟、文學、思想諸多方面的研究，學者也一直致力於恢復敦煌文獻的原貌，特別是對其中殘卷、殘片的綴合工作。"綴合"一詞有拼合、綴補之意，在學界常用於帶有文字的甲骨的拼接恢復。甲骨因本身的質地和鑽刻等原因，出土時便多成碎塊，所以必須拼合。須綴合的甲骨多爲因自然因素碎裂成一個或多個碎塊。敦煌殘卷有著與甲骨殘片類似的被發現時已存在碎裂的情況，所以學界多用"綴合"一詞來描述對敦煌殘卷、殘片的拼合、拼接、綴補工作。

　　羅振玉、王國維等最早的敦煌文獻研究者在介紹敦煌遺書之時，便已感慨若能見某文獻之全卷，定會將其研究向前推進一大步。而劉復在法國編著《敦煌掇瑣》時，敏銳地認識到敦煌卷子存在殘缺，而這些殘缺不全的卷子又可能存在可以互相拼合的情況，其《敦煌掇瑣》在《燕子賦》、《季布歌》（擬名）、《季布罵陣詞文》、《醜女緣起》、《五更調小唱》（擬）、《雲謠集雜曲子共三十首》等文書的錄文之前標明其殘、缺首、缺尾、缺前半等殘損的具體情況，并認爲P.2647《季布歌》（擬名）"似應與前號（P.2648）合爲一本"[①]；而P.2794《伍子胥》（擬）則"此似不能與前號（P.3213）合"[②]，已開殘卷綴合之發端。

　　早期綴合成果最多者應是王重民，其1950年出版的《敦煌曲子詞集》和1957年出版的《敦煌變文集》中對所收變文、曲均有綴合。更重要的是他20世紀30年代在巴黎、倫敦二地爲北京圖書館挑選并且攝製敦煌古籍影片的時候，順手寫過一些題記、對寫卷起訖和内容所作的札記，後收入1958年出版的《敦煌古籍叙錄》。其中論及S.5735《周易釋文（殘卷）》時，言"伯二六七一始大有，正接此卷之後，且筆迹相同，則

---

　　① 劉復：《敦煌掇瑣》，黃永武《敦煌叢刊初集》影印，新文豐出版公司，1986年版，目錄第2頁。
　　② 劉復：《敦煌掇瑣》，黃永武《敦煌叢刊初集》影印，新文豐出版公司，1986年版，目錄第2頁。

原爲同一寫本，無疑"①；論及 P.3605 和 P.3615 兩個《尚書》殘卷時，言"兩卷筆迹相同，治字并不缺筆，則原爲一書，唐高宗以前寫本也"②；論及 P.3649、P3169、P.5522、P.4033、P.3628 五個《尚書·禹貢》的殘片時，判斷第一、二個筆迹相同，後三個筆迹同，故應爲兩種《尚書》，各自可綴合。如是者，在《敦煌古籍叙録》中有許多例子。

不過限於條件，這些殘片、殘卷是否可以綴合實際是可以商榷的，研究者也多是介紹性地對這些殘卷、殘片之綴合作了提示。

提出"殘卷綴合"概念，并通過對寫卷的仔細研讀，揭示殘卷綴合在敦煌文獻研究中的意義還是在 20 世紀 60 年代以後。陳鐵凡《敦煌本尚書十四殘卷綴合記》③《法京所藏敦煌左傳兩殘卷綴合校字記》④《敦煌本〈孝經〉類纂》⑤和潘重規《倫敦藏二七二九號暨列寧格勒藏一五一七號敦煌〈毛詩音〉殘卷綴合寫定題記》⑥等論文相繼發表，學界逐漸認識到將分散的敦煌殘卷拼合整理後所得到的完整本有助於對文獻原貌的還原，并有利於與傳世本對比校勘，從而對一些現象進行再認識，得到更爲可信的結論。

20 世紀 60 年代至今，衆多綴合成果相繼公布。這些綴合大致分成兩類：一是在研究單個文獻（專書、專篇）時，查尋可能存在的相關殘卷殘片，或參考前人論述，經比勘確認之後將其綴合，得出單篇文獻的綴合成果；二是在對某一類文獻進行歸類研究時，參考已有的綴合成果，并加入個人的努力，得出某類別文獻的綴合成果。前者主要表現爲專題論文，本書"實證篇"中多有涉及。後者主要表現爲專著形式，據筆者統計，以專著形式論及敦煌文獻綴合者主要有：

第一，《俄藏敦煌文獻》《英藏敦煌文獻》《法藏敦煌西域文獻》整理出版過程中已揭示的一些綴合成果（標記在圖版下，目録中也有提及，

---

① 王重民：《敦煌古籍叙録》，商務印書館，1958 年版，第 8 頁。
② 王重民：《敦煌古籍叙録》，商務印書館，1958 年版，第 14 頁。
③ 陳鐵凡：《敦煌本尚書十四殘卷綴合記》，載於《新社学報》1969 年第 3 期。
④ 陳鐵凡：《法京所藏敦煌左傳兩殘卷綴合校字記》，載於《書目季刊》1970 年第 5 卷第 1 期。
⑤ 陳鐵凡：《敦煌本〈孝經〉類纂》，臺北燕京文化事業股份有限公司，1977 年版。
⑥ 潘重規：《倫敦藏二七二九號暨列寧格勒藏一五一七號敦煌〈毛詩音〉殘卷綴合寫定題記》，載於《新亞學報》1970 年第 9 卷第 2 期。

主要以"參××××"的形式標記)。

　　第二,一些分類輯校、研究類著作中也有豐富的殘卷綴合成果,如王卡的《敦煌道教文獻研究》就是對敦煌道教文獻殘卷的集中整理(包括日本大淵忍爾的成果),王三慶在《敦煌類書》中對四十二種類書及近似類書的書抄的殘卷進行了校錄整理,張涌泉主編的《敦煌經部文獻合集》則首次披露了多達 230 餘號經部卷子的綴合成果,此外如黃征和張涌泉合著的《敦煌變文校注》、黃征和吳偉合著的《敦煌願文集》、徐俊《敦煌詩集殘卷輯考》、趙和平《敦煌表狀箋啓書儀輯校》、寧可和郝春文合著的《敦煌社邑文書輯校》、郝春文主編的《英藏敦煌社會歷史文獻釋錄》、鄧文寬《敦煌天文曆法文獻輯校》、馬繼興《敦煌醫藥文獻輯校》、鄭炳林《敦煌寫本解夢書校錄研究》、黃正建的《敦煌占卜文書與唐五代占卜研究》等亦是最具代表性的在各自領域中對相關文獻綴合和整理的成果,大大豐富了敦煌文獻的綴合研究資料。

　　第三,近年的博士學位論文如許建平的《敦煌經籍叙錄》(蘭州大學,部分內容收入張涌泉主編的《敦煌經部文獻合集》)、袁仁智的《敦煌吐魯番醫藥卷子校勘及其文獻研究》(南京中醫藥大學)等,也有比較多且品質很高的綴合成果。

　　我們可以在充分汲取這些前輩學者綴合成果的基礎上,對其中或因疏忽,或因圖版公布較晚而未經比勘,可以綴合但漏綴者重新綴合。可參本書第八章"綴合中的缺漏"第三節"漏綴"。

第七章　科學技術手段的使用對敦煌俗世文獻殘卷綴合的作用

第一節　計算機輔助篩選與綴合技術

利用計算機對敦煌殘卷進行篩選和綴合是基於已有的甲骨文計算機輔助綴合系統的設計與運用條件成熟之後的思考。早在 1973 年，美國加州大學東亞語言和文化系的周鴻祥教授就開始嘗試利用計算機算法對甲骨進行綴合，次年，童恩正教授也使用計算機對龜腹甲碎裂的甲骨文殘片進行了綴合[1]，因爲綴合正確率不高，而且對綴合的殘片要求比較嚴苛，這項技術并沒有得到廣泛的推廣與運用。2001 年，安陽師範學院成立 "甲骨文計算機輔助綴合" 課題組，後來又成立了 "數字甲骨學研究所"，依托安陽當地的資源和技術申請國家自然科學基金立項（項目編號 60973051），建立了甲骨文碎片數據庫，研製了基於邊界匹配的甲骨文綴合輔助系統，這樣就大大減輕了純人工對甲骨碎片的識別和綴合的壓力，實現了人機交互手段對甲骨的綴合。

敦煌殘卷的綴合與甲骨殘片的綴合有相似性，我們可以考慮使用基於邊界匹配的思想來對敦煌世俗文獻殘卷進行綴合，以減輕人工手動識別面對數量龐大的殘卷、殘片的壓力。

但是包括世俗文獻在内的敦煌卷子散落於世界各地的收藏者和收藏機構中，因歷史原因，卷子的形狀和數字化的過程都不相同。例如，一份卷

---

[1] 參見童恩正、張升楷、陳景春《關於使用電子計算機綴合商代卜甲碎片的初步報告》，載於《考古》1977 年第 3 期，第 205～209 頁。

子的不同部分在不同的國家和地區收藏，數字化過程中的分辨率、比例、光綫強度等特徵都不盡相同，這些差异對基於計算機輔助的文獻綴合帶來了巨大的挑戰。

計算機輔助圖形綴合主要根據獲取的文獻碎片的几何、紋理等信息來進行，一般需要以下幾個步驟：

第一，圖像采集。將文獻殘卷的碎片預先收集并進行初步整理，然後通過相機或掃描儀采集圖像。敦煌文獻的數字化工作一直在進行，由於敦煌文獻的殘卷存在於多個地方，數字化的標準也不一樣，圖像數字化後的標注規範也不一樣，因此在進行圖像處理前要進行一些預處理，最好是重新建立一個敦煌文獻數字圖像庫，以相同的標準進行數字化處理、編碼和入庫。在圖片采集過程中可以預先過濾掉一些不能綴合的圖片。

第二，圖像分割。利用圖像處理的分割算法，將整幅碎片切割成獨立的待拼接的圖像單元。敦煌文獻的圖片存在於各個藏地，所以圖片分割算法在圖像綴合拼接的時候可以簡化。

第三，圖片拼接。圖片拼接是在對敦煌文獻預先分類的基礎上，對碎片進行局部匹配和全域匹配。分類主要是根據圖片碎片的紋理特性對圖片進行初步篩選，一些時候也需要根據上下文即碎片的文字内容進行輔助的篩選。篩選完成後，需要對圖片進行拼接。計算機程序首先對碎片的邊緣特徵進行提取，然後進行邊緣的匹配。邊緣匹配有多種方法可選，由於圖片的邊緣存在不規則的特徵，邊緣匹配的特徵如果提取不準確，會對匹配結果產生較大影響。就對敦煌文獻而言，由於時間久遠且部分文獻有老化的可能性，文獻碎片的邊緣已經不能準確綴合，除了使用優秀的圖片邊緣檢測算法，一些情況下還是需要根據殘片内容進行上下文的關聯，也就是人工的方法。

第四，圖片融合。殘片拼接完成後由於噪聲等原因可能存在一些或模糊或明顯的縫合綫，可采用圖像融合進一步處理。圖像融合主要通過對殘片的分辨率的平滑，達到去除縫合綫和模糊效果的作業，最後得出拼合的圖片。

第五，殘片修補。敦煌卷子的殘片不完全，在進行上述幾個步驟之後，可以利用圖像修復算法，補全丟失的幾何和紋理信息。遺失碎片的特徵不同，進行虛擬修補的方法也不同。

當然，這只是對敦煌文獻利用計算機枚選法和圖形識別技術進行綴合的簡單構想，要真正實現人工干預下的計算機輔助圖形綴合將會有許多技術性的挑戰，需要多方合作與技術的成熟。

第二節 綴合圖示的製作方式

對敦煌文獻的綴合研究中，研究者往往采取文字描述來説明具體的綴合情况，爲了更直接地表現綴合成果，又常會以圖片形式來展示敦煌殘卷、殘片綴合後的效果。首先，只靠文字性描述，我們無法準確感知可綴合的殘卷、殘片間字迹、行款的相似程度，也就無法判斷它們是否是一卷之裂；其次，有一些可以直接綴合的殘片、殘卷，特別是屬於撕裂形成的殘卷、殘片，其邊緣存在形狀的互補性，用圖版拼合的方式展現斷裂處的吻合度，能够讓人更直觀地感受到其相互間的綴合關係；最後，還有一些比較特殊的殘卷、殘片，其斷裂處有字，且某些字因斷裂，在不同的殘卷、殘片上各分布一部分，一旦拼合在一起，原來斷開的字就可以合并，這在圖片上可以清晰地顯示出來，如以下幾個例子：

1. Дх. 01462+P. 3829

李正宇在《吐蕃論董勃藏修伽藍功德記兩殘卷的發現、綴合及考證》中對兩卷有簡單叙録，并指出："兩卷綴合後，全文尾部仍缺，文中亦有由於紙缺而致缺失之字。然而從文意度之，殘字及缺行無多，全文主要内容足以把握，可以成爲一件堪以使用、足資研究的資料。参合兩殘卷文意，知爲碑記之抄本，根據其内容并参照原有殘題擬名爲《大蕃古沙州行人部落兼防禦兵馬及行營留後監軍使論董勃藏重修伽藍功德記》。"① Дх. 01462 第 4 行至 31 行正與 P. 3829 第 1 行至 27 行上下相接續，綴合後的第十行"元"、第十一行"盟"、第十二行"梁"、第二十二行"照"、第二十七行"笑"等本分裂爲二，各置一卷的字可以合二爲一。

綴合後圖版示意如下：

---

① 李正宇：《吐蕃論董勃藏修伽藍功德記兩殘卷的發現、綴合及考證》，見金雅聲、束錫紅、才讓主編《敦煌古藏文文獻論文集（上册）》，上海古籍出版社，2007 年版，第 105~111 頁。

第七章　科學技術手段的使用對敦煌俗世文獻殘卷綴合的作用 | 185

圖 7-1

2. Дx. 05322+S. 6079

許建平在《〈俄藏敦煌文獻〉儒家經典類寫本的定名與綴合——以第 11~17 册未定名殘片爲重點》中認爲"此殘片（即 S.6079）恰好是 Дx. 05322 前 4 行所缺之下截，雖然中間尚殘損約兩個字的位置，但兩卷基本上已可綴合，而且最後一行之'而'，Дx. 05322 存左上角，S. 6079 存右下角，兩者正可完整拼合"①，有詳細的叙録和綴合説明。許建平在《敦煌經籍叙録》中認爲二號拼合后還缺兩個字，所以修正爲 Дx. 05322 +……+S. 6079，顯得更爲嚴謹。文後還附有綴合示意圖（P178~190），可參。不過因爲 S. 6079 最後一行首字與 Дx. 05322 第四行末字正是同一"而"字分裂於兩卷造成的，完全可以合二爲一，所以兩卷已經可以確認完全拼合，現仍記爲 Дx. 05322+S. 6079。爲説明此點，現附綴合示意圖

---

① 許建平《〈俄藏敦煌文獻〉儒家經典類寫本的定名與綴合——以第 11~17 册未定名殘片爲重點》，載於《漢語史學報專輯（總第三輯）》；又見《姜亮夫、蔣禮鴻、郭在貽先生紀念文集》，上海教育出版社，2003 年版，第 311~312 頁；又見《敦煌文獻叢考》，中華書局，2005 年版，第 332~355 頁。

如下：

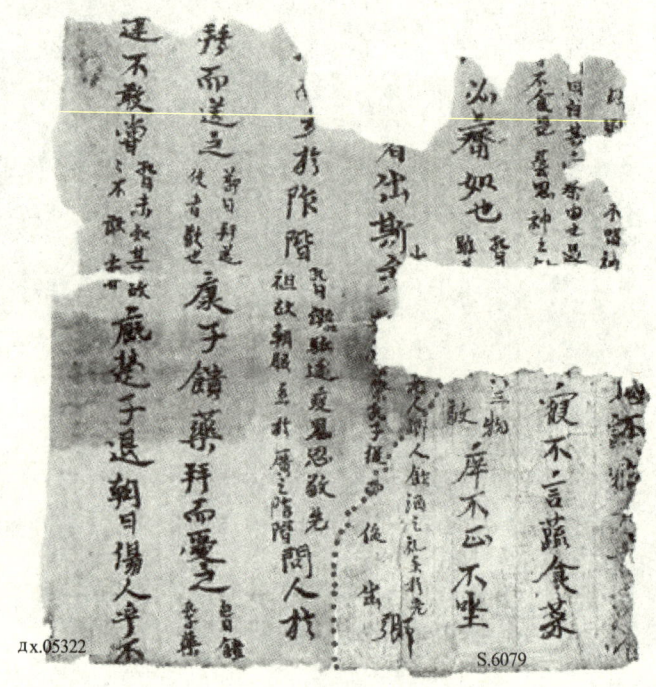

圖 7-2

3. S.4199+P.3598

（1）S.4199，據《英藏》及 IDP 圖版，前後端殘缺，存 21 殘行，首行及末行字跡均只剩部分筆畫，起於"☒（案）肆"，止於"槍╱☒☒"。卷中有朱筆所作符號，如寺主"保惠"二字以"┐"括出。

（2）P.3598，據《法藏》，前端略有殘損，上端略有殘損，存 22 殘行，首行字跡殘去部分筆畫，一些行間有稍小字所作的補充注釋。起於"☒☒在東街☒（張）孔目"，止於"☒☒子延☒壹斤"。部分字用朱筆，如"☒過外欠物色"，似是爲了區別收入與支出。卷中還有朱筆所作符號，如"在大和尚"四字以"┐"括出。

唐耕耦、陸宏基《敦煌社會經濟文獻真迹釋錄》（第三輯）最早發現二卷號可以綴合爲 S.4199+P.3598，擬名爲《某寺交割常住什物點檢曆》①；唐耕耦《敦煌寺院會計文書研究》亦綴合爲 S.4199+P.3598，擬

---

① 唐耕耦、陸宏基：《敦煌社會經濟文獻真迹釋錄》（第三輯），全國圖书馆文献缩微複製中心，1990 年版。

名則爲《丁卯年（967 或 907）報恩寺常住什物交割點檢曆稿》。① 郝春文《唐後期五代宋初敦煌僧尼的社會生活》又擬名爲《報恩寺常住交割什物曆》。② 金瀅坤《敦煌社會經濟文書定年拾遺》綴合爲 S.4199+P.3598，擬名爲《宋庚辰年（980）後報恩寺常住什物交割點檢曆稿》。③

二卷號字迹、行款一致，又 P.3598 首行字所缺的部分筆畫正在 S.4199 的末行，所有的字均可以合二爲一，綴合後可以辨認爲"☐在東街張孔目"，因兩卷內容太多，今取綴合處局部圖示如下：

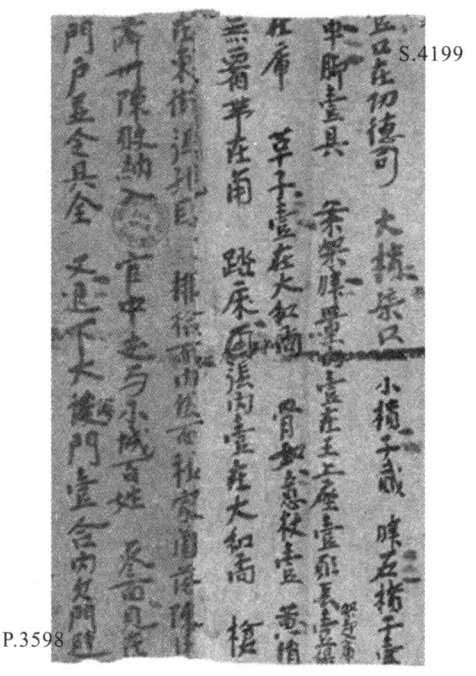

圖 7-3

故 S.4199 與 P.3598 可以綴合。

4. P.4004+P.3067+S.4706+P.4908

其中的 S.4706 與 P.4908 字迹行款一致，特別是 S.4706 末行殘留的正是 P.4908 首行"寺主戒會又白"幾個字的殘筆畫，二卷號綴合後此六

---

① 唐耕耦：《敦煌寺院會計文書研究》，臺北新文豐出版公司，1997 年版，第 300~304 頁。
② 郝春文：《唐後期五代宋初敦煌僧尼的社會生活》，中國社會科學出版社，1998 年版，第 130 頁。
③ 金瀅坤：《敦煌社會經濟文書定年拾遺》，《首都師範大學學報》2006 年第 1 期，第 9~14 頁。

字合二爲一；S.4706 倒數第二行小字注中"壹領"二字也是部分在 S.4706 末，部分在 P.4908 首，綴合後纔完全。綴合後圖版示意如下：

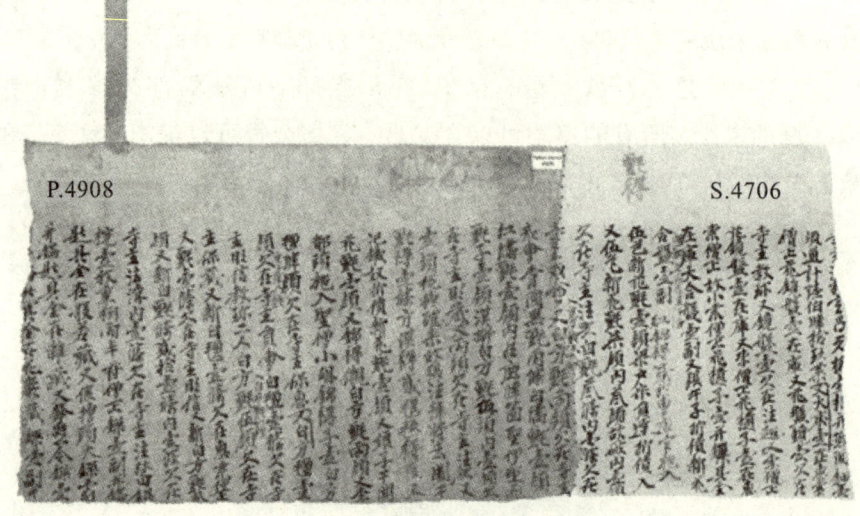

圖 7-4

5. S.3750+BD.11252+P.2559

王卡《敦煌殘抄本陶公傳授儀校讀記》(《敦煌學輯刊》2002 年第 1 期，第 93 頁)：

(1) S.3750，據《英藏》及 IDP 圖版，正反雙面抄寫，正面擬名《陶公傳授儀》，存 28 殘行，正文大字，注文小字雙行，有朱筆所寫文字，起於"跽祝曰厶甲志在山林"，止於"於庭壇東"，字迹工整娟秀，有明顯的抄經生書法特徵。

(2) BD.11252，據《國圖藏》，爲一前後端殘損的殘片，存 5 殘行，正文大字，注文小字雙行，起於"☒敷六尺席"，止於"三洼勺"。

(3) P.2559，據《法藏》及法國國家圖書館提供的圖版，擬名《陶公傳授儀》，殘卷較長，前端殘缺，正文大字，注文小字雙行，其中第一行字只剩左半部分筆墨，起於"☒山☒乂☐"，止於題記"某年歲月日州郡縣鄉里男生姓名年如於"，中有朱筆所畫符圖，字迹工整娟秀，有明顯的抄經生書法特徵，從題記看可能是用於出售與人供奉的。

王卡稱："筆者最近從尚未公布的中國國家圖書館藏敦煌抄本中，發現編號爲 BD.11251 的殘片一件，僅存 5 行文字。經比定恰爲 S.3750 與

P.2559 兩件之間缺損的部分，因此三件可綴合爲一。"① 綴合後存 196 行，行 28 字。王文有三卷綴合後的錄文，并擬名爲"陶弘景五法传授仪"②，可參。

其中 BD.11252 末行"山""者""又"等數字存右半部分，P.2559 首行正存此幾字的左半部分，二卷拼合後可以合二爲一，確證其綴合關係。綴合後圖版示意如下（因 S.3750 和 P.2559 內容較長，此處僅取二卷部分圖版與 BD.11252 進行綴合）：

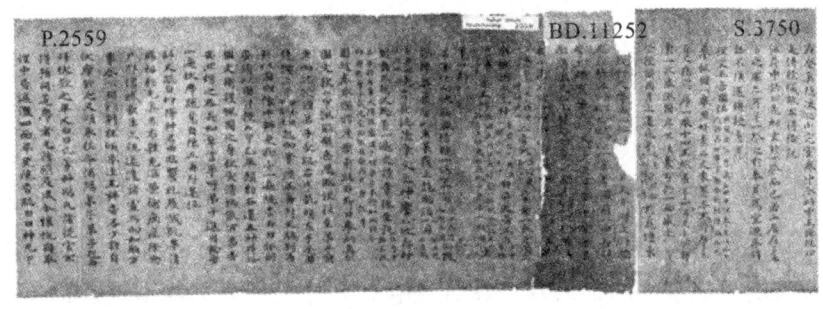

圖 7-5

6. S.1441+S.5763

（1）S.1441，據《英藏》，正反雙面抄寫，背面包括《文樣》《雲謠集雜曲子三十首》《優婆夷捨家學道》三種文書。正面擬名《勵忠節抄》，內容極多，包括《勵忠節抄》卷第一、第二中"恃德部""德行部""賢行部""言行部""親賢部"等的內容。前後端殘缺，第十行至第二十行下部有一塊殘缺。起於"▨省人評論▨政未嘗言人▨"，止於"則人不親是故君"，有界欄，字迹清晰工整。

（2）S.5763，據《英藏》，擬名《殘片（失名書）》，即未定名。其前後及上部殘損，存 11 殘行，起於"▨河淮"，止於"▨与（按：原文作'与'）其子孫"。

屈直敏在《敦煌寫本類書〈勵忠節鈔〉研究》中已綴合③，確。S.5763 正可拼合在 S.1441 第十行至第二十行所缺的位置，拼合後原分裂於兩卷之上的"河""爲""蒼""賢"等字可以合而爲一，第十至二十

---

① 王卡：《敦煌殘抄本陶公傳授儀校讀記》，載於《敦煌學輯刊》2002 年第 1 期，第 93 頁。
② 王卡：《敦煌殘抄本陶公傳授儀校讀記》，載於《敦煌學輯刊》2002 年第 1 期，第 93 頁。
③ 屈直敏：《敦煌寫本類書〈勵忠節鈔〉研究》，民族出版社，2007 年版，第 19~27 頁。

行所有字均能釋讀。

綴合後圖版示意如下：

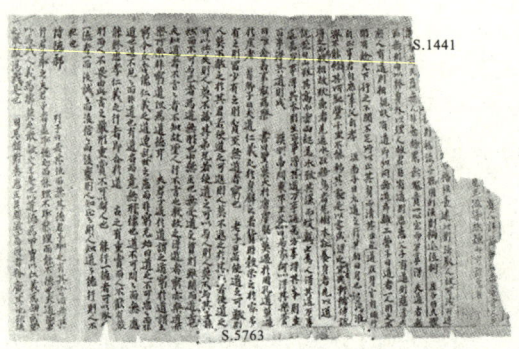

圖 7-6

引入計算機技術之後，列出綴合圖示以説明具體綴合效果的形式越來越廣泛地運用於敦煌文獻綴合研究論著之中。但是因爲不同時期計算機技術發展的成熟度不同，以及可綴合殘卷、殘片的殘損、斷裂情況的不同，敦煌文獻以圖示的方式進行的圖版綴合表現出不同的形式和方法：

第一種方法：分别找出可以綴合的殘卷、殘片的圖片後，不作任何圖形處理，將其放在一起，這對於斷裂處規則的殘卷（即基本成一條直綫式斷裂）比較有用。如劉顯《敦煌寫本〈大智度論〉殘卷綴合研究》中的 BD.07315+BD.02251 的綴合圖版示意圖便采用了這種方法，其綴合示意圖表現如下[①]：

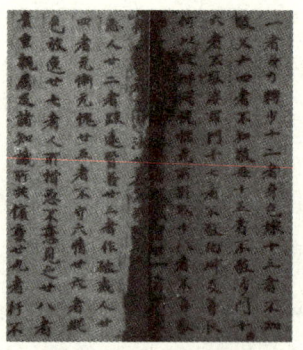

圖 7-7

---

① 劉顯：《敦煌寫本〈大智度論〉殘卷綴合研究》，載於《宗教學研究》2011 年第 2 期，第 106 頁圖版。

在各收藏單位圖版出版發行之前，一般是利用微縮膠卷或者現場拍攝製成圖片；在各收藏單位圖版出版發行之後，可以將出版物製成 PDF 格式，利用抓圖軟件（常見的如 PickPick、HyperSnap、截圖精靈等，也可以直接利用 PDF 自帶的截取選擇小工具）將需要的圖片裁剪下來。還有一種非常簡單易行的方法，就是可以使用 QQ 等聊天工具中的屏幕截圖小工具剪切需要的圖片。但無論哪一種截圖方法，使用直接將圖片不加處理而放在一起的方式，其綴合示意圖都有一個缺陷，就是雖然能夠領會綴合殘卷、殘片之間的關係，却不能夠完全顯示出拼合後的效果，一是不能讓讀者直觀感受斷裂處邊緣拼合後原卷形狀的恢復，二是那些分裂於不同卷號上的一個字的不同部分無法完全拼合。

第二種方法：有一些可以綴合的殘卷、殘片斷裂處并不規則，如呈鋸齒狀邊緣甚至圓形、弧形邊緣的殘卷，無法采用直接截圖後放在一起的方式，須將原殘卷、殘片的圖片沿邊緣形狀剪切下來，然後拼合在一起。因爲可以得到大多數卷號的圖版，我們可以使用打印機將這些圖版的清晰照片打印出來，得到與原卷非常接近的紙質文本，然後沿殘斷處邊緣剪切，最後將可以綴合的殘卷殘片粘貼在一起，拍攝成照片完成綴合圖示。筆者曾經嘗試使用這一方法進行綴合圖的製作，發現雖然可以實現拼合的目的，但因爲受到圖版清晰度和打印機效果的限制，打印的紙質文本本來就無法很精確地顯示殘斷邊緣的情況，而且因爲殘斷邊緣不規範，利用剪刀手工截取雖然能夠控制邊緣的形狀，但還是無法完全控制細微處的曲綫精細截取，特別是手工非常不容易截取到平滑完整的邊緣，所以拼合時也不能完全呈現可綴合殘卷殘片邊緣的吻合。而且因爲選用的圖版縮放比例有可能不同，即便是裁剪得非常細緻，兩個不同的卷號斷裂之處也可能無法完全嚴絲合縫地拼在一起。這一綴合圖製作的方法并沒有得到廣泛的使用。所以往往要采用第三種方法，即利用挖圖軟件和工具對原圖版進行計算機圖形圖像處理。

第三種方法：一些學者往往先使用計算機畫圖工具畫出需綴合的殘卷殘片的輪廓圖，省略其中的内容，再將輪廓圖拼合在一起。如趙鑫曄《俄藏敦煌文獻綴合四則》中有三則可以直接綴合者，都是將可綴合的殘卷、殘片畫出輪廓圖，再將輪廓圖進行拼合。其綴合圖示如下①：

1. Дх.00350+Дх.00782+Дх.00989+Дх.06797（願文兩篇：《社齋文》+《燃燈文》）

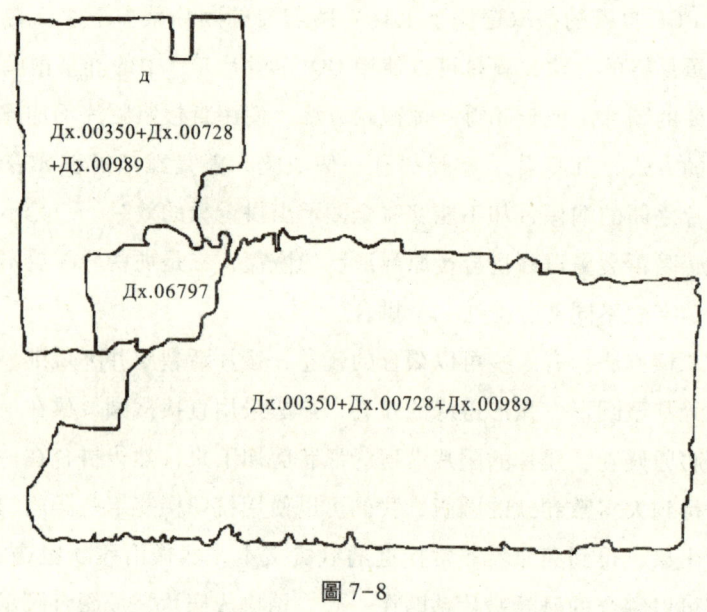

圖 7-8

2. Дх.06265+Дх.06599（《大唐中興三藏聖教序》）

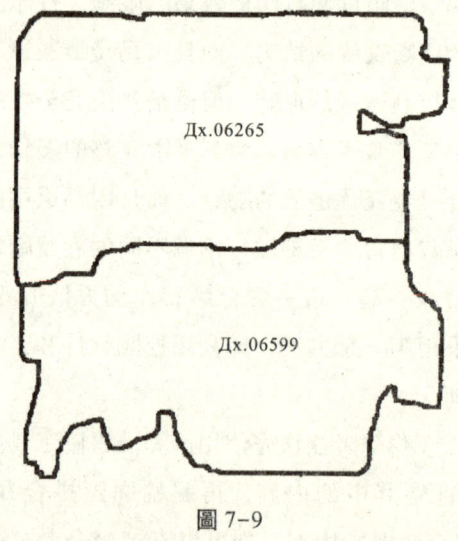

圖 7-9

---

① 趙鑫曄：《俄藏敦煌文獻綴合四則》，載於《文獻》2008 年第 3 期，第 85~92 頁。

3. Дх. 02832+Дх. 02840+Дх. 03066+Дх. 11790+Дх. 11791+Дх. 11763+Дх. 12768+Дх. 12605+Дх. 12595+Дх. 11831（擬名《願文段落範本》）

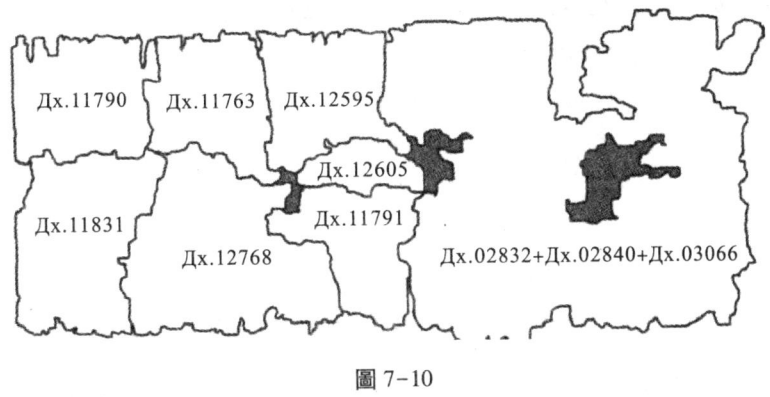

圖 7-10

其後來發表的《俄藏敦煌殘卷綴合八則》一文中，每一則綴合都以圖版綴合和輪廓圖綴合兩種方式呈現。①

第四種方法：利用電腦技術對圖版圖片進行處理以後再將圖版拼合綴合。Photoshop 圖形處理軟件就可以完成這項工作。具體做法是，先取得需綴合殘卷殘片的圖片（.jpg 形式），在 Photoshop 軟件中分別打開各個卷號的圖片，對每一個圖片使用魔棒工具或者套索工具，將需要的圖版挖出來，再利用調整對比度、調整清晰度、拷貝、粘貼、移動、縮放以及自由變換等工具進行調整，最後便可以得到滿意的綴合圖版。本書"實證篇"中所有綴合示意圖均是采用這種方法進行綴合的，其優點在於操作簡便，圖示直觀清晰，綴合處的吻合度一目了然；但是因爲敦煌文獻殘卷、殘片形成時間長、產生原因複雜，并不是每一個可以綴合的卷號拼合處均可以還原得天衣無縫。另外，因爲各地所藏圖版拍攝時的清晰度、像素及大小并不完全相同，圖形處理時不能完全彌補它們之間的顏色、像素的差異，這就使得綴合後的圖片會呈現局部不一致的情況，比直接使用實物粘合得到的效果要稍差一些。但隨著科學技術的進步，有些遺憾可能會在不久的將來得到滿意的解決。

值得注意的是，在計算機工具使用如此便利的時代，我們可以輕而易

---

① 趙鑫曄：《俄藏敦煌殘卷綴合八則》，載於《藝術百家》2010 年第 6 期，第 173～177 頁圖版。

舉地進行圖形圖像的處理。但是學者須恪守學術底綫，在使用圖形處理軟件的過程中不能够對原卷的面貌進行篡改，不能爲了實現自己的目的修改本不能綴合的圖版使其看起來能够綴合，這對自己、對學術以及對後來的研究者都是不負責任的行爲。

第八章　綴合中的缺漏

在眾多敦煌世俗文獻綴合成果中，也存在一些可以商討的地方，如混淆内容可以整合的寫卷與本爲一卷之裂的寫卷，另有一些缺漏誤綴者，筆者也認爲可以進一步改進。

第一節　對"綴合"一詞的認識

首先是對"綴合"一詞的認識。早期學者對殘卷綴合問題的態度往往只是著眼於内容可否合成完整的文書（即使有重復也可以），主要看重的是殘卷的校勘意義，與我們所説的綴合還原并不完全相同。他們稱之爲"一卷之裂"的卷號許多并非同一寫本，而是同一本書的不同版本，但是都不完整，各含有該書的部分内容，早期學者根據幾個卷號殘存的内容加以考訂，以復原原書内容。這種"合"的結果并不理想，往往是學者本著一腔希望將原本復原，但是却并不能達到目的。如下文一條綴合考證：

1. P. 3757 與 P. 2653

（1）P. 3757，據《法藏》及法國圖書館提供的圖版，正反雙面抄寫，正面擬名《燕子賦一首》，反面爲雜寫，擬名《社司轉帖等雜寫》+《天福八年歲次癸卯七月一日題記》。正面後端殘損，存19殘行，行18字左右，前有首題作"燕子賦一首"，并有題記，後止於"阿你浮逃落籍不曾"，后還有一行字只剩右半筆墨，無法辨認。

（2）P. 2653，據《法藏》（法國圖書館未提供圖版），正反雙面抄寫，正面擬名《燕子賦一首》+《韓朋賦》+《救苦救難經》，反面一行雜寫作"丈夫不☐☐相"。正面前端殘損，殘卷較長，行32字左右。啓功《敦煌俗文學作品叙録》稱："这两本拼凑起来，可得全文（即《燕子賦》全文），共约二千二百徐字。只是衔接处还缺着半字十八个、整字廿四个。"① 似是指二卷可以綴合，實際上《敦煌變文集》②《敦煌變文集新書》③《敦煌變文校注》④等均將二卷號釐定爲兩卷，并無可以"拼凑"之説。且雖二卷號字迹均比較幼拙，有點相似，但行款完全不同，P.3757每行約18字，而P.2653每行約32字，且從内容上分析，二卷之間"衘接處還缺著半字十八個、整字廿四個"⑤；若以P.3757的行款推測，二卷之間大概還有一行多的内容殘缺，以P.2653的行款推測，二卷之間有不到一行的内容缺損，如此短的間隔中似不太可能出現馬上變換行款的情況，且無論如何也不可能有變換行款后正好缺損整行文字的情況發生。可知二卷應該不是同卷之裂，不可綴合在一起。而且這樣"拼凑"以後，依然還"缺著半字十八個、整字廿四個"。又因爲二卷號并非一卷之裂，我們不能視其爲一個整體，根據其殘留的内容來考證異文、俗字。

2. Дх.02768 與 Дх.00901

王卡《敦煌道經殘卷綴合與考訂三則》確定這兩個卷號的均爲《昇玄經》卷第二的内容，并認爲："根據《無上秘要》卷七，卷三十四引述的《昇玄經》佚文，不僅可以彌補敦煌抄本的部分缺損文字，而且可以綴合Дх.2768與Дх.901兩件抄本。"⑥ 王卡在文中稱其爲"Дх.2768＋Дх.901抄本"。其綴合的主要根據是"上述《無上秘要》卷三十四的佚文，同時見於Дх.2768殘片第6行，至Дх.901殘片第9行。這就確實證明它們都是《昇玄經》的殘抄本，并且内容文字前後連續"⑦。

根據這一結論，我們似可以將兩卷的位置圖示如下：

---

① 啓功：《敦煌俗文學作品叙録》，載於《文獻季刊》2009年第2期，第5頁。
② 王重民等：《敦煌變文集》，人民文學出版社，1957年版，第254頁。
③ 潘重規：《敦煌變文集新書》，臺北文津出版社有限公司，1995年版，第1148~1149頁。
④ 黄征、張涌泉：《敦煌變文校注》，中華書局，1997年版，第380頁。
⑤ 啓功：《敦煌俗文學作品叙録》，載於《文獻季刊》2009年第2期，第5頁。
⑥ 王卡：《敦煌道經殘卷綴合與考訂三則》，見郝春文主編《敦煌文獻論集：紀念敦煌藏經洞發現一百周年國際學術研討會論文集》，遼寧人民出版社，2001年版，第581頁。
⑦ 王卡：《敦煌道經殘卷綴合與考訂三則》，見郝春文主編《敦煌文獻論集：紀念敦煌藏經洞發現一百周年國際學術研討會論文集》，遼寧人民出版社，2001年版，第581頁。

第八章　綴合中的缺漏 | 197

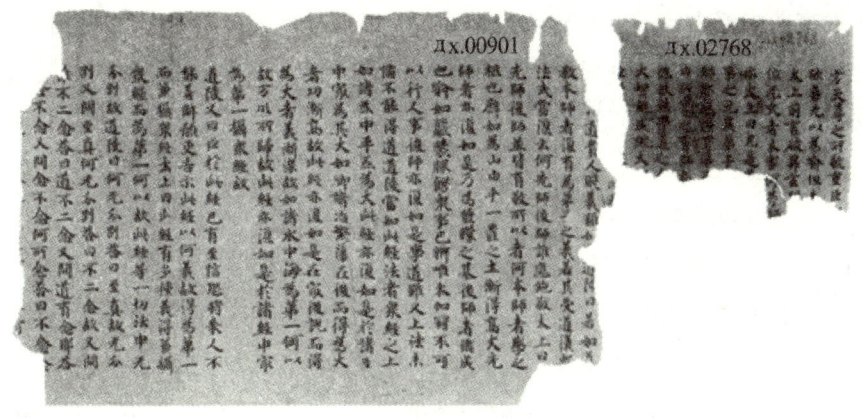

圖 8-1

　　單就内容看，Дx.02768 的第 6 行至末尾，Дx.00901 的第 1 行至第 9 行都確出於《無上秘要》卷第三十四所引《昇玄經》的文字，而且根據《無上秘要》所引《昇玄經》，Дx.02768 的末行文字與 Дx.00901 的首行文字之間僅缺十三字，説明它們是相連接的。不過判斷兩卷是否是一卷之裂，我們還要從其行款、字迹等諸多方面進行分析。因爲抄經生特别是道經的抄經生筆迹非常相似，判斷這兩個卷號是否能够綴合，似乎需要更多的證據，但是我們也可以從兩卷的字迹中找出一些不同的筆勢筆意，特别是 Дx.02768 有界欄，而 Дx.00901 没有，從行款上看并非出於同卷。而且還有一點，Дx.02768 的末行文字與 Дx.00901 的首行文字之間既缺損 13 字，即是説補齊 13 字後兩卷應該相接，但是從有完整行的 Дx.00901 來看，原卷每行當抄寫 17 字，Дx.02768 末行現存 6 字，補上 13 字後則每行爲 19 字，所以王文中亦指出："在 Дx.02768 与 Дx.00901 之間，有一行缺文，使二者不能连续。根據《無上秘要》補缺，此行有十三字，與前後兩敦煌殘片每行十七字的字數不符。這可能有兩種解釋。第一，《無上秘要》的引文有省略；第二，兩敦煌殘片雖系同一人抄寫的經卷，但不是可以綴合的同一抄本。"我們認爲第二種論斷更符合事實。
　　"綴合"專指原爲同一件文書因不可抗力的作用斷裂成殘卷、殘片後，我們利用種種方法篩選、比勘、拼合，這些可以綴合的殘卷殘片最突出的特點就是字迹、行款相同，内容相關。但是并不是只要確定字迹、行款相同，内容基本相接續者，就可以稱其能够綴合，如上一條例子，同一人抄寫的同樣內容的卷子會讓人產生如此誤解,仔細分析,它們亦非同卷之裂。又如一件文書非常長,正面抄寫不完,轉到了背面進行抄寫,這樣的正背面并不能稱其可以綴合。但有些學者在面對這種情況時依然誤用了綴合的概念。

3. S. 5691 與 S. 5691V

S. 5691,據《英藏》,正反雙面書寫,正面首題"丁亥年七月十二日令狐慶兒妻亡納贈歷",後部殘缺,爲納贈人名及物品的記錄。反面僅四行,從紙頁中部開始書寫,內容爲納贈物品的總計以及支出情況。

金瀅坤《敦煌社會經濟文獻綴合拾遺》謂:"本件由斯五六九一號(底一)+斯五六九一號背(底二)綴合。……底一與底二字體相同,內容相關,應爲同一件文書,故茲合并。"① 實際這只是寫在一張紙上的記錄,正面爲詳細賬簿,反面爲總計賬目,不存在綴合關係。

與此條類似的還有一種情況,就是一張紙上可能分版書寫某一文書的不同部分,它們之間其實并沒有斷裂,只是書寫的順序有異,有學者亦將其歸入可綴合者,實際是錯誤的。如以下一條:

4. Дх. 06133С、Дх. 06133А、Дх. 06133D 與 Дх. 06133В

Дх. 06133,一小片紙葉,分作四個版面,上半部分字迹與下半部分字迹正好互對,共二十五行。

黃正建在《關於〈俄藏敦煌文獻〉第 11 至第 17 册中占卜文書的綴合與定名等問題》中已指出: "Дх. 06130、Дх. 06133、Дх. 06134、Дх. 06135 上半正書下半倒書,若以右上爲正 1,左上爲正 2,右下爲倒 1,左下爲倒 2 的話,其順序似是倒 1+正 1+正 2+倒 2,前後均缺。"② 所言基本不差,但其標號有問題,據《俄藏》,Дх. 06130 與 Дх. 06134、Дх. 06135 圖版在《俄藏》第十三册第 14、15 頁,爲一塊殘片與一段前後端殘損的殘卷,內容實爲《大通方廣懺悔滅罪莊嚴成佛經》;Дх. 06133 圖版在《俄藏》第十三册第 16 頁,爲一葉紙,實際黃正建文中所指者乃Дх. 06133,因《俄藏》在"Дх. 06133"下另起一行標注

---

① 金瀅坤:《敦煌社會經濟文獻綴合拾遺》,載於《敦煌研究》2006 年第 2 期,第 369~377 頁。

② 黃正建:《關於〈俄藏敦煌文獻〉第 11 至第 17 册中占卜文書的綴合與定名等問題》,載於《敦煌研究》2002 年第 2 期,第 48 頁。

"Дх.06134Дх.06135（見俄 Дх.06130）"，實際是指出 Дх.06134、Дх.06135 圖版的位置，被黃正建誤解爲 Дх.06133、Дх.06134、Дх.06135 與 Дх.06130 可綴合。

趙貞則認爲該號文書係由四個殘片粘貼而成，"其中上半部分有兩殘片，按照自右向左的順序分別標爲 A、B（B 片首行繪有祭品圖☖，後題'祭烏法'三字并附有烏鴉展翅圖☖）；下半部分均爲倒書，亦有兩殘片，按照同樣順序分別標爲 C、D，除殘片 D 抄有 7 行文字外，其他三片各有文字 6 行。從各片所存文字來看，原卷粘貼的次序顯然有誤，正確的識讀次序應爲 C-A-D-B。"① 根據其内容，趙貞將 Дх.06133 定名爲《烏鳴占》+《祭烏法》。趙貞所標示的 A、B、C、D 四片如下圖所示：

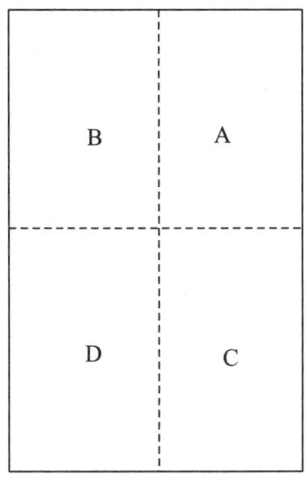

圖 8-2

其釋讀順序及擬名不誤。但在趙貞所劃分的 A、B、C、D 四個殘片之間并没有粘貼的痕迹，若是粘貼，也當不會以"C-A-D-B"這樣奇怪的順序進行書寫。從頁面上實際只可以看出摺疊的痕迹。由此我們推斷此號文書并不是由四個殘片粘貼構成，而是一張長方形紙頁（如圖一）經過數次對摺之後抄寫形成的。其摺疊及抄寫過程如下：第一次將原紙頁向右後方對摺（如圖二），得到如圖三所示的兩層厚的長方形紙頁；再將圖三紙頁向下後方對摺之后，將得到如圖四所示的四層厚的長方形紙頁。

---

① 趙貞：《Дх.6133〈祭烏法〉殘卷跋》，載於《敦煌研究》2012 年第 1 期，第 95~96 頁。

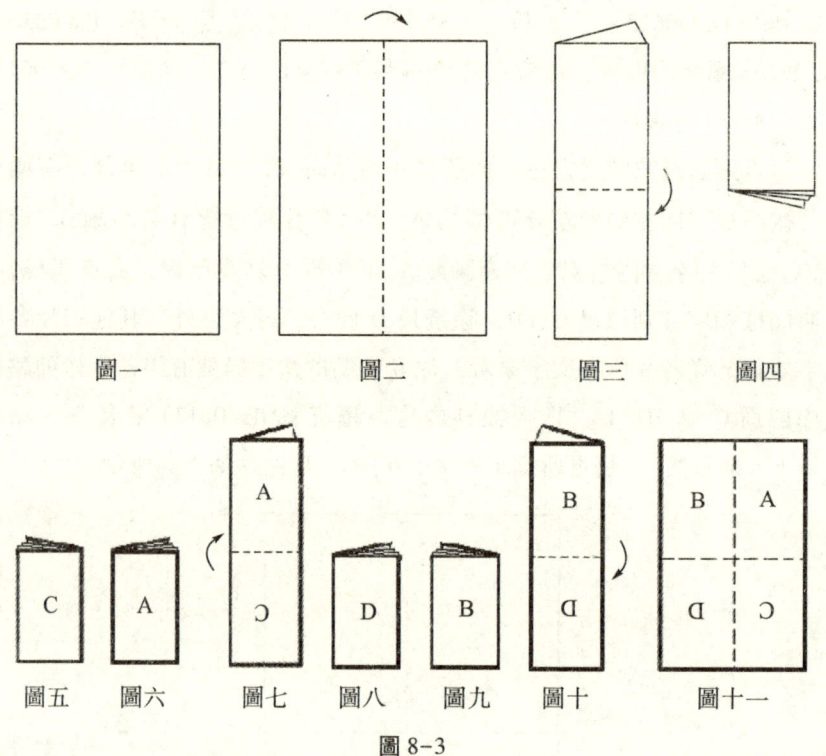

圖 8-3

　　將圖四所示長方形頁面右轉 180°，得到圖五，在圖五版面上自右至左、自上而下寫下第一部分內容（也就是趙貞所劃分的 C 片的內容）；然後向右翻轉，在圖六所示的版面自右至左、自上而下寫下第二部分內容（也就是趙貞所劃分的 A 片的內容）；向下展開便如圖七所示；再將其向上對摺，在圖八版面上自右至左、自上而下寫下第三部分內容（也就是趙貞所劃分的 D 片的內容）；再向右翻轉，在如圖九所示的版面上自右至左、自上而下寫下第四部分內容（也就是趙貞所劃分的 B 片的內容），向下展開後便如圖十所示；最後將圖十所示長方形紙頁向右打開，便得到由摺痕分割的四個版面均寫好內容的紙頁，即圖十一。這時我們發現，因爲在每一版面上都是從頁面邊緣處開始自上而下書寫的，最後得到的效果就是 A 片的字和 B 片的字正好上下相對；同樣，C 片和 D 片的字也是上下相對的，而其內容的先後順序也就成了 C-A-D-B。

　　所以，Дх. 06133 四個版面之間不是粘貼形成的，而是摺疊形成的，其關係并非須重新綴合，只需弄清摺疊及書寫順序即可。

第二節 誤綴

因爲沒有仔細核對原文獻的圖版，一些學者的綴合成果出現了誤綴或綴合定名有誤的情况。

1. P.4044 與 P.3999（誤綴爲《大目乾連冥間救母變文并圖一卷并序》）

（1）P.4044，據《法藏》及法國圖書館提供的圖版，似爲册頁裝，抄有數種内容，《法藏》分別擬名爲《乾寧六年某甲差充右一將第一隊副隊貼》《某年甘州使頭都頭某甲貼》《光啓三年五月十日文坊巷社肆拾貳家創私修佛塔記》《大目乾連民間救母變文》《修文坊巷再緝上祖蘭若標畫兩廊大聖功德讚并序》。其中有一種實爲《大目乾連民間救母變文》的節本，起於"目連至刀山地獄"，止於"鐵把樓聚還交活"。

（2）P.3999，據《法藏》及法國圖書館提供的圖版，單頁，正反雙面均有内容，據《法藏》，正面擬名爲《彩繪摩力支天》，背面爲《白畫圖案》。

顔廷亮在《〈大目乾連冥間救母變文并圖一卷并序〉的一個未見著録的節抄卷》中稱："P.4044 號寫卷實際上和 P.3999 號寫卷本爲一卷。大約由於當年存放和使用天長日久，從藏經洞出土時，已經散爲零頁并有殘佚，次序且已有錯亂，共計 17 頁。法藏者在整理時未遑辨析，誤將這 17 頁分爲兩卷，并且未按應有次序分卷，致使原來的第 1 頁至第 13 頁和第 16 頁成爲 P.4044 號卷，第 14、15、17 頁成爲 P.3999 號卷。"① 實際上是錯誤的，兩個卷號并沒有可以綴合的特徵。

2. P.4044 與 P.3999（誤綴爲《修文坊巷社再緝上祖蘭若標畫兩廊大聖功德贊并序》）

（1）P.4044，據《法藏》，未見拍攝背面，正面共抄寫《乾寧六年某甲差充右一將第一隊副隊帖》《光啓三年五月十日文坊巷肆拾貳家創修私佛塔記》《某年甘州使頭都頭某甲帖》《大目乾連冥間救母變文》《修

---

① 顔廷亮：《〈大目乾連冥間救母變文并圖一卷并序〉的一個未見著録的節抄卷》，載於《社科縱橫》1994 年第 4 期，第 4 頁。

文坊巷社再緝上祖蘭若標畫兩廊大聖功德贊并序》五種內容。

（2）P.3999，爲雙面畫圖，正面擬名《彩繪摩利支天》，背面擬名《白畫圖案》。

顏廷亮《敦煌西漢金山國檔案文獻考略》稱二卷可以綴合①，并指唐耕耦、陸宏基《敦煌社會經濟文獻真迹釋録》第一輯"標見卷號爲P.4040，誤"②。實際兩卷沒有可以判定能夠綴合的證據，應爲誤綴。

3. P.2914 與 P.3833（誤綴爲《王梵志詩卷第三》）

（1）P.2914，據《法藏》，卷子裝，正反雙面抄寫，反面包括《新集文詞九經抄摘抄》等五種文書。正面擬名《王梵志詩卷第三》，前部殘缺，後有尾題"王梵志詩卷第三"，以及題記和雜寫，起於王梵志詩"□☒（脱）☒（却）面頭皮□"，止於雜寫"僧法律劉"。

（2）P.3833，據《法藏》，爲册頁裝，單面抄寫，包括兩種內容，前一種擬名《王梵志詩卷第三》，後一種擬名《孔子項託相問書》。《王梵志詩卷第三》前後均似完整，前起於"人去像還去，人來像以朋"，後止於尾題"王梵志詩卷第三"及題記"丙申年二月拾九日蓮臺寺學郎王和通寫記"。

伏俊璉《敦煌賦及其作者、寫本諸問題》提及"伯2914號《王梵志詩卷第三》與伯3833號的《王梵志詩卷第三》內容正相銜接"③。"再比如，抄有《孔子項託相問書》的伯3833號寫卷……事實上，此卷與伯2914爲同一寫卷而撕開爲二者。"④ 謂兩卷相接續，實際從裝幀（一爲卷子裝，一爲册頁裝）、行款、字迹考量，兩卷均不可綴合。

4. Дх.00235 等（誤定名爲《灸經》或《醫書》）

施萍婷在《俄藏敦煌文獻經眼録之一》中將Дх.00235擬名《灸經》，稱："共17行。字體古樸有隸書味，爲北朝時期的針灸書，甚爲珍希。

---

① 顏廷亮：《敦煌西漢金山國檔案文獻考略》，載於《甘肅社會科學》1996年第5期，第91~94頁。
② 顏廷亮：《敦煌西漢金山國檔案文獻考略》，載於《甘肅社會科學》1996年第5期，第93頁。
③ 伏俊璉：《敦煌賦及其作者、写本诸问题》，載於《南京師範大學文學院學報》2003年第2期，第174頁。
④ 伏俊璉：《敦煌賦及其作者、写本诸问题》，載於《南京師範大學文學院學報》2003年第2期，第175頁。

按孟目，此件應由兩片連綴，一片29＊14，21行，另一件24＊24.5，17行。然我所過目者僅17行而已。"① 《俄藏》則將Дх.00235、Дх.00239、Дх.03070歸在一起，擬名《醫書》。施萍婷所論Дх.00235十七行爲第一片。

（1）Дх.00235，前後殘泐，存17殘行（有字者17行，但從紙頁留白寬度看應爲18行），下部有部分殘缺，行22字左右。起於"▨▨（食）▨▨／前各一寸半"，止於"刺入七（按：旁寫'三'字）分灸三壯"。

（2）Дх.00239，前後及下部殘，存21殘行，起於"重▨▨舉▨／上在第一空在要（按：腰）果（按：髁）▨"，止於"▨▨第三椎下兩旁▨"。

（3）Дх.03070，前後及下部殘，存5殘行，起於"▨▨五分灸三壯▨▨博間"，止於"噫嘻在肩博內廉"。

施萍婷擬名《灸經》，并未細核。此三個殘卷實際均爲《黄帝明堂經》的内容，但與傳世醫籍中《黄帝明堂經》有細微不同。日本小曾户洋便認爲這是《黄帝明堂經》古傳本中的一種，馬繼興據之將此三個殘片綴合并定名爲《黄帝明堂經》。②

三個殘片并不能直接綴合。實際除此三片之外，《俄藏》中還有兩個卷號亦屬於《黄帝明堂經》的内容，且與此三片能够直接綴合，將此三片連接在一起，即Дх.06634和Дх.11538（2），其中Дх.11538有兩個殘片，上片爲不知名醫經，有界欄；下片爲《黄帝明堂經》的内容，無界欄，現標記爲Дх.11538（2）。Дх.11538中兩片行款不同，内容并不相關，字迹非出於一人之手，《俄藏》將兩片編爲同號綴合在一起，實際是誤綴。王杏林在《跋敦煌本〈黄帝明堂經〉》中已有詳細的叙述，且有綴合圖版③，因原圖版不很清楚，重新示意如下：

---

① 施萍婷：《俄藏敦煌文獻經眼録之一》，載於《敦煌研究》1996年第2期，第63頁。
② 馬繼興：《敦煌古醫籍考釋》，江西科學技術出版社，1988年版，第454頁。
③ 王杏林：《跋敦煌本〈黄帝明堂經〉》，載於《敦煌研究》2012年第6期，第81~82頁。

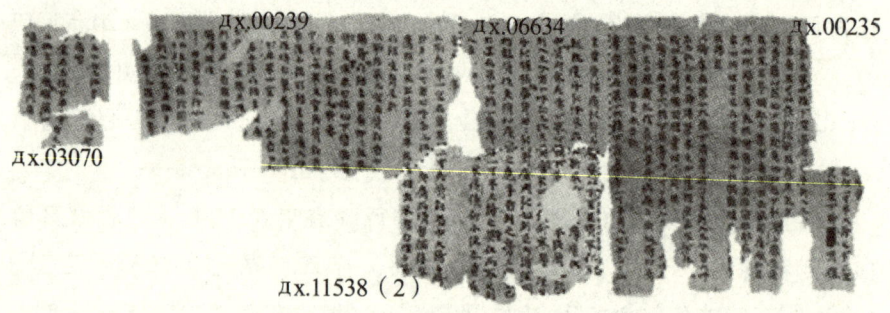

圖 8-4

5. P. 3757+P. 2653（誤綴爲《燕子賦》+《韓朋賦》）

（1）P. 3757，據《法藏》及法國圖書館提供的圖版，正反雙面抄寫，正面擬名《燕子賦一首》，反面爲雜寫，擬名《社司轉帖等雜寫》+《天福八年歲次癸卯七月一日題記》。正面後端殘損，存 19 殘行，行 18 字左右，前有首題作"燕子賦一首"，并有題記，後止於"阿你浮逃落籍不曾"，后還有一行字只剩右半筆墨，無法辨認。

（2）P. 2653，據《法藏》（法國圖書館未提供圖版），正反雙面抄寫，正面擬名《燕子賦一首》+《韓朋賦》+《救苦救難經》，反面一行雜寫作"丈夫不□□相"。正面前端殘損，殘卷較長，行 32 字左右。啓功《敦煌俗文學作品叙錄》稱："這兩本拼湊起来，可得全文，共约二千二百徐字。只是銜接處還缺著半字十八个、整字廿四个。"① 似是指二卷可以綴合，實際上《敦煌變文集》②《敦煌變文集新書》③《敦煌變文校注》④等均將兩卷號鼇定爲兩卷，并無可以"拼湊"之説。且雖二卷號字迹均比較幼拙，有點相似，但行款完全不同，P. 3757 每行在 18 字左右，而 P. 2653 每行在 32 字左右，且從內容上分析，兩卷之間"銜接處還缺著半字十八個、整字廿四個"⑤；若以 P. 3757 的行款推測，兩卷之間大概還有一行多的內容殘缺，以 P. 2653 的行款推測，兩卷之間有不到一行的內容缺損，如此短的間隔中似不太可能出現馬上變換行款的情況，且無論

---

① 啓功：《敦煌俗文學作品叙錄》，載於《文獻季刊》2009 年第 2 期，第 5 頁。
② 王重民等：《敦煌變文集》，人民文學出版社，1957 年版，第 254 頁。
③ 潘重規：《敦煌變文集新書》，臺北文津出版社有限公司，1995 年版，第 1148~1489 頁。
④ 黄征、張涌泉：《敦煌變文校注》，中華書局，1997 年版，第 380 頁。
⑤ 啓功：《敦煌俗文學作品叙錄》，載於《文獻》2009 年第 2 期，第 5 頁。

如何也不可能有變換行款后正好缺損整行文字的情況發生。可知兩卷應該不是同卷之裂，不可綴合在一起。

6. S.4277 與 Дx.1456（誤綴爲《王梵志詩》）

《英藏》注明"參圣彼得堡 Дx.1456"，S.4277 爲《王梵志詩》，但 Дx.01456 并非王梵志詩，應爲《春秋左傳（昭公十三年）》，所以《英藏》此處標示是爲誤綴。

7. Дx.01870、Дx.01622 與 Дx.00240（確屬於《太上靈寶空洞靈章》的內容，可以綴合，但殘片綴合位置不對）

《俄藏》已將三個號的圖版綴合在一起，圖版見第六冊第 151 頁，但未標注每一殘片的具體卷號，從《俄藏》標注綴合編號的習慣來看，右、中、左三片應該分別對應 Дx.01870、Дx.01622 和 Дx.00240。圖版如下：

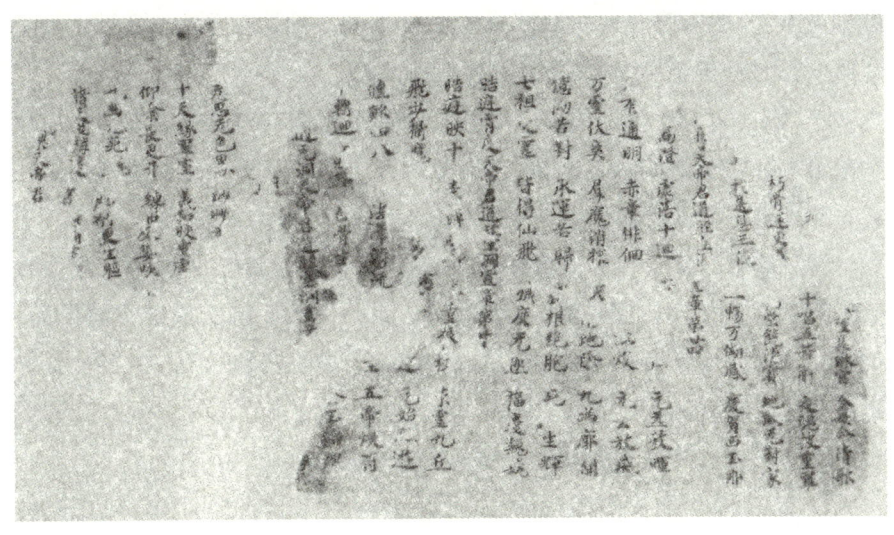

圖 8-5

葉貴良認爲："以上三號皆爲殘片。可以拼接，但《俄藏》拼接有誤。共 22 行，行 17 字。起'眾聖集琳宫，金母命清歌'，訖'□□天帝君'。""殘卷內容出自《太上洞玄靈寶空洞靈章》。"① 不過并未指出《俄藏》拼接的錯誤。

《俄藏》所拼接的三個殘片中，右起第一個殘片（按：筆者認爲是

---

① 以上二段引文均引自葉貴良《〈俄藏敦煌文獻〉道經殘卷考述》，《浙江與敦煌學——常書鴻先生誕辰一百周年紀念文集》，浙江古籍出版社，2004 年版，第 362 頁。

Дx. 01870）15 殘行，起於"☒（眾）聖起琳宮，金母命清歌"，止於"☒（十）轉迴☒（旋），☐☒（金）玉滿☒（堳）"。其最後兩行作：

儵欻四八，☐五帝煥符

☒（十）轉迴☒（旋），☐☒（金）玉滿☒（堳）。

第二張殘片（按：筆者認爲是 Дx. 01622）三行，共 21 字，作：

法則濟流

競☒（歸）白骨生☐

☒（通）元洞天帝君道經空洞靈章

兩片內容爲《太上洞玄靈寶空洞靈章》第廿三、廿四、廿五章的內容和第廿六章的首題，但第一片倒數第二行中所缺的字爲"大象交周。歷度開生"，倒數第一行所缺字爲"法澤濟流。地藏發泄"。可見，第二片第一行"法則濟流"應拼接在第一片末行"☒（十）轉迴☒（旋）"之後，"☒（金）玉滿（堳）"之前。但俄藏圖版却將其拼合在了第一片倒數第二行"儵欻四八"之後，"五帝煥符"之前，明顯是前置錯拼了一行，應後退一行進行綴合。

又右起第三片（按：筆者認爲是 Дx. 00240）起於"無思無色界，渺渺☒☐"，止於"☐☒（樂）天帝君"，正是《太上洞玄靈寶空洞靈章》第廿二章的內容及第廿三章首題的部分內容。這說明右起第三片的位置實際應該在右起第一片之前。

可知《俄藏》綴合圖版完全錯誤，重新綴合如下：

第八章　綴合中的缺漏 | 207

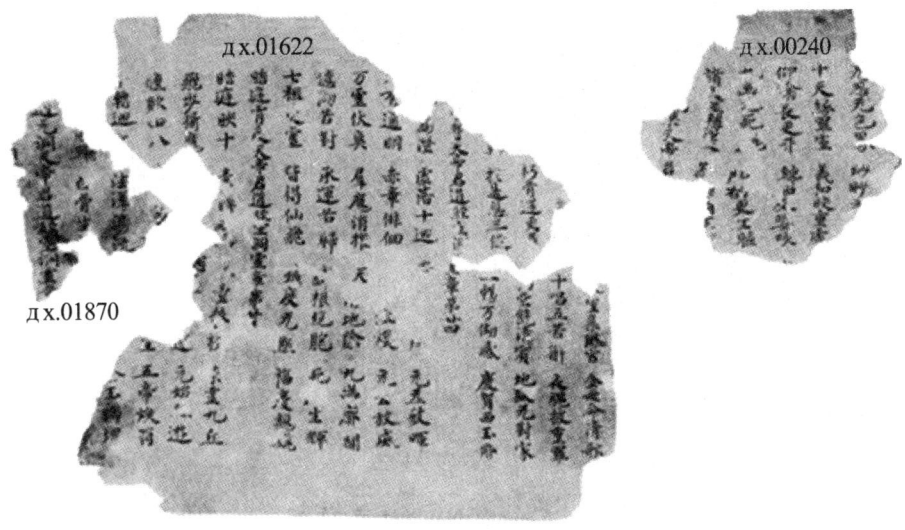

圖 8-6

　　綴合後可以發現，此件行款爲行 16 字，故根據今傳本的内容順序判斷，其中右起第一片最末一行與第二片首行之間相隔有兩行左右；第三片第一字"法"與第二片末一字之間缺一"玄"字以及一字左右的留白。又，第二片最後"☒（十）轉迴☒（旋）"句，今傳本作"十轉過玄"。

　　8. Дх.0098 與 Дх.17447（屬《武王家教》内容，但殘片綴合位置不確）

　　Дх.0098 確實可以与 Дх.17447 的綴合，但《俄藏》所列 Дх.0098 圖版中的綴合粘貼位置出現了錯誤。筆者仔細觀察 Дх.0098 圖版後發現，該號圖版并非一塊殘片，而是由兩塊殘片組成，第一塊起於"☒爲七奴☐"，止於"☐立身☒（無）志爲三狂☒（不）☐/☐☒（爲）六狂嗔他☐"，存 9 殘行，現標記爲 Дх.0098p1；第二塊存 3 殘行，10 字左右，其中較完整可辨識的字只有"莊子☒（云）"和"☒（孝）子"等，現標記爲 Дх.0098p2。二殘片字迹一致，應該是一卷之裂，但并非如《俄藏》圖版所示，可以將第二塊首行直接拼接在第一塊的末行上，這樣二殘片的連接處并不可拼合，而且殘片二的首行與殘片一的第九行無法形成完整整齊的一行文字，必須將兩個殘片分開。現將《俄藏》圖版和兩個殘片單獨的圖版示意如下：

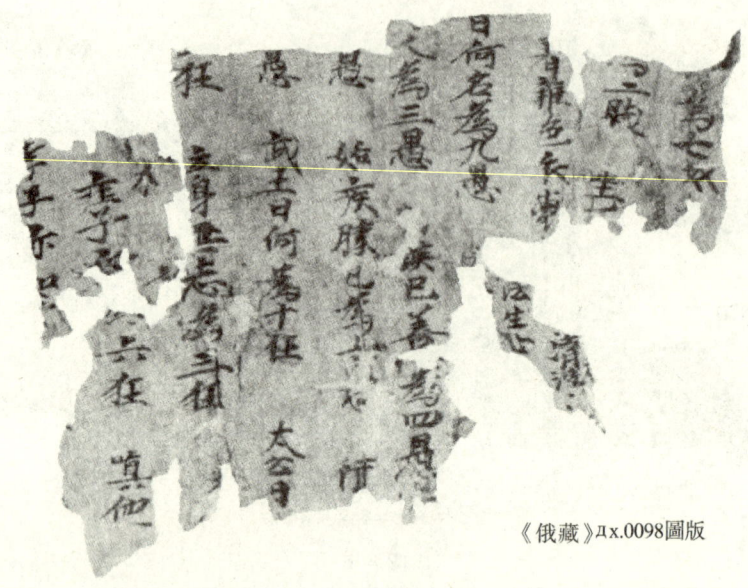

《俄藏》Дх.0098圖版

圖 8-7

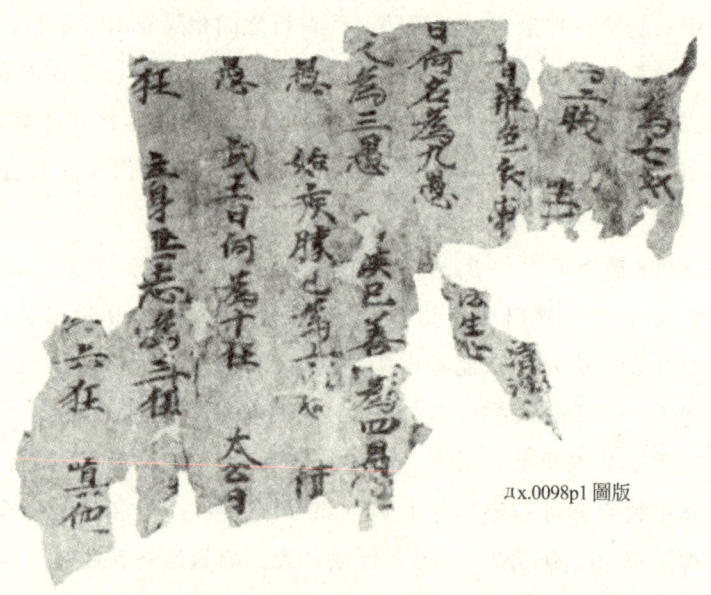

Дх.0098p1 圖版

圖 8-8（a）

第八章　綴合中的缺漏 | 209

Дx.0098p2 圖版

圖 8-8（b）

通過觀察，筆者發現 Дx.17447 與 Дx.0098p1 可以綴合，但之間有少許殘泐，綴合後圖版示意如下：

圖 8-9

那麼 Дx.0098p2 的位置又在哪裏呢？根據 P.2825 所載較完整的《太公家教》文字，其卷末"十狂"條之後，有一句"禮記云：君子不失色於人，不言於口。莊子云：吾比養汝，憐汝極深，汝今養子，應知吾心。汝今不孝，子亦如之"。正含有 Дx.0098p2 中的"莊子☒（云）"和"☒（孝）子"等字，且根據已綴合的行款 Дx.0098p1+Дx.17447 推斷，原書每行約 22 字，正合處於前後兩行中的"莊子"和"孝子"的位置。所以推測 Дx.0098p2 應處於 Дx.17447 第七行的上方，三個卷號綴合順序應該是 Дx.0098p1 與 Дx.0098p2 綴合在一起後，再綴合在 Дx.17447 的上方。綴合後圖版如下所示：

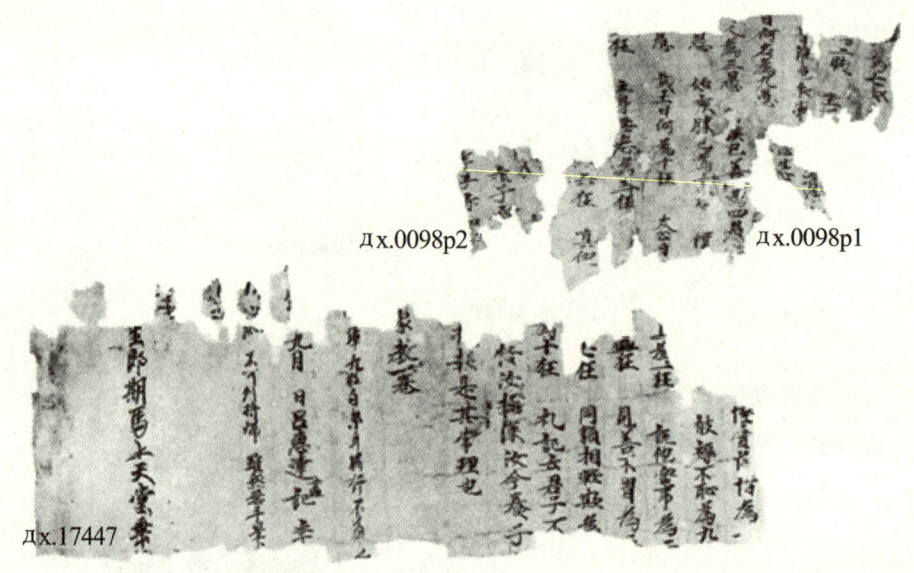

圖 8-10

按：背面圖版綴合位置亦有錯誤，亦可如此拆開后重新綴合。

9. BD. 15695 與《魏晉隋唐殘墨》第 78 頁之殘片（《國圖藏》BD. 15695 本身三個殘片綴合位置有誤）

（1）BD. 15695 包括三個殘片，《國家圖書館藏敦煌遺書》已將三個殘片的圖版綴合①，如下圖所示：

---

① 任繼愈主編：《國家圖書館藏敦煌遺書》，北京圖書館出版社，2005～2012 年，第 144 册，第 154 頁。

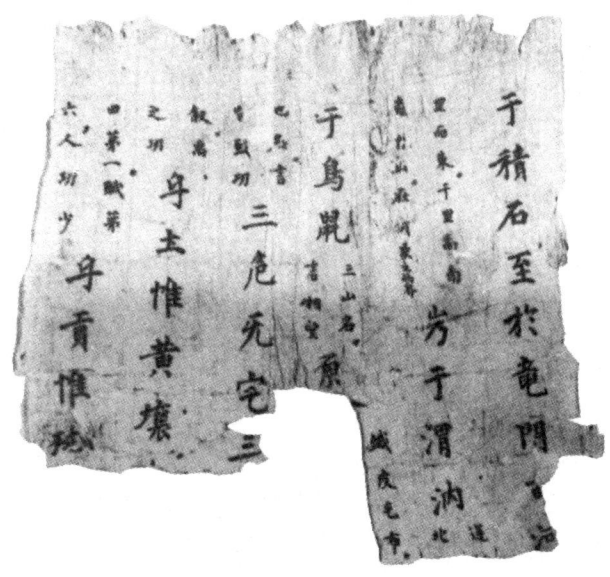

圖 8-11

但實際上三片粘貼的順序位置有問題，許建平《中國國家圖書館藏未刊敦煌寫本殘片四種的定名與綴合》已論及，并對三片重新進行了綴合。① 現將其重新分割的三片分別標示爲 BD.15695A、BD.15695B、BD.15695C，如下圖所示：

圖 8-12

---

① 許建平：《中國國家圖書館藏未刊敦煌寫本殘片四種的定名與綴合》，見張涌泉、陳浩《浙江與敦煌學》，浙江古籍出版社，2004 年版，第 313~325 頁。

許建平在《中國國家圖書館藏未刊敦煌寫本殘片四種的定名與綴合》中認爲:"A 片（即 BD. 15695A）與 B 片（即 BD. 15695B）正可上下相接，密合無間。此 A+B 片，不應粘貼在 C 片（即 BD. 15695C）之前，應該粘貼於 C 片之後。而且在 A 與 C 紙縫處有一捺筆尚可辨認，應是 A 片末行字的殘存。根據其位置，可能是'析支渠叟'之'叟'字的殘筆。"① 確。故三片正確的綴合順序爲: BD. 15695C + BD. 15695A + BD. 15695B。

三片重新綴合后如下圖所示:

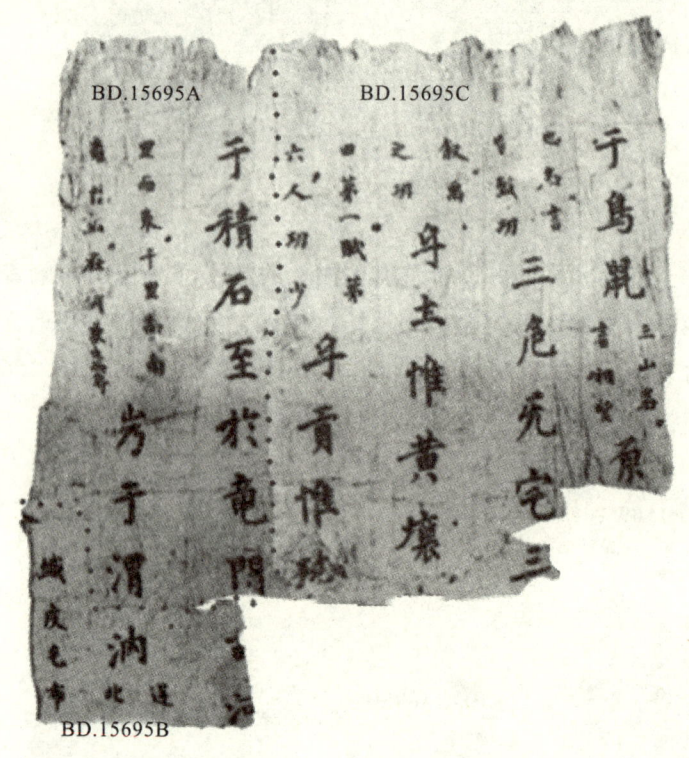

圖 8-13

（2）《魏晋隋唐殘墨》第 78 頁之殘片，安徽美術出版社《魏晋隋唐

---

① 許建平:《中國國家圖書館藏未刊敦煌寫本殘片四種的定名與綴合》，見張涌泉、陳浩《浙江與敦煌學》，浙江古籍出版社，2004 年版，第 315~316 頁。

殘墨》定名爲《唐文書殘片》①；方廣錩《〈魏晉隋唐殘墨〉綴目》定名爲《尚書·夏書·禹貢》，并有叙錄和圖版②。

許建平在《中國國家圖書館藏未刊敦煌寫本殘片四種的定名與綴合》中認爲："此殘片（指《魏晉隋唐殘墨》所收殘片）正可綴接於 BD.15695 第 1 至 4 行下，應是從 BD.15695 上脱落之碎片。"③ 關於殘片内容，許建平判斷"此爲僞孔注本《尚書·禹貢》，可擬名爲《古文尚書傳（禹貢）》。"④ 確，可參。

綴合後圖版示意如下：

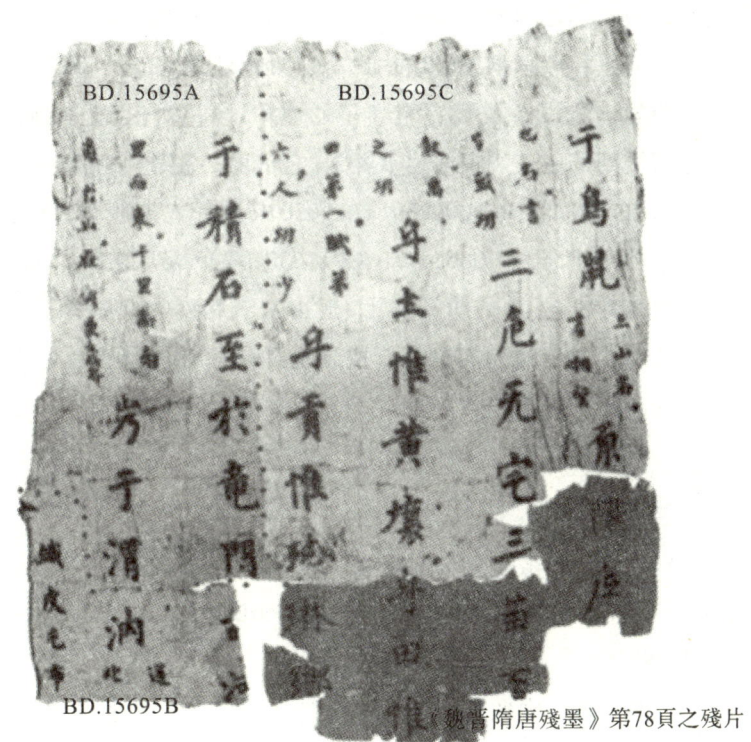

圖 8-14

---

① 《魏晉隋唐殘墨》，安徽美術出版社，1992 年版，第 78 頁。
② 方廣錩：《〈魏晉隋唐殘墨〉綴目》，見《敦煌吐魯番研究》（第六卷），北京大學出版社，2002 年版，第 327 頁。
③ 許建平：《中國國家圖書館藏未刊敦煌寫本殘片四種的定名與綴合》，見張涌泉、陳浩《浙江與敦煌學》，浙江古籍出版社，2004 年版，第 317 頁。
④ 許建平：《中國國家圖書館藏未刊敦煌寫本殘片四種的定名與綴合》，張涌泉、陳浩《浙江與敦煌學》，浙江古籍出版社，2004 年版，第 318 頁。

第三節 漏綴

張新朋在對敦煌詩賦殘片的研究中指出，雖然前人已有大量優秀的成果，"然由於時代及敦煌文獻多頭尾不全或無頭無尾的斷章殘片的自身情況的限制，上揭諸多論著，在各自涉及的寫卷收集上并未能竭澤而漁——盡敦煌文獻之所有"①。其他類型的敦煌殘卷、殘片的綴合也是如此。隨著敦煌文獻圖版的不斷發布，學者可以看到的實物越來越多，可供利用的資料也更加全面，一些早期被認定的綴合成果也隨之修訂，我們可以依據新公布的圖版對仍然没有成爲完整卷子的寫本進行補充，使其進一步完整。前一節所舉到的施萍婷擬名《炙經》、《俄藏》擬名《醫書》者便是一例，其中的 Дх.00235、Дх.00239、Дх.03070 三片先期綴合，但彼此之間仍有缺泐，補充綴合 Дх.06634 和 Дх.11538（2）兩片之後，纔完全接續，并被最終確定爲《黄帝明堂經》。近來筆者翻閲《俄藏敦煌文獻》，發現在已有的關於敦煌經部文獻綴合成果之外，還有少量殘片可堪比綴，有幾個殘片的認定則需再補叙一二。

一、《周易》

Дх.11880 + …… + Дх.11911 + Дх.11860A + Дх.12718 + Дх.12023 + Дх.12004+Дх.12653+Дх.11773+……+Дх.11860B+Дх.11945+……S.9129，漏綴 Дх.12638

《敦煌經籍叙録》中收王弼《周易注》九種，孔穎達《周易正義》一種，還收有陸德明《周易釋文》一種，《敦煌經部文獻合集》"群經類周易之屬"收録《周易注》八種，《周易正義》一種。其不同之處在於《敦煌經籍叙録》所收《周易注》第八、九兩種實爲同卷之裂，《敦煌經部文獻合集》已經加以綴合；《敦煌經籍叙録》所收陸德明《周易釋文》實爲《經典釋文》殘卷，屬小學類群經音義之屬，故不再歸入《周易》之屬。

---

① 張新朋：《敦煌詩賦殘片拾遺》，載於《敦煌研究》2011 年第 5 期，第 249 頁。

其中，二書所叙録王弼《周易注》第一種均有十一個殘卷，即 S.9219、 Дх.11773、 Дх.11860A、 Дх.11860B、 Дх.11880、 Дх.11911、 Дх.11945、Дх.12004、Дх.12023、Дх.12653、Дх.12718。許建平《〈俄藏敦煌文獻〉儒家類寫本的定名與綴合》首次綴合了俄藏的十個寫卷，并定名爲《周易坤卦、屯卦王注》。① 在《敦煌經籍叙録》中許建平進而認爲："此卷（按：S.9219）與前10個殘片字體、行款均一致，應是一卷之裂。只是兩者之間殘缺《屯》《蒙》二卦的大部分内容。"②《敦煌經部文獻合集》亦有相似論述。

故這十一個殘卷最終被綴合整理爲：Дх.11880+……+Дх.11911+Дх.11860A+Дх.12718+Дх.12023+Дх.12004+Дх.12653+Дх.11773+……+Дх.11860B+Дх.11945+……S.9129。其中，Дх.11880 與 Дх.11911 之間并不能完全綴合，推測約缺一行；Дх.11773 與 Дх.11860B 之間缺約兩行。最後一片 S.9129 與前邊部分之間缺失甚多，無法直接拼合在一起，但可以從行款、字迹等辨認確屬一卷之裂。綴合圖見許建平《敦煌經籍叙録》，可謂精當。惜乎 Дх.11860B+Дх.11945 與前一片之間存在斷裂，有一小塊缺損，許建平已指出："此片（即 Дх.11860B）與前片 Дх.11773 號字體及行款均一致，必爲一卷之裂。只是兩者難以直接綴合，中間約殘缺 2 行。"③

今見 Дх.12638，爲一小殘片，《俄藏》未予定名，共三行，可辨者26字；第一行起於"王事弗敢成"，后約有6字殘泐不可辨認；第二行作"而代有終天地變化草木"，後殘；第三行作"曰括囊無咎無譽蓋言謹也"，後殘。正屬《周易·坤卦》王弼注的部分内容。可以看出，該殘片位於紙頁的上半部分，有預留的天頭（不完整），應爲某一寫本中某三行字的上部分内容。録文如下：

　　王事弗敢成□□▨▨▨▨□
　　而代有終也天地變化草木□

―――――――――

① 許建平：《〈俄藏敦煌文獻〉儒家經典類寫本的定名與綴合——以第 11~17 册未定名殘片爲重輯》，載於《漢語史學報專輯（總第三輯）》，後收入《姜亮夫、蔣禮鴻、郭在貽先生紀念文集》，上海教育出版社，2003 年版，第 302~303 頁。
② 許建平：《敦煌經籍叙録》，中華書局，2006 年版，第 38 頁。
③ 許建平：《敦煌經籍叙録》，中華書局，2006 年版，第 37 頁。

　　　　日括囊無咎無譽蓋言謹也□

　　筆者注意到，前所提及的 Дх.12653 亦有預留的天頭（不完整），字迹、行款與 Дх.12638 基本是一致的，只是 Дх.12653 有小字兩行注文，Дх.12638 沒有，這可能也就是學者未將 Дх.12638 與明顯有注文形式的其他幾個卷號聯係在一起的原因。Дх.12653 最後五行每行均僅剩五字（有一行剩四字），與 Дх.12638 殘泐形式一致。録文如下：

　　　　必有余殃故□
　　　　故其所由來□
　　　　霜堅冰至□
　　　　以宣內義以□
　　　　無不利則不□

　　又，Дх.11773 已爲許、張等學者綴合於 Дх.12653 的下方。録文如下：

　　　　□臣煞其君子□
　　　　□者矣由變□
　　　　□☒正言順也☒其☒（正）□
　　　　□方外敬義立□
　　　　□疑其所行也陰□
　　　　□☒（成）也地□□☒☒□

　　其中的前五行正好與 Дх.12653 的后五行完全可以確認相接續。録文如下：

　　　　必有余殃故臣煞其君子□
　　　　故其所由來者矣由變□
　　　　霜堅冰至☒正言順也☒其☒（正）□
　　　　以宣內義以方外敬義立□
　　　　無不利則不疑其所行也陰□

而其第六行正與 Дх.12638 第一句"王事弗敢成□□☒☒☒□"上下相接，其中"成"字正好上半部分在 Дх.12638 上，下半部分則在 Дх.11773 上，兩個卷號拼接后嚴絲合縫，宛若天成。在下圖中可以看出：

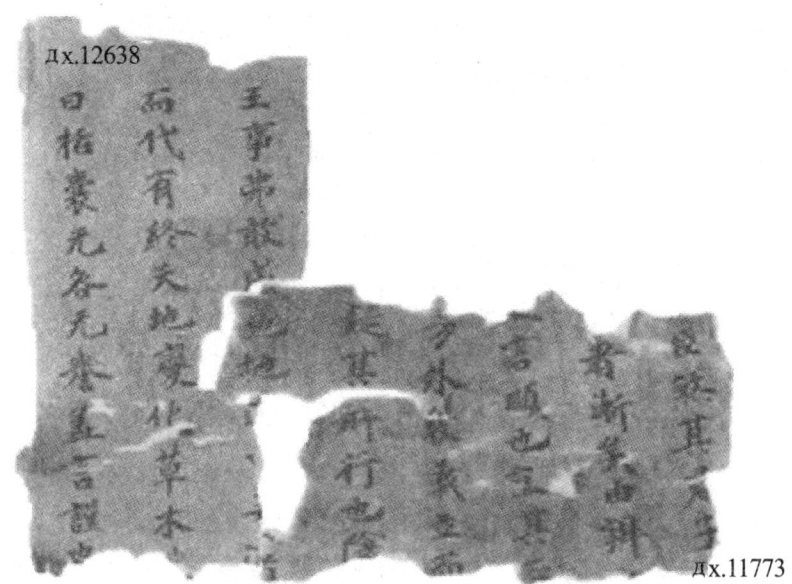

圖 8-15

再與 Дx. 12653 三個卷號綴合后圖示如下：

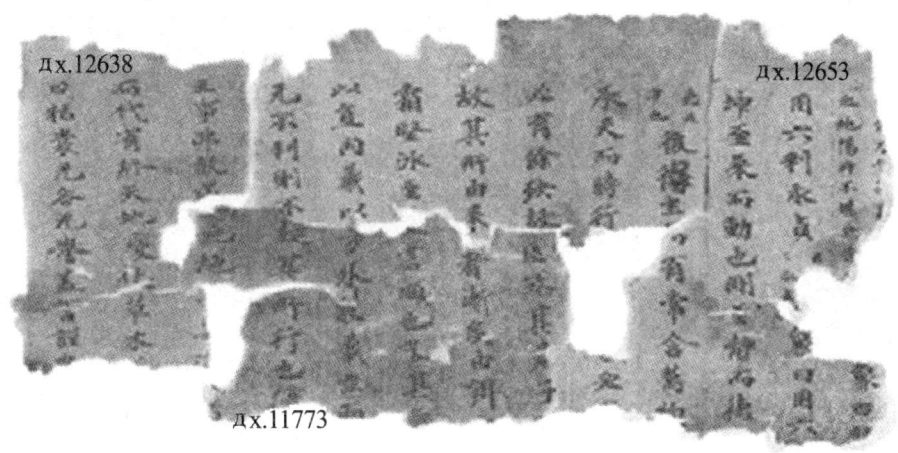

圖 8-16

按驗中華書局影印本《十三經注疏》，這八行文字均屬《周易·坤卦》王弼注，則 Дx. 12638 末句"曰括囊無咎無譽蓋言謹也▢▢"缺損的幾個字可以補上，整句應作："（《易》）曰：'括囊，無咎無譽'，蓋言謹也。君子黃中通理，正位居體，美在其中，而暢於四支，於事業，美之至也。"Дх. 11860B+Дх. 11945 首行正作"居體美在其中而暢☒☐",從缺字的個數及行款看,Дх. 11860B+Дх. 11945 正在 Дх. 12638 的後一行。

而且比較 Дх. 12638 與其餘十一個卷號的字迹,可以發現,有多個字的形體是一致的,比較結果見下表:

表 8-1

	地	天	無	事
Дх. 12638	地	天	无	事
其他卷號	地 (Дх. 11860B) 地 (Дх. 11880)	天 (Дх. 11880) 天 (Дх. 12653)	无 (Дх. 11911) 无 (Дх. 12653)	事 (Дх. 12023)

綜上,可以確定 Дх. 12638 與其他十一個卷號同爲一卷之裂,可以綴合在一起,其位置在 Дх. 12653+Дх. 11773 之後,Дх. 11860B+Дх. 11945 之前,則敦煌本《周易》王弼注又可確定一個卷號——Дх. 12638,其與其他十一個殘卷綴合后圖示如下(因圖版太大,無法一一注明每塊殘片的具體編號):

圖 8-17

二、《論語》

P. 2677D+P. 2677E+Дх. 12760+P. 3194,漏綴 Дх. 18932

《論語》何晏注本在敦煌寫本中殘卷較多,《敦煌經籍叙錄》及《敦煌經部文獻合集》已經有詳細梳理。其中,Дх. 12760 號在許建平《〈俄藏敦煌文獻〉儒家經典類寫本的定名與綴合》一文中已經定名,并首次與其他《論語》何晏注的殘片作了綴合。① 《敦煌經部文獻合集》及《敦煌經籍叙録》中將相關的四個殘片綴合爲"P.2677D+P.2677E+Дх.12760+P.3194"，標注爲《論語集解》卷四，并説明 P.2677D 與 P.2677"兩殘片字體一致，當爲一卷之裂，惟中間約缺一行，不能直接連綴。"② 需要説明的一點，P.2677 包含五個殘片，張、許二位所提及的 P.2677D 和 P.2677E 就是 P.2677 中第四和第五個殘片的自編號，爲叙述方便，下文因之。

實際上，從這四個殘片拼合後的圖版看，P.2677E 與 Дх.12760 之間也還存有缺泐，P.2677E 位於頁面的下半部分，Дх.12760 位於頁面的上半部分，而 Дх.12760 又不能直接拼合在 P.2677E 的上方，只是接在 P.2677E 之後一行，缺損處無可補正，甚爲可惜。

今見編號爲 Дх.18932 者，爲一小殘片，按驗中華書局本《十三經注疏》，内容正屬《論語》何晏注，正文作大字，注文作小字雙行，録文如下：

  （小字）□☒（食）於其側是▢

  （小字）無惻隱之心▢

  （大字）唯我與爾有是乎（小字）孔曰言☒行▢

  （小字）則止唯我▢

  （小字）見孔子獨美顔淵以爲己勇至於夫子▢

  （小字）爲三軍將亦當誰與己同故發問☒（也）▢

其字迹、行款與 P.2677D、P.2677E、Дх.12760 一致，基本可以判斷爲一卷之裂，且 P.2677E 后三行（其中兩行有小字雙行注文）的内容正接續上録的内容，録文如下：

    ▢（大字）☒（謂）顔淵曰用之則行舍之則藏

    ▢（大字）☒（子）路曰子行三軍則誰與（小字）孔曰大國

---

① 許建平：《〈俄藏敦煌文獻〉儒家經典類寫本的定名與綴合——以第 11～17 册未定名殘片爲重點》，載於《漢語史學報專輯（總第三輯）》，後收入《姜亮夫、郭在貽先生紀念文集》，上海教育出版社，2003 年版，第 212～213 頁。

② 許建平：《敦煌經籍叙録》，中華書局，2006 年版，第 336 頁。

（小字）三軍子路

▭（大字）☒（憑）何（河）死而☒（無）☒（悔）☒（者）吾不與也（小字）孔

（小字）曰

可以看出，P.2677E"（謂）顏淵曰用之則行舍之則藏"正在Дx.18932第二行首"唯我與爾有是乎"之前；P.2677E第二行末尾小字注文"孔曰大國三軍子路"正在Дx.18932第三行首小字注文"見孔子獨美顏淵"之前，Дx.18932是完全可以拼合在上方的。又，P.2677E之後緊接Дx.12760首句，Дx.18932亦不涉及Дx.12760的語句，説明Дx.18932末在Дx.12760之前一行也完全可以成立。

且將Дx.18932中一些字的形體與其他已綴合的四個卷號中相同字的形體加以比較，可以看出全部是相似的，特別是一些詞語的寫法更是相同（見表8-2）：

表8-2

	孔曰	孔子	三軍	則	之	爲	其	唯	美	勇
Дx.18932										
其他卷號	(P.3194—3) (P.2677E)	(Дx.11880) (P.2677E)	三軍 (P.2677E)	(P.3194—3) (P.2677E)	(P.3194—3) (P.2677E) (Дx.12760)	(P.3194—2) (Дx.12760)	(P.3194—2)	(P.3194—4)	(P.3194—1)	(P.3194—2)

可見Дx.18932與其他四個卷號確屬一卷之裂。

Дx.18932卷背亦有字，作"咸通☒☒十"，是爲雜寫，其中"☒☒"二字缺損嚴重，又有塗抹，不可辨認。而P.2677中幾個殘片的卷背均有雜寫，內容多作"咸通十年""咸通十年三十日""咸通十一年十月廿日"等，都屬於學郎練字雜寫之類，字迹與 Дx.18932 似，由此看來，Дx.18932 卷背的"咸通☒☒十"中所缺的兩個字也應該是某年一類，也證明 Дx.18932 號卷背與 P.2677 幾個殘片的卷背互相關涉，也應可以綴合。

將 Дx.18932 與已綴合的 P.2677D、P.2677E、Дx.12760 及 P.3194 完全綴合的圖版如下，可補 P.2677E 上方所缺一塊的部分遺憾，但是 P.2677E 上方仍有四行左右的一小塊殘片未能找出拼合，且 Дx.18932、Дx.12760 與 P.2677E 綴合處也還有帶個別字的紙片在長時間的紙張自然消損之後無法找到，并不能嚴絲合縫地拼合：

圖 8-18

三、《月令》

Дx.7892+Дx.3936，漏綴 Дx.17463

《敦煌經籍叙錄》共收敦煌文獻中七種版本的《禮記》，即白文《禮記》、鄭玄《禮記注》、孔穎達《禮記正義》、李隆基《御勘定禮記月令》、佚名《月令節義》、佚名《禮記音》和陸德明《禮記釋文》。《敦煌經部文獻合集》按該書的編排體例，將后兩種歸入"小學類群書音義之屬"。整理之後敦煌文獻中有關《禮記》的卷號可謂條分縷析，涇渭分明。

许建平在《〈俄藏敦煌文献〉儒家经典类写本的定名与缀合——以第11~17册未定名残片为重点》中收录了 Дх.7892、Дх.3936 和 Дх.17463 三个卷号，并缀合了前两个，认为"此两卷字体、行款均相同，盖为同一卷之裂，只是两者之间不能直接缀合"①。《敦煌经籍叙录》最后列"非经部写本"，将原有学者误定为经部写本者置于此，其中收 Дх.7892 和 Дх.3936 两个卷号，认为二者乃同一卷之裂，"写卷字体隶书，应该是比较早的写卷，所记内容与《礼记·月令》相近，但并不相同"②。Дх.17463 号则与此二卷号"虽非一卷，但寻其内容，当是同书"③。

但是，事实上，此三个卷号均能缀合，且可能属《礼记·月令》的另一种注本。

Дх.7892 和 Дх.3936 两个卷号已缀合，此处不论。Дх.17463 有两个残片，与 Дх.7892 和 Дх.3936 的行款一致，均有界栏，隶书书写，有小字两行注文，注文简短，与郑玄的《礼记》注文不同。判断 Дх.17463 与其他两个卷号可缀合的原因之一在于它与 Дх.07892 多个字字形一致，特别是 Дх.17463 有"天子"二字，字形作，Дх.3936 亦有"天子"二字，字形作。两相比较，笔势笔意几乎不差分毫，可以判定出于一人之手。

许建平在《敦煌经籍叙录》"非经部写本"中列有 Дх.07892 + Дх.03936、Дх.17463 两条，认为它们是"原有学者误定为经部写本者"④，指出这两种均被误认作是《礼记·月令》的内容，实际"今写卷与以上诸《月令》均有不同，疑为又一家'月令'也。既然非《礼记·

---

① 许建平：《〈俄藏敦煌文献〉儒家经典类写本的定名与缀合——以第11~17册未定名残片为重点》，载于《汉语史学报专辑（总第三辑）》，后收入《姜亮夫、蒋礼鸿、郭在贻先生纪念文集》，上海教育出版社，2003年版，第307页。
② 许建平：《敦煌经籍叙录》，中华书局，2006年版，第450页。
③ 许建平：《〈俄藏敦煌文献〉儒家经典类写本的定名与缀合——以第11~17册未定名残片为重点》，载于《汉语史学报专辑（总第三辑）》，后收入《姜亮夫、蒋礼鸿、郭在贻先生纪念文集》，上海教育出版社，2003年版，第307页。
④ 许建平：《敦煌经籍叙录》，中华书局，2006年版，第449页。

月令》,故不應納入群經"①。這一判斷基本正確,但他并未指出這三個殘片其實都是可以綴合的,且未指出它們究竟是哪一家的"月令"。筆者以爲它們均出於《吕氏春秋》高誘或班固或盧植注本,因這些注本不行於世,暫无法进行比勘。但從《禮記·月令》的内容判斷,這三個殘片應該并不能直接綴合在一起。現將三殘片圖版列於下以便比較:

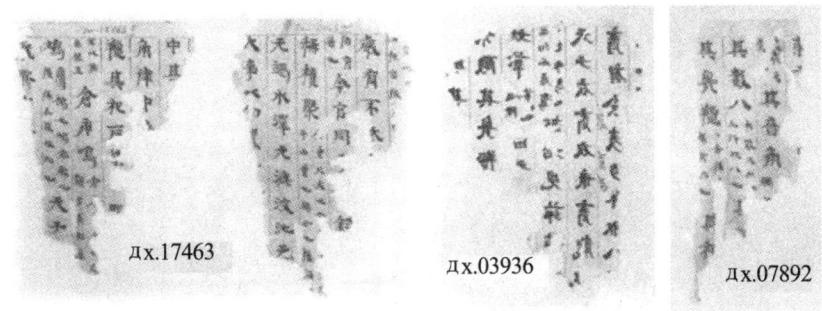

圖 8-19

四、《下女夫詞》

Дх. 11049+Дх. 12834,漏綴 Дх. 03860

宋雪春在《〈俄藏敦煌文獻〉中四件〈下女夫詞〉殘片的綴合》一文中指出 Дх. 11049 與 Дх. 12834V、Дх. 11049V、Дх. 12834 四個卷號可以綴合,綴合後屬於同一件《下女夫詞》,其抄寫的順序是 Дх. 11049(左)→ Дх. 12834V → Дх. 12834 → Дх. 11049V(右)→ Дх. 11049V(左)→ Дх. 11049(右)。② 因 Дх. 12834V 可以綴合在 Дх. 11049(左)的左邊,Дх. 12834R 可以綴合在 Дх. 11049V(右)的右邊,上述抄寫順序我們重新標記爲 [Дх. 11049(左)+ Дх. 12834V] → [Дх. 12834 + Дх. 11049V(右)]→Дх. 11049V(左)→Дх. 11049(右)

其綴合圖版及抄寫順序示意圖如下:

---

① 許建平:《敦煌經籍叙録》,中華書局,2006 年版,第 450 頁。
② 參見宋雪春《〈俄藏敦煌文獻〉中四件〈下女夫詞〉殘片的綴合》,載於《敦煌研究》2012 年第 6 期,第 85~87 頁。

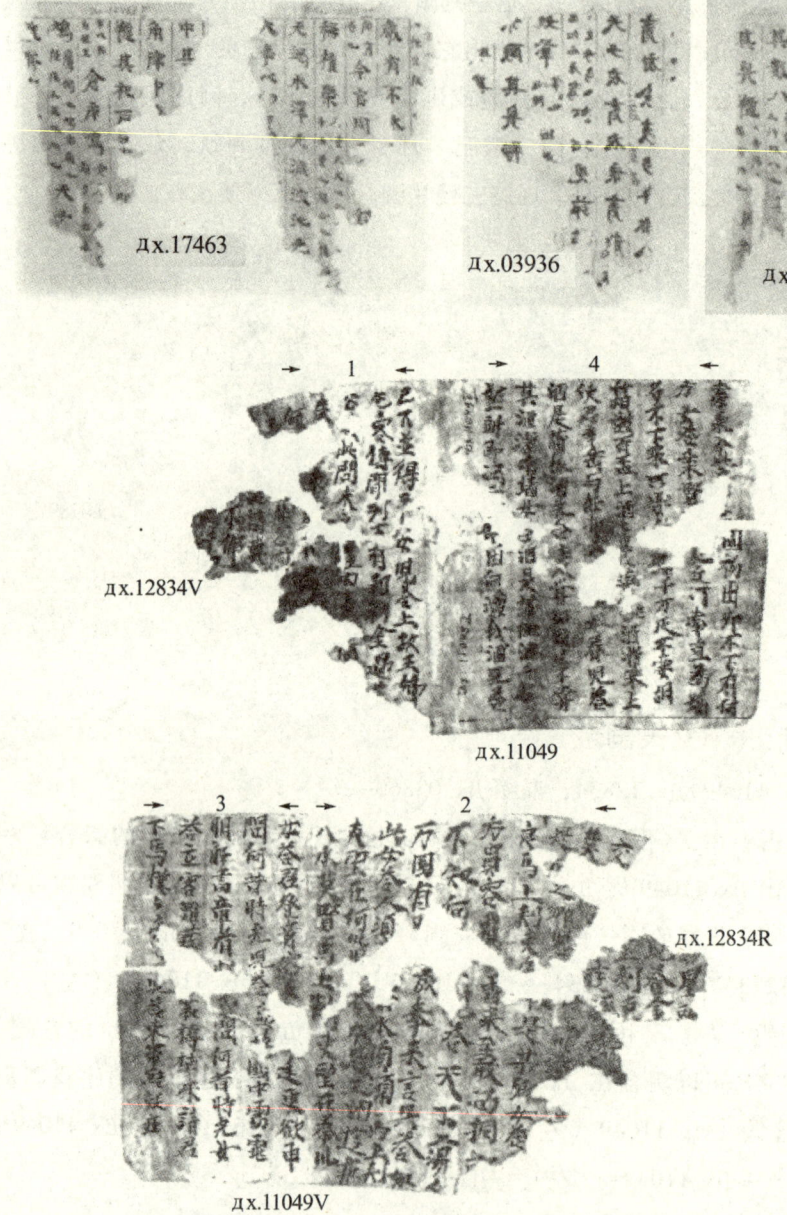

圖 8-20

---

① 宋雪春：《〈俄藏敦煌文獻〉中四件〈下女夫詞〉殘片的綴合》，載於《敦煌研究》2012年第 6 期，第 86 頁。

② 宋雪春：《〈俄藏敦煌文獻〉中四件〈下女夫詞〉殘片的綴合》，載於《敦煌研究》2012年第 6 期，第 87 頁。

筆者最近發現歸入《下女夫詞》甲系統的另一件殘片 Дх. 03860 與 Дх. 11049、Дх. 12834 兩個卷號字迹相似（特別是其中"女答""兒答"等字，可以辨識判定出於一人之手），行款基本相同（均有界欄，半頁 9 行，行 14 字左右），可以認定爲同一寫本的不同殘片。且 Дх. 11049R 末句作"因何灑我酒？兒答"，據 P. 3350 等號，其下應接"舍後一園韭，刈却還如舊"；而 Дх. 03860 首句正作"▨▨（一）▨（園）韭，刈却還如舊"，從行款推斷所缺者正二字，可以據補爲"舍後"。Дх. 11049R（右）之後正可綴合 Дх. 03860。Дх. 03860 末句作"女（按：其他各本無'女'字）請下床"，據 P. 3350 等號，其下應接"漏促更聲急，星流月色藏"，Дх. 03860V 首句正作"陋足更聲急，星流月色藏"，除"漏促"誤寫作"陋足"外，可確認 Дх. 03860V 正與 Дх. 03860 内容相接續。

則三個卷號的正反面綴合後抄寫的順序爲［Дх. 11049（左）+ Дх. 12834V］→［Дх. 12834 + Дх. 11049V（右）］→Дх. 11049V（左）→ Дх. 11049（右）→Дх. 03860→Дх. 03860V，其詞句基本與 P. 3350 等《下女夫詞》甲系統的内容無異。

此外，筆者還發現，以上所揭《下女夫詞》的奇怪抄寫順序在綴合 Дх. 03860 和 Дх. 03860V 後，變得可以解釋了：

Дх. 11049R 所抄雖只有 8 行，但最後還有一行留白，故推斷 Дх. 12834V、Дх. 12834R、Дх. 11049V、Дх. 11049R 均爲半頁 9 行。Дх. 03860 和 Дх. 03860V 均只剩半頁 9 行，且 Дх. 03860V 之後所抄内容未完，則在 Дх. 03860 的右邊、Дх. 03860V 的左邊應該還缺一個半頁 9 行的《下女夫詞》殘片。因暫未發現這一殘片，假定其編號爲 X，其背面編號則爲 XV。Дх. 03860 與 Дх. 03860V 接續抄寫，正與［Дх. 11049（左）+ Дх. 12834V］→［Дх. 12834 + Дх. 11049V（右）］接續的抄寫形式一致。那麼 Дх. 03860、Дх. 03860V、X、XV 四個半頁的抄寫順序就應該是 Дх. 03860→Дх. 03860V→X→XV 無疑。

如下圖所示，先將一矩形紙頁（如圖一）沿虛綫向後對摺，在所得的圖二所示的半頁上從右向左由上至下書寫 Дх. 11049（左）+Дх. 12834V 的内容；將圖二所示的半頁向右翻開得到圖三所示的矩形紙頁，分別在圖三虛綫劃分的右半部分按從右向左、由上至下的順序書寫 Дх. 12834 + Дх. 11049V（右）的内容，在虛綫劃分的左半部分按從右向左、由上至下

的順序書寫 Дх.11049V（左）的內容；沿虛綫將圖三所示的左半部分向右前摺疊，在所得的圖四所示的半頁上從右向左、由上至下書寫 Дх.11049（右）的內容。將圖四所示半頁下方的半頁向左打開就可得到圖五所示的矩形紙頁，這時紙頁上就呈現正面如圖五所示那樣左半部分爲 Дх.11049（左）+Дх.12834V 的內容，右半部分爲 Дх.11049（右）的内容；反面如圖三所示那樣左半部分爲 Дх.11049V（左）的內容，右半部分爲 Дх.12834+Дх.11049V（右）的內容的情況。而其内容的先後順序正是 ［Дх.11049（左）+Дх.12834V］→［Дх.12834+Дх.11049V（右）］→Дх.11049V（左）→Дх.11049（右）。

同樣，將圖六沿虛綫向後對摺後，按上述順序類推，分別在圖七所示半頁上書寫 Дх.03860 的内容；在圖八虛綫所劃分的右半部分書寫 Дх.03860V 的内容，左半部分書寫 X 的内容，在圖九所示半頁上書寫 XV 的内容。這時紙頁上就呈現正面如圖十所示那樣左半部分爲 Дх.03860 的内容，右半部分爲 XV 的内容；反面如圖八所示左半部分爲 X 的内容，右半部分爲 Дх.03860V 的内容。而其內容的先後順序正是 Дх.03860→Дх.03860V→X→XV。一旦正面書寫 X 內容，背面書寫 XV 内容的半頁就失去，筆者看到的就是内容相接續呈正反面關係的寫有 Дх.03860 及 Дх.03860V 内容的半頁紙頁。

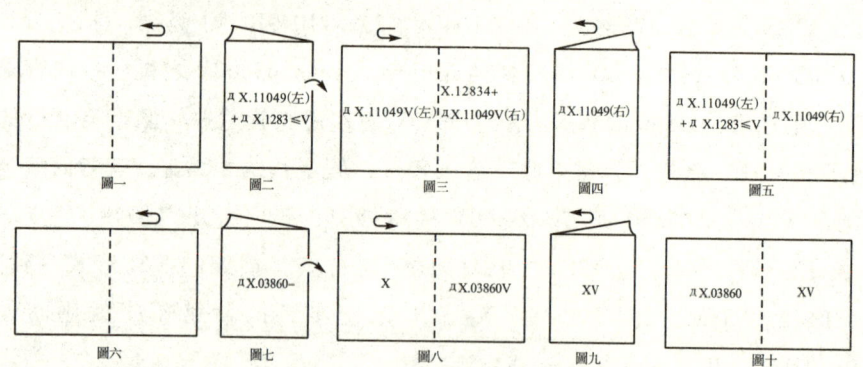

圖一　圖二　圖三　圖四　圖五
圖六　圖七　圖八　圖九　圖十

一般認爲，唐五代是卷軸裝向册頁裝演變的時期，卷軸裝之外已有經摺裝、蝴蝶裝和旋風裝的裝幀形式。但無論是經摺裝還是旋風裝都無法出現 ［Дх.11049（左）+Дх.12834V］→［Дх.12834+Дх.11049V（右）］→Дх.11049V（左）→Дх.11049（右）→Дх.03860→Дх.03860V→X→XV 這樣的抄寫順序。

傳統所見蝴蝶裝的書籍，一般只有紙頁的一面寫字，將每一頁由書口向內對摺，即有字一面相對而摺，再將每一書頁背面中縫粘在一張裹背紙上，這樣閱讀時會先見無字紙背，而且往往是須連翻兩頁纔可讀到有字的部分，殊爲不便。如果將紙頁兩面都寫上字，正面相對而摺，再將每一書頁背面中縫粘在一張裹背紙上，就可以形成［Дx. 11049（左）＋Дx. 12834V］→［Дx. 12834＋Дx. 11049V（右）］→Дx. 11049V（左）→Дx. 11049（右）→Дx. 03860→Дx. 03860V→X→XV 這樣的内容先後順序。若 XV 之後内容還未寫完，還可以接續粘貼呈正面左→背面右→背面左→正面右書寫順序的紙頁，直至全部内容完結。

第九章　敦煌世俗文獻綴合對學術史的意義

敦煌文獻的綴合對於文獻校勘的意義重大，學者多有討論，此不贅述。本章主要論述的是另兩個學界尚未引起重視的問題：第一，敦煌世俗文獻綴合實有助於我們對藏經洞文獻的分辨；第二，敦煌世俗文獻綴合對我們認識和研究中古時期文獻的裝幀方式、書寫順序等形態特徵有重要意義。

第一節　釐清藏經洞所出之文獻

敦煌文獻現存數量多，其中有的來源無據可查，比較可疑，有的經過研究后發現的確是在流散過程中被唯利是圖者刻意篡改偽造的，所以關於敦煌文獻真偽問題的認定一直爭論不休，如1997年月，英國"國際敦煌學計劃"（IDP組織）便舉辦過"二十世紀初葉的敦煌寫本偽卷"討論會，日本學者對日本藏敦煌文獻的真偽情況做了詳細深入的調查研究，宣布日藏敦煌文獻中泰半爲贗品，不過其結論并未爲被學界接受。

不過，敦煌文獻中的殘片殘卷之綴合，有時候就發生在被疑爲偽卷者和已確認爲敦煌藏經洞所出者之間，這其實有助於我們判定被疑爲偽卷的那些文獻是否是真品。最著名的例子莫過於對1944年在莫高窟中寺的土地廟所出土的那批文獻的認定。此批文獻共出土了70餘件，并未有確切的文字記載它們是從何而來，開始有學者認爲它們可能并非出自藏經洞。不過後據施萍婷等學者研究，這批文獻中有許多可以與甘肅省散藏的確定出於藏經洞的部分殘卷、殘片綴合，如《敦煌文物研究所藏敦煌遺書目錄》第 0124（按：後凡是《敦煌文物研究所藏敦煌遺書目錄》編目者，只注編號，如"第 0124"）與土地廟所出第 0014 號（按：後凡是土地廟所出者，按照當時發表的編號順序，注爲"土第××××號"）、土第 0013 號、土第 0015 號，可綴合爲《中論·觀行品》《中論·觀佛合品》《中論·觀有無品》；第 0267 號、第 0256 號可與土第 0040 號綴合；土第 0035 號可與第 0218 號及第 0222 號綴合；第 0175 號可與土第 0046 號、土第 0038 號綴合；又第 0321 號可與土第 0044 號綴合爲《鞞婆沙論卷第十四中陰處第四十一》；土第 0052 號可與第 0224 號、第 0264 號綴合爲《大智度論卷第三十三釋初品中到彼岸義第五十》等。① 這些綴合結果不僅使我們得到了更多、更完整的文獻文本，還使學界確認土地廟所出的這 70 餘件文獻確實出自敦煌藏經洞。

敦煌研究院所藏殘卷可以和法藏敦煌文獻彼此綴合，也進一步印證了其的確出自敦煌藏經洞。

1.《酒賬》（敦煌研究所藏《酒賬》+P.2629）

（1）敦煌研究所藏《酒賬》（敦研 001+董希文藏本），敦研 001 即敦煌研究院藏《歸義軍衙府酒破曆》，共 11 行，與董希文所藏本爲一件，後割裂爲二。施萍亭（按：原文爲"施萍亭"，疑即爲"施萍婷"，從之不改，下同）《本所藏〈酒賬〉研究》插圖一②存有原件未割裂開時的臨摹圖的照片，統稱其爲"敦煌研究所藏《酒賬》"。按照施萍亭叙錄："酒賬（曆）原件無頭無尾，共 49 行，現已割裂爲二，前半截存文物研究所，後半截原爲董希文先生收藏。本所收藏的這一截，長 23 釐米，寬 30 釐米，十一行，紙張的接縫處鈐有'歸義軍節度使新鑄印'，現存印記一方半，印 5.8 * 6.1 釐米，略帶縱長方形。"③ 又從臨摹圖的照片上可知，原件起於"酒壹☐（瓮）九日甘州使迎令公支酒"，止於"☐☐（壹）☐（斜）西宅用酒一瓮☐"。今《甘肅藏敦煌文獻》第一册第 1 頁有敦煌研究院所藏這半截比較清晰的圖版。

（2）P.2629，據《法藏》及法國圖書館公布的圖版，正反雙面書寫，

---

① 參見施萍婷《甘肅藏敦煌文獻·概述》，段文傑主編《甘肅藏敦煌文獻》，甘肅人民出版社，1999 年版，第 8 頁。
② 施萍亭：《本所藏〈酒賬〉研究》，載於《敦煌研究》1983 年第 1 期，第 142 頁。
③ 施萍亭：《本所藏〈酒賬〉研究》，載於《敦煌研究》1983 年第 1 期，第 142 頁。

反面擬名《金剛經贊釋》。正面擬名《歸義軍酒賬》，有界欄，紙張的接縫処鈐有"归义军节度使新铸印"朱印兩方，起於"▭▨（壹）瓮同日墳頭酒▨（壹）▨（斜）▭"。

施萍亭《本所藏〈酒賬〉研究》①對兩卷號有詳細的考訂，認爲："伯 2629 號應是我們這件《酒賬》的繼續（以下簡稱續卷）。兩件連接以後，原斷裂的一行文字一目了然：'使出馬圈口酒壹甕。同日，績頭酒壹科。廿四日，西宅用酒壹甕。'"因文中所附原件臨摹圖的照片比較模糊，未能見"使出马圈口"五字，但"壹""斜"二字正呈分裂於二卷之上，合二可得爲一的情況；又兩卷行款、字迹基本相同（詳可參施文）。故兩卷可以綴合無疑。

綴合後圖版示意如下（因兩號圖版較長，均只列出局部）：

圖 9-1

當然，現在普遍被認爲出於藏經洞的文獻中也有部分因爲收集者收集時的種種原因，混入了其他地區的文獻，特別是吐魯番文書，如斯坦因得自樓蘭、庫車等處的文獻，後來被混入了其得自敦煌藏經洞的文獻之中。我們今天仍然可以通過綴合後的蛛絲馬迹，將這些非藏經洞文獻清理出來，當然可能并不是全部。如下兩條：

2.《耆婆五臟論》與《諸醫方髓》

（Дх. 09882 + Дх. 09888 + Дх. 09935 + Дх. 09936 + Дх. 10092，Дх. 12495，

---

① 施萍亭：《本所藏〈酒賬〉研究》，載於《敦煌研究》1983 年第 1 期，第 142~155 頁。

Дх. 09170、Дх. 09178，共八個殘片）

（1）Дх. 09882+Дх. 09888+Дх. 09935+Дх. 09936+Дх. 10092，《俄藏》已經將此五個卷號的圖版放在一起，見第十四册第 207 頁。據《俄藏》，這幾個殘片均爲正反雙面抄寫，有界欄，綴合後呈三個殘片。因《俄藏》未標明殘片對應的卷號，無法確認。

（2）Дх. 12495，據《俄藏》，正反雙面抄寫，爲一前後及下部殘損的小殘片，正反面均存 6 殘行，陳明《俄藏敦煌文書中的一組吐魯番醫學殘卷》有録文。①

（3）Дх. 09170、Дх. 09178，《俄藏》已經將此二個卷號的圖版放在一起，見於第十四册第 133、134 頁，兩個殘片均爲正反雙面抄寫，均爲前後上下都有殘損的小殘片。因《俄藏》未標明殘片對應的卷號，無法確認殘片對應的卷號，根據陳明《俄藏敦煌文書中的一組吐魯番醫學殘卷》的録文②，右邊一片應爲 Дх. 09178，正面起於"四肢者空腹服藥"，止於"十六兩"；陳明《俄藏敦煌文書中的一組吐魯番醫學殘卷》對反面亦有録文。③

這幾個殘片行款字迹一致，有界欄，内容均爲醫藥類文書，即《耆婆五臟論》和《諸醫方髓》的内容。陳明研究發現，其中"Дх. 09178V 的前 4 行文字是直接與 Дх. 12495R 相連貫的，論述了'五氣不足'的脾氣不足"④，確。實際 Дх. 12495R 末行"不療☒（身）"與 Дх. 09178V 首行"☒（口）腹瘡"之間約殘缺 20 字，按兩卷號的行款推斷，每行字數約 12 字，故兩卷號之間没有間隔，殘缺的是 Дх. 12495R 末行"不療☒（身）"下部分的文字和 Дх. 09178V 首行"☒（口）腹瘡"上部分的文字。綴合後圖版示意如下：

---

① 陳明：《俄藏敦煌文書中的一組吐魯番醫學殘卷》，載於《敦煌研究》2002 年第 3 期，第 102~103 頁。
② 陳明：《俄藏敦煌文書中的一組吐魯番醫學殘卷》，載於《敦煌研究》2002 年第 3 期，第 103 頁。
③ 陳明：《俄藏敦煌文書中的一組吐魯番醫學殘卷》，載於《敦煌研究》2002 年第 3 期，第 103 頁。
④ 陳明：《俄藏敦煌文書中的一組吐魯番醫學殘卷》，載於《敦煌研究》2002 年第 3 期，第 103 頁。

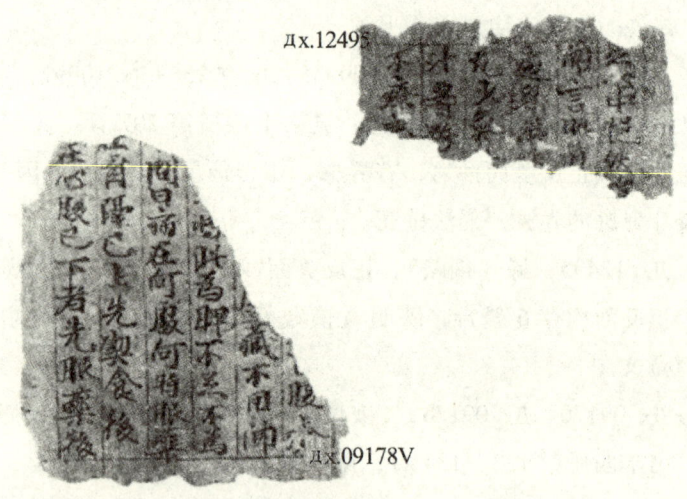

圖 9-2

又德國國家圖書館藏 Ch. 3725 者，原編號爲 T Ⅱ Y49，爲德國新疆吐魯番考察隊（代號爲 T）第二次（代號爲 Ⅱ）在雅爾湖（即交河古城，代號爲 Y）所得①，實際內容與上述八個殘片相關聯，字迹、行款一致，所抄內容均一面爲《耆婆五臟論》，一面爲《諸醫方髓》②，應爲一卷之裂。因《俄藏》編號時有正背面顛倒的情況，陳明將十個殘片正背面重新比定整理后，確定它們的結構順序爲：

1)《耆婆五臟論》：

   a. 五敗與十絶：Дх. 09935+Дх. 09936+Дх. 10092 正背面

   b. 五氣不足歌：Дх. 12495V+Дх. 12495R+Дх. 09178

   c. 服藥次序：Дх. 09178V

   d. 三種枉死與計量單位：Дх. 09178

三品藥物：Дх. 09882（2—2）

陰陽元氣：Дх. 09882（2—1）

   e. 五勞與七傷：Ch3725

---

① 參見勒寇克著、陳海濤譯、楊富學校《普魯士第一次（即德國第二次）新疆吐魯番考察隊的緣起、行程和收穫》，原文載於《皇家亞洲學會會刊》1909 年號，第 299~322 頁，譯文見《敦煌研究》1999 年第 3 期，第 119~130 頁。

② 陳明：《俄藏敦煌文書中的一組吐魯番醫學殘卷》，載於《敦煌研究》2002 年第 3 期，第 100~108 頁。

f. 尾題：Ch3725

2)《諸醫方髓》：

a. 首題與序文：Ch3725

b. 八術：Дх.09888 正背面

c. 鬼疰心痛方：Дх.09170 正背面

據此，俄藏的八個殘片可能均非得於敦煌藏經洞。

3.《大方廣佛華嚴經音》

（Дх.19027、Дх.19010、Дх.18977、Дх.18981 上片、Дх.19033、Дх.18976 右片、Дх.19007、Дх.18976 左及中二片、Дх.18974、Дх.19052、Дх.18981 中片、18981 下片，共十一個殘片）

張涌泉在《俄敦 18974 號等字書碎片綴合研究》中考察了《俄藏》第十七冊第 305~326 頁中的十餘件字書碎片，分別名之爲：Дх.19027（底一）、Дх.19010（底二）、Дх.18977（底三）、Дх.18981 上片（底四）、Дх.19033（底五）、Дх.18976 右片（底六）、Дх.19007（底七）、Дх.18976 左及中二片（底八）、Дх.18974（底九）、Дх.19052（底十）、Дх.18981 中片（底十一）、Дх.18981 下片（底十一）。

張涌泉指出"這些碎片有可能是從一部完整的《大方廣佛華嚴經音》中分裂出來的"①，并且通過比勘考證，確認"上揭《大方廣佛華嚴經音》當屬西夏黑水城文獻，而非敦煌藏經洞之物"②。

（1）Дх.18981（上片）+Дх.19010+Дх.18977

且其中"底四可与底二、底三綴合"③，確，張文附有綴合後圖版④。

（2）Дх.18976（左片）+Дх.18976（中片）

張涌泉又指出，底八所包含的 Дх.18976 左及中兩片"大致可以綴合"，左片在中片之下，且"二片中間每行各殘缺約四個大字的空間"，

---

① 張涌泉：《俄敦 18974 號等字書碎片綴合研究》，載於《浙江大學學報》2007 年第 37 卷第 3 期，第 27 頁。
② 張涌泉：《俄敦 18974 號等字書碎片綴合研究》，載於《浙江大學學報》2007 年第 37 卷第 3 期，第 35 頁。
③ 張涌泉：《俄敦 18974 號等字書碎片綴合研究》，載於《浙江大學學報》2007 年第 37 卷第 3 期，第 28 頁。
④ 張涌泉：《俄敦 18974 號等字書碎片綴合研究》，載於《浙江大學學報》2007 年第 37 卷第 3 期，第 28 頁圖 22。

并附有綴合後圖版①，可參。

（3）Дх. 18974+Дх. 19052

張涌泉還指出："底九、底十應可以綴合，但兩件難以完全銜接，其間仍有殘缺。"并附有綴合後圖版②，可參。

第二節　研究中古時期文獻形態特徵

在綴合過程中，我們還可以還原敦煌文獻的本來面貌，窺見寫本、抄本時代民間流行的文獻與印刷術流行之後慣常見到的傳世文獻之間不同的特徵。古人慣常使用右起左行的書寫順序，這使我們閱讀古籍時也往往遵從從上至下、從右至左的順序，但是敦煌文獻因爲抄寫者身份的多樣性，亦有不按照這一書寫順序抄寫的；又如中古時期最常見的文獻裝幀方式爲卷子裝和經摺裝，我們也常常將敦煌文獻擬定爲這兩種裝幀形式進行拼合整理和釋讀，但敦煌文獻中還有一些以前從未在中古時期發現過實例的書寫、排版和裝幀方式。筆者近來便發現了幾種通過綴合纔顯露了敦煌文獻特殊的書寫行文順序以及裝幀方式的實例。

一、《孟姜女變文》與左起右行的書寫順序

民間流傳甚廣的孟姜女故事，敦煌文獻中屢有相關作品出現。據學者調查，其中以變文這種非常特殊之文體出現的擬名《孟姜女變文》者凡四個卷號，尤以 P.5039 最爲完整，王重民等的《敦煌變文集》、潘重規的《敦煌變文集新書》、項楚的《敦煌變文選集》等敦煌變文注釋專著中均以 P.5039 作爲底本。

張涌泉、黄征寫作《敦煌變文校注》時，首次將 P.5019 收錄在《孟姜女變文》之下，并附有錄文。不過該片"勉強可讀"，錄文情況并不理想。

---

① 張涌泉：《俄敦 18974 號等字書碎片綴合研究》，載於《浙江大學學報》2007 年第 37 卷第 3 期，第 28 頁圖 23。

② 張涌泉：《俄敦 18974 號等字書碎片綴合研究》，載於《浙江大學學報》2007 年第 37 卷第 3 期，第 28 頁圖 24。

2009年，劉波、林世田在中國國家圖書館藏敦煌遺書中發現一片 BD. 11731，確認可以綴合在 P. 5019 之左。① 這就使原來只有 13 行的《孟姜女變文》增加到 22 行，無疑大大擴充了其內容的完整性；而且因兩個卷號正背雙面書寫，背面爲毛筆所繪圖畫，擬名《孟姜女變相》，爲變文、變相的關係以及變文的表演和書寫方式等提供了新的材料。不過，二位學者按照傳統從上至下、從右至左的閱讀順序釋讀綴合後的二卷內容并錄文，我們發現文中故事的發展順序并不合乎常理。②

之後，張新朋在俄藏敦煌文獻中發現一片 Дх. 11018 亦爲《孟姜女變文》的殘片，且其能綴合在 BD. 11731 之左。他更發現，若按照中國古代傳統書寫習慣從上至下、從右至左的順序釋讀這三個卷號的內容，多有不通順之處，故事發展也變得非常不合乎邏輯；且若從右至左誦讀，本作爲韻文的《孟姜女變文》的押韻格式也變得非常奇怪。但是，若變換思維習慣，從上至下、從左至右的順序釋讀這三個卷號的內容，一切問題就迎刃而解了。最後，他確認"原來 P. 5019、Дх. 11018 和 BD. 11731 號三片綴合後的文本不是右起左行，而是左起右行，即各片的先後順序爲 Дх. 11018+BD. 11731+P. 5019"③，非常準確。這一發現不僅使《孟姜女變文》的內容更爲豐富完整，而且改變了一般古書閱讀右起左行的慣常方式，爲敦煌文獻抄寫方式的多樣性提供了一個非常經典的例證。

二、《鳥鳴占》《祭鳥法》與分版書寫

不只是這種違反常規的左起右行的書寫順序非常新鮮，敦煌文獻還有一種更爲特殊的書寫方式，那就是在一張紙頁上分版書寫，而此似并未爲學界所注意。

這種書寫方式在 Дх. 6133 中可見用例。Дх. 6133 實際爲單頁紙書寫，却被後人誤會爲殘片綴合而成的文獻。我們需要還原其本來的書寫先後順

---

① 參見劉波、林世田《〈孟姜女〉殘卷的綴合、校錄及相關問題研究》，載於《文獻》2009 年第 2 期，第 20~21 頁綴合圖。
② 參見劉波、林世田《〈孟姜女〉殘卷的綴合、校錄及相關問題研究》，載於《文獻》2009 年第 2 期，第 21~22 頁錄文。
③ 見张新朋《〈孟姜女變文〉、〈破魔變〉殘片考辨二題》，載於《文獻》2010 年第 4 期，第 24 頁。

序,分析造成這種書寫方式的原因,纔能夠更好地理解這一點,從而瞭解古代敦煌民間製作、抄寫文獻的特殊有趣的規律。

Дх.6133,一小片紙葉,分作四個版面,上半部分字迹與下半部分字迹正好互對,共二十五行。據《俄藏》,圖版如下所示:

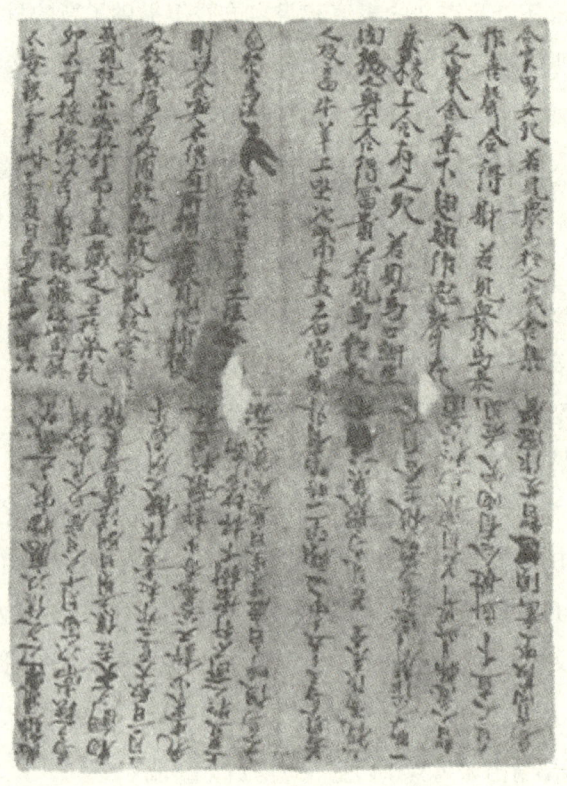

圖 9-3

趙貞認爲該號文書系由四個殘片粘貼而成,"其中上半部分有兩殘片,按照自右向左的順序分别標爲 A、B(B 片首行繪有祭品圖❀,後題'祭烏法'三字并附有烏鴉展翅圖🦅);下半部分均爲倒書,亦有兩殘片,按照同樣順序分别標爲 C、D,除殘片 D 抄有 7 行文字外,其他三片各有文字 6 行。從各片所存文字來看,原卷粘貼的次序顯然有誤,正確的識讀次序應爲 C-A-D-B"①。根據其内容,他將 Дх.6133 定名爲《烏鳴占》+《祭烏法》,并有原文的簡單校録。可知趙貞實際認爲 Дх.6133 的 A、B、

---

① 趙貞:《Дх.6133〈祭烏法〉殘卷跋》,載於《敦煌研究》2012 年第 1 期,第 95~96 頁。

C、D四片本是單獨的殘片，後被人粘合成爲如上圖這一不合常理的式樣。

趙貞所標示的 A、B、C、D 四片位置如下圖所示：

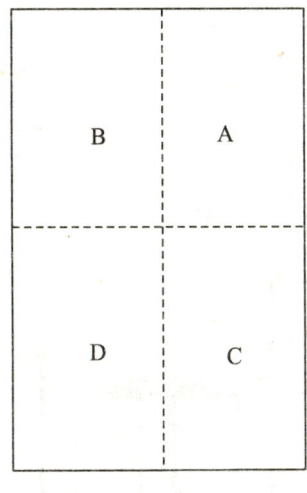

圖 9-4

其釋讀順序及擬名不誤。但是，仔細觀察《俄藏》圖版，不難發現，在趙貞所劃分的 A、B、C、D 四個殘片之間并沒有粘貼的痕迹；而且若是粘貼，無論是當時人還是後來的整理者，從閱讀的方便和習慣看，也當不會以"C-A-D-B"這樣奇怪的順序進行書寫和粘貼。從頁面上實際可以看出摺疊的痕迹。由此我們推斷，此號文書并不是由四個殘片粘貼構成，而這是一張長方形紙頁（如圖一）經過數次對摺之後抄寫形成的。

爲了說明此點，我們將其摺疊及抄寫過程解析并圖示如下：

第一次將原紙頁向右後方對摺（如圖二），得到如圖三所示的兩層厚的長方形紙頁；再將圖三紙頁向下後方對摺之后，得到如圖四所示的四層厚的長方形紙頁。

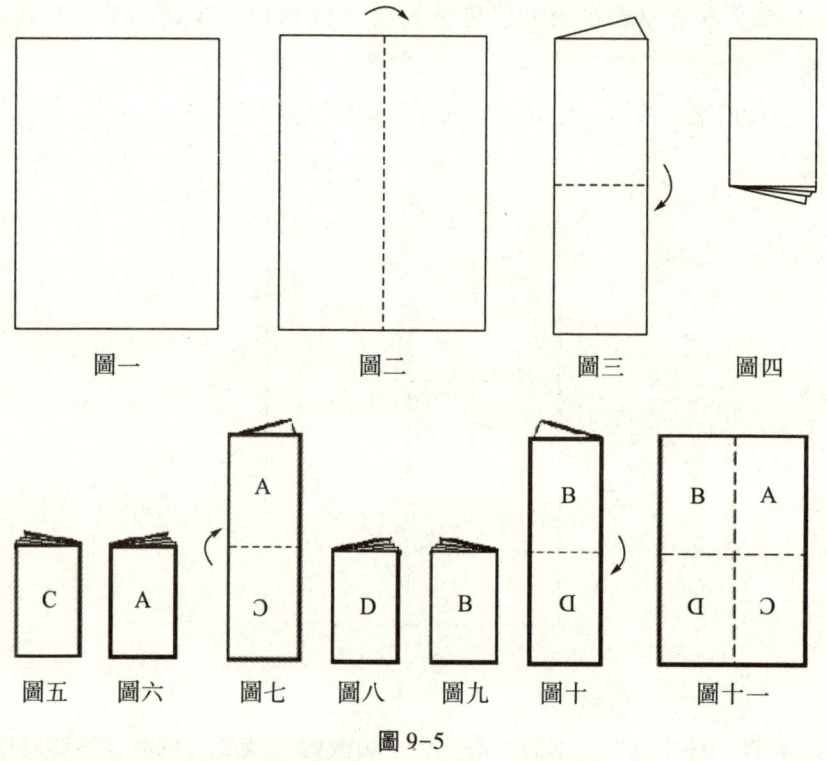

圖 9-5

　　然後將圖四所示長方形頁面右轉 180°，得到圖五，在圖五版面上自右至左、自上而下寫下第一部分內容（也就是趙貞所劃分的 C 片的內容）；向右翻轉，在圖六所示的版面自右至左、自上而下寫下第二部分內容（也就是趙貞所劃分的 A 片的內容）；向下展開便如圖七所示；再將其向上對摺，在圖八版面上自右至左、自上而下寫下第三部分內容（也就是趙貞所劃分的 D 片的內容）；再向右翻轉，在如圖九所示的版面上自右至左、自上而下寫下第四部分內容（也就是趙貞所劃分的 B 片的內容），向下展開後便如圖十所示；最後將圖十所示長方形紙葉向右打開，便得到由摺痕分割的四個版面均寫好內容的紙葉，即圖十一。這時我們發現，因為在每一版面上都是從頁面邊緣處開始自上而下書寫的，最後得到的效果就是 A 片的字和 B 片的字正好上下相對；同樣，C 片和 D 片的字也是上下相對的，而其內容的先後順序也就成了 C-A-D-B。

　　所以，Дх. 6133 四個版面之間不是粘貼形成的，而是摺疊形成的，其關係并非須拆分成四個殘片重新綴合，只需弄清摺疊及書寫順序便可理解當時人是如何創作出這一形式比較奇怪的文獻。當然，分版書寫并不是該文獻製作的目的，這種分版書寫實際是現在呈現在閱讀者面前的情況，而爲何會出現這樣的情況，值得我們進一步探究。

三、《下女夫詞》與蝴蝶裝的變形

敦煌本《下女夫詞》的裝幀形態在第一章第三節"其他裝幀方式的殘斷"部分已述及，通過對 Дx. 12834V、Дx. 12834、Дx. 11049V、Дx. 11049、Дx. 03860 和 Дx. 03860V 的綴合可知這幾個殘卷的書寫及裝訂順序應該是：

如下圖所示，先將一矩形紙頁（如圖一）沿虛綫向後對摺，在所得的圖二所示的半頁上從右向左、由上至下書寫 Дx. 11049（左）+ Дx. 12834V 的内容；將圖二所示的半頁向右翻開得到圖三所示的矩形紙葉，分別在圖三虛綫劃分的右半部分按從右向左、由上至下的順序書寫 Дx. 12834+Дx. 11049V（右）的内容，在虛綫劃分的左半部分按從右向左由上至下的順序書寫 Дx. 11049V（左）的内容；沿虛綫將圖三所示的左半部分向右前摺疊，在所得的圖四所示的半頁上從右向左由上至下書寫 Дx. 11049（右）的内容。將圖四所示半頁下方的半頁向左打開就可得到圖五所示的矩形紙葉，這時紙葉上就呈現正面如圖五所示那樣左半部分爲 Дx. 11049（左）+Дx. 12834V 的内容，右半部分爲 Дx. 11049（右）的内容；反面如圖三所示那樣左半部分爲 Дx. 11049V（左）的内容，右半部分爲 Дx. 12834+Дx. 11049V（右）的内容的情況。而其内容的先後順序正是［Дx. 11049（左）+Дx. 12834V］→［Дx. 12834+Дx. 11049V（右）］→Дx. 11049V（左）→Дx. 11049（右）。

同樣，將圖六沿虛綫向後對摺後，按上述順序類推，分別在圖七所示半頁上書寫 Дx. 03860 的内容；在圖八虛綫所劃分的右半部分書寫 Дx. 03860V 的内容，左半部分書寫 X 的内容，在圖九所示半頁上書寫 XV 的内容。這時紙葉上就呈現正面如圖十所示那樣左半部分爲 Дx. 03860 的内容，右半部分爲 XV 的内容；反面如圖八所示那樣左半部分爲 X 的内容，右半部分爲 Дx. 03860V 的内容的情況。而其内容的先後順序正是 Дx. 03860→Дx. 03860V→X→XV。一旦正面書寫 X 内容、背面書寫 XV 内容的半頁失去，我們看到的就是内容相接續呈正反面關係的寫有

Дx.03860 及 Дx.03860V 内容的半頁紙頁。

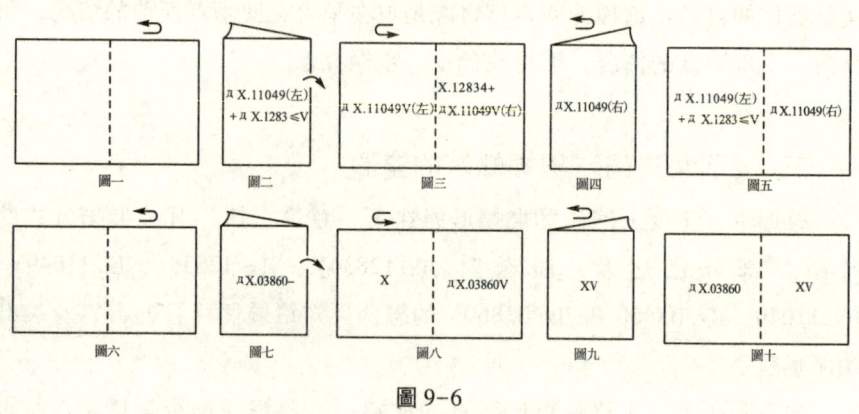

圖 9-6

一般認爲，唐五代是卷軸裝向册頁裝演變的時期，卷軸裝之外已有經摺裝、蝴蝶裝和旋風裝的裝幀形式。但無論是經摺裝還是旋風裝都無法出現［Дx.11049（左）+Дx.12834V］→［Дx.12834+Дx.11049V（右）］→Дx.11049V（左）→Дx.11049（右）→Дx.03860→Дx.03860V→X→XV 這樣的抄寫順序。

傳統所見蝴蝶裝的書籍，一般只有紙頁的一面寫字，將每一頁由書口向內對摺，即有字一面相對而摺，再將每一書頁背面中縫粘在一張裹背紙上，這樣閱讀時會先見無字紙背，而且往往是須連翻兩頁纔可讀到有字的部分，殊爲不便。如果將紙頁兩面都寫上字，正面相對而摺，再將每一書頁背面中縫粘在一張裹背紙上，就可以形成［Дx.11049（左）+Дx.12834V］→［Дx.12834+Дx.11049V（右）］→Дx.11049V（左）→Дx.11049（右）→Дx.03860→Дx.03860V→X→XV 這樣的內容先後順序。若 XV 之後內容還未寫完，還可以接續粘貼呈正面左→背面右→背面左→正面右書寫順序的紙頁，直至全部內容完結。這一《下女夫詞》的裝訂則在傳統蝴蝶裝的基礎上又做了改進，與現在流行的圖書裝訂方式已經非常相近了。

四、卷子正反面書寫順序問題的重新認識

敦煌文獻有很多是雙面皆書寫有內容的，在確定哪一面的內容先寫、

哪一面的内容後寫，或者説哪一面爲正面、哪一面爲反面的問題上，前人有過很多爭論，入藏各地的寫卷往往隨各個收藏者的臆測確定正背面。通過比定一些有綴合關係的殘卷、殘片，我們發現有一些對正背面的確定實際上是錯誤的。

五、《古今年代曆》或《年紀》

S.2506V+P.2810VA+P.2810VB+P.4073V+P.2380V

（1）S.2506V，據《英藏》，疑爲册頁裝，半頁14行，行27字左右，共28行，頁面整潔，字迹清晰，字體比較特别，自成一家。起於"敕置團兵教試"，止於"十三載乙"。盛朝暉《敦煌寫本P.2506、2810（a）、2810（b）、4073、2380之研究》① 有録文。

（2）P.2810V，據《法藏》，爲兩個斷片，疑爲册頁裝，一片13行，現標記爲P.2810VA，一片15行，現標記爲P.2810VB，行27字左右，共28行，頁面暗黑，部分字迹不清，字體特别。P.2810VA起於"元年"，止於"十二月十八日大雪下至大年"；P.2810VB起於"未金二月九日册囗（尊）號"，止於"四月十九日改上元"。盛朝暉《敦煌寫本P.2506、2810（a）、2810（b）、4073、2380之研究》② 有録文。

（3）P.4073V，據《法藏》，疑爲册頁裝，共13行，行27字左右，共28行，頁面暗黑，部分字迹不清，字體特别。起於"正月猶深五尺以上"，止於"至四月半"。盛朝暉《敦煌寫本P.2506、2810（a）、2810（b）、4073、2380之研究》③ 有録文。

（4）P.2380V，據《法藏》，爲兩個斷片，疑爲册頁裝，正文共7行，后有留白處，有"願應"兩個墨書大字。頁面暗黑，字迹模糊，字體特别。起於"價囗下"，止於"大赦天下"。盛朝暉《敦煌寫本

---

① 盛朝暉：《敦煌寫本P.2506、2810（a）、2810（b）、4073、2380之研究》，載於《敦煌研究》2001年第4期，第124~125頁。
② 盛朝暉：《敦煌寫本P.2506、2810（a）、2810（b）、4073、2380之研究》，載於《敦煌研究》2001年第4期，第125~126頁。
③ 盛朝暉：《敦煌寫本P.2506、2810（a）、2810（b）、4073、2380之研究》，載於《敦煌研究》2001年第4期，第124頁。

P.2506、2810（a）、2810（b）、4073、2380 之研究》① 有録文。

　　這幾個殘卷的字體非常特別，"據敦煌研究院的施萍婷先生説，這種書法筆迹在敦煌遺書中不多見，很可能是一種硬筆書法"②。王重民《敦煌古籍叙録》和羅福萇《沙州文録補》先後著録和綴合了前三個卷號，王定名爲《唐代殘史書》，羅定名爲《唐開元天寶殘史書》。後郭峰在《簡談敦煌寫本斯二五〇六號等唐修史書殘卷的性質和價值》中發現："這四斷片内容相同……背面即唐修史書殘卷，四件可銜接，共65行，前部殘缺，結尾完整。"③郭峰指出："經整理可知順序爲斯2506號（24行，開元九年至天寶十三載）→斯2810號（24行，天寶十三載至大曆七年）→伯4073號（10行，大曆七年至貞元元年）→斯2380號（7行，貞元三年至貞元四年）。結尾有一落款人名'願應'，并有一濃墨勾劃，勾劃以後爲空白，知全文至此終。"④盛朝暉《敦煌寫本P.2506、2810（a）、2810（b）、4073、2380 之研究》提出："至於把P.2506、2810（a）、2810（b）、4073、2380 全部綜合在一起進行研究，尚未有人做過。"⑤盛朝暉文中也對這幾個殘卷進行了綴合，提出："根據時間及内容，可以很容易地確定這幾件文書的順序：S.2506、P.2810aB、P.2810bB、P.4073、P.2380。五件文書連續記載了唐代開元九年至貞元四年間（721—788）近70年的大事。各文書銜接處時間連續，内容基本無中斷字體筆迹也相同，且很有特點。"⑥

　　從各殘片所記時間先後看，郭文及盛文綴合順序基本無誤。但是有幾點需指出：第一，稱"斯2506号"等不確，所指的應爲這幾個卷號的背面，需明確標識，以免與正面内容混淆。第二，郭峰錯記P.2810爲"斯

---

　① 盛朝暉：《敦煌寫本P.2506、2810（a）、2810（b）、4073、2380 之研究》，載於《敦煌研究》2001年第4期，第125～128頁。
　② 盛朝暉：《敦煌寫本P.2506、2810（a）、2810（b）、4073、2380 之研究》，載於《敦煌研究》2001年第4期，第125頁。
　③ 郭峰：《簡談敦煌寫本斯二五〇六號等唐修史書殘卷的性質和價值》，載於《敦煌學輯刊》1992年第1、2期合刊，第90頁。
　④ 郭峰：《簡談敦煌寫本斯二五〇六號等唐修史書殘卷的性質和價值》，載於《敦煌學輯刊》1992年第1、2期合刊，第91頁。
　⑤ 盛朝暉：《敦煌寫本P.2506、2810（a）、2810（b）、4073、2380 之研究》，載於《敦煌研究》2001年第4期，第125頁。
　⑥ 盛朝暉：《敦煌寫本P.2506、2810（a）、2810（b）、4073、2380 之研究》，載於《敦煌研究》2001年第4期，第125頁。

2810號",錯記 P.2380 爲"斯 2380 號",可能是筆誤。第三,P.2810 一號包括兩個殘片,盛朝暉已意識到此點。但是,《法藏》列在前的殘片 P.2810VA〔按:也就是盛朝暉所記的 2810(a)〕實際綴合時應與 P.4073V 相接,其末行與 P.4073V 首行正可貫通成"十二月十八日大雪下至大年正月猶深五尺以上"一句完整的記録;《法藏》列在後的殘片 P.2810VB〔按:也就是盛朝暉所記的 2810(b)〕實際綴合時可能應與 S.2506V 相接,其首行與 S.2506V 末行正可貫通成"十三載乙未金二月九日册☒(尊)號"一句完整的記録。若交换 P.2810VA 與 P.2810VB 的先後次序,則文意不通。第四,S.2506V 末句與 P.2810VB 似乎并不能完全綴合(從背面《文子》的綴合來看)。

故這四個卷號最準確的綴合順序應該是:S.2506V + P.2810VB + P.2810VA+P.4073V+P.2380V。

又郭峰認爲"似可定爲佚名撰《古今年代曆》或《年紀》之類"。因今所見該文獻的内容基本是關於唐代的,似編年史書,故王重民所擬名較準確。

今《法藏》印刷的巴黎所藏三個卷號的圖版因爲是黑白的,非常灰暗不清,綴合圖版效果不好,故使用法國國家圖書館所發布的彩色圖版和 IDP 國際敦煌項目所發布的彩色圖版加以綴合。兩種綴合的圖版如下所示:

六、唐開元廿七年鈔本《文子》

S.2506+P.2810A+P.2810B+P.4073+P.2380

朱大星在《試論敦煌本〈文子〉諸寫本之寫作時代及其價值》中對這四個卷號進行了叙録和綴合,并指出前代綴合中有一個關鍵性的錯誤,即黃永武等將 S. 2506 連綴成文,《英藏》圖版因之,并不正確,S. 2506 號中的十四行字并不是完全相連接的。① S. 2506 和 P. 2810 實際都包括兩個殘片,但 S. 2506 的兩個殘片在《英藏》中已經粘合在一起,現恢復爲兩個殘片的形式,右起第一行至第七行標爲 S. 2506A,右起第八行到第十四行標爲 S. 2506B;P. 2810 號中的兩個殘片分別標爲 P. 2810A、P. 2810B。同屬 S. 2506 的兩個殘片不能直接綴合,同屬 P. 2810 的兩個殘片亦不能直接綴合。S. 2506B 當居 P. 2810A 之前,但中間約殘缺 28 行;P. 2810A 與 S. 2506A、P. 4073、P. 2810B 可以直接綴合。故這五個殘片的正確綴合順序應爲:S. 2506B+……P. 2810A+S. 2506A+P. 4073+P. 2810B。

還需指出的是,第一,S. 2506A 末行與 P. 4073 首行之間缺"物,因人以知人,故積力之所舉,及無不勝"16 字,正是約一行的內容,今 P. 4073 前仍可見一行部分字迹的餘墨,可能是殘掉了一部分。第二,P. 4073 與 P. 2810B 之間基本可以直接綴合,但 P. 2810B 首行字的右邊有極少部分殘掉了。第三,此幾個卷號的背面可以綴合,內容爲今已失傳的唐代史書殘卷,郭峰在《簡談敦煌寫本斯二五〇六號等唐修史書殘卷的性質和價值》中指出 P. 2380V 亦爲今已失傳的唐代史書殘卷,且與此幾個卷號的背面同爲一卷之裂。故 P. 2380 正面也可以與 S. 2506、P. 2810 及 P. 4073 三個卷號綴合。P. 2380 沒有正文內容,爲落款,朱大星《試論敦煌本〈文子〉諸寫本之寫作時代及其價值》②相關叙錄甚明。P. 2380V "結尾有一落款人名'願應',并有一濃墨勾劃,勾劃以後爲空白,知全文至此終"③,是爲唐代殘史書的結尾部分,故 P. 2380 肯定爲《文子》的末尾題記部分無疑。但 P. 2810B 末句之後離《文子》正文結束還有約 24 行左右的內容,可推知 P. 2810B 後、P. 2380 前還有部分殘片缺失。

綜上,今已確認的《文子》殘卷可以綴合的殘片爲四個卷號六個殘片,綴合順序爲 S. 2506B+……P. 2810A+S. 2506A+P. 4073+P. 2810B+……+ P. 2380,綴合示意圖如下(按:中間所缺失部分用小塊留白顯示):

---

① 朱大星:《試論敦煌本〈文子〉諸寫本之寫作時代及其價值》,載於《文獻》2001 年第 2 期,第 206~207 頁。

② 朱大星:《試論敦煌本〈文子〉諸寫本之寫作時代及其價值》,載於《文獻》2001 年第 2 期,第 204 頁。

③ 郭峰:《簡談敦煌寫本斯二五〇六號等唐修史書殘卷的性質和價值》,載於《敦煌學輯刊》1992 年第 1、2 期合刊,第 91 頁。

第九章　敦煌世俗文獻綴合對學術史的意義 | 245

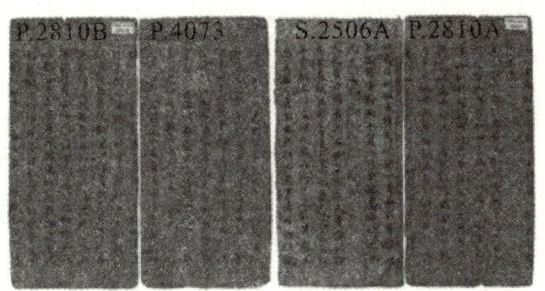

實證篇

爲説明敦煌世俗文獻近年來産生的大量綴合成果及綴合的實際操作過程，本篇選擇了散見於單篇論文中的敦煌世俗文獻綴合成果進行叙録，并幾乎全部以列出綴合圖版的方式展示具體的綴合後的效果（在叙録中已説明各殘卷、殘片綴合順序或綴合後所處位置的，在圖版中不再標明每一殘卷、殘片的具體編號；學者研究中已有比較好的綴合圖版的，指明出處，不再列圖版），并指出其中的錯漏。依四部順序排列，同類文獻以時間先後爲序。篇名的確定基本按照學界承認的最新發表的意見擬定。

《周易王弼注》（坤卦、屯卦）（按：在前人綴合基礎上，又再補 Дx.12638）

Дx.11880 + …… + Дx.11911 + Дx.11860A + Дx.12718 + Дx.12023 + Дx.12004 + Дx.12653 + Дx.11773 + Дx.12638 + Дx.11860B + Дx.11945 + …… + S.9219

前人已綴合 Дx.11880 + …… + Дx.11911 + Дx.11860A + Дx.12718 + Дx.12023 + Дx.12004 + Дx.12653 + Дx.11773 + …… + Дx.11860B + Дx.11945 + …… S.9129。其中，Дx.11880 與 Дx.11911 之間并不能完全綴合，推測約缺一行；Дx.11773 與 Дx.11860B 之間約缺二行。最後一片 S.9129 號與前邊部分之間缺失甚多，無法直接拼合在一起，但可以從行款、字迹等辨認確屬一卷之裂。叙録及綴合圖見許建平《敦煌經籍叙録》。① 筆者新見 Дx.12638 亦可與該寫本綴合。綴合叙録詳見第八章第三節。

---

① 許建平：《敦煌經籍叙録》，中華書局，2006年版，第38頁。

《兔園策府》(序文、卷第一) + 《毛詩·周南·關雎詁訓傳》(卷第一)

P. 2573+S. 1722

王璐在《敦煌寫本類書〈兔園策府〉考證》中對兩個卷號有詳細的叙錄和綴合説明，認爲："此卷（指 P. 2573）與 S. 1722 可以綴合，綴合後，有題名、卷次、作者署名及序文，至第一卷完，爲首尾完整的《兔園策府》序文及第一卷。"① 確。但因爲 S. 1722 共存 173 行，實包括《兔園策府》第一卷的内容及第二卷首題 "兔園策府第二"，另包括《毛詩·周南·關雎詁訓傳》卷第一的部分内容，内容太多，不易顯示；而 P. 2573 除大部分爲標記爲 P. 2573 的《兔園策府》序文及第一卷殘卷外，還包括標記爲 P. 2573p1 的《四月三日内親從都頭銀青光禄大夫檢校國子監祭酒御史中丞高延德狀》，標記爲 P. 2573p2 的《道教願文》，分别標記爲 P. 2573p3、P. 2573p4、P. 2573p5 的三個《狀》殘片。以下僅列出其中 S. 1722《兔園策府》的局部與 P. 2573《兔園策府》局部綴合後的圖版示意圖：

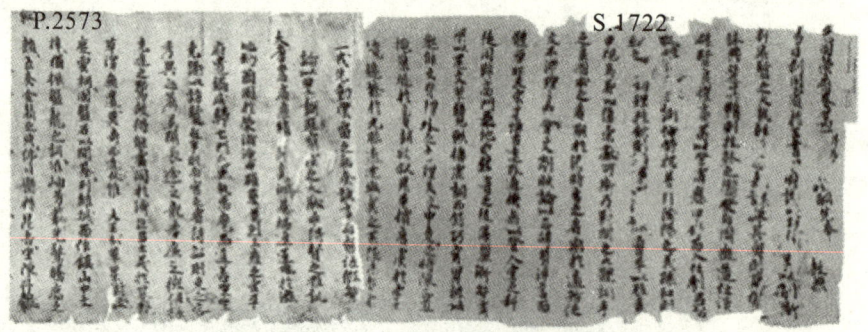

---

① 王璐：《敦煌寫本類書〈兔園策府〉考證》，載於《唐都學刊》2008 年第 4 期，第 81~85 頁。

《詩經·周南》白文（《卷耳》—《桃夭》）

Дх. 11933B+Дх. 11937+……+Дх. 12750+Дх. 12759

許建平的《〈俄藏敦煌文獻〉儒家經典類寫本的定名與綴合——以第 11~17 册未定名殘片爲重點》有詳細叙錄及綴合說明。① 又許建平《敦煌經籍叙錄》亦有叙錄及綴合說明和綴合示意圖②，稱"以上 4 件殘片爲一卷之裂"③，可參。

《毛詩詁訓傳》（《柏舟》—《旄丘》）

P. 2538+S. 541V

（1）P. 2538，據《法藏》，正反雙面抄寫，反面擬名《因緣心釋論開決記一卷》。正面擬名《毛詩詁訓傳第三》，正文大字，箋注雙行小字，起於題名"邶柏舟詁訓傳第三毛詩國風鄭氏箋"，止於鄭箋"人皆涉我友未至我獨待"。

（2）S. 541V，應爲正反雙面抄寫，《英藏》没有正面圖版，標記爲 S. 541V 者，擬名《毛詩詁訓傳》（《匏有苦葉》—《旄丘》），正文大字，箋注雙行小字，起於《北風·匏有苦叶》鄭箋之"而不涉以言室家之道"，止於《北風·旄丘》鄭箋之"故其臣於君事亦疏廢也"。

許建平在《敦煌〈詩經〉卷子研讀札記二則》中將二卷進行了綴合，稱："兩卷之字體、行款均一致，而且其内容正好前後銜接，并無一字之

---

① 許建平：《〈俄藏敦煌文獻〉儒家經典類寫本的定名與綴合——以第 11~17 册未定名殘片爲重點》，載於《漢語史學報專輯（總第三輯）》，後收入《姜亮夫、蔣禮鴻、郭在貽先生紀念文集》，上海教育出版社，2003 年版，第 305~306 頁；又見《敦煌文獻叢考》，中華書局，2005 年版，第 332~355 頁。
② 許建平：《敦煌經籍叙錄》，中華書局，2006 年版，第 146 頁。
③ 許建平：《敦煌經籍叙錄》，中華書局，2006 年版，第 146 頁。

缺。兩卷的綴合次序是：P.2538+S.541。這是抄有《詩經》一面的情況。"① 確。他還指出，《英藏》將寫有《詩經》的一面定爲背面，《法藏》則將寫有《詩經》的一面定爲正面，"這兩個寫卷的正背面之説肯定有一個是錯誤的"②。通過對所抄《詩經》及《因緣心釋論開決記》先後順序的分析，他認爲"這個寫卷的經歷頗有周折，首先有人在上面抄寫《詩經·北風》，但歷經風雨，卷尾殘缺。因而又有人利用它的背面抄寫《因緣心釋論開決記》，隨著時光的流逝，它的卷端又有部分殘缺。後來因爲某種原因，進入了藏經洞。到了 20 世紀初，該卷所撕裂而成的兩部分（是原來已被撕裂還是王道士所爲，則不得而知）被斯坦因與伯希和分別攜往倫敦和巴黎"③。按照《英藏》的標號，我們綴合後記爲 P.2538+S.541V。

綴合後圖版示意如下：

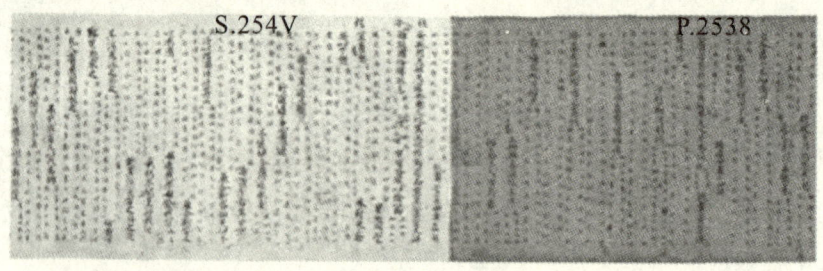

二卷號的另一面也可綴合，爲佛典，不録。

《古文尚書傳》(《禹貢》)

BD.15695C+BD.15695A+BD.15695B+《魏晉隋唐殘墨》第 78 頁之殘片

---

① 許建平：《敦煌〈詩經〉卷子研讀札記二則》，載於《敦煌學輯刊》2004 年第 1 期，第 74 頁。

② 許建平：《敦煌〈詩經〉卷子研讀札記二則》，載於《敦煌學輯刊》2004 年第 1 期，第 74 頁。

③ 許建平：《敦煌〈詩經〉卷子研讀札記二則》，載於《敦煌學輯刊》2004 年第 1 期，第 76 頁。

（1）BD.15695 包括三個殘片，《國家圖書館藏敦煌遺書》已將三個殘片的圖版綴合①，如下圖所示：

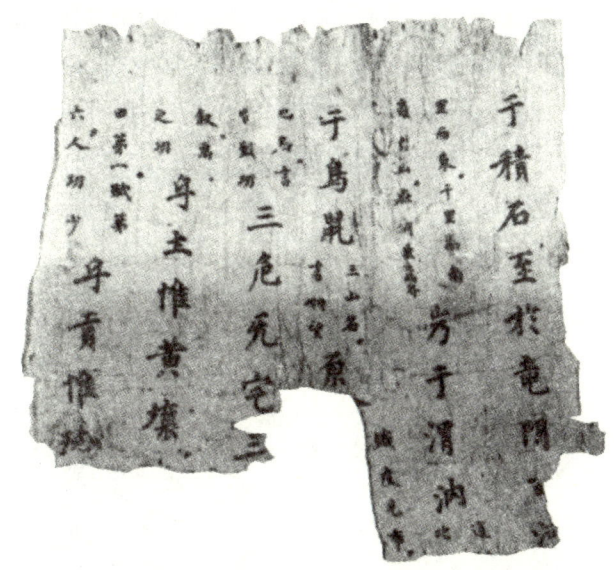

但實際上三片粘貼的順序位置有問題，許建平《中國國家圖書館藏未刊敦煌寫本殘片四種的定名與綴合》已論及，并對三片重新進行了綴合。② 現將其重新分割的三片分別標示爲 BD.15695A、BD.15695B、BD.15695C，如下圖所示：

---

① 任繼愈：《國家圖書館藏敦煌遺書》，北京圖書出版社，第 144 册，第 154 頁。
② 許建平：《中國國家圖書館藏未刊敦煌寫本殘片四種的定名與綴合》，張涌泉、陳浩《浙江與敦煌學》，浙江古籍出版社，2004 年版，第 313～325 頁。

許建平在《中國國家圖書館藏未刊敦煌寫本殘片四種的定名與綴合》中認爲"A 片（即 BD.15695A）與 B 片（即 BD.15695B）正可上下相接，密合無間。此 A+B 片，不應粘貼在 C 片（即 BD.15695C）之前，應該粘貼於 C 片之後。而且在 A 與 C 紙縫處有一捺筆尚可辨認，應是 A 片末行字的殘存。根據其位置，可能是'析支渠叟'之'叟'字的殘筆"①，確。故三片正確的綴合順序爲：BD.15695C + BD.15695A + BD.15695B。

三片重新綴合后如下圖所示：

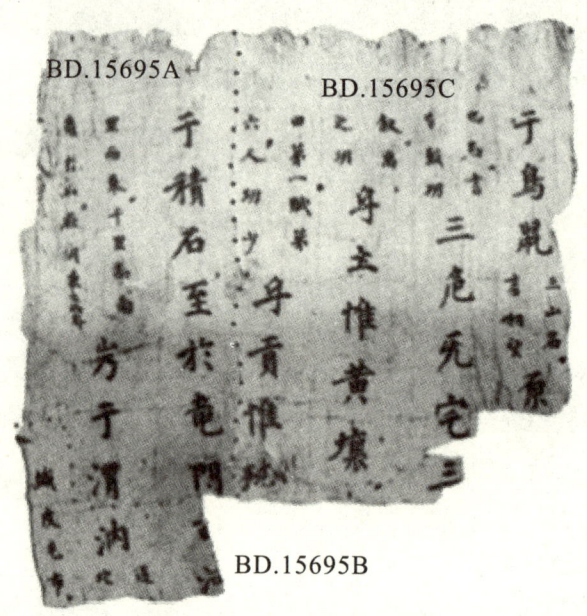

（2）《魏晋隋唐殘墨》第 78 頁之殘片，安徽美術出版社《魏晋隋唐殘墨》定名爲《唐文書殘片》②；方廣錩《〈魏晋隋唐殘墨〉綴目》定名爲《尚書·夏書·禹貢》，并有叙録和圖版③。

許建平《中國國家圖書館藏未刊敦煌寫本殘片四種的定名與綴合》認爲："此殘片（指《魏晋隋唐殘墨》所收殘片）正可綴接於 BD.15695

---

① 許建平：《中國國家圖書館藏未刊敦煌寫本殘片四種的定名與綴合》，張涌泉、陳浩《浙江與敦煌學》，浙江古籍出版社，2004 年版，第 315~316 頁。
② 《魏晋隋唐殘墨》，安徽美術出版社，1992 年版，第 78 頁。
③ 方廣錩：《〈魏晋隋唐殘墨〉綴目》，《敦煌吐魯番研究》第六卷，北京大學出版社，2002 年版，第 327 頁。

第 1 至 4 行下，應是從 BD. 15695 上脫落之碎片。"① 關於殘片內容，許建平判斷 "此爲僞孔注本《尚書·禹貢》，可擬名爲《古文尚書傳（禹貢）》。"② 確，可參。

綴合後圖版示意如下：

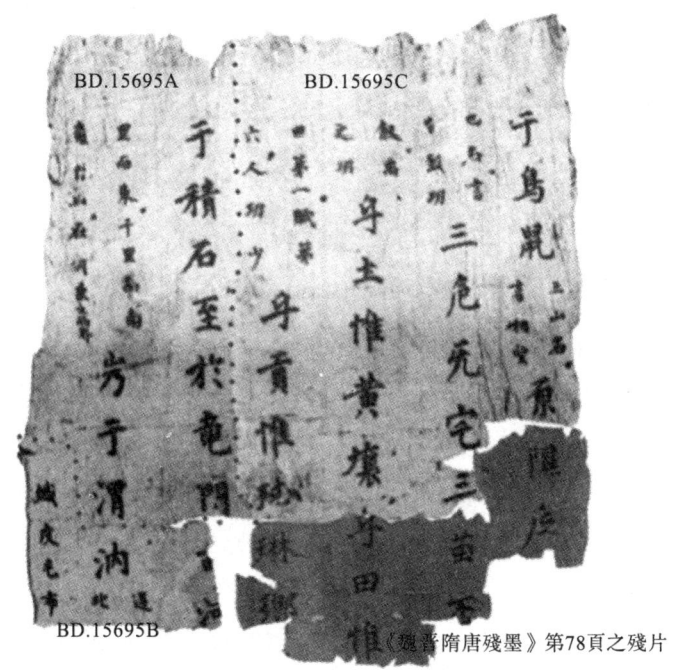

《尚書》（《君奭》《蔡仲之命》《多方》）

S. 1054A+……+L. 2409+S. 5626+S. 6259

顧頡剛、顧廷龍輯録《尚書文字合編》時已綴合 S. 5626+S. 6259③，後許建平《中國國家圖書館藏未刊敦煌寫本殘片四種的定名與綴合》將

---

① 許建平：《中國國家圖書館藏未刊敦煌寫本殘片四種的定名與綴合》，張涌泉、陳浩《浙江與敦煌學》，浙江古籍出版社，2004 年版，第 317 頁。
② 許建平：《中國國家圖書館藏未刊敦煌寫本殘片四種的定名與綴合》，張涌泉、陳浩《浙江與敦煌學》，浙江古籍出版社，2004 年版，第 318 頁。
③ 參見顧頡剛、顧廷龍《尚書文字合編》，上海古籍出版社，1996 年版，第 3 册，第 2338~2341 頁。

國家圖書館藏以臨時編號"L"標號的 L. 2409 與 S. 5626+S. 6259 綴合，發現"殘片（即 L. 2409）第 3 行至 14 行所殘去之上半截正爲 S. 5626 第 1 至 12 行，兩者密合無間"①，還指出："S. 10524A 爲《君奭》殘片，余疑其與 S. 5626+S. 6259 亦爲一卷之裂。加上此國家圖書館藏殘片，則共有四號寫卷矣。其綴合次序爲：S. 1054A+?+L. 2409+S. 5626+S. 6259，綴合後共得 44 行，涉及《君奭》《蔡仲之命》《多方》三篇内容。"②

因未得 L. 2409 的圖版，暫缺圖版綴合示意圖。

《禮記·曲禮》（上）

Дx. 02173V+……+Дx. 06753

許建平的《〈俄藏敦煌文獻〉儒家經典類寫本的定名與綴合——以第 11~17 册未定名殘片爲重點》有詳細叙録及綴合説明，將兩卷進行了綴合③。許建平《敦煌經籍叙録》亦有叙録及綴合説明④，可参。

又綴合後殘卷爲正反雙面抄寫，一面抄《禮記·曲禮上》，一面抄《南朝詩歌叢抄》。徐俊《敦煌詩集殘卷輯考》及《俄藏》將 Дx. 06753 寫有詩篇的一面定爲反面，寫有《禮記》的一面定爲正面；許建平《〈俄藏敦煌文獻〉儒家經典類寫本的定名與綴合——以第 11~17 册未定名殘片爲重點》及其《敦煌經籍叙録》、孟列夫《俄藏敦煌漢文寫卷叙録》則持相反的意見。關於確定正背面的問題，見《南朝詩歌叢抄》一條的考證。

因兩卷之間殘缺較多（約 20 行），不再附綴合圖示。

---

① 許建平：《中國國家圖書館藏未刊敦煌寫本殘片四種的定名與綴合》，張涌泉、陳浩《浙江與敦煌學》，浙江古籍出版社，2004 年版，第 319 頁。

② 許建平：《中國國家圖書館藏未刊敦煌寫本殘片四種的定名與綴合》，張涌泉、陳浩《浙江與敦煌學》，浙江古籍出版社，2004 年版，第 319~320 頁。

③ 参見許建平《〈俄藏敦煌文獻〉儒家經典類寫本的定名與綴合——以第 11~17 册未定名殘片爲重點》，載於《漢語史學報專輯（總第三輯）》，後收入《姜亮夫、蔣禮鴻、郭在貽先生紀念文集》，上海教育出版社，2003 年版，第 306~307 頁。

④ 許建平：《敦煌經籍叙録》，中華書局，2006 年版，第 200~201 頁。

《〈禮記·坊記〉鄭玄注》

Дх. 16721+Дх. 16839+Дх. 16884

許建平的《〈俄藏敦煌文獻〉儒家經典類寫本的定名與綴合——以第11~17册未定名殘片爲重點》有詳細叙録及綴合説明①，稱："三片綴合後，計15行，存《坊記》'君子不盡利'、'夫禮，坊民所淫'兩章內容。宜定名爲《禮記·坊記》（鄭注）。"② 確。

幾個殘片完全相接續。綴合後圖版示意如下：

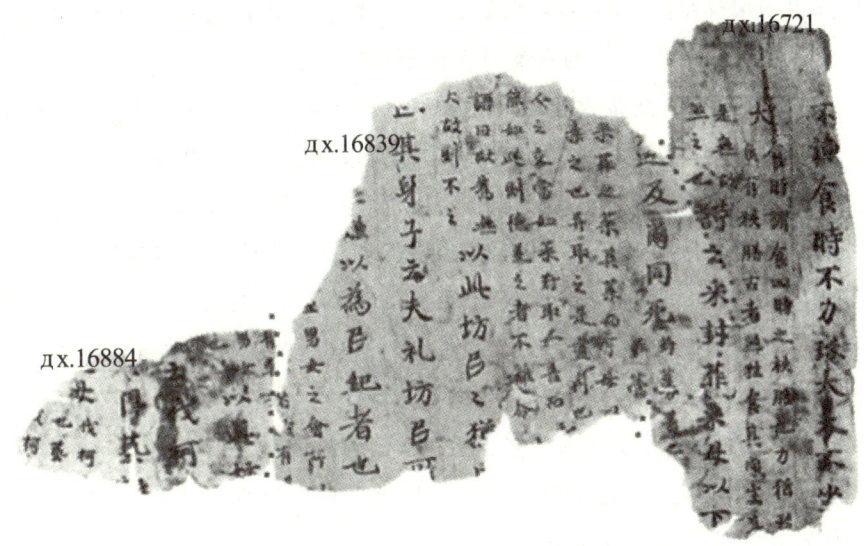

---

① 許建平：《〈俄藏敦煌文獻〉儒家經典類寫本的定名與綴合——以第11~17册未定名殘片爲重點》，載於《漢語史學報專輯》（總第三輯）》，後收入《姜亮夫、蔣禮鴻、郭在貽先生紀念文集》，上海教育出版社，2003年版，第332~355頁。

② 許建平：《〈俄藏敦煌文獻〉儒家經典類寫本的定名與綴合——以第11~17册未定名殘片爲重點》，載於《漢語史學報專輯》（總第三輯）》，後收入《姜亮夫、蔣禮鴻、郭在貽先生紀念文集》，上海教育出版社，2003年版，第308頁。

《月令》（按：在前人綴合的基礎上，再補充 Дх. 17463）

Дх. 7892+……+Дх. 3936+……+Дх. 17463

《敦煌經籍叙録》共收録七種版本《禮記》，即白文《禮記》、鄭玄《禮記注》、孔穎達《禮記正義》、李隆基《御勘定禮記月令》、佚名《月令節義》、佚名《禮記音》和陸德明《禮記釋文》。《敦煌經部文獻合集》按該書的編排體例，將后兩種歸入"小學類群書音義之屬"。整理之後敦煌文獻中有關《禮記》的卷號可謂條分縷析，涇渭分明。

許建平在《〈俄藏敦煌文獻〉儒家經典類寫本的定名與綴合——以第11~17册未定名殘片爲重點》中收録了 Дх. 7892、Дх. 3936 和 Дх. 17463 三個卷號，并綴合了前兩個，認爲"此兩卷字體、行款均相同，蓋爲同一卷之裂，只是兩者之間不能直接綴合"①。但《敦煌經籍叙録》最後列"非經部寫本"，將原有學者誤定爲經部寫本者置於此，其中收 Дх. 7892 和 Дх. 3936 兩個卷號，認爲二者乃同一卷之裂，"寫卷字體隸書，應該是比較早的寫卷，所記内容與《禮記·月令》相近，但并不相同"②。Дх. 17463 號則與此二卷號"雖非一卷，但尋其内容，當是同書"③。

但是，事實上，此三個卷號均能綴合，且可能屬《禮記·月令》另一種注本。詳細綴合叙録見第八章第三節。

---

① 許建平：《〈俄藏敦煌文獻〉儒家經典類寫本的定名與綴合——以第11~17册未定名殘片爲重點》，載於《漢語史學報專輯（總第三輯）》，後收入《姜亮夫、蔣禮鴻、郭在貽先生紀念文集》，上海教育出版社，2003年版，第307頁。
② 許建平：《敦煌經籍叙録》，中華書局，2006年版，第450頁。
③ 許建平：《〈俄藏敦煌文獻〉儒家經典類寫本的定名與綴合——以第11~17册未定名殘片爲重點》，載於《漢語史學報專輯（總第三輯）》，後收入《姜亮夫、蔣禮鴻、郭在貽先生紀念文集》，上海教育出版社，2003年版，第307頁。

《春秋左氏傳集解》

1. P. 3806+Дx. 01456+S. 5857+P. 2489+P. 3611

（1）P. 3806，雙面抄寫，據《法藏》，正面爲《春秋左氏傳昭公十三年集解》，背面爲《愿文》《齋文》。《春秋左氏傳昭公十三年集解》前後缺泐，正文大字，注文作小字兩行，字迹工整。

（2）Дx. 01456，據《俄藏》，未見拍攝背面，擬名爲《春秋左傳（昭公十三年）》。存頁面下部 7 殘行，正文大字，注文作小字兩行，字迹工整。

（3）S. 5857，據《英藏》，未見拍攝背面，擬名爲《春秋左傳杜注（昭公十三年）》。存頁面上部一小殘片，約 7 殘行，正文大字，注文作小字兩行，字迹工整。

（4）P. 2489+P. 3611，《法藏》及黄永武主編《敦煌寶藏》第 129 册①已將其與 P. 2489 圖版綴合在一起，但《寶藏》P. 2489 爲空號，而於 P. 3611 處又未注明乃由兩卷綴合而成；《法藏》則是 P. 3611 爲空號，而於 P. 2489 處又未注明乃由兩卷綴合而成。如果僅據二書目録，則 P. 2489 不知下落。且據縮微膠卷，原卷在第 23 行天頭注明了 2489 字樣，因而知《寶藏》之 3611 號實包含 2489 與 3611 兩個殘卷。

《伯希和劫經録》於 P. 2489 定名爲《春秋左氏傳集解》，并注云："昭公十三年傳，存廿三行。下接 3611 號卷。"② 《敦煌遺書目録索引新編》則説明前廿三行爲 P. 2489，後三十六行爲 P. 3611。現記作 P. 2489+P. 3611。據《法藏》，未見拍攝背面，正文大字，注文作小字兩行，字迹工整。

李索等發現 P. 3806、P. 3611（即 P. 2489+P. 3611）"同爲《春秋經傳集解·昭公十三年》文，其行款、筆勢均十分近似，許多异體字的結

---

① 黄永武：《敦煌宝藏》，臺北新文豐出版公司，1981 年版，第 272~274 頁。
② 王重民：《敦煌遺書總目索引·伯希和劫經録》，中華書局，1983 年版，第 198 頁。

構、筆劃都完全相同，頗似一卷。"① 而其間所缺漏的數行文字正是 Дх.01456 和 S.5857 兩個殘片的内容，將四個殘片完全綴合起來。原正文中的"乃""太叔"等字裂爲二塊，左半在 S.5857 上，右半在 Дх.01456 上；原正文中"以幄幕九張"五字分裂，左半在 P.3611 上，右半在 S.5857 上；注文"在八年"中的"年"字被裂爲二，左半在 Дх.01456 上，右半在 P.3806 上。拼合後左右半塊完全契合爲一，且綴合後内容與宋巾箱本《春秋經傳集解》②、阮元刻宋十行本《春秋左傳正義》③無异，充分説明幾塊殘片確爲一卷之裂。其綴合順序應爲 P.3806+Дх.01456+S.5857+P.3611。

又許建平在此基礎上强調"又此卷（即《法藏》標注爲 P.3611 者）乃由 2489 與 3611 兩號綴合而成，前 23 行（至'顯昭明'行）爲 P.2489，後 38 行爲 P.3611"④。所以最後的綴合順序應爲 P.3806+S.5857+Дх.01456+P.2489+P.3611。因版面所限，P.2489+P.3611 在綴合圖中只顯示局部，綴合圖版如下所示。

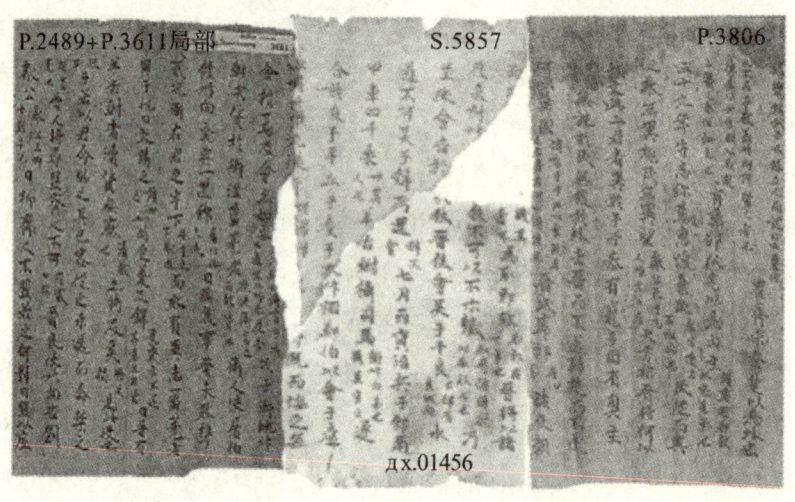

---

① 李索、趙君：《敦煌文獻〈春秋經傳集解〉綴合四則》，《中國古代社會與思想文化研究論集——全國首届東周文明學術研討會論文集》，黑龍江人民出版社，2006 年版，第 333 頁。
② 《四部叢刊初編》經部，商務印書館，1922 年版。
③ 《十三經注疏·春秋左傳正義》，中華書局，1980 年版。
④ 許建平：《〈俄藏敦煌文獻〉儒家經典類寫本的定名與綴合——以第 11~17 册未定名殘片爲重點》，載於《漢語史學報專輯（總第三輯）》，後收入《姜亮夫、蔣禮鴻、郭在貽先生紀念文集》，上海教育出版社，2003 年版，第 306~307 頁；又見《敦煌文獻叢考》，中華書局，2005 年版，第 332~355 頁。

2. Дx. 04512+Дx. 01712

（1）Дx. 04512，據《俄藏》，未見拍攝背面，未擬名。爲頁面下部一塊殘片，上、右部分皆殘，僅存左下部分，餘 13 殘行，正文大字，注文作小字兩行，字迹工整。

（2）Дx. 01712，據《俄藏》，未見拍攝背面，擬名爲《春秋左傳（昭公七年）》。前後殘泐，約 25 殘行，正文大字，注文作小字兩行，字迹工整。

李索等指出："此二片有重要相同點：均不避唐諱，如'民'字不缺筆，'洩'字作'泄'；均傳文大字，注文雙行小字，整行約二十五至二十八字不等。均行款較疏朗，字迹較清晰。"且"比勘可見，二殘片每行字數相當，行款一致。Дx. 01712 號首行存十一字，加上上部殘損之十五字（先人之祿其況能任大國之賜縱吾子），正好與 Дx. 04512 的最後一行相連接"①，故判斷二號爲一卷之裂。

許建平的《〈俄藏敦煌文獻〉儒家經典類寫本的定名與綴合——以第 11~17 册未定名殘片爲重點》有 Дx. 04512、Дx. 01712 兩個卷號的叙録②，但言據 Дx. 01712"影本第六、七行之地脚所注編號，知其由 1957 與 1712 兩片拼接而成"③，故最終結論綴合爲 Дx. 04512+Дx. 01957+Дx. 01712 三個卷號，與李索之綴合不同。

但是，若 Дx. 01957 與 Дx. 01712 二卷號圖版可以綴合，按照《俄藏》慣例，在 Дx. 01712 處會出現兩卷綴合後的圖版，標兩個卷的卷號，在 Дx. 01957 編號處則不出圖版，只標注"見俄 Дx. 01712"。但是今《俄藏》第八册第 399 頁 Дx. 01957 處出現的却是兩個殘片，分别標示爲

---

① 兩段引文均見於李索、趙君《敦煌文獻〈春秋經傳集解〉綴合四則》，《中國古代社會與思想文化研究論集——全國首届東周文明學術研討會論文集》，黑龍江人民出版社，2006 年版，第 336 頁。

② 許建平：《〈俄藏敦煌文獻〉儒家經典類寫本的定名與綴合——以第 11~17 册未定名殘片爲重點》，載於《漢語史學報專輯（總第三輯）》，後收入《姜亮夫、蔣禮鴻、郭在貽先生紀念文集》，上海教育出版社，2003 年版，第 306~307 頁；又見《敦煌文獻叢考》，中華書局，2005 年版，第 332~355 頁。

③ 許建平：《〈俄藏敦煌文獻〉儒家經典類寫本的定名與綴合——以第 11~17 册未定名殘片爲重點》，載於《漢語史學報專輯（總第三輯）》，後收入《姜亮夫、蔣禮鴻、郭在貽先生紀念文集》，上海教育出版社，2003 年版，第 306~307 頁；又見《敦煌文獻叢考》，中華書局，2005 年版，第 310 頁。

Дх.01957A 和 Дх.01957B，Дх.01957A 爲擬名《大般若波羅蜜多經卷第四百九十包首》的圖版，另一片 Дх.01957B 擬名《佛經》者標注"見俄 Дх.01853"。若許建平的結論正確，Дх.01957 號就應該包括三個殘片，除 Дх.01957A 名《大般若波羅蜜多經卷第四百九十包首》、Дх.01957B《佛經》外，應還有 Дх.01957C 者，且其内容與 Дх.01712 相接續，爲《春秋左傳（昭公七年）》。但《俄藏》并未列出或注明這一圖版，這說明許的結論有問題。

所以許建平後來在其《敦煌經籍叙録》中將此結論修正爲"那麼 01712 地脚上所注之'1957'數字并非寫卷編號，而是代表其他意義的數字。今特注明以改正原來的錯誤"①。這種改動比認爲 Дх.01712 處圖版"由 1957 與 1712 兩片拼接而成"更接近實際，因爲 Дх.01712 處圖版地脚處雖然確實標有"1957"，但是一般俄藏寫卷能够綴合者極少會在圖版上標注分別的卷號；而且《俄藏》同卷第 359 頁 Дх.01827V 與 Дх.01839V 綴合的《張字押》頁面下部也標注有數字"1957"，如下圖所示：

所以數字"1957"可能是整理者隨手所標，并不代表圖版的標號。

綜上，最後可以綴合者應該爲 Дх.04512+Дх.01712。綴合後圖版示意如下：

---

① 許建平：《敦煌經籍叙録》，中華書局，2006 年版，第 245 頁。

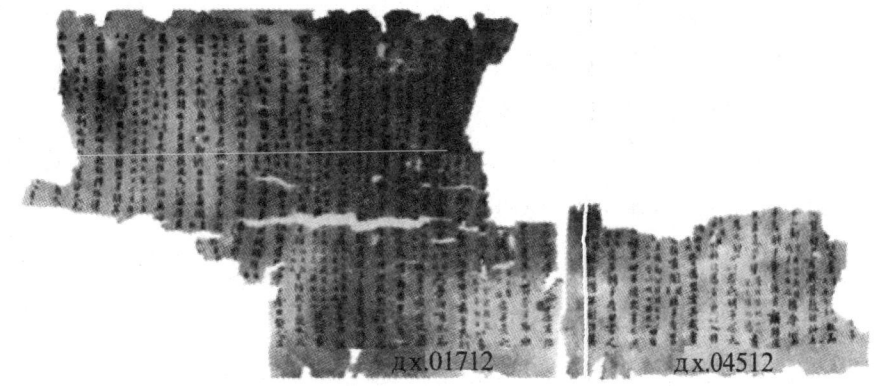

還需要指出的是，Дx.04512最後一行之後有明顯的空白，不是正常的行間留白，更像是紙尾。所以，Дx.04512與Дx.01712雖屬同卷，但是正好處於卷子裝文獻紙葉接縫粘貼的兩個紙葉上邊，Дx.04512最後一行在上一紙葉紙尾，Дx.01712在下一紙葉紙頭，且從上一紙葉留白可以推測，該經卷裝文獻是後一紙葉壓在前一紙葉之上進行粘貼的。這也就解釋了為什麼Дx.04512與Дx.01712邊緣形狀不能揍縫。

3. Дx.05067+Дx.04657

(1) Дx.05067，據《俄藏》，未見拍攝背面，未擬名。僅存頁面下部一小殘片，餘三殘行，正文大字，注文小字二行，可辨有烏絲欄，字跡工整。字作：

  信於城下而還（小字）信再
    （小字）宿也
  雨及之楚師多凍役
  ☒（曠）日不害吾☒（驟）

(2) Дx.04657，據《俄藏》，未見拍攝背面，未擬名。僅存一小殘片，二殘行八字，僅大字正文，字跡工整。字作：

  於魚齒之
  徒幾盡晉人

李索等指出："俄藏Дx.05067號與Дx.04657號皆爲殘片，共存襄公十八年傳文二十八字，杜注文四字。其中Дx.04657號所存文字包含在

Дх. 05067 號所存句子之中。"① 將兩個小殘片綴合在了一起。

許建平的《〈俄藏敦煌文獻〉儒家經典類寫本的定名與綴合——以第 11~17 册未定名殘片爲重點》亦有詳細的叙録及綴合説明。② 可參。

查宋巾箱本《春秋經傳集解》③、阮元刻宋十行本《春秋左傳正義》④，Дх. 05067 所在句原文如下：

> 信於城下而還（注：信，再宿也）。涉於魚齒之下（注：魚齒山下有濮水，故言涉），甚雨及之，楚師多凍馁，徒幾盡晋人。聞有楚師，師曠曰："不害吾驟。"

確實 Дх. 04657 所存文字正包含在 Дх. 05067 所存句子之中。但需説明的是，Дх. 05067 有烏絲欄，"信於城下而還（注：信，再宿也）"一句之下爲地脚，Дх. 04657 首句"（涉）於魚齒之下"不可能綴合在其下，只可能是其後一行的開頭部分；"（涉）於魚齒之下"後的注文"魚齒山下有濮水，故言涉"殘損掉了，與 Дх. 05067 第二行"雨及之楚師多凍馁"又不能直接相連接，所以 Дх. 04657 與 Дх. 05067 并不能直接綴合。Дх. 04657 所存第一行文字在 Дх. 05067 第二行文字上方，之間約缺損小字兩行注文十字，大字正文二字。Дх. 04657 所存第二行文字在 Дх. 05067 第三行文字上方，之間約缺損大字正文六字。殘卷字迹娟秀，疏朗有致，且劃有界欄，應是一部大型寫卷的部分，所以推測還有可以綴合的殘片。綴合後圖版示意如下：

---

① 李索、趙君：《敦煌文獻〈春秋經傳集解〉綴合四則》(《中國古代社會與思想文化研究論集——全國首届東周文明學術研討會論文集》，黑龍江人民出版社，2006 年版，第 337 頁。

② 許建平：《〈俄藏敦煌文獻〉儒家經典類寫本的定名與綴合——以第 11~17 册未定名殘片爲重點》，載於《漢語史學報專輯（總第三輯）》，後收入《姜亮夫、蔣禮鴻、郭在貽先生紀念文集》，上海教育出版社，2003 年版，第 306~307 頁；又見《敦煌文獻叢考》，中華書局，2005 年版，第 332~355 頁。

③ 《四部叢刊初編·春秋經傳集解四》（襄三第十六盡二十二年），上海商務印書館，1922 年版。

④ ［清］阮元《十三經注疏》卷第三十三《春秋左傳正義》，中華書局，1980 年版，第 264 頁（總第 1966 頁）。

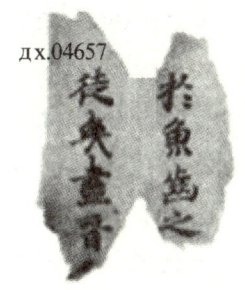

4. Дx. 00362A+Дx. 03016+……Дx. 00362B+Дx. 11029+……Дx. 00362C

（1）據《俄藏》，標號爲 Дx. 00362、Дx. 01252、Дx. 01263、Дx. 01463、Дx. 02945 者圖版同列於 Дx. 00362 處，見《俄藏》第六册，第 254 頁。該圖版中有三個殘片，雙面抄寫，正面擬名《春秋左氏傳僖公二十一、二十二年傳》，背面擬名《道經》。正面的三個殘片均屬於頁面的上部，既有大字傳文，也有小字兩行的注文，起於僖公二十一年結尾部分杜預注"而曰蠻夷"，止於僖公二十二年傳文"門官殲焉"。三個殘片彼此不相連接，中間多殘泐，且下部均殘損。

（2）Дx. 03016，爲一小殘片，雙面抄寫，據《俄藏》，正面擬名《禮記》，反面擬名《史書》。反面擬名《史書》者應爲《春秋左氏傳僖公二十一、二十二年傳》內容，標注爲 Дx. 03016V。餘兩殘行五個字，爲小字兩行注。

（3）Дx. 11029，爲一小殘片，雙面抄寫，《俄藏》未擬名。其正面應爲《春秋左氏傳僖公二十一、二十二年傳》，餘七殘行五十二個字，既有大字傳文，也有小字兩行注文。

Дх.00362、Дх.01252、Дх.01263、Дх.01463、Дх.02945 五個卷號的圖版《俄藏》已綴合，并標記爲 Дх.00362＋Дх.01252＋Дх.01263＋Дх.01463＋Дх.02945，定名爲《春秋左氏傳僖公二十一、二十二年傳》。但五個殘片并不能完全綴合，且《俄藏》所列綴合的順序亦有問題，其順序應該爲"Дх.01252＋Дх.01263＋Дх.02945＋?＋Дх.01463＋?＋Дх.00362"。詳見許建平的《〈俄藏敦煌文獻〉儒家經典類寫本的定名與綴合——以第 11~17 册未定名殘片爲重點》。①

許建平的《〈俄藏敦煌文獻〉儒家經典類寫本的定名與綴合——以第 11~17 册未定名殘片爲重點》中又發現 Дх.03016V 和 Дх.11029 兩個殘片與上述五個殘片爲同書之裂，Дх.03016V 可與 01252 第五行下端綴合，Дх.11029 接 Дх.01463 之後，與 Дх.00362 之間約缺一行左右。故最終綴合爲 Дх.01252＋Дх.03016V＋Дх.01263＋Дх.02945＋?＋Дх.01463＋Дх.11029＋?＋Дх.00362。確。許建平《敦煌經籍叙錄》亦有叙錄及綴合説明②，可參。

李索亦稱："Дх.03016 號僅存兩殘行中的五個整字，正是 Дх.00362、Дх.01252、Дх.01263、Дх.01463、Дх.02945 號所存僖公二十二年經傳注文中的殘損之字。Дх.11029 號所存僖公二十二年傳文及相關杜注文五十二字，正是 Дх.00362、Дх.01252、Дх.01263、Дх.01463、Дх.02945 號所存僖公二十二年傳、注文中的殘損之字。"③ 并根據其内容判定 "同宋巾箱本及阮刻宋十行本相比勘可見，Дх.00362、Дх.01252、Дх.01263、Дх.01463、Дх.02945 者與 Дх.03016 及 Дх.11029 號三殘片實爲一卷"④。

綴合後圖版示意如下（因圖版太長，不一一標明每一殘卷的編號）：

---

① 許建平：《〈俄藏敦煌文獻〉儒家經典類寫本的定名與綴合——以第 11~17 册未定名殘片爲重點》，載於《漢語史學報專輯（總第三輯）》，後收入《姜亮夫、蔣禮鴻、郭在貽先生紀念文集》，上海教育出版社，2003 年版，第 306~307 頁；又見《敦煌文獻叢考》，中華書局，2005 年版，第 332~355 頁。

② 許建平：《敦煌經籍叙錄》，中華書局，2009 年版，第 229~230 頁。

③ 李索、趙君：《敦煌文獻〈春秋經傳集解〉綴合四則》，《中國古代社會與思想文化研究論集——全國首屆東周文明學術研討會論文集》，黑龍江人民出版社，2006 年版，第 338 頁。

④ 李索、趙君：《敦煌文獻〈春秋經傳集解〉綴合四則》，《中國古代社會與思想文化研究論集——全國首屆東周文明學術研討會論文集》，黑龍江人民出版社，2006 年版，第 339 頁。

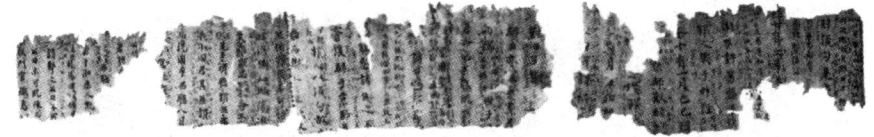

這幾個卷號的反面亦可綴合。

需指出的是，第一，因 Дх.03016 反面纔是《春秋左氏傳僖公二十一、二十二年傳》內容，故李索所謂 Дх.03016 可與其他幾片綴合實際是指《俄藏》標注爲 Дх.03016V 者可與其他幾片的正面綴合。第二，Дх.03016V 所存的第一行注文整字"若顙甥"與 Дх.00362 等號所存注文"自通爲魯私屬"之間有一字，殘存部分筆畫無法辨認，今本則沒有此字，說明該文獻與今本有異，俟考。

5. P.2767+S.3354

（1）P.2767，據《法藏》，雙面抄寫，正面擬名《春秋左氏傳襄公十八年》，背面擬名《釋門文范》。前後及下部殘泐，餘 35 殘行，傳文大字，注文小字兩行，字迹工整，書寫優美，有界欄。

（2）S.3354，雙面抄寫，據《英藏》，正面擬名《春秋左傳杜注（襄公十九年）》，反面擬名《文樣》。正面前殘泐，後似紙尾但內容未完，餘 18 殘行，傳文大字，注文小字兩行，字迹工整，書寫優美，有界欄。

陳鐵凡早在 20 世紀 70 年代已指出："執以校讀《四部叢刊》景宋本，經發現此二卷——P 二七六七卷與 G 七〇八二（S 三三五四）卷，竟是一卷子之摺，此則前人迄未注意者。這兩卷不但經傳注文及字迹相接相同，而且兩影本的摺斷之處的痕迹，也完全密合。"① 此觀點又見於李索《敦煌寫卷〈春秋經傳集解〉異文研究》。② 確實，兩卷綴合後，本分裂於兩卷之上的傳文中"疽""頭""濟""者""皆"等字以及注文"癉疽，惡創"完全合一，的爲確證。

---

① 陳鐵凡：《〈左傳〉節本考》，載於《大陸雜誌》1970 年第 41 卷第 7 期，第 210 頁；陳鐵凡《法京所藏敦煌左傳兩殘卷綴合記》，載於《書目季刊》1970 年第 1 期。
② 李索：《敦煌寫卷〈春秋經傳集解〉異文研究》，中國社會科學出版社，2007 年版，第 29~34 頁。

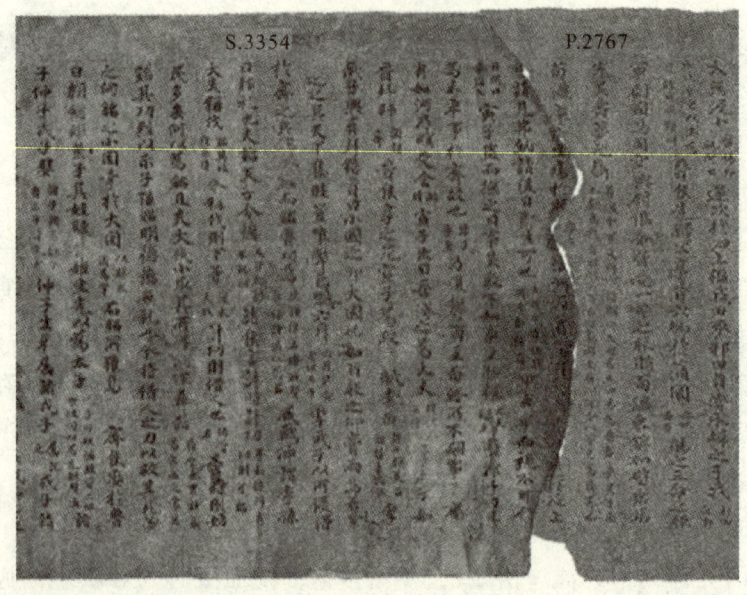

6. S.5625+P.2523

（1）S.5625，雙面抄寫，據《英藏》，正面擬名《春秋傳杜注》，背面擬名《請某法師檢校狀》。前後及下部殘泐，存 8 殘行，傳文大字，注文小字兩行，字迹工整，書寫優美，有界欄。

（2）P.2523，雙面抄寫，據《法藏》，除一塊比較大的殘卷標注爲 P.2523 之外，該號還包括四個小殘片，分別標注爲 P.2523p1、P.2523p2、P.2523p3、P.2523p4。較大殘卷和第一、二片均擬名，正面擬名《春秋經傳集解》，P.2523p3 爲《古文尚書》，P.2523p4 爲《密教儀軌》。較大殘卷傳文大字，注文小字兩行，字迹工整，書寫優美，有界欄。P.2523p1、P.2523p2 形式與此同。

李索《敦煌寫卷〈春秋經傳集解〉异文研究》將 S.5625 與 P.2523 加以綴合，稱："與《四部叢刊》本比，兩卷中間僅相差傳文'雲中'和杜注文'入雲夢澤中所謂江南之夢夢如字又音蒙'十七字。且兩卷筆迹相同，故實爲一卷。"① 確。綴合圖版如下所示：

---

① 李索：《敦煌寫卷〈春秋經傳集解〉异文研究》，中國社會科學出版社，2007 年版，第 29~34 頁。

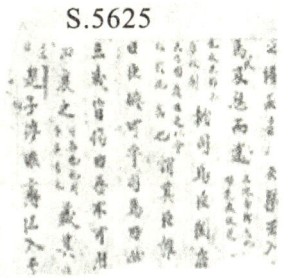

除 S.5625 與 P.2523 外，P.2523p1 字迹、行款與此兩卷極似，應可綴合。而 P.2523p2 字迹、形式與 P.2767+S.3354 相似，而且卷背《釋門文范》也與 P.2767 背面《釋門文范》極似，似乎也可綴合，俟考。

《論語》（卷第四、第五）

S.6023+……+Дx.02144+S.5756+S.966

許建平的《〈俄藏敦煌文獻〉儒家經典類寫本的定名與綴合——以第 11～17 冊未定名殘片爲重點》已將後三個卷號綴合爲 Дx.02144+S.5756+S.966，認爲"以上三卷均前後相接，行款、字體一致，當本爲一卷。《英藏》認爲 S.5756 與 S.966 可以綴合，今得 Дx.02144 與之綴合，共得經文 52 行。此卷尾題《論語卷第五》，則可以爲題"①。許建平《敦煌經籍敘錄》基本相同，還附有綴合示意圖②，可參。

韓鋒在《幾件敦煌寫本〈論語〉白文殘卷綴合研究》中對四個殘卷分別錄文，并有詳細的叙錄和綴合說明，還附有四個卷號的位置示意圖，

---

① 許建平：《〈俄藏敦煌文獻〉儒家經典類寫本的定名與綴合——以第 11～17 冊未定名殘片爲重點》，載於《漢語史學報專輯（總第三輯）》，後收入《姜亮夫、蔣禮鴻、郭在貽先生紀念文集》，上海教育出版社，2003 年版，第 311 頁；又見《敦煌文獻叢考》，中華書局，2005 年版。

② 許建平：《敦煌經籍敘錄》，中華書局，2009 年版，第 296 頁。

如下①：

韓鋒指出，從《英藏》圖版看，S.6023"因其殘卷過長，而分成兩片拍攝的。據我們辨認分析，認爲第一片和第二片的字迹有所不同，抄寫的行間疏密程度也不一樣，前疏後密，我們懷疑此卷似非一人所抄寫，且在第二片上明顯有拼接的痕迹"②。從 IDP 圖版看，此點更爲明顯。故現將 S.6023 第二片標記爲 S.6023（2）。

仔細比定後，筆者發現，S.6023（2）與 S.966、S.5756、Дх.02144 有明顯的可綴合特徵，韓文所指可與其他三個卷號綴合的 S.6023 實際爲 S.6023（2），它與 Дх.02144 之間約缺損 9 行。

現將綴合後圖版示意如下：

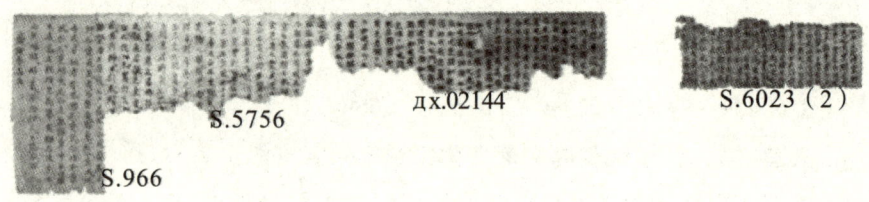

韓鋒未指出各卷中有正反雙面抄寫者（如 Дх.2144），其內容爲雜寫，可辨認一"龍"字。

《論語》（卷第五）

Дх.02144+S.5756+S.966

---

① 韓鋒：《幾件敦煌寫本〈論語〉白文殘卷綴合研究》，載於《敦煌學輯刊》2006 年第 1 期，第 6~12 頁。

② 韓鋒：《幾件敦煌寫本〈論語〉白文殘卷綴合研究》，載於《敦煌學輯刊》2006 年第 1 期，第 12 頁。

《英藏》已綴合 S.5756+S.966，標注互參，擬名均爲《論語卷第五（鄉黨）》。許建平《〈俄藏敦煌文獻〉儒家經典類寫本的定名與綴合——以第 11~17 册未定名殘片爲重點》綴合爲 Дx.02144+S.5756+S.966，認爲"以上三卷均前後相接，行款、字體一致，當本爲一卷。《英藏》認爲 S.5756 與 S.966 可以綴合，今得 Дx.02144 與之綴合，共得經文 52 行。此卷尾題《論語卷第五》，則可以爲題"①。有詳細的叙録和綴合説明。許建平《敦煌經籍叙録》基本相同，還附有綴合示意圖②，可參。

《論語》（卷第八）

Дx.05307+P.3745+Дx.02666

許建平在《〈俄藏敦煌文獻〉儒家經典類寫本的定名與綴合——以第 11~17 册未定名殘片爲重點》中認爲："三卷原爲同一寫卷，Дx.05307 及 Дx.02666 均是從 P.3745 上撕下之斷片。三卷綴合後，共 100 行。P.3745 前 16 行所缺之下截全部補齊。P.3745 尾題'論語卷弟（即'第'）八'，可據以爲題。"③ 許建平的《敦煌經籍叙録》基本相同，并指出勝義《〈俄藏敦煌文獻〉第十二册校讀記》（上）（《戒幢佛學》第 2 卷，第 635 頁）校讀中的三個問題，還附有綴合示意圖④，可參。

《〈論語注〉音義》

L.0739+殷 42 号

---

① 許建平：《〈俄藏敦煌文獻〉儒家經典類寫本的定名與綴合——以第 11~17 册未定名殘片爲重點》，載於《漢語史學報專輯（總第三輯）》，後收入《姜亮夫、蔣禮鴻、郭在貽先生紀念文集》，上海教育出版社，2003 年版，第 311 頁；又見《敦煌文獻叢考》，中華書局，2005 年版。
② 許建平：《敦煌經籍叙録》，中華書局，2006 年版，第 295~296 頁。
③ 許建平：《〈俄藏敦煌文獻〉儒家經典類寫本的定名與綴合——以第 11~17 册未定名殘片爲重點》，載於《漢語史學報專輯（總第三輯）》，後收入《姜亮夫、蔣禮鴻、郭在貽先生紀念文集》，上海教育出版社，2003 年版，第 311 頁；又見《敦煌文獻叢考》，中華書局，2005 年版。
④ 許建平：《敦煌經籍叙録》，中華書局，2006 年版，第 370~373 頁。

（1）L.0739 爲國家圖書館臨時編號殘片，共 10 行，許建平的《中國國家圖書館藏未刊敦煌寫本殘片四種的定名與綴合》有叙録①，可參。

（2）殷 42 號，即新編號 BD.9521，據《國圖藏》，作大字書寫詞條，小字兩行注釋音義的格式，共有大字正文八行，起小字"才良"，止於小字"上早音，下又㒈"，有界欄，字迹清晰優美。據許建平考證，此爲據鄭玄《論語注》所作的音義。②

許建平在《中國國家圖書館藏未刊敦煌寫本殘片四種的定名與綴合》中認爲 BD.9521 "正可與 L.0739 綴合，L.0739 之末行正爲殷 42 首行之下端，兩片綴合後共 18 行"③。綴合後可擬名爲《〈論語注〉音義》。

因未得 L.0793 的圖版，暫缺圖版綴合示意圖。

《論語集解》

Дх.11082+Дх.18944R+Дх.11081

許建平在《〈俄藏敦煌文獻〉儒家經典類寫本的定名與綴合——以第 11~17 册未定名殘片爲重點》中認爲："此（Дх.18944R）正爲 11082 號第 10 至 14 行殘缺之下截。Дх.11081……其第 1 至第 4 行恰好是 18944R 第 11 行至 14 行之上部，兩者正好綴合。三個殘片綴合後，計得 24 行。"④ 有詳細的叙録和綴合説明。許建平《敦煌經籍叙録》基本相同，并附有綴合示意圖⑤，可參。

施萍婷的《俄藏敦煌文獻經眼録》曾著録 Дх.11082 背面《社司轉

---

① 許建平：《中國國家圖書館藏未刊敦煌寫本殘片四種的定名與綴合》，張涌泉、陳浩《浙江與敦煌學》，浙江古籍出版社，2004 年版，第 321~322 頁。

② 許建平：《北圖藏殷 42〈論語音義〉殘卷跋》，《敦煌吐魯番研究》第 2 卷，北京大學出版社，1996 年版，第 337~340 頁。

③ 許建平：《中國國家圖書館藏未刊敦煌寫本殘片四種的定名與綴合》，張涌泉、陳浩《浙江與敦煌學》，浙江古籍出版社，2004 年版，第 317 頁。

④ 許建平：《〈俄藏敦煌文獻〉儒家經典類寫本的定名與綴合——以第 11~17 册未定名殘片爲重點》，載於《漢語史學報專輯（總第三輯）》，後收入《姜亮夫、蔣禮鴻、郭在貽先生紀念文集》，上海教育出版社，2003 年版，第 312 頁；又見《敦煌文獻叢考》，中華書局，2005 年版。

⑤ 許建平：《敦煌經籍叙録》，中華書局，2006 年版，第 323~324 頁。

帖》"殘成兩片"①，現《俄藏》已經綴合其圖版，看不出斷裂的痕迹。

按：這三個卷號背面的《社司轉帖》亦可綴合。

《論語集解》（《述而》《泰伯》）（按：在前人綴合的基礎上，再補充 Дх. 12760）

P. 2677D+P. 2677E+Дх. 12760+P. 3194

《論語》何晏注本在敦煌寫本中殘卷較多，《敦煌經籍叙錄》及《敦煌經部文獻合集》已經有詳細梳理。其中，Дх. 12760 在許建平《〈俄藏敦煌文獻〉儒家經典類寫本的定名與綴合》一文中已經定名，并首次與 P. 2677D、P. 2677E、P. 3194 三個《論語》何晏注的殘片進行綴合。② 實際上，從這四個殘片拼合後的圖版看，P. 2677E 與 Дх. 12760 之間也還存有缺泐，P. 2677E 位於頁面的下半部分，Дх. 12760 位於頁面的上半部分，而 Дх. 12760 又不能直接拼合在 P. 2677E 的上方，只是接在 P. 2677E 之後一行，缺損處無可補正，甚爲可惜。

今見編號爲 Дх. 18932 者，亦可與上述四個殘片綴合。詳細綴合叙錄見第八章第三節。

---

① 施萍婷：《俄藏敦煌文獻經眼錄》，《敦煌吐魯番研究》第 2 卷，北京大學出版社，1996 年版，第 327 頁。

② 許建平：《〈俄藏敦煌文獻〉儒家經典類寫本的定名與綴合——以第 11～17 册未定名殘片爲重點》，載於《漢語史學報專輯（總第三輯）》，後收入《姜亮夫、蔣禮鴻、郭在貽先生紀念文集》，上海教育出版社，2003 年版，第 212～213 頁。

按：P.2677B、P.2677C 兩卷亦可綴合。

《論語注》(《雍也》—《鄉黨》)

Дх.05919+……+P.2510

關於 P.2510 寫卷，羅振玉《論語鄭注〈述而〉至〈鄉黨〉殘卷跋》曾認爲與大谷光瑞所得《論語子路》殘卷（即書道館所藏論語寫卷）爲一卷之裂①；後王重民《敦煌古籍叙録》則駁論曰："兩卷書迹殊异，絕非一帙而紛失者。"② 確。

許建平在《〈俄藏敦煌文獻〉儒家經典類寫本的定名與綴合——以第 11~17 册未定名殘片爲重點》中認爲："Дх.05919 之字體、行款與 P.2510 相同，當爲一卷之裂。然兩卷之間約殘缺 10 行。"③ 有詳細的叙録和綴合説明。許建平《敦煌經籍叙録》基本相同④，可參。

綴合後圖版示意如下：

---

① 羅振玉：《論語鄭注〈述而〉至〈鄉黨〉殘卷跋》，《羅振玉校勘群書叙録》，廣陵古籍出版社，1998 年版，第 226~233 頁。

② 王重民：《敦煌古籍叙録》，中華書局，1979 年版，第 65 頁。

③ 許建平：《〈俄藏敦煌文獻〉儒家經典類寫本的定名與綴合——以第 11~17 册未定名殘片爲重點》，載於《漢語史學報專輯（總第三輯）》，後收入《姜亮夫、蔣禮鴻、郭在貽先生紀念文集》，上海教育出版社，2003 年版，第 302~315 頁；又見《敦煌文獻叢考》，中華書局，2005 年版，第 332~355 頁。

④ 許建平：《敦煌經籍叙録》，中華書局，2006 年版，第 302~306 頁。

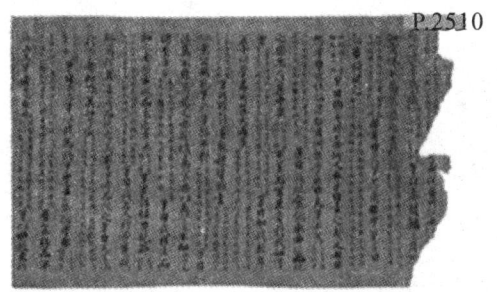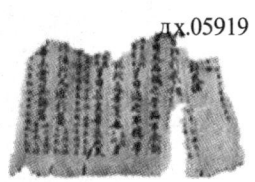

《論語集解》(《鄉黨》)

Дх.05322+S.6079

许建平《〈俄藏敦煌文獻〉儒家經典類寫本的定名與綴合——以第11~17册未定名殘片爲重點》認爲"此殘片(即 S.6079)恰好是 Дх.05322前4行所缺之下截,雖然中間尚殘損約兩個字的位置,但兩卷基本上已可綴合,而且最後一行之'而',Дх.05322 存左上角,S.6079 存右下角,兩者正可完整拼合"①。许建平的《敦煌經籍叙録》與之基本相同,但認爲兩號拼合後還缺兩個字,所以修正爲 Дх.05322+……+S.6079,顯得非常嚴謹。文後還附有綴合示意圖,可参。不過因爲 S.6079 最後一行首字與 Дх.05322 第四行末字正是同一個"而"字分裂於兩卷造成的,完全可以合二爲一,所以兩卷已經可以確認完全拼合,現仍記爲 Дх.05322+S.6079。爲説明此點,現附綴合示意圖如下:

---

① 许建平:《〈俄藏敦煌文獻〉儒家經典類寫本的定名與綴合——以第11~17册未定名殘片爲重點》,載於《漢語史學報專輯(總第三輯)》,後收入《姜亮夫、蔣禮鴻、郭在貽先生紀念文集》,上海教育出版社,2003年版,第312頁。

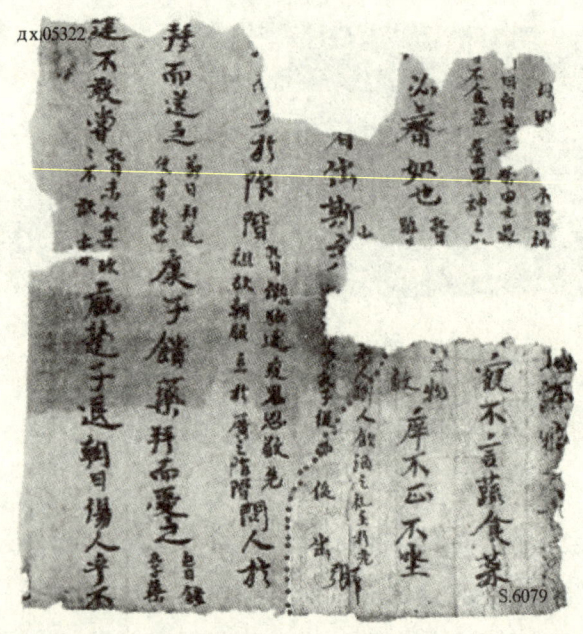

上部分:《雜字類抄》,下部分:《籯金難字》

S.4195V+S.461V

(1) S.4195,據《英藏》及 IDP 圖版,正反雙面抄寫,正面爲《大智度論》卷一十九,頁面正中寫有一"兌"字,表示該經已作廢。背面有兩部分的内容,頁面上面部分《英藏》擬名《雜字附音義》,下面部分擬名《籯金字书(帝德篇第一——公主篇第四)》。

(2) S.461,《英藏》未收圖版,據 IDP 圖版,正反雙面抄寫,正面爲《大智度論》卷一十九,頁面正中寫有幾個"兌"字,表示該經已作廢。背面有兩部分的内容,頁面上面部分《英藏》擬名《雜字附音義》,下面部分擬名《籯金字书(帝德篇第一——公主篇第四)》。

張涌泉、丁小明《敦煌文獻定名研究》首先指出各目録及著録 S.4195V 者,"除《英藏敦煌文獻》外,各家均把上下二部分混而爲一,誤"①。確實,《敦煌遺書總目索引》將 S.4195V 定名爲《字書(當作籯

---

① 張涌泉、丁小明:《敦煌文獻定名研究》,載於《中華文史論叢》2011 年第 2 期,第 341 頁。

金)》,《寶藏》定名爲《生字新詞録(諸君篇、諸王篇、公主篇)》《敦煌遺書總目索引新編》將 S.461V 定名爲"雜寫等",S.4195V 擬名"籯金",《倫敦藏敦煌漢文卷子目録提要》S.461V 擬名"雜抄文字",S.4195V 擬名"略出籯金",《英國博物館藏敦煌漢文寫本注記目録》S.4195V 擬名爲"諸君篇",郝春文主編《英藏敦煌社會歷史文獻釋録》S.461V 定名"字書",并未明確 S.4195V 和 S.461V 均是由上下兩部分不同的内容構成,張、丁二人指出:"原卷分上下二部分,雖皆爲難字摘抄,然字體款式均所不同,上面部分每行頂格抄一至四字不等,字體較大,個别條目下注有雙行小字音義;下面部分字體較小,無注釋,有'諸君篇弟二''諸王篇弟三''公主篇弟四''東都篇弟五'的小標題,由於上面部分每行所抄字數不同,故下面部分所抄亦多少不一;從款式看,可以推斷上面部分抄寫在前,而下面部分則是後來利用原紙每行下的空白接抄的,爲免混淆,故上下二部分間底卷用曲綫加以區隔。"① 可謂精審。文中將二卷綴合爲 S.4195V+S.461V,附有綴合後的圖版示意圖②,可參。

按:正面爲作廢的《大智度論》卷一十九亦可綴合,爲佛典,不録。

《新商略古今字樣》

S.6208p3+S.6208p4+……+S.5731+S.6208p5+S.11423

(1) S.6208,正面首殘,前抄《雜集時用要字(擬)》,接抄《新商略古今字樣撮其時要并引正俗釋下卷》,後者已撕裂爲五個殘片,現分别記爲 S.6208p1、S.6208p2、S.6208p3、S.6208p4、S.6208p5。S.6208p1 在《雜集時用要字(擬)》之後有 8 行,首題"新商略古今字樣撮其時要并引正俗釋下卷☒(第)□",應爲《新商略古今字樣》的内容。之後爲四個互不連接的殘片,其中右下部一小片存四殘字(其中有一"紫"字大體完整),抄作正文大字的形式,字迹、款式與其他諸片不同,應與本

---

① 張涌泉、丁小明:《敦煌文獻定名研究》,載於《中華文史論叢》2011 年第 2 期,第 341 頁。
② 張涌泉、丁小明:《敦煌文獻定名研究》,載於《中華文史論叢》2011 年第 2 期,第 341 頁。

書無關。其餘三片《敦煌經部文獻合集》按内容先後把右部的一片定作乙片（此處標爲 S.6208p3），左下部的一小片定作丙片（此處標爲 S.6208p4），這兩片可以綴合，綴合後凡 10 殘行，中間無缺行，但上下部都有殘缺；左上部較大的一片定作丁片（此處標爲 S.6208p5），共 14 行（第 1 行僅存一二殘筆），爲頁面的下半部分，且底部多有殘泐。①

（2）S.5731，正面抄《時要字樣》，共 39 行（第 15 行入聲字前題"時要字樣卷下第四"），其中前 33 行下部殘泐。

（3）S.11423，僅存三殘行，《英藏》擬題"時要字樣（？）（參 S.5731、S.6208）"。

周祖謨《敦煌唐本字書叙録》指出 S.5731 號前 14 行的上一半與 S.6208p5 所存的下半幅相銜接，實爲一書②，確。二號綴合後，銜接處除前 3 行中部略有殘缺外，其餘 11 行均密合無間，原本分屬二號的"碭""右""瘦""領""牛""囋"等字得以復合爲一。

又《敦煌經部文獻合集》謂 S.11423 係 S.6208p5 第 9 至 11 行底部掉落的碎片，可以完全綴合。③ 確。各片綴合後，可據 S.5731 之題"時要字樣卷下第四"定名作《時要字樣》。綴合圖如下圖所示：

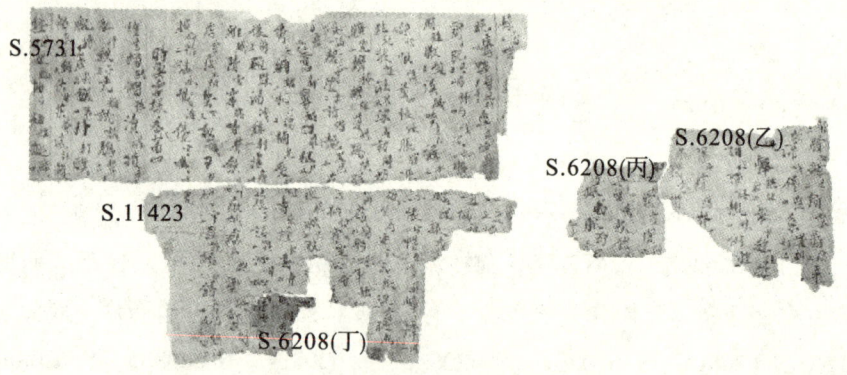

其中 S.6208p4 與 S.5731+S.6208p5 之間不能完全銜接，其間約缺 3 行。

---

① 張涌泉：《敦煌經部文獻合集》，中華書局，2008 年版，第 3846 頁。
② 周祖謨：《敦煌唐本字書叙録》，《敦煌語言文學研究》，北京大學出版社，1988 年版，第 47~48 頁。
③ 張涌泉：《敦煌經部文獻合集》小學類字書之屬《時要字樣（一）》題解，中華書局，2008 年版，第 3847 頁。

《雜集時用要字》（擬）

S. 3227V+S. 6208

（1）S. 3227，雙面抄寫，據《英藏》，正面爲《下女夫詞》《韓朋賦》等，背面類書（石器部、靴器部、農器部等）。

（2）S. 6208，雙面抄寫，據《英藏》，正面爲《俗務要名林（？）》、《新商略古今字樣撮其時要并引正俗釋下卷》，背面爲抄有十二月曲子、《古賢集》、失名韻文（？）等内容。

承張涌泉老師相告，S. 3227V 與 S. 6208 可以綴合。但《英藏》對 S. 3227 正、背面的擬定有誤，應互易。該號"類書"部分與 S. 6208 正面《俗務要名林（？）》部分實爲《雜集時用要字》之一種（參看《敦煌經部文獻合集》小學類字書之屬《雜集時用要字》之二題解），周祖謨《敦煌唐本字書叙錄》已指出二者可以綴合："（S. 3227）綵帛部（原卷題"綵色部"）只存殘卷上截一段，而 S. 6208 殘卷開頭只有下截，恰可與 S. 3227 相補，兩個殘卷實際是一個書，却分裂爲二。"① 甚是。不過，S. 6208 包括五个殘片，第一殘片共 36 行，又分爲兩個部分，前一部爲分類抄錄事物名稱字書的殘卷，後一部分爲《时要字樣》。《英藏》編號 S. 3227V 者末部的七殘行正可與《英藏》編號 S. 6208 者前一部分首七殘行上下綴接。二號綴合後，該部分凡 55 行，殘存"□纈部""音響部""飲食部""薑筍部""菓子部""席部""布部""七事部""酒部"等 20 部，就所存部分考察，原書係分類抄錄各種事物名稱，以雙音詞爲主，偶亦有三字或單字的，無注文；有些部目與《俗務要名林》相同，但後者所收頗多單音詞，且每條下皆有音注，體式與本書异。

又，丁治民在《敦煌殘卷〈時要字樣〉考述》中認爲"而斯 5731 號與斯 6208 號爲同一個抄卷斷裂後的二個殘卷。這可以通過斯 5731 號與斯

---

① 周祖謨：《敦煌唐本字書叙錄》，《敦煌語言文學研究》，北京大學出版社，1988 年版，第 48 頁。朱鳳玉《敦煌寫本字樣書研究之一》（《華岡文科學報》1989 年第 17 期），鄭阿財、朱鳳玉《敦煌蒙書研究》（甘肅教育出版社，2002 年，第 98 頁）説略同。參看張涌泉主編《敦煌經部文獻合集》，中華書局，2008 年版，第 4150 頁。

6208 號的綴合而得到證明：一，兩個寫卷的紙色深淺、字體、字形的大小相同；二，一個字、被釋字與釋字、一組同音字或兩個相連的小韻被斷裂爲二的痕迹清晰可辨"①，有詳細的叙録及綴合説明，并辨明其與另一非同卷之裂的《時要字樣》抄本 S.6117 的差别，可参。據丁文，S.5731 末行與 S.6208 首行正好相接。實際上 S.6208 包括五個殘片，第一和第五個殘片較大，其餘三個殘片只有五殘行、二字和三殘行，均爲《時要字樣》的殘片。第一個殘片共 36 行，又包括兩個部分，第一部分爲分類抄録事物名稱字書的殘卷，前已綴合。後一部分爲《時要字樣》，所釋字大字，注音及釋文作小字兩行，起於題名《新商略古今字樣撮其時要并引證俗釋下卷第☒》，止於正文"哺"釋文"兒含☒"，現標記爲 S.6208A。最末一個殘片存 13 殘行，亦爲《時要字樣》，所釋字大字，注音及釋文作小字兩行，起於釋文"五之夜"，止於釋文"嚦"，現標記爲 S.6208E。丁文所指的可與"斯 5731 號"綴合的斯 6208 號實際正是 S.6208E。

則 S.5731、S.6208、S.3227V 三個卷號可以綴合爲 S.5731+S.6208E 和 S.3227V+S.6208A。綴合後的兩个殘卷属同書之裂，但中間相隔甚多，不可直接相接。

綴合示意圖分别如下：

──────────

① 丁治民：《敦煌殘卷〈時要字樣〉考述》，載於《文獻》2004 年第 1 期，第 68~74 頁。

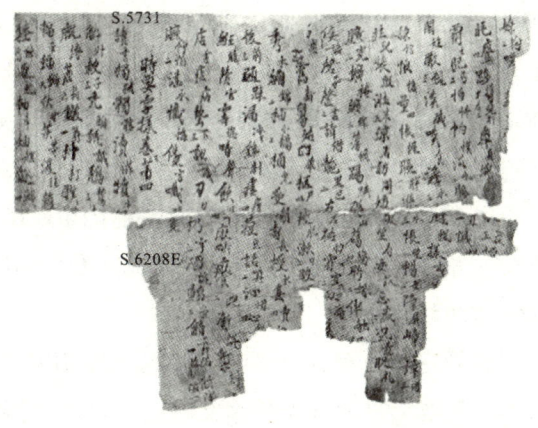

《千字文》

1. P.4066V+……+P.2759V+P.2771V

《法藏》已將 P.2759+P.2771 圖版進行綴合，張涌泉、張新朋《敦煌本〈千字文〉叙録》根據王卡《敦煌道教文獻研究》對 P.4066V、P.2759V 和 P.2771V 三個卷號正面道經的綴合，對 P.4066V、P.2759V 和 P.2771V 進行了綴合，文有詳細的叙録和綴合説明，確，可參①；唯其文中將 P.4066V、P.2759V 和 P.2771V 分别標記爲 P.4066、P.2759 和 P.2771，今改過。確定 P.4066 在前，P.2759V+P.2771V 在後，并根據正面道經的内容推斷，P.4066V 與 P.2759V+P.2771V 之間約有 56 行的殘缺。因殘缺太多，故不再顯示綴合示意圖。

2. P.4899+P.5546

《法藏》《寶藏》已將兩卷圖版綴合在一起。張涌泉、張新朋《敦煌本〈千字文〉叙録》有詳細的叙録和綴合説明，確，可參。②

3. Дх.7902+Дх.7861

《俄藏》將 Дх.7861、Дх.7864、Дх.7870、Дх.7902 四個卷號的圖版

---

① 見張涌泉、張新朋《敦煌本〈千字文〉叙録》，載於《中國俗文化研究》（第五輯），第117~118頁。
② 見張涌泉、張新朋《敦煌本〈千字文〉叙録》，載於《中國俗文化研究》（第五輯），第119頁。

放在一起，似謂可以綴合。張新朋在《若干新認定〈千字文〉寫卷叙錄及綴合研究》中認爲其中 Дx. 7902 與 Дx. 7861 兩號可以完全綴合，其間只殘 "勸賞黜陟孟軻" 六字，并附有綴合圖①，并認爲 "又此殘片（按指 Дx. 16781）與上文 Дx. 7902+Дx. 7861 殘片書風相近，行款上亦大體吻合，疑爲同一寫卷之裂，二者之間約殘缺一行。然因 Дx. 16781 所存内容過少，不宜遽斷"②。故能確認綴合者只有 Дx. 7902+Дx. 7861。

4. Дx. 269+Дx. 9365

張新朋《若干新認定〈千字文〉寫卷叙錄及綴合研究》認爲 "又此殘片（指 Дx. 9365）與施萍婷《俄藏敦煌文獻經眼錄之一》已認定爲《千字文》的 Дx. 269 書風甚近，一些構件的寫法及某些相近筆劃的運筆方式均較一致，且從殘片判斷二者均爲行十三字，行款亦相合，二者當爲同一寫卷之裂"。"今按此（指 Дx. 9365）爲《千字文》殘片，《千字文》相關文句作'罔談彼短，靡恃己長。信使可覆，器欲難量。墨悲絲染，詩贊羔羊。景行維賢，克念作聖'"③，可參。對此兩個卷號有詳細的叙錄和綴合說明，且附有綴合圖版④，確，可參。

5. Дx. 19085+Дx. 11092+Дx. 11092（修补碎片）

張新朋《若干新認定〈千字文〉寫卷叙錄及綴合研究》認爲 "上揭二殘片字體相同，可以綴合，Дx. 19085 的第 8～16 行所存恰好爲俄 Дx. 11092 前 8 行所缺之下部，二者綴合後密合無間"。"又《俄藏》Дx. 11092《千字文》圖版後另有殘片一，正面爲有關定州绫子的文書 4 殘行；其背面亦存 4 殘行，然字迹略草，内容俟考，其中上端有一倒書的楷書'容'字，筆迹與此面其它略草的文字不同，竊謂這個'容'字當即 Дx. 11092《千字文》第 10 行'淵澄取⊠（映）'句下所殘的'容止若思'句中的'容'字，此殘片當是上揭《千字文》背面脱落下來的修

---

① 張新朋：《若干新認定〈千字文〉寫卷叙錄及綴合研究》，載於《敦煌學輯刊》2008 年第 1 期，第 49 頁。
② 張新朋：《若干新認定〈千字文〉寫卷叙錄及綴合研究》，載於《敦煌學輯刊》2008 年第 1 期，第 49 頁。
③ 兩段引文均參見張新朋《若干新認定〈千字文〉寫卷叙錄及綴合研究》，載於《敦煌學輯刊》2008 年第 1 期，第 51 頁。
④ 張新朋：《若干新認定〈千字文〉寫卷叙錄及綴合研究》，載於《敦煌學輯刊》2008 年第 1 期，第 51 頁。

補殘片"①。對這三個卷號有叙録和詳盡的綴合説明，并附有綴合圖版②，確，可參。

6. Дх. 12661+Дх. 18950

張新朋在《若干新認定〈千字文〉寫卷叙録及綴合研究》中認爲："今謂 Дх. 12661 正面與 Дх. 18950 所抄皆《千字文》，二者可以綴合，綴合後内容大抵相連，連接處亦大體吻合。《千字文》相關文句作'龍師火帝，鳥官人皇。始製文字，乃服衣裳。推位讓國，有虞陶唐。弔民伐罪，周發殷湯。坐朝問道，垂拱平章。' Дх. 12661 第 1 行所存殘字當是'帝'字，其下當缺一'鳥'字；第 2 行'位'下殘字 Дх. 12661 存上端殘畫，Дх. 18950 存下端殘畫，當爲'讓'字。唯 Дх. 12661 號第 3 行所存殘字，據殘畫及行款（行十四字左右）判斷當是'坐朝問'三字，然從《俄藏》圖版看，其筆劃明顯比前兩行文字細，不知因何而致，暫且存疑。"③ 對這三個卷號有叙録和詳盡的綴合説明，并附有綴合圖版④，確，可參。

《真草千字文》

Дх. 08783+Дх. 05847+……+Дх. 08903+P. 3561

《俄藏敦煌文獻》已綴合 Дх. 08783 與 Дх. 08903，并附有綴合圖版，見第十四册第 88 頁。張新朋在《若干新認定〈千字文〉寫卷叙録及綴合研究》中認爲："以上三個殘片（指 Дх. 08783、Дх. 08903、Дх. 05847）《俄藏》皆未定名。今謂此三片皆《真草千字文》，與 P. 3561 蔣善進摹本《真草千字文》字體款式全同，可以綴合。其中 Дх. 08783 與 Дх. 05847 可以直接綴合，綴合成'☒☒（適口）充腸。飽飫☒☒（烹宰）'二句，

---

① 兩段引文均參見張新朋《若干新認定〈千字文〉寫卷叙録及綴合研究》，載於《敦煌學輯刊》2008 年第 1 期，第 51~52 頁。

② 張新朋：《若干新認定〈千字文〉寫卷叙録及綴合研究》，載於《敦煌學輯刊》2008 年第 1 期，第 52 頁。

③ 張新朋：《若干新認定〈千字文〉寫卷叙録及綴合研究》，載於《敦煌學輯刊》2008 年第 1 期，第 53 頁。

④ 張新朋：《若干新認定〈千字文〉寫卷叙録及綴合研究》，載於《敦煌學輯刊》2008 年第 1 期，第 53 頁。

其中的'腸'字草書 Дx.08783 左下部殘，而 Дx.05847 '飽'字上存有些許殘畫，正是 Дx.8783 草書'腸'字左側所撕裂（《草字編》載智永草書"腸"字作'𦝫'，可參），如下綴合圖右側所示。Дx.08903 與 P.3561 亦可直接綴合，二者綴合後 Дx.08903 的'侍巾'二字可與 P.3561 '帷房'相連爲一句。Дx.08783 與 Дx.05847、Дx.08903 與 P.3561 分別綴合後，中間仍有'烹宰，飢厭糟糠。親戚故舊，老少異糧。妾御'等十六字殘缺，據 P.3561 每行抄十字之格式，可以推知其間缺'烹宰，飢厭糟糠。親戚故舊'十字楷書、草書各一行，'老少異糧。妾御績紡，侍巾'十字楷書一行，'老少異糧。妾御'六字草書大半行。"① 確。張文附有綴合示意圖。②

《新合六字千文》

P.3875Ap7+P.5031p21

張新朋的《若干新認定〈千字文〉寫卷叙錄及綴合研究》有詳細的叙錄與綴合説明③，并附有綴合示意圖④。因示意圖模糊不清，重新整理綴合示意如下：

---

① 張新朋：《若干新認定〈千字文〉寫卷叙錄及綴合研究》，載於《敦煌學輯刊》2008 年第 1 期，第 48~55 頁；又見於張涌泉、張新朋《敦煌本〈千字文〉叙錄》，載於《中國俗文化研究》（第五輯），第 114~115 頁。

② 張涌泉、張新朋：《敦煌本〈千字文〉叙錄》，載於《中國俗文化研究》（第五輯），第 115 頁。

③ 張涌泉、張新朋：《敦煌本〈千字文〉叙錄》，載於《中國俗文化研究》（第五輯），第 134~135 頁。

④ 張涌泉、張新朋：《敦煌本〈千字文〉叙錄》，載於《中國俗文化研究》（第五輯），第 135 頁。

《〈千字文〉習字雜抄》

Дх. 895+Дх. 1442+Дх. 4401

敦煌文獻中的雜寫、雜抄類文字出現得非常多，大多爲學郎練習寫字或者隨手塗鴉之作，向來不爲人所重。其中一些有用的信息并未被注意到。《千字文》爲童蒙書，常被用來當作識字課本抄寫練習，今已公布的敦煌文獻中，此類《千字文》有七八十個卷號。其中一些是可以綴合的：

1. Дх. 00895V+Дх. 01442V+Дх. 04401V

張涌泉、張新朋在《敦煌本〈千字文〉叙錄》中有詳細的綴合説明，并附有綴合示意圖①，確，可參。唯其文中將 Дх. 00895V、Дх. 01442V、Дх. 04401V 分別標記爲 Дх. 895、Дх. 1442、Дх. 4401，今改過。

2. Дх. 05185+Дх. 01896

張涌泉、張新朋在《敦煌本〈千字文〉叙錄》中有非常詳盡的叙錄和綴合説明，并附有綴合示意圖②，可參。此兩個卷號正背面均可以綴合，綴合順序應該爲 Дх. 05185+Дх. 01896 和 Дх. 05185V+Дх. 01896V，且綴合後正背面均爲《千字文》習字雜抄。

3. Дх. 05169 + Дх. 05171 + Дх. 02201 + …… + Дх. 02204 + Дх. 02507 + Дх. 03095+Дх. 2482

《俄藏》已綴合了 Дх. 05169 與 Дх. 05171 圖版；亦將 Дх. 02201、Дх. 02204 與 Дх. 2507 三號的圖版綴合起來。《孟目》確定 Дх. 02201 與 Дх. 02204+Дх. 02507 爲同一寫本的兩個殘件，但不能直接銜接。

張涌泉、張新朋《敦煌本〈千字文〉叙錄》有非常詳盡的叙錄和綴合説明，并附有綴合示意圖③，確，可參。其中 Дх. 2201 與 Дх. 2204 之間約缺損"凋"字的習字兩行。

---

① 張涌泉、張新朋：《敦煌本〈千字文〉叙錄》，載於《中國俗文化研究》（第五輯），第129頁。

② 張涌泉、張新朋：《敦煌本〈千字文〉叙錄》，載於《中國俗文化研究》（第五輯），第130頁。

③ 張涌泉、張新朋：《敦煌本〈千字文〉叙錄》，載於《中國俗文化研究》（第五輯），第130~131頁。

4. Дх.05614+P.05031

張涌泉、張新朋《敦煌本〈千字文〉叙録》有叙録和綴合説明,并附有背面綴合示意圖①,確,可參。唯其將 Дх.05614 反面標爲 "Дх.05614",今改爲 "Дх.05614V"。

P.5031 下包括數十個小殘片。可與 Дх.5614 綴合者爲法國國家圖書館標爲 "Pelliotchinois503144" 的一片 [《法藏》標爲 P.5031(44)];從《俄藏》看,Дх.05614 爲雙面書寫,其正面亦爲《千字文》習字雜抄,《法藏》《寶藏》以及法國國家圖書館 P.5031 圖版則均拍攝了一面,故標記爲 P.5031(44)。因張文中示意圖較爲模糊,且所綴合的兩個卷號連接在一起,實際 P.5031(44)與 Дх.05614V 之間應有缺損,不能直接相接,故重新綴合示意如下:

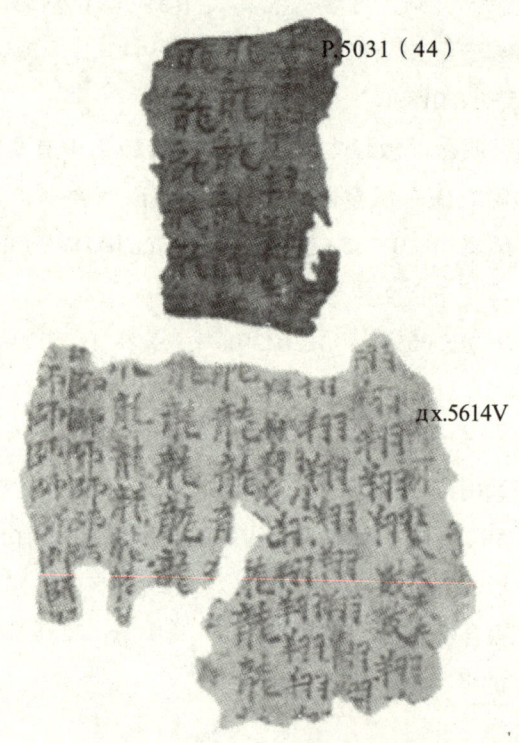

按:兩卷號正面應該亦可綴合,内容也應該是《千字文》練字雜寫,但因爲 P.5031 没有正面的圖版,不列出綴合效果示意圖。

---

① 張涌泉、張新朋:《敦煌本〈千字文〉叙録》,載於《中國俗文化研究》(第五輯),第131頁。

《文選音》

P. 2833+……+S. 8521

（1）P. 2833，據《法藏》，爲《文選音義》，包括卷第二十三、二十五的部分和卷第二十四的全部，詞語大字，音義作小字兩行注形式，起於"勝（注：☒互）"，止於"數擒"，上有朱筆書寫的序號，背面有騎縫押。

（2）S. 8521，據《英藏》，擬名《文選音》，前後及上端殘，詞語大字，音義作小字兩行注形式，存六殘行，爲卷五十八《褚淵碑》及前一篇的部分字音義，起於注文"☒謁"，止於"冠（注文：古亂）"。

張金泉、許建平《敦煌音義匯考》有考釋①，可參。

兩卷不能直接綴合，中間殘缺較多，附綴合示意圖如下：

《大方廣佛華嚴經音》

Дх. 19010+Дх. 18977+Дх. 18981（上片）

Дх. 18976（中片）+Дх. 18976（下片）

Дх. 18974+Дх. 19052

---

① 張金泉、許建平：《敦煌音義匯考》，杭州大學出版社，1996 年版，第 410~473 頁。

張涌泉《俄敦 18974 號等字書碎片綴合研究》有詳細的叙録和綴合説明①，認爲"從外觀上觀察，這寫碎片均屬難字注音性質，字體大體相同；原卷上下應有界欄，行間有欄綫；字頭單行大字，注文多爲雙行小字（如果兩個字頭只有一個字有注音，則改用單行小字），其款式亦大同小异。據此可以初步推斷上揭各件應爲同一寫卷之碎片"②。"上揭碎片被注的疑難字均見於《大方廣佛華嚴經》及武則天的序文，且除底六、底十所見各條次序與經本先後略有不同外，其餘各篇所見詞條與經本先後順序完全一致，這些碎片應爲同一《大方廣佛華嚴經音》寫卷之分裂殆可無疑"③。可參。這些碎片分別屬於《大方廣佛華嚴經音》寫卷的不同卷，彼此并不能直接綴合，其中，Дx. 19027、Дx. 19010、Дx. 18977 和 Дx. 18981（上片）均屬《大方廣佛華嚴經》之首的天册金輪聖神皇帝（武則天）製的《大周新譯大方廣佛華嚴經序》；Дx. 19033 屬《大方廣佛華嚴經》卷五二；Дx. 18976（右片）屬《大方廣佛華嚴經》卷六〇；Дx. 19007 屬《大方廣佛華嚴經》卷六二；Дx. 18976（左中二片）屬《大方廣佛華嚴經》卷六五；Дx. 18974、Дx. 19052 屬《大方廣佛華嚴經》卷六六。因内容太多，此處不列綴合後的圖版示意圖。

《史記·李斯列傳》

Дx. 04666+Дx. 02670

張宗品在《俄藏敦煌文獻所見存世最早的〈史記〉寫本殘片及其綴合》中有詳細的叙録和綴合説明，稱："經比定，該殘片（即 Дx. 04666）與 Дx. 02670 殘紙字句相接，尤其是兩殘片的'昆''車'二字筆劃相接，幾乎不爽毫釐，爲 Дx. 02670 殘紙第 4、5、6 行上部。兩殘片書風、筆迹

---

① 張涌泉：《俄敦 18974 號等字書碎片綴合研究》，見《當代敦煌學者自選集》，上海古籍出版社，2011 年版，第 67~82 頁。

② 張涌泉：《俄敦 18974 號等字書碎片綴合研究》，載於《浙江大學學報》2007 年第 3 期，第 27 頁。

③ 張涌泉：《俄敦 18974 號等字書碎片綴合研究》，載於《浙江大學學報》2007 年第 3 期，第 34 頁。

十分相似。"① 確,可參。

綴合後圖版示意如下:

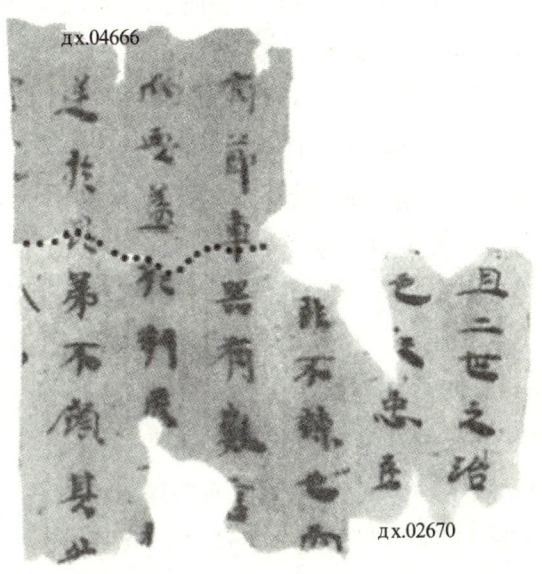

《春秋後語·秦語》(下卷第三)

S. 713+Дx. 11638+Дx. 2663+Дx. 02724+Дx. 05341+Дx. 05784

孟列夫主編,袁席箴、陳華平譯《俄藏敦煌漢文文獻叙錄》(下册)首先綴合了Дx2663+Дx.02724,并認爲是司馬遷寫作《史記》時所使用的佚書"《秦紀(記)》殘卷"②,并有叙錄。

《俄藏》出版時綴合了Дx. 2663、Дx. 02724、Дx. 05341、Дx. 05784 四個殘片的圖版,擬名《史記·秦本紀》。③

---

① 張宗品:《俄藏敦煌文獻所見存世最早的〈史記〉寫本殘片及其綴合》,載於《敦煌研究》2011 年第 5 期,第 73~74 頁。
② [俄] 孟列夫主編:《俄藏敦煌漢文文獻叙錄》(下册),袁席箴、陳華平譯,上海古籍出版社,1999 年版,第 463 頁。
③ [俄] 孟列夫,[中] 錢伯城主編,俄羅斯科學院東方研究所聖彼德堡分所、俄羅斯科學出版社東方文學部、上海古籍出版社編《俄藏敦煌文獻》(第 9 册),上海古籍出版社,1998 年版,第 323 頁。

陸慶夫、陸離在仔細研究 Дх. 2663、Дх. 02724、Дх. 05341、Дх. 05784 之後，"認爲此文書是久佚之《春秋後語·秦語下》的一部分，實際上是英藏敦煌文書 S. 713 號的前半部分，二者原爲一件文書，後被人從中撕開而分離"①。考證及錄文非常詳細，可參。

二人又在《俄藏敦煌寫本〈春秋後語〉殘卷再探——對 Дх. 11638 號與 Дх. 2663、Дх. 02724、Дх. 05341、Дх. 05784 號文書的綴合研究》一文中提出了 Дх. 11638 與其他四個卷號可以綴合的觀點："將兩件文書擺放至一起，發現二者可以綴合，Дх. 02663、Дх. 02724、Дх. 05341、Дх. 05784 號殘卷的第 2 至 8 行與 Дх. 11638 號殘卷的 1 至 7 行分別是同一行，可以拼接；Дх. 02663、Дх. 02724、Дх. 05341、Дх. 05784 號殘卷的第 9 至 24 行與 Дх. 11638 號殘卷的 8 至 23 行分別是同一行，也可以進行拼接，其中有些殘字正好能够拼合復原。"② 確。

陸離在《俄藏敦煌本〈春秋後識〉殘卷探識》中將六個卷號綴合爲 Дх. 01638+Дх. 02663+Дх. 02724+Дх. 05341+Дх. 05784+S. 713，擬名《春秋後語·秦語》（下卷第三）③。

現將綴合後圖版示意如下（S. 713 只列局部）：

---

① 陸慶夫、陸離：《俄藏敦煌寫本〈春秋後語〉殘卷探識》，載於《文獻》2001 年第 2 期，第 212 頁。

② 陸慶夫、陸離：《俄藏敦煌寫本〈春秋後語〉殘卷再探——對 Дх. 11638 號與 Дх. 2663、Дх. 02724、Дх. 05341、Дх. 05784 號文書的綴合研究》，載於《敦煌學輯刊》2004 年第 1 期，第 3 頁。

③ 陸慶夫、陸離：《俄藏敦煌本〈春秋後識〉殘卷探識》，載於《文獻》2001 年第 2 期，第 224 頁。

《十六國春秋》（前燕部分）

羽072a+羽038

（1）羽072a，據《秘笈》，有兩塊殘卷，殘損度很相似，均餘約20整行和3~4殘行。書寫工整，字體俊秀，有烏絲欄。第一塊標記爲羽072ノaR-1者起於"避難西朝，社稷傾覆"，止於"☐☒（君）臣未之☐"。第二塊記爲072ノaR-2者起於"☐☒（然）桓冲謝安玄"，止於"追韓信之敗迹（？）垂"。

（2）羽038，據《秘笈》，爲一殘卷，餘21整行和3殘行，字迹與羽072a一致，有烏絲欄。起於"☐洛陽士卒☒（積）"，止於"恩澤覃乎士卒近"。

《秘笈》叙錄已記"《秘笈》三十八號《十六國春秋》卜同筆"，説明了兩個卷號的綴合關係；劉永明《日本杏雨書屋藏敦煌道教及相關文獻研讀札記》對二卷號的卷背有詳細的叙錄和綴合説明，其中也提及"這兩份卷子正面均爲《十六國春秋》關於前燕部分，正楷中略帶碑體筆意，書法精美，每行十六七字，有欄筐（按：欄框之誤，即界欄），字迹清晰。但内容與今本文字不同，又由於文書斷裂，文字不完全相連續，不過依然可以看出兩者同屬一份寫卷"①。可參。

兩個寫卷不能直接綴合，暫將二卷圖版示意如下：

---

① 劉永明：《日本杏雨書屋藏敦煌道教及相關文獻研讀札記》，載於《敦煌學輯刊》2010年第3期，第68頁。

《唐代殘史書》（或又擬名《古今年代曆》《年紀》）

S. 2506V+P. 2810VA+P. 2810VB+P. 4073V+P. 2380V

這幾個殘卷的字體非常特別，"據敦煌研究院的施萍婷先生說，這種書法筆迹在敦煌遺書中不多見，很可能是一種硬筆書法"①。王重民《敦煌古籍叙錄》和羅福萇《沙州文錄補》先後著錄和綴合了 S. 2506V、P. 2810V、P. 4073V 三個卷號，王重民定名爲《唐代殘史書》，羅福萇定名爲《唐開元天寶殘史書》。後郭峰《簡談敦煌寫本斯二五〇六號等唐修史書殘卷的性質和價值》及盛朝暉《敦煌寫本 P. 2506、2810（a）、2810（b）、4073、2380 之研究》又綴合 P. 2380V，最後成爲 S. 2506V+P. 2810VA+P. 2810VB+P. 4073V+P. 2380V。

又郭峰認爲"似可定爲佚名撰《古今年代曆》或《年紀》之類"。因今所見該文獻的内容基本是關於唐代的，似編年史書，故王重民所擬名似較準確，此處亦擬名《唐代殘史書》。詳細綴合叙錄見第九章第二節。

《西漢金山國聖文神武白帝敕》

P. 4632+P. 4631V

（1）P. 4632，雙面抄寫，據《法藏》，正面擬名《西漢金山國聖文神武白帝敕》，背面擬名《宋惠信告身背題》。爲檄旨形式，此號爲前片。

（2）P. 4631，雙面抄寫，據《法藏》，正面擬名《宋惠信改官勅》，背面擬名《西漢金山國聖文神武白帝敕》。

P. 4632 與 P. 4631V 二號字迹、行款完全相同，且正文第二行"知客務宋惠信儒門"幾個字右半部分在 P. 4632 上，左半部分在 P. 4631 上，二號綴合處接縫嚴絲合縫，分裂在兩卷上的"知客務宋惠信儒門"幾字

---

① 盛朝暉：《敦煌寫本 P. 2506、2810（a）、2810（b）、4073、2380 之研究》，載於《敦煌研究》2001 年第 4 期，第 125 頁。

也完全拼合爲一。可知實際《法藏》將該號正反面顛倒了。顏廷亮認爲此兩卷號可以綴合①，但誤記其編號爲 P.4632+P.4631，實際應爲 P.4632+P.4631V。

綴合後圖版示意如下：

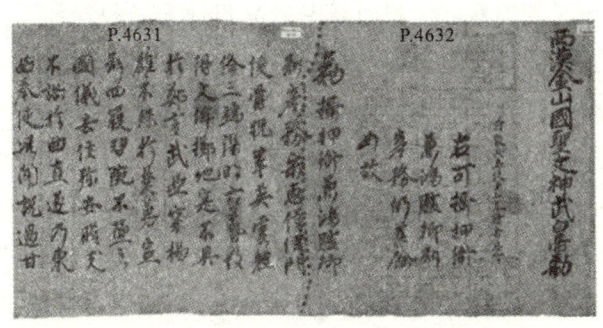

《張議潮處置涼州進表》

S.6342+Дх.05474V

（1）S.6342，據《英藏》，擬名《張議潮進表》+《答張議潮上表敕書》，王重民主編《敦煌遺書總目索引》則定名爲《張議潮進表》②，黃永武《敦煌遺書最新目錄》及《寶藏》同。而唐耕耦、陸宏基《敦煌社會經濟文獻真迹釋錄》（第四輯）定名爲《張議潮咸通二年（861）收復涼州奏表并批答》③；敦煌研究院編《敦煌遺書總目索引新編》定名爲《張議潮進表及朝廷批答》④。

定爲"咸通二年"不確，鄭炳林在《敦煌寫本〈張議潮處置涼州進表〉拼接綴合與歸義軍對涼州的管理》中已指出此點。⑤ 該寫本存 30 殘

---

① 顏延亮：《敦煌西漢金山國檔案文獻考略》，載於《甘肅社會科學》1996 年第 5 期，第 91~94 頁。
② 王重民：《敦煌遺書總目索引》，中華書局，1983 年版，第 240 頁。
③ 唐耕耦、陸宏基：《敦煌社會經濟文獻真迹釋錄》（第四輯），全國圖書館文獻縮微複製中心 1900 年，第 363~364 頁。
④ 敦煌研究院：《敦煌遺書總目索引新編》，中華書局，2000 年版，第 197 頁。
⑤ 鄭炳林：《敦煌歸義軍史專題研究三編》，甘肅文化出版社，2005 年版，第 100 頁。

行,《敦煌遺書總目索引新編》有錄文①,其中第六行至第八行每行缺損約半行字,第二十行之後每行約殘損二字。

(2) Дx.05474V,據《俄藏》,爲一小殘片,存 3 殘行 23 字,起於"豈可擯狐兔稻粱",止於"彼或衛其囗"。

鄭炳林在《敦煌寫本〈張議潮處置涼州進表〉拼接綴合與歸義軍對涼州的管理》中認爲:"從兩件文書的書寫字體來看,完全一樣,出同一人之手,所論述的事情也能對應起來……特別是本件文書第二行最後的'饋'字,第三行最末的'棄'字,兩卷各保存了一半,上半部保存在俄藏 Дx.05474V 號中,下半部保存在英藏 S.6342 號中,只有兩個卷子拼接綴合,纔能成爲完整的'饋'、'棄'字。第三行(按:實爲第五行)第一個'擲'字的提手保存在 Дx.05474V 號中,拼合後纔完整。"② 確。

綴合後圖版示意如下(S.6342 只取局部):

《于闐天壽二年九月弱婢祐定等牒》

Дx.1400+Дx.2148+Дx.6069

張廣達等稱李正宇、施萍婷調查俄藏敦煌文獻時抄錄了這三件文書,施萍婷"據背面《道場應用文》,三件系同一寫本"③,綴合後錄文見施

---

① 敦煌研究院編:《敦煌遺書總目索引新編》,中華書局,2000 年版,第 197 頁。
② 鄭炳林:《敦煌歸義軍史專題研究三編》,甘肅文化出版社,2005 年版,第 100 頁。
③ 張廣達、榮新江:《十世紀于闐國的天壽年號及其相關問題》,余太山編《歐亞學刊》第一輯,中華書局,1999 年版,第 191~192 頁。

萍婷《俄藏敦煌文獻經眼錄之一》①和《俄藏敦煌文獻經眼錄》（二）②，今《俄藏》所示圖版已經將三個卷號綴合起來，擬名爲《某年九月新婦小娘子陰氏上謀公主狀》+《于闐天壽二年（964）九月弱婢員孃祐定牒》+《天壽二年九月右馬步都押衙張保勳牒》，見《俄藏敦煌文獻》第8卷第145、146頁。根據圖版上所標注的數碼，其綴合順序應該是Дх.6069+Дх.2148+Дх.1400。因Дх.2148中有兩個不同的文書，李正宇將《于闐天壽二年（964）九月弱婢員孃祐定牒》又分爲《于闐天壽二年九月弱婢員孃、祐定牒》和《弱婢祐定等牒》，確。不過，榮新江、李正宇、施萍婷均將其綴合順序記爲Дх.1400+Дх.2148+Дх.6069，從《俄藏》圖版來看似有誤。

其背面亦已綴合，順序應爲Дх.1400V+Дх.2148V+Дх.6069V，綴合後圖版見《俄藏》第8卷第147至149頁，《俄藏》擬名《禮懺文》。

《陰善雄邈真讚并序》

P.2970+P.2482A

（1）P.2970，據《法藏》，爲單頁紙雙面抄寫，且背面爲接續抄寫正面没有寫完的内容。起於首題"唐故歸義軍節度使内親從都頭守常樂縣令武威郡陰府君邈真讚并序"，止於"千秋之後，永播高功"。《法藏》擬名"唐故歸義軍節度使内親從都頭守常樂縣令銀青光禄大夫檢校國子祭酒兼御史大夫上柱國陰府君墓志銘并序"（以下简稱《陰府君邈真讚并序》）。

（2）P.2482A，據《法藏》，該號實際包括《唐故歸義軍節度使内親從都頭守常樂縣令銀青光禄大夫檢校國子祭酒兼御史大夫上柱國陰府君墓志銘并序》（以下简稱《陰府君墓志銘并序》）等六種不同的文書，依次爲《陰府君墓志銘并序》《晉故河西應管内外司馬步軍都指揮使銀青光禄

---

① 施萍婷：《俄藏敦煌文獻經眼錄之一》，載於《敦煌研究》1996年第2期，第77頁。
② 施萍婷：《俄藏敦煌文獻經眼錄》（二），《敦煌吐魯番研究》第2卷，北京大學出版社，1996年版，第314、323~324頁。

大夫檢校工部尚書兼御史大夫上柱國豫章郡羅府君邈真讚并序》《晋故河西應管內外司馬步軍都指揮使銀青光禄大夫檢校工部尚書兼御史大夫上柱國豫章郡羅府君墓志銘并序》《晋故歸義軍節度使左班首都頭知節院軍使銀青光禄大夫檢校左散騎常侍兼御史大夫上柱國太原郡閻府君邈真讚并序》《晋故歸義軍節度使衙前都押衙銀青光禄大夫檢校左散騎常侍書兼御史大夫上柱國南陽郡張府君邈真讚并序》，最後還有《晋故歸義軍節度使內親從都頭兼左廂馬步軍都知兵馬使銀青光禄大夫檢校國子祭酒兼御史大夫上柱國濟北郡氾府君圖真讚并序》的首題，是由九張紙頁粘合在一起形成的長卷。其中《陰府君墓志銘并序》寫在第一張紙頁上，起於首題"唐故歸義軍節度使內親從都頭守常樂縣令銀青光禄大夫檢校國子祭酒兼御史大夫上柱國陰府君墓志銘并序"，止於"高墙銘志兮用記他時"。現標記爲 P.2482A。

楊學勇在《敦煌文獻中珍藏的氏族資料述要》中認爲"P.2482a（即 P.2482A）與法藏 P.2970 原屬同一卷，後分裂爲兩卷"①。其理由大抵爲：兩卷書寫字體一致，其最后一句正面寫不下就附到了背面的方式與 P.2482 号《羅盈達邈真讚》《羅盈達墓志銘》格式相同（讚在前，銘在後），確。根據讚前銘後的順序，P.2970 應該綴合在 P.2482 之前。綴合圖如下：

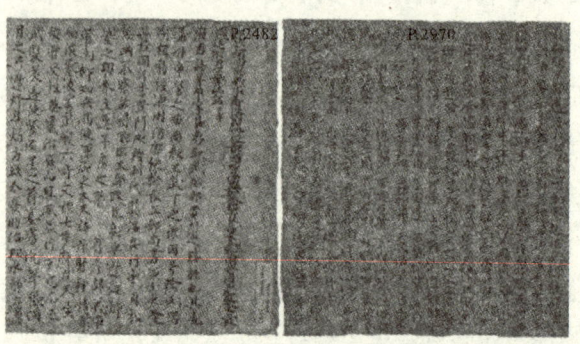

還要補充兩點，第一，不只是《羅盈達邈真讚》和《羅盈達墓志銘》是同一人的邈真讚與墓志銘，其他陰善雄、閻海員、張懷慶、氾某也應同時有同一人的邈真讚與墓志銘（讚在前，銘在后），但 P.2482 現只存陰

---

① 楊學勇：《敦煌文獻中珍藏的氏族資料述要》，載於《尋根》2011 年第 2 期，第 126~127 頁。

善雄的墓誌銘、閻海員的邈真讚、張懷慶的邈真讚和汜某的圖（邈）真讚。第二，同一人的邈真讚和墓誌銘從字迹判斷應出於一人之手。每一讚的首題之後署有撰述者的姓名，而銘無，所以應當是讚在前，銘在後的順序。第三，因陰善雄、羅盈達的邈真讚都存在最後一句正面寫不下就附到了背面的書寫格式，所以這幾個文書最早可能并不是卷子裝，而是每一種文書在單張紙頁正背面接續抄寫完成，最後被粘合在一起形成的長卷；因爲若是先粘成長卷再開始依次書寫，一頁紙上最後一句寫不完應該會寫在下一紙頁上而非該紙頁的背面。

《邈真讚》（擬）

P. 4986+P. 4660+……+P. 3726

鄭炳林《敦煌碑銘讚部分文書拼接復原》對三個卷號有詳細的叙錄和綴合説明①，發現 P. 4986 末尾與 P. 4660 相接續，認爲"P. 4986 號與 P. 4660 號原爲一卷，在伯希和劫經過程中分裂爲二"。且"殘缺部分紙痕皆可彌合，成爲一篇首尾完整的邈真讚。其中'慟''凶''之''于時龍紀'等字，只有在兩卷拼合後纔能辨認出來。"②，又"號 P. 3726《釋門都法律京兆杜和尚寫真讚》與號 P. 4660 原爲一卷，後分裂爲二"③。確。

因 P. 4660 圖版非常大，現只將 P. 4986 末尾與 P. 4660 開頭可以完全綴合處綴合後圖版示意如下：

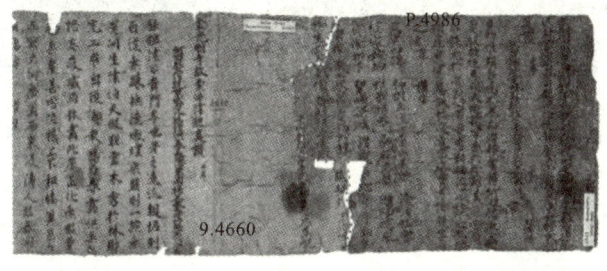

---

① 鄭炳林：《敦煌碑銘讚部分文書拼接復原》，載於《敦煌研究》1993 年第 1 期，第 53~54 頁。
② 鄭炳林：《敦煌碑銘讚部分文書拼接復原》，載於《敦煌研究》1993 年第 1 期，第 54 頁。
③ 鄭炳林：《敦煌碑銘讚部分文書拼接復原》，載於《敦煌研究》1993 年第 1 期，第 54 頁。

而 P. 3726 與 P. 4986、P. 4660 雖字體、行款一致，可以辨認爲一卷之裂，但因并不可直接綴接拼合，中間缺損若干，不列出綴合後的圖版。

《敦煌名人名僧邈真讚》

P. 3630+P. 3718

鄭炳林的《敦煌碑銘讚部分文書拼接復原》有兩卷的詳細叙錄及綴合説明①，其特別指出："從微縮膠卷上看，P. 3630 號末尾題記中'朔'字下殘存'廿三'的後半部分，故誤作十三、十六。P. 3718 號殘題記'日'字前二字爲'廿三'的前半部分，兩卷拼接，可以看出這兩字是'廿三'無疑。這樣一來，殘缺的題記完全復原：'于時大梁貞明九年歲次癸未五月乙巳朔廿三日丁卯題。'按甲子記時來推算，五月一日乙巳，五月廿三日丁卯，也證明 P. 3630 號與 P. 3718 號拼接完全是正確的。"② 確。

因 P. 3718 内容比較多，現將其卷首局部與 P. 3630 綴合後的圖版示意如下：

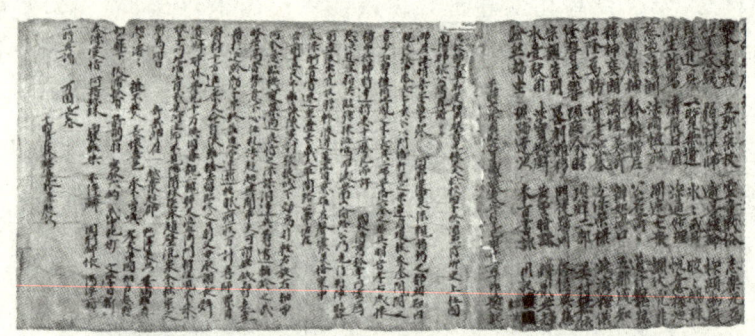

又，二卷爲雙面書寫，背面應亦可綴合（内容似爲習字雜寫，亦有歸入題記者），除《曲子名目録》外，還有一些題記和習字雜寫，定名上也均應歸入《敦煌名人名僧邈真讚》，可稱《敦煌名人名僧邈真讚》卷背雜寫。

---

① 鄭炳林：《敦煌碑銘讚部分文書拼接復原》，載於《敦煌研究》1993 年第 1 期，第 56~57 頁。
② 鄭炳林：《敦煌碑銘讚部分文書拼接復原》，載於《敦煌研究》1993 年第 1 期，第 56~57 頁。

《敕河西節度兵部尚書張公德政之碑》

S. 6161+S. 6973+S. 3329+S. 11564+P. 2762

（1）S. 3329，據《英藏》，正面爲《張淮深修功德記》，背面爲《詩九首》（賀大夫十五郎加官等）。前後殘泐，頁面中部還有一小塊呈正方形的殘缺，有界欄，共40餘行，大字正文，兩行小字注文。

（2）S. 6161，據《英藏》，一面爲《河西節度兵部尚書張公德政之碑》，一面爲《詩九首》（賀大夫十五郎加官等）。但《英藏》擬名《河西節度兵部尚書張公德政之碑》者圖版内容實爲《詩九首》（賀大夫十五郎加官等），擬名《詩九首》（賀大夫十五郎加官等）者圖版内容實爲《河西節度兵部尚書張公德政之碑》，應爲出版印刷時的錯誤。内容爲《河西節度兵部尚書張公德政之碑》共兩個殘片，有界欄，餘紙頁下部，共19殘行，大字正文，兩行小字注文，最後一行字迹殘泐，存字右半部分。王重民《敦煌古籍叙錄》和他主編的《敦煌遺書總目索引》均擬名《殘表狀》。

（3）S. 6973，有界欄，存8行，大字正文，二行小字注文，第八行字迹殘泐，存字右半部分。王重民《敦煌古籍叙錄》擬名《張議潮别狀》，王重民主編《敦煌遺書總目索引》擬名《張議潮勳德記》，黄永武《寶藏》擬名《張議潮别狀》，《英藏》擬名《河西節度兵部尚書張公德政之碑》。未見拍攝其反面内容。

（4）S. 11564，只剩一個小殘片，約3殘行，餘5大字，3小字。

（5）P. 2762，正面爲《河西節度兵部尚書張公德政之碑》，有界欄，存88行，大字正文，二行小字注文，但部分字迹未按界欄書寫。伯希和、羽田亨《敦煌遺書》（活字本）第一集定名爲《張氏勳德記》，王重民《敦煌古籍叙錄》定名爲《張淮深修功德記》，王重民編《敦煌遺書總目索引》擬名爲《張淮深修功德記殘卷》，黄永武《寶藏》定名爲《張淮深修功德記》。反面爲《詩九首》（賀大夫十五郎加官等）。

按：翟理斯（Lionel Giles）《英國博物館藏敦煌漢文寫本注記目錄》①綴合爲 S.3329+P.2762。藤枝晃《敦煌千佛洞的中興》（《東方學報》，1964年版，第35册，第63~77頁）綴合爲 S.6161+S.6973+S.3329+P.2762，并擬名爲"張淮深碑"。榮新江在《敦煌寫本〈敕河西節度兵部尚書張公德政之碑〉校考》②一文中發現 S.11564 亦爲此文書的内容，并最終綴合爲 S.6161+S.6973+S.3329+S.11564+P.2762，且認爲"藤枝晃先生擬爲'張淮深碑'，定性爲碑，并指出碑主是張淮深，其説大致不誤。但'張淮深碑'一名顯然不是該碑原名，因爲歸義軍所立之碑，不應直呼使主姓名"③。并引北京圖書館所藏芥字91號（新8506號）《大方等大集經》卷第八寫本背面雜寫"敕河西節度兵部尚書張公德政知碑"，確定"所謂'張淮深碑'原本的正式名稱是《敕河西節度兵部尚書張公德政之碑》，屬於此碑的五件敦煌鈔本均應以此定名"④。

關於綴合順序，其中 S.6161V 圖版顯示其又是由兩個小殘片組成的，均屬於頁面的下半部分，彼此并不能綴合，標記爲 S.6161AV（圖左）和 S.6161BV（圖右），S.6161BV 最後一行字作"□金吾位兼　神武（小字兩行作'司徒自//□京師'）"，"□京師"三字中第一字殘缺較多無法辨認，但將其拼合在 S.6973 右下角后可以發現，它與 S.6973 第一行殘存的字迹筆畫是可以完全綴合的（因 S.6973 爲放大後的照片，所以不能直接看出，但二卷字迹縮放到相等的大小后可以看出，"金""吾""神""京""師"五字非常吻合），特別是"師"字左邊正好在 S.6973 上，其右邊則正好在 S.6161V 上，説明 S.6161BV 應綴合在 S.6973 右下方。S.6161AV 共八行（其中第八行僅剩少許字的筆畫），將其第四行至七行拼合在 S.3329 第一行至四行的下方，第八行拼合在 S.3329 第五行右下方，可以發現字迹内容和斷裂處形狀剛好吻合（因二圖版縮放比例不同，

---

① 翟理斯：《英國博物館藏敦煌漢文寫本注記目錄》，見黃永武《敦煌叢刊初集》，臺北新文豐出版公司，1985年版，第233~234頁。
② 榮新江：《敦煌寫本〈敕河西節度兵部尚書張公德政之碑〉校考》，見《周一良先生八十生日紀念論文集》，中國社會科學出版社，1993年版，第206~216頁。
③ 榮新江：《敦煌寫本〈敕河西節度兵部尚書張公德政之碑〉校考》，見《周一良先生八十生日紀念論文集》，中國社會科學出版社，1993年版，第215頁。
④ 榮新江：《敦煌寫本〈敕河西節度兵部尚書張公德政之碑〉校考》，見《周一良先生八十生日紀念論文集》，中國社會科學出版社，1993年版，第216頁。

將其字迹縮放到相等的大小后即可以看出)。綴合后的五行字作"□□□□產自□□田,賜部落之名/占行軍之額。由是形遵辮發,體美纖/皮,左袵束身,垂肱跪膝,祖宗銜怨,/含恨百年,未遇高風,申屈無路。其/叔故前河西節度謹乞。俠少奇毛,龍(驤虎步)",完整而通暢,說明 S.6161AV 應綴合在 S.3329 右下方。

又 S.11564 爲一極小碎片,僅四行幾個字,有小字注,作"(小字)男猛將/(大字)引□/(大字)虛/之六",S.3329 第十二行至第十五行頁面中部正好缺少一小塊,從前後内容看所缺失部分應既有大字又有小字,且第一行應該是小字。將 S.11564 拼合在 S.3329 第十二行至第十五行缺少的部分后可以發現字迹内容和斷裂處形狀剛好基本吻合(因二圖版縮放比例不同,將其字迹縮放到相等的大小后即可以看出),說明 S.11564 應拼合在 S.3329 第十二至第十五行殘缺處。

又,S.3329 卷左下殘缺一塊,從其前後内容判斷所缺失者應爲功成封賞一段,正與 S.6161BV 内容接近,而將 S.6161BV 拼合在 S.3329 左下角後發現二者字迹内容和斷裂處形狀剛好吻合。又 S.3329 最後一行字(有殘)與 S.6973 第一行字所剩的筆畫在縮放爲合適大小後亦可以完全綴合。

又 P.2762 卷首正接續 S.6973 卷尾,斷裂處形狀吻合,且 P.2762 第一行殘損字迹與 S.6973 最後一行殘留字迹拼合後正作"万年縣陽宣坊之私弟(按:應爲'第')也",與上文相接續,文意通順,二卷綴合後,"年縣陽宣"幾個字得以拼合完整。如下圖所示:

六個卷號綴合順序爲 S.6161AV +（S.3329+S.11564）+S.6161BV + S.6973+P.2762，《英藏》只在 S.6973 處注明參 P.2762，在其他四個卷號處均漏標。但 S.5630 字迹行款與此六個卷號完全不同，S.5630 又爲頁面的下半部分，其背面爲"新定書儀鏡"，與其他幾個卷號背面均爲詩也不同，與此六個卷號無可拼合處，應該是其他文書的殘卷。《英藏》此處應爲錯綴。IDP 敦煌項目已經將英藏幾個殘片綴合爲一個圖版，其與 P.2762 綴合后圖版（局部）如下圖所示：

《李端公墓志》

P.4615+P.4010V

（1）P.4615，據《法藏》及法國圖書館提供的圖版，正反雙面抄寫。標爲 P.4615 者本有兩部分内容，前部分爲《降魔變文》，後部分爲《李端公墓志》，卷面較暗黑，存 15 殘行，有首題作"李端公墓志"。鄭炳林《敦煌碑銘讚部分文書拼接復原》有錄文。①

（2）P.4010，據《法藏》及法國圖書館提供的圖版，正反雙面抄寫。標爲 P.4010V 者存五殘行，鄭炳林《敦煌碑銘讚部分文書拼接復原》有錄文。②

鄭炳林《敦煌碑銘讚部分文書拼接復原》指出 P.4615 與 P.4010V、P.4010 與 P.4615 可分別進行綴合，其中前者可綴合爲完整的《李端公墓志》："兩卷拼接後，P.4615《李端公墓志》末尾一行與 P.4010 號首行完

---

① 鄭炳林：《敦煌碑銘讚部分文書拼接復原》，載於《敦煌研究》1993 年第 1 期，第 55 頁。
② 鄭炳林：《敦煌碑銘讚部分文書拼接復原》，載於《敦煌研究》1993 年第 1 期，第 56 頁。

整,殘缺的字基本都可以釋讀出來:'繁雲,球故揭其大□,□防陵穀之變,銘曰'。其中'防陵穀'三個字只有拼接後纔能釋讀出來。拼接後的《李端公墓志》除中間六行下半行殘缺外,首尾完整。"①

《法藏》編號時就將兩個號中某一個的正背面的記録顛倒了。

綴合後圖版示意如下:

《崇恩和尚修功德記》

P.4615V+P.4010

(1) P.4615,據《法藏》及法國圖書館提供的圖版,正反雙面抄寫。標爲 P.4615V 者《法藏》擬名《崇恩和尚修功德記》,而王重民擬名《釋子文》,《寶藏》擬名《墓志銘》,起於"池之妙高□□哲□隨□",止於"□之任□",內容較多,鄭炳林《敦煌碑銘讚部分文書拼接復原》録有前五行的録文。②

(2) P.4010,據《法藏》及法國圖書館提供的圖版,正反雙面抄寫。標爲 P.4010 者存 12 殘行,《法藏》擬名《崇恩和尚修功德記》,《寶藏》擬名《酒泉太守讚》,鄭炳林《敦煌碑銘讚部分文書拼接復原》有

---

① 鄭炳林:《敦煌碑銘讚部分文書拼接復原》,載於《敦煌研究》1993 年第 1 期,第 55 頁。
② 鄭炳林:《敦煌碑銘讚部分文書拼接復原》,載於《敦煌研究》1993 年第 1 期,第 55 頁。

録文。①

鄭炳林《敦煌碑銘讃部分文書拼接復原》指出 P.4615 與 P.4010V、P.4010 與 P.4615V 可分別進行綴合，後者"兩卷拼接後，P.4010 號末尾兩行與 P.4615 號卷首兩行文字相銜接：'千歲留蹤，但仰臨池之妙。高皇祖哲，隨朝朝散大夫、〔大〕黃府校尉，守龍勒府長……' P.4010 號末尾後半行與 P.4615 號卷首前半行正好拼接，其中'隨'字只有拼接後纔能釋讀出來。從另面《李端公墓志》拼接亦證明原名《酒泉太守傳》與《墓志》屬一卷分裂所致"②。但是，綴合後可以發現："這篇既不是傳志，也不是墓志，更不是《酒泉太守傳》，而是《崇恩和尚修功德記》。"③

同《李端公墓志》一樣，《法藏》編號時就將兩個號中某一個的正背面的記録顛倒了。

綴合後圖版示意如下：

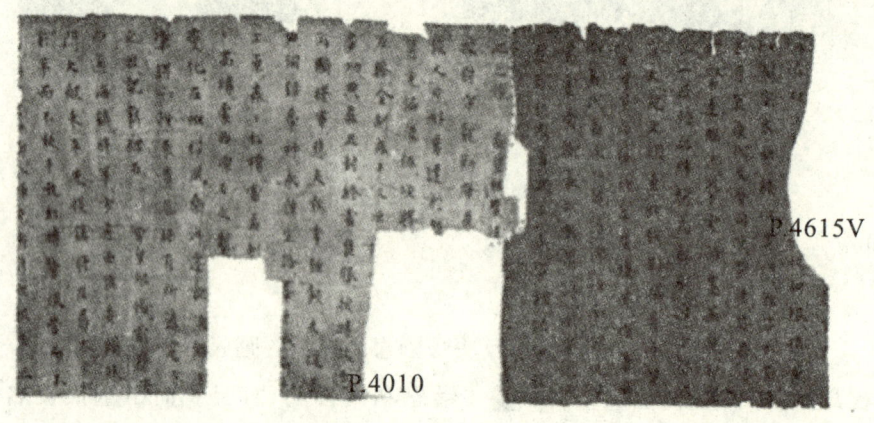

《大唐開元禮》卷六十五

大谷 4922+大谷 8113

---

① 鄭炳林：《敦煌碑銘讃部分文書拼接復原》，載於《敦煌研究》1993 年第 1 期，第 56 頁。
② 鄭炳林：《敦煌碑銘讃部分文書拼接復原》，載於《敦煌研究》1993 年第 1 期，第 56 頁。
③ 鄭炳林：《敦煌碑銘讃部分文書拼接復原》，載於《敦煌研究》1993 年第 56 頁。又參見榮新江《晚唐歸義軍李氏家族執政史探微》，載於《文獻》1989 年第 3 期，第 5 頁。

（1）大谷4922，據《大谷文書集成》①，爲一個前後及下部殘損的殘片，存3殘行，4字左右，劉安志《〈大谷文書集成〉古籍寫本考辨》有錄文。② 小田義久推補如下所示：

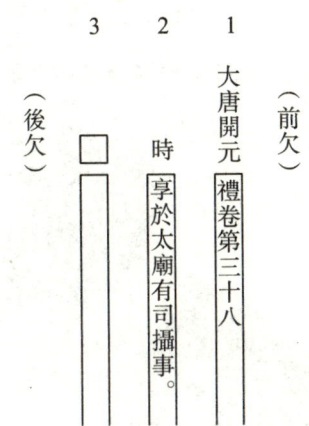

（2）大谷8113，據《大谷文書集成》，爲一個前後上下均有殘損的殘片，存4殘行，17字左右，劉安志《〈大谷文書集成〉古籍寫本考辨》有錄文③。

劉安志在《〈大谷文書集成〉古籍寫本考辨》中對兩個卷號有詳細的叙錄與綴合説明，認爲"上揭大谷4922號與8113號書法相近，所抄内容同爲《大唐開元禮》卷65，二者似可前後綴合"④，并附錄文，錄文爲（畫綫部分爲殘卷上留存的字）：

　　大唐開元禮卷第六十五　　吉禮
　　時旱祈於太廟
　　時旱祈於太社
　　時旱祈於　　太廟

---

①　小田義久主編：《龍谷大學善本叢書二十三·大谷文書集成》（三），日本東京法藏館，2003年版，第66頁。
②　劉安志：《〈大谷文書集成〉古籍寫本考辨》，載於《新疆師範大學學報》2004年第1期，第45頁。
③　劉安志：《〈大谷文書集成〉古籍寫本考辨》，載於《新疆師範大學學報》2004年第1期，第45~46頁。
④　劉安志：《〈大谷文書集成〉古籍寫本考辨》，載於《新疆師範大學學報》2004年第1期，第46頁。

☐（將）祈有司卜日如別儀
前二日守宮 ☐（設）祈官以下次各於常所
右校掃 ☐（除）内 ☐（外）爲瘞埳於北門之内道可參。

按照劉文的綴合順序，兩個卷號綴合後圖版圖示如下：

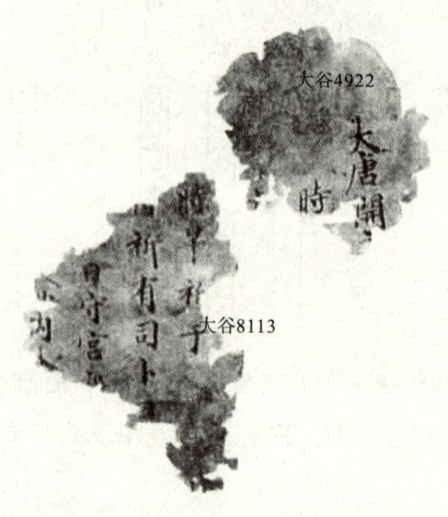

《姓氏書》

（1）S.5861，該號包括四個殘片，楊學勇《敦煌文獻中珍藏的氏族資料述要》稱："英藏 S.5861《姓氏書》首尾俱殘，中間也有殘缺，由四個斷片拼接而成，共31行。若把這四個斷片依次標示爲 A、B、C、D，則第1至第6行爲斷片 A、第7至第15行爲斷片 B、第16至第25行爲斷片 C、第26至第31行爲斷片 D。"① 現分别標示爲 S.5861A、S.5861B、S.5861C、S.5861D。除 S.5861A 外，其他卷號的結構基本相似，均爲每行"州名、州下郡名、姓氏數量、姓氏名"的格式。

（2）P.3191，據《法藏》，爲頁面前後殘損但上下未見殘損的一段殘卷。

---

① 楊學勇：《敦煌文獻中珍藏的氏族資料述要》，載於《尋根》2011年第2期，第126~127頁。

(3) S. 9951，爲極小的殘片，應位於頁面底部，共 3 殘行，19 字。

三個卷號内容相近，字迹行款相似。又敦煌文獻中有其他相似的《姓氏書》可供比對。楊學勇認爲："參照北圖藏 8418 號、英藏 S. 2052 號等文書及本卷内容，第一片 A 實應放在第三片 C 後，第四片 D 實應放在第三片 C 前邊，而第二片 B 從内容上看，則與其他片存在很大不同，所以可附之於卷尾，從而形成 DCAB 順序。"① 確。因 S. 5861D 記有 "第七淮南囗（道）""第八江南囗（道）"，S. 5861C 記有 "第九劍南道"，P. 3191 記有 "第六甘囗囗"，可知原文中應有區域劃分和排列，也據此順序可以判定 P. 3191 在 S. 5861D 之前，S. 5861C 在 S. 5861D 之後，但中間應有其他殘卷。《英藏》S. 5861 標注參 P. 3191、S. 9951，S. 9951 無法判定綴合在何處，姑系於最末。

又《英藏》S. 5861 標注 "參 P. 391" 實爲 "參 P. 3191" 之誤。S. 2052 爲《新集天下姓望氏族譜一卷并序》，與此綴合卷内容非常相似，但有出入（如 S. 5861 第六爲淮南道，S. 2052 淮南道爲第七等）。

故此三個卷號的綴合順序爲 P. 3191+……+S. 5861D+……+S. 5861C+……+S. 5861A+……+S. 5861B+……+S. 9951。因彼此間有較多殘斷部分未找到，不列出綴合示意圖。

《開元七年沙州敦煌縣龍勒鄉户籍》

Дх. 476V+Дх. 6058V+Дх. 5937V

施萍婷在《俄藏敦煌文獻經眼録之一》中認爲："三個號不能完全拼接，但同屬一件無疑。原件從中間斷裂，Дх. 476 與 Дх. 6058 均爲户籍的上半截，Дх. 5937 上下全，雖中間有裂縫，但未完全斷裂，紙的接縫處有'沙洲敦煌縣龍勒鄉開元七年囗（籍）'，這是定名的依據之一；依據之二，三件同爲一人的筆迹；依據之三，此件系兩面有字，Дх. 6058 有'向寅地……''宫姓圖'等 8 行，Дх. 5937 有'向午地……'、'向未地'共 6 行。按十二支可知 Дх. 6058 在前，Дх. 5937 在後，中間缺'向卯地'、

---

① 楊學勇：《敦煌文獻中珍藏的氏族資料述要》，載於《尋根》2011 年第 2 期，第 127 頁。

'向辰地'、'向巳地'。而 Дх.476 有'何以知人家'如何如何等 13 行，雖由於自己知識淺薄而不知其名，但其內容的性質是相同的，似乎是卜筮書。"①

施萍婷所論爲戶籍的 Дх.00476、Дх.06058 及 Дх.05937，實際是指 Дх.00476V、Дх.06058V 和 Дх.05937V，是紙頁的背面；所論有"'何以知人家'如何如何"等 13 行的 Дх.476 纔是紙頁的正面。此三個殘卷的正背面均可確認爲一卷之裂，《俄藏》第六冊第 302~306 頁有圖版。據《俄藏》，正面內容爲《宅經》，背面內容爲《開元七年沙州敦煌縣龍勒鄉戶籍》。此外，正面還有一小塊殘片，內容爲《便粟賣曆》，似乎與其他殘卷內容不相關，可能是誤羼入其中的。

《開元二十九年西州天山縣南平鄉籍》

北大圖書館 D205V 殘片 A、B、C+1928 年第 29 期《藝林旬刊》D 殘片

榮新江在《唐開元二十九年西州天山縣南平鄉籍殘卷研究》中對北大圖書館 D205V 殘片 A、B、C 有敘錄，并指出："《旬刊》（即《藝林旬刊》）第 29 期上所載的一大片（簡稱 D），其上的紙縫處寫有'天山縣南平鄉'，使我們很容易地把它和另外三片綴合，即上述六字應當與片紙縫上的'開元貳拾玖年籍'上下相對，背面的筆迹內容亦同。"② 可參。又，此四片爲正反雙面抄寫，若可綴合爲《唐開元二十九年西州天山縣南平鄉籍殘卷》的四片爲正面，則其反面亦可以綴合。但因暫未得到 1928 年第 29 期的《藝林旬刊》，此處不列綴合後的圖版示意圖。

---

① 施萍婷：《俄藏敦煌文獻經眼錄之一》，載於《敦煌研究》1996 年第 2 期，第 65 頁。
② 榮新江：《唐開元二十九年西州天山縣南平鄉籍殘卷研究》，載於《西域研究》1995 年第 1 期，第 33~43 頁。

《天寶十載敦煌縣差科簿》

P. 3559+P. 3664+P. 2657+P. 3018+P. 2803

（1） P. 3559+P. 3664，據《法藏》，已經將 P. 3559 和 P. 3664 兩個卷號綴合，并於 P. 3559 處列出綴合後圖版。① 正反雙面抄寫，正面包括十一種内容，《法藏》分別擬名《圓明論》《佛教論釋》《導凡聖悟解脱宗修心要論》《傳法寶記并序》《先德集於雙峰山塔各談玄理》《稠禪師意》《稠禪師藥方療有漏》《大乘心行論》《寂和尚偈》《姚和尚金剛五禮》《大般若關》；反面包括《天寶十載敦煌縣差科籍》《天寶十二載敦煌郡倉賬目》兩種。《敦煌遺書總目索引新編》擬名略有差异。

（2） P. 2657，據《法藏》，正面擬名《天寶年間差科簿》，反面擬名《少室六門破相論第二門》。

（3） P. 3018，據《法藏》，正面包括四種内容，分別擬爲《地獄變》等六個題名。反面擬名《天寶年間敦煌縣差科簿》。

（4） P. 2803，據《法藏》，正面包括九種内容，分別擬名《天寶十載敦煌縣差科籍》《天寶九載八月廿七日燉煌縣史楊元暉牒》《天寶九載八月廿八日至九月十八日敦煌郡倉納穀牒》等。反面擬名《深密解脱要略》。

《敦煌漢文寫本目録》綴合了 P. 3559+P. 3664，《法藏》有兩個卷號綴合後的圖版。又《敦煌遺書總目索引新編》注明 "説明：此依王永興定名。鈐'敦煌縣印'多方。經王永興、西村元祐、池田温等研究、考證，此卷與 P. 2657、P. 3018、P. 2803 同卷"，則 P. 2657、P. 3018、P. 2803、P. 3559、P. 3664 均可綴合。

這五個卷號中均爲正反雙面抄寫，其中一面的内容均爲 "天寶年間差科簿"（P. 2657、P. 2803 爲正面，其餘三個號爲反面），且内容相關、字迹相似，且另一面的内容均爲禪師語録等，亦相關涉，基本可以判定爲一卷之裂。其中 P. 3559 與 P. 3664 完全可以綴合，其餘三個卷號彼此之

---

① 見《法藏》第 25 册第 274 頁。

間及與 P. 3559+P. 3664 之間均存在殘斷部分，不能直接綴合。其先後順序待考，但據那波利貞所抄引，及王永興《敦煌唐代差科簿考釋》的録文①，其確定的先後順序爲 P. 3559+P. 3664+……+P. 3018+……+P. 2657+……+P. 2803。因圖版太多，不列出綴合示意圖。王永興的研究最爲詳盡②，應參考。

其反面亦可綴合。

《敦煌縣從化鄉等納草人名目》

Дх. 1282V+Дх. 3127V

此爲 Дх. 1282+Дх. 3127《解執篇第四》的背面。施萍婷在《俄藏敦煌文獻經眼録之一》稱："B 面（指背面，即 Дх. 1282V+Дх. 3127V）爲敦煌縣從化鄉等納草計帳，上列許多人名，其中 Дх. 3127 殘片上有'囚化鄉計草一千五百一十四圍'關鍵性文字一行，而 Дх. 1282 殘片上有完整的'敦煌縣之印'朱文印章一枚，還有騎縫章的半邊。"③ 確。《俄藏》已將兩個卷號綴合，圖版見《俄藏》第八册第59頁，不過可能因紙張質量墨迹洇出，圖版非常模糊。

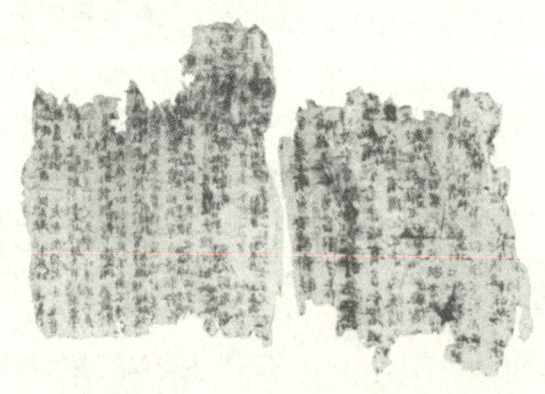

---

① 王永興：《敦煌唐代差科簿考釋》，載於《歷史研究》1997年第12期，第85~100頁。
② 王永興：《敦煌唐代差科簿考釋》，載於《歷史研究》1997年第12期，第71~100頁。
③ 施萍婷：《俄藏敦煌文獻經眼録之一》，載於《敦煌研究》1996年第2期，第51~70頁。

《勵忠節抄》

1. S.1441+S.5763

（1）S.1441，據《英藏》，正反雙面抄寫，背面包括《文樣》《雲謠集雜曲子三十首》《優婆夷捨家學道》三種文書。正面擬名《勵忠節抄》，內容極多，包括《勵忠節抄》卷第一、第二中"恃德部""德行部""賢行部""言行部""親賢部"等内容。前後端殘缺，第十行至第二十行下部有一塊殘缺。起於"☐省人評論☒政未嘗言人☒"，止於"則人不親是故君"，有界欄，字迹清晰工整。

（2）S.5763，據《英藏》，擬名《殘片（失名書）》，即未定名。其前後及上部殘損，存 11 殘行，起於"☐河淮"，止於"☐与其子孫"。

屈直敏《敦煌寫本類書〈勵忠節鈔〉研究》已將兩個卷號綴合①，確。S.5763 正可拼合在 S.1441 第十行至第二十行所缺的位置，拼合後原分裂於兩卷之上的"河""爲""蒼""賢"等字可以合二爲一，第十至二十行所有字均能釋讀，幾成完璧。

綴合後圖版示意如下：

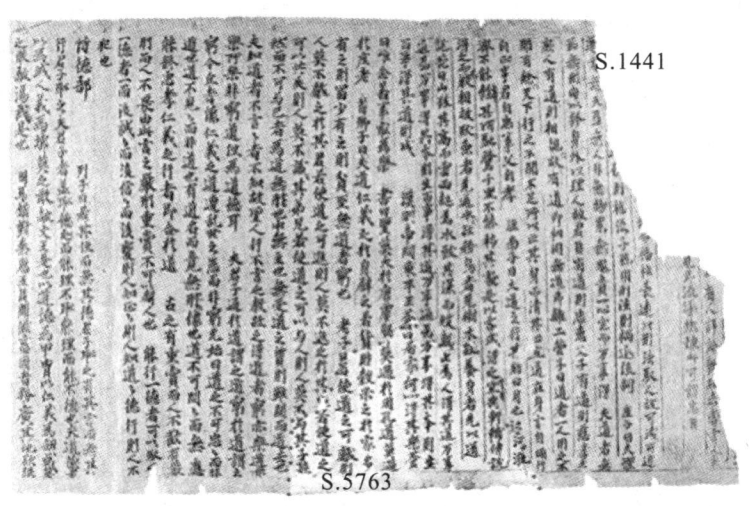

---

① 屈直敏：《敦煌寫本類書〈勵忠節鈔〉研究》，民族出版社，2007 年版，第 19~27 頁。

2. P.4026+P.5033

（1）P.4026，據《法藏》，正反雙面抄寫，反面擬名《國師唐和尚百歲書》。正面擬名《勵忠節抄》，前後端殘缺，起於"▢▨（義）上無許史之下▨（無）▢"，止於"禹迹毀於一朝"。

（2）P.5033，據《法藏》，正反雙面抄寫，反面擬名《殘詩六首》。正面擬名《勵忠節抄》，其前後及下部殘損，起於"徒以繼體所及中▢"，止於"▢江中後寶十餘年鎮守荒"。

屈直敏《敦煌寫本類書〈勵忠節鈔〉研究》（《敦煌學研究文庫》）①以及屈直敏《敦煌類書〈勵忠節抄〉校注商補》②均指出兩個卷號可以綴合："P.4026與P.5033則可拼合。"③確。

綴合後圖版示意如下（P.4026只取部分）：

3. Дх.10698V+Дх.10838V+P.3871V+P.2980V+P.2549V

許建平在《〈俄藏敦煌文獻〉儒家類經典寫本的定名與綴合——以第11~17册未定名殘片爲重點》中將Дх.10698、Дх.10838、P.3871、P.2980、P.2549五個卷號綴合在一起，并認爲：首先，《寶藏》雖綴合了P.3871、P.2980、P.2549三個卷號，并擬名《古文尚書泰誓及目録》，却標記在P.3871V下，將P.3871正反面顛倒，且擬名有誤，綴合後三卷所存者除《泰誓》及目録外，還有《費誓》。其次，其正面綴合後爲《尚

---

① 屈直敏：《敦煌寫本類書〈勵忠節鈔〉研究》，民族出版社，2007年版，第19~27頁。
② 屈直敏：《敦煌類書〈勵忠節抄〉校注商補》，載於《敦煌學輯刊》2003年第2期，第48~57頁。
③ 屈直敏：《敦煌類書〈勵忠節抄〉校注商補》，載於《敦煌學輯刊》2003年第2期，第48頁。

書》殘卷，其背面《寶藏》綴合擬名《古類書》，王三慶已綴合并定名爲《勵忠節抄》。最後，Дх.10698、Дх.10838正面相接續，可以綴合爲《尚書·費誓》殘卷；而P.3871正接續在Дх.10838之後，五個卷號字迹、行款一致，完全可以綴合；Дх.10698、Дх.10838反面與P.3871、P.2980、P.2549三個卷號的背面也可以綴合，爲《勵忠節抄》，但Дх.10698V《俄藏》擬名爲《史書》有誤，Дх.10838V《俄藏》未收圖版。

屈直敏在《敦煌類書〈勵忠節抄〉校注商補》中指出Дх.10698V、Дх.10838V、P.3871V、P.2980V、P.2549V可以綴合爲《勵忠節抄》（按：但文中未參考Дх.10698V、Дх.10838V兩卷的内容進行校注）①。之後他又在《敦煌寫本類書〈勵忠節鈔〉研究》中"據中村威也所補Дх.10838V圖片文字，參考《藝文類聚》卷二十《人部四·孝》引《吴書》和《晋中興書》綴合補全"②。可參。因暫未得Дх.10838V圖版，此處不列綴合後的圖版示意圖。

《百行章》

S.3491+P.3053

（1）S.3491，此號正面爲《百行章》，首題"百行章一卷"，下署"杜正倫"，正文自序言至《誠行章》第七十五，大體完整；倒數第3行行末五字僅存右部殘字或殘畫；倒數第2行中間第七十六章章名僅存前二字右部，其下殘缺；末行僅存上部三至五字的右側殘畫，後缺。

（2）P.3053，此號正面爲《百行章》第七十六章至全書之末，首行存行末三五字的左側殘畫；次行上部缺，中部第七十六章章名前二字右部殘缺；第3行上部三至五字右側略有殘泐。

按：鄧文寬《敦煌寫本〈百行章〉校釋》謂上揭二號所抄《百行章》"字迹相同，内容銜接，實爲一完本斷裂爲二，被斯坦因和伯希和各

---

① 屈直敏：《敦煌類書〈勵忠節抄〉校注商補》，載於《敦煌學輯刊》2003年第2期，第48~57頁。
② 屈直敏：《敦煌寫本類書〈勵忠節鈔〉研究》，民族出版社，2007年版，第19~27頁。

竊去一塊，一經綴合，即爲完璧"①，甚是。此兩個卷號局部綴合圖如下圖所示：

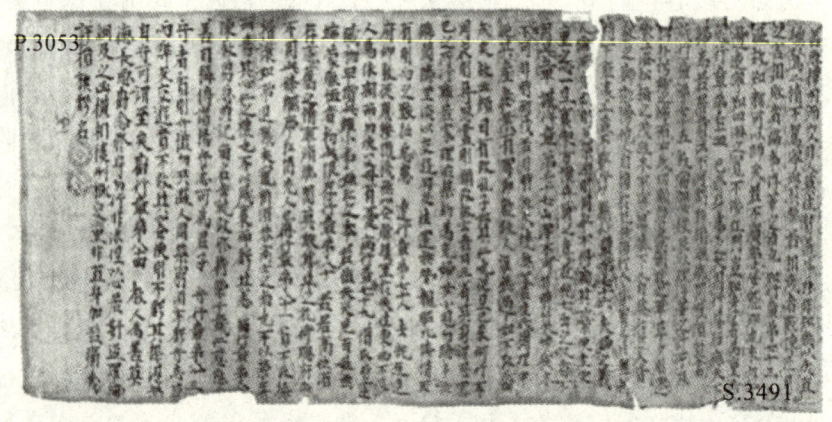

兩個卷號綴合後，撕裂處左右相接，第七十六章章名"棄行"二字得成拼合完整，原本分屬兩個卷號的"害之若輕相""恥"等字皆得復合爲一。

《百行章》

Дх. 02863+Дх. 03076

（1）Дх. 02863，據《俄藏》，應爲圖版所示的正面第七個殘片，存 6 殘行，行 3~14 字，前後及下部殘，起於首題"百行章"，止於"如世之所☒（重）"。

（2）Дх. 03076，據《俄藏》，與 Ф247、Дх. 01368、Дх. 02153、Дх. 02197、Дх. 02752、Дх. 02842、Дх. 02863、Дх. 03076 八個卷號歸在一起。應爲圖版所示的正面第六個殘片，存 3 殘行，行 6 字左右，尾及下部殘，起於首題"百行章"，止於"如世之所☒（重）"。

《俄藏》將 Ф247、Дх. 01368、Дх. 02153、Дх. 02197、Дх. 02752、Дх. 02842、Дх. 02863、Дх. 03076 八個卷號歸在一起，全部定名爲《百行

---

① 鄧文寬：《敦煌寫本〈百行章〉校釋》，載於《敦煌研究》1985 年第 2 期，第 71 頁。

章》，實際是錯誤的，從字迹行款看，這八個卷號并非全部一卷之裂，又從内容考察，部分屬《百行章》，部分爲《新集文詞九經抄》。施萍婷就已指出："此件八個號歸在一起，但實際上有的號互相之間沒有關係。原題'百行章'，其實只有 Дх.03076、Дх.02863 纔是。"① 施文將其中的 Дх.03076 和 Дх.02863 單獨抽出綴合，定名爲《百行章》，并指出其有朱點句讀②，確。Дх.03076+Дх.02863 綴合後圖版如下：

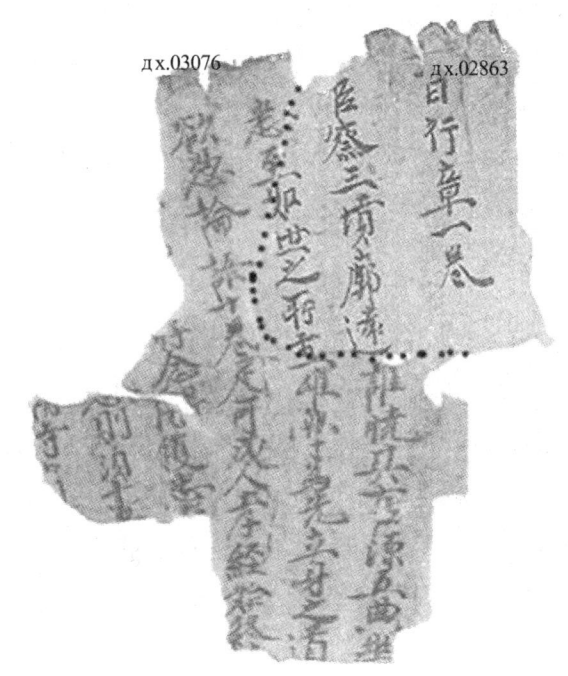

《俗務要名林》

P.5579+P.5001+S.617

《敦煌遺書總目索引》將 P.5579 定名爲《殘狀紙一包（碎片）》，P.5001 定名爲《類書（似爲俗務要名林）》；《寶藏》將 P.5579 定名爲《家居常用字》，P.5001 定名爲《類書（宅舍部女服部）》；《敦煌遺書總

---

① 施萍婷：《俄藏敦煌文獻經眼錄之一》，載於《敦煌研究》1996 年第 2 期，第 59 頁。
② 施萍婷：《俄藏敦煌文獻經眼錄之一》，載於《敦煌研究》1996 年第 2 期，第 59 頁。

目索引新編》將 P. 5579 定名爲《殘字書》，P. 5001 定名爲《俗務要名林》；《法藏敦煌西域文獻》將 P. 5579 定名爲《字書》；朱鳳玉《敦煌寫本碎金系字書初探》將 P. 5001 定名爲《俗務要名林殘卷》；《敦煌音義匯考》將 P. 5001 定名爲《俗務要名林》，張涌泉、丁小明認爲各目錄均未意識到三個卷號之間的關係，其《敦煌文獻定名研究》對三個卷號有詳細叙録及綴合説明，指出："上揭 P. 5579 号残片实为 P. 5001 号第 16 行至第 25 行下部的残缺部分，应予缀合，二件缀合后前 8 行基本完整。""P. 5001 号+P. 5579 号与 S. 617 号行款字体全同，当系同一写本所撕裂 P. 5001 号+P. 5579 号应为 S. 617 号前部残缺的一部分，应予缀合。"① 綴合爲 P. 5579+P. 5001+S. 617，并附有綴合後的圖版示意圖②，可參。

《解執篇第四》

Дх. 1282+Дх. 3127

施萍婷《俄藏敦煌文獻經眼録之一》稱："兩殘片雖爲同一寫卷，但不能完全拼接。此件兩面書寫。""A 面（指正面，即 Дх. 1282+Дх. 3127）爲《解執篇第四》。"③《俄藏》擬名《佚書（解執篇第四等）》，且已將兩個卷號綴合，圖版見《俄藏》第八册第 58 頁，如下：

---

① 張涌泉、丁小明：《敦煌文獻定名研究》，載於《中華文史論叢》2011 年第 2 期，第 338~339 頁。
② 張涌泉、丁小明：《敦煌文獻定名研究》，載於《中華文史論叢》2011 年第 2 期，第 338 頁。
③ 施萍婷：《俄藏敦煌文獻經眼録之一》，載於《敦煌研究》1996 年第 2 期，第 69 頁。

《新集文詞九經抄》

Дх. 01368+……Дх. 02842+Дх. 02752+……+Дх. 06059+Дх. 06019+Дх. 2153+Ф247+Дх. 2197

關於這幾個卷號，《俄藏》將 Ф247、Дх. 01368、Дх. 02153、Дх. 02197、Дх. 02752、Дх. 02842、Дх. 02863、Дх. 03076 八個卷號歸在一起，但標注 Дх. 02153 爲"館藏缺"，不過《俄藏》第九册却有 Дх. 02153 的圖版，存 21 行，行 24 字左右，首尾和下部殘，首尾紙頁頁面完整，但内容并不完整，起於"善於禮"，止於"有經書"。説明《俄藏》在 Ф247 處的標注有誤。

前已言及，《俄藏》未加分析將此八個卷號全部定名爲《百行章》實際是錯誤的，其中只有部分屬《百行章》（即前文已述及的 Дх. 03076+Дх. 02863），其餘部分實際爲《新集文詞九經抄》，且屬於《新集文詞九經抄》內容的這幾個卷號之間除 Дх. 01368 之外，基本可以直接綴合。

1. Дх. 02842+Дх. 02752

（1）Дх. 02842，據《俄藏》，圖版在 Ф247 處，前後上下均有殘缺，存 7 殘行，行 5~14 字，起於"風折木☒"，止於"論語云☒（克）"。

（2）Дх. 02752，據《俄藏》，圖版在 Ф247 處，前後上下均有殘缺，僅存 15 殘行，起於"☒（克）己復禮"，止於"☒滿天下無怨惡。孔☒

(子）"。

　　此兩個卷號圖版的綴合，《俄藏》雖已經完成，但并没有將兩個卷號完全拼合在一起，似謂不能直接綴合。鄭阿財在《敦煌寫卷新集文詞九經抄研究》中將 Дх.02842、Дх.02752 及 Дх.02197 均歸於 Дх.02153A，叙録爲："不知名之儒家著述，正背書，原卷裂爲三殘片，彼此不能銜接。正面爲引各種儒家、道家及其他著述之引文集録，引文前有紅色墨筆 △爲記。"① 其叙録有誤，Дх.02842、Дх.02752 能綴合，而與 Дх.02197、Дх.02153A 不能綴合。

　　施萍婷在《俄藏敦煌文獻經眼録之一》中指出："據我記載，Дх.2842+2752 共 21 殘行，與《百草行》顯然不是一個人手筆，亦無朱點句讀。"② 施文所説的"百草行"乃"百行章"的筆誤，指 Дх.2842+2752 并非"百行章"的内容，與屬於"百行章"的 Дх.03076+Дх.02863 非一卷之裂。

　　後鄭炳林、徐曉麗《俄藏敦煌文獻〈新集文集九經詞抄〉寫本綴合與研究》對 Дх.02842、Дх.02752 兩個卷號進行了叙録并指出："這兩個殘片可以互相拼接綴合。"③ 文中附有綴合後的録文，可參。④

　　二卷中"論語云克己復禮"一句中"克"字裂爲兩半，一半在 Дх.02842 末行，一半在 Дх.02752 首行，兩卷綴合后此字合一，斷裂處完全吻合。現將《俄藏》未完全拼合的兩個卷號的綴合圖示意如下：

_____

　　① 鄭阿財：《敦煌寫卷新集文詞九經抄研究》，臺北文史哲出版社，1989 年版，第 340 頁。
　　② 施萍婷：《俄藏敦煌文獻經眼録之一》，載於《敦煌研究》1996 年第 2 期，第 51~70 頁。
　　③ 鄭炳林、徐曉麗：《俄藏敦煌文獻〈新集文集九經詞抄〉寫本綴合與研究》，載於《蘭州大學學報》2002 年第 3 期，第 11 頁。
　　④ 鄭炳林、徐曉麗：《俄藏敦煌文獻〈新集文集九經詞抄〉寫本綴合與研究》，載於《蘭州大學學報》2002 年第 3 期，第 11 頁。

實證篇 | 319

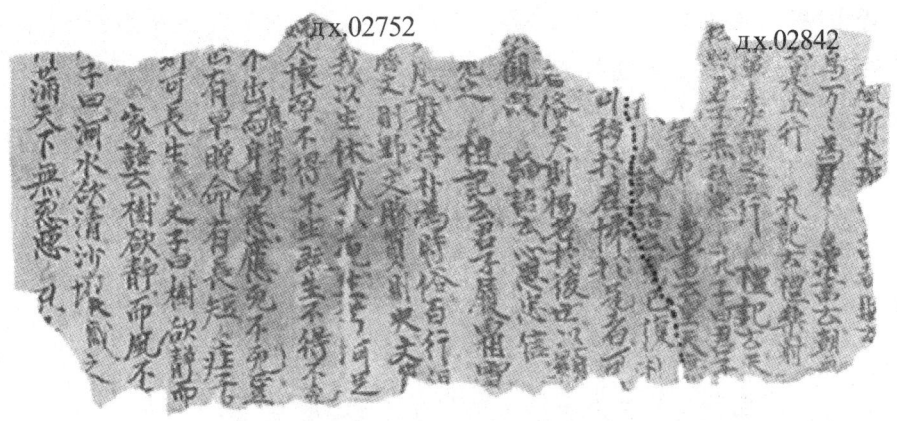

2. Дх.06059+Дх.06019

鄭炳林、徐曉麗《俄藏敦煌文獻〈新集文集九經詞抄〉寫本綴合與研究》對兩個卷號有詳細的叙録和綴合説明，認爲二卷可以綴合，指出："兩卷拼接綴合關係是 Дх.06019 號拼接綴合在（按：此處缺'Дх.06059'幾個字）第 12 至 21 行的下（按：應作'上'）半部。"① 確。兩個卷號的綴合圖示意如下：

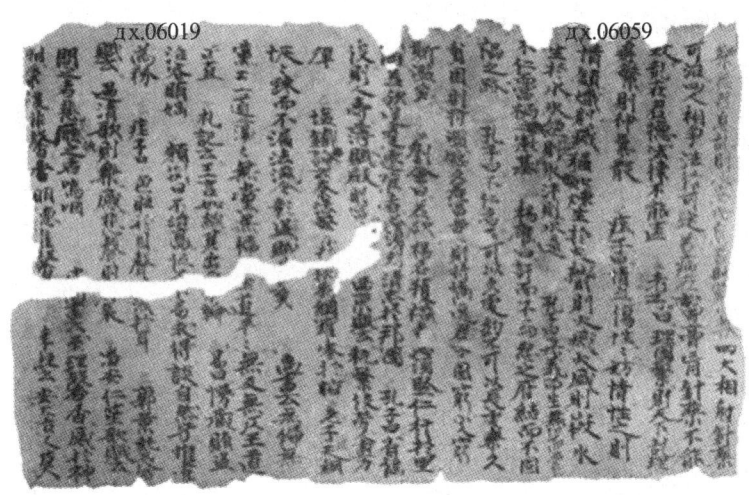

綴合后，本分裂於兩卷之上的"若""欲""多""不""則""尚"等字得以拼合完整，只是因爲 Дх.06059 第 12 至 21 行頁面在文獻存放過

---

① 鄭炳林、徐曉麗：《俄藏敦煌文獻〈新集文集九經詞抄〉寫本綴合與研究》，載於《蘭州大學學報》2002 年第 3 期，第 12 頁。

程中發生了位移變形,所以"多""不""則""尚"等字不能完全拼合在一起,我們可以通過技術手段重新制作更爲精確的綴合示意圖,如下所示:

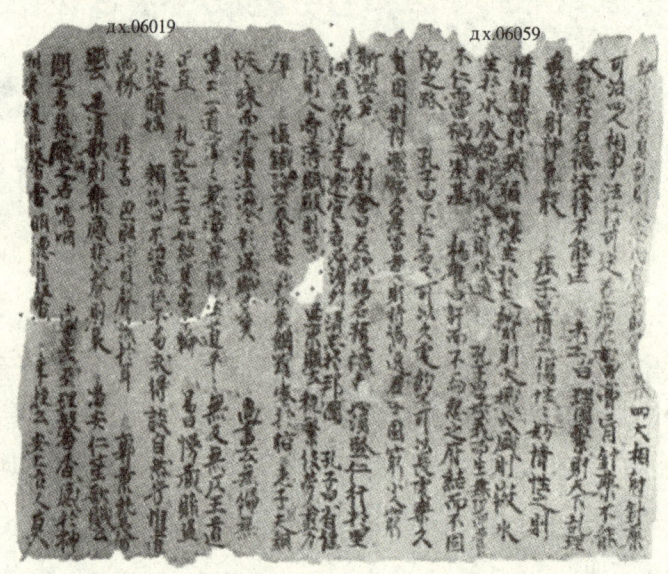

3. Дх.02153+Ф247+Дх.02197

(1) Дх.02153,見於《俄藏》第九册,存21行,行24字左右,首尾和下部殘,首尾紙頁頁面完整,但内容并不完整。起於"善於禮",止於"有經書"。

(2) Ф247,據《俄藏》,頁面前端有殘損,前後内容不完整,存23殘行,起於"不讀福智無由生也",止於"學成智智"。

(3) Дх.02197,據《俄藏》,圖版在Ф247處,前後殘缺,僅存13殘行,起於"通成則聖",止於"則有功者怨。若罰"。

施萍婷將Дх.02153(按:施文中記爲Дх.2513,誤)和Дх.02197抽出綴合,稱:"Дх.02153+Дх.02197可以拼接成一片。"① 但兩卷實際不可以直接綴合。

鄭炳林、徐曉麗《俄藏敦煌文獻〈新集文集九經詞抄〉寫本綴合與

---

① 施萍婷:《俄藏敦煌文獻經眼録之一》,載於《敦煌研究》1996年第2期,第59頁。

研究》認爲"俄藏敦煌文書Ф247號……可以與Дx.02153號拼合"①,而"俄藏Дx.02197號……首行'通則成聖'接於Ф247號末尾句之後,從抄寫字體上看完全一致,亦可以確定是一人抄寫分裂所致"②。所以實際上Дx.02153與Дx.02197之間恰好缺了一塊Ф247,三個卷號以Дx.02153+Ф247+Дx.02197的順序綴合,恰可拼合成爲《新集九經詞抄》第一百二十四條至第一百五十七條的内容。綴合圖示意如下(因圖版較大,爲凸顯綴合處效果,只取Дx.02153的局部進行綴合):

這三個卷號之間沒有明顯的撕裂痕迹,且都屬於比較長的紙頁,推測可能是卷子裝文獻長卷的紙頁之間粘合處脱落造成的分裂。

鄭文還指出:"拼接綴合後的Дx.06059、Дx.06019號與Дx.2153號又可以拼接綴合,Дx.2153號末尾可以與Ф247號首部拼接綴合,Ф247號末尾可以與Дx.2197拼接綴合。"③確。且Дx.01368雖然與其他卷號之間沒有綴合的關係,但是從其字迹、行款判斷,也屬於和其他卷號相同的同一寫本的殘卷。又前揭Дx.02842+Дx.02752者,抄録的是《新集文集九經詞抄》第六十六條至第八十六條的内容,從其字迹、行款判斷,也屬於和其他卷號相同的同一寫本的殘卷,只是與Дx.06059+Дx.06019+Дx.2153+Ф247+Дx.2197之間殘泐了約近二十條的内容。

所以 Дx.01368、Дx.02842、Дx.02752、Дx.06059、Дx.06019、Дx.2153、Ф247、Дx.2197八個卷號實爲一卷之裂,其完整的綴合順序爲

---

① 鄭炳林、徐曉麗:《俄藏敦煌文獻〈新集文集九經詞抄〉寫本綴合與研究》,載於《蘭州大學學報》2002年第3期,第13頁。
② 鄭炳林、徐曉麗:《俄藏敦煌文獻〈新集文集九經詞抄〉寫本綴合與研究》,載於《蘭州大學學報》2002年第3期,第14頁。
③ 鄭炳林、徐曉麗:《俄藏敦煌文獻〈新集文集九經詞抄〉寫本綴合與研究》,載於《蘭州大學學報》2002年第3期,第12頁。

Дх. 01368+……Дх. 02842+Дх. 02752+……+Дх. 06059+Дх. 06019+Дх. 2153+Ф247+Дх. 2197。因 Дх. 01368 與其餘卷號之間缺泐圖版太大，此處只列出 Дх. 06059+Дх. 06019+Дх. 2153+Ф247+Дх. 2197 綴合後的圖版示意圖（不標編號）：

《開蒙要訓》

1. Дх. 02655+Дх. 10258+Дх. 04410+Дх. 06236+Дх. 01442+Дх. 00895+Дх. 03991+Дх. 18959+Дх. 12715+Дх. 12673+Дх. 18960+Дх. 12600+Дх. 12601

張新朋在《敦煌寫本〈開蒙要訓〉叙錄續補》中對殘片及其綴合情況已有非常詳盡的叙述①，此不贅述。綴合後殘卷存 53 行，完整者每行 14~17 字。張文后還附有綴合後的圖版，如下圖所示：

2. S. 6131+S. 6224+Дх. 04779

（1）S. 6131，據《英藏》，未見拍攝背面，現存 3 殘行，尾及下端殘，前有首題，應爲《開蒙要訓》最開端部分。起於首題"開蒙要訓"，止於"花開艷夏葉舒☒（榮）"。

（2）S. 6224，據《英藏》，未見拍攝背面，現存 8 殘行，行 6~7 字，首尾及下端殘，起於"□□□□□□☒（榮）"，止於"匡☒勤恪賞賚☒

---

① 張新朋：《敦煌寫本〈開蒙要訓〉叙錄續補》，載於《敦煌研究》2008 年第 1 期，第 99 頁。

（功）"。

（3）Дх.04799，據《俄藏》，未見拍攝背面，現存14殘行，行5~6字，首尾及下端殘，起於"萬國歸捉"，止於"☒（憩）惡臣☒☒☒（乍輔弼）"。

《敦煌寫本開蒙要訓叙錄》①《敦煌蒙書研究》②已綴合S.6224與S.6131。後張新朋的《敦煌寫本〈開蒙要訓〉叙錄續補》對三個卷號有詳細叙錄，并指出："（Дх.04799）可與S.6224綴合，S.6224第六行、第七行分别與該號第一行、第二行相接。""二者綴合後再加上《叙錄》及《研究》均已指出的的可與S.6224綴合的S.6131，三者可綴合成一個前後相連的殘片，綴合後計存10行，行7~16字。"③非常準確。S.6131與S.6224可以直接綴合，且"春花開艷夏葉舒"一句中的"榮"字分裂爲二，上半在S.6131上，下半在S.6224上，拼合後復原爲一；Дх.04799第一行與S.6224第六行綴接處"恩""惠"二字殘泐，餘少量筆畫，不能直接相連。其文后還附有綴合後的圖版，但小而模糊，故重新綴合示意如下：

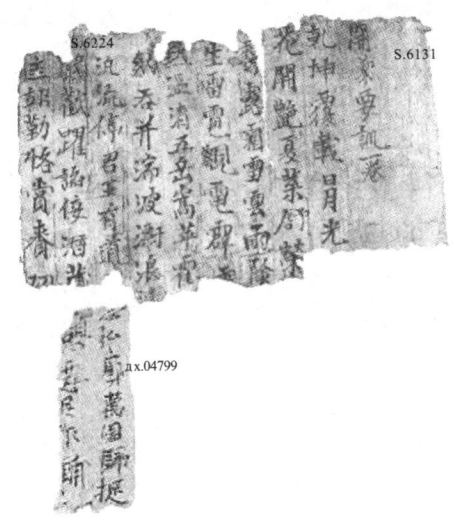

---

① 宋新民：《敦煌寫本開蒙要訓叙錄》，載於《敦煌學》1989年，第165~177頁。
② 鄭阿財、朱鳳玉：《敦煌蒙書研究》，甘肅教育出版社，2002年版，第52~58頁。
③ 兩段引文見張新朋：《敦煌寫本〈開蒙要訓〉叙錄續補》，載於《敦煌研究》2008年第1期，第98~102頁。

3. P. 3408+Дх. 04907

（1）P. 3408，據《法藏》，未見拍攝背面，現存 38 行，其中前 29 行爲完整行，之後部分的尾部及上端殘，前有首題，應爲《開蒙要訓》最開端部分。起於首題 "開蒙要訓"，止於 "爐冶鑄☒（罐?）☒"。

（2）Дх. 04907，據《俄藏》，未見拍攝背面，現存 14 殘行，行 1～5 字，首尾及下端殘，起於 "腿胜跟踝"，止於 "□□□□☒（溝渠灌溉柯）柯"。

張新朋《敦煌寫本〈開蒙要訓〉叙録續補》已加以綴合①，Дх. 04907 第一行位於 P. 3408 第三十行上方，之間仍有部分殘缺。綴合后圖示如下：

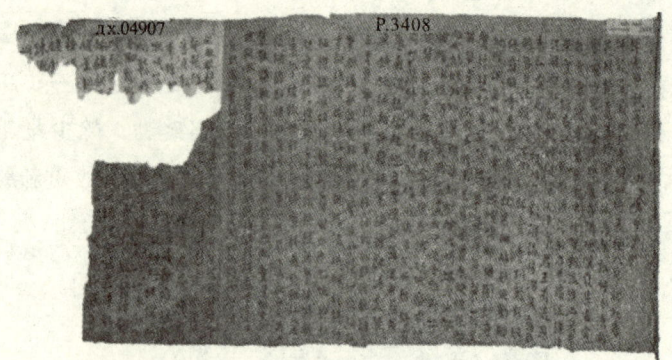

4. P. 2717+Дх. 05260+Дх. 05990+Дх. 10259

張新朋《敦煌寫本〈開蒙要訓〉叙録續補》對後三個殘片的情況已有非常詳盡的叙述，此不贅述。P. 2717，據《法藏》，雙面抄寫，正面擬名《字寶碎金》，背面擬名《開蒙要訓一卷》。《開蒙要訓一卷》的最後一塊（也就是《字寶碎金》最前的一塊）與其臨接的殘卷之間并不能直接綴合，但《法藏》誤粘貼在一起。而 "（Дх. 5260、Дх. 5990、Дх. 10259）三個殘片可以綴合成一個前後相連的殘片，中間仍有殘缺。綴合後的殘片恰好可以嵌入 P. 2717 背面誤粘接後所成的第 17 行與第 18 行之間（按：應是從右向左書寫的順序計量），二連接處文字若合符契。綴合後背面《開蒙要訓》計存 32 行，行 7～19 字，首完尾缺，起 '乾坤

---

① 張新朋：《敦煌寫本〈開蒙要訓〉叙録續補》，載於《敦煌研究》2008 年第 1 期，第 98～102 頁。

覆載',訖'矬矮侏儒癲'"①。且前有首題作"開蒙要訓一卷"(按：其正面亦可綴合爲《字寶碎金》)。張新朋文后附有綴合圖示，但小而模糊，茲重新示意如下：

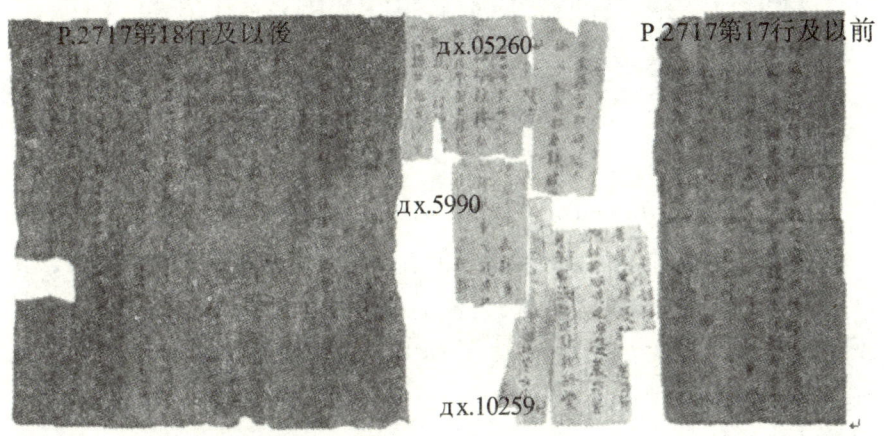

5. Дх. 05427+Дх. 05451B

《俄藏敦煌文獻》已綴合，參見《俄藏》第十二册第 134 頁。

6. Дх. 6586+Дх. 6136+Дх. 6582+Дх. 11048+Дх. 10277

張新朋的《敦煌寫本〈開蒙要訓〉叙録續補》對殘片及其綴合的情況已有非常詳盡的叙述，并對《俄藏》未定名之此五個殘片重新定名②，確，此不贅述。綴合後首缺尾完，共計 47 行，起於"臭污鈹灸療治"，止於"易解難忘"，并有尾題作"開蒙要訓一卷"。文后還附有綴合後的圖版，如下圖所示：

---

① 張新朋：《敦煌寫本〈開蒙要訓〉叙録續補》，載於《敦煌研究》2008 年第 1 期，第 99 頁。

② 見張新朋：《敦煌寫本〈開蒙要訓〉叙録續補》，載於《敦煌研究》2008 年第 1 期，第 99 頁。

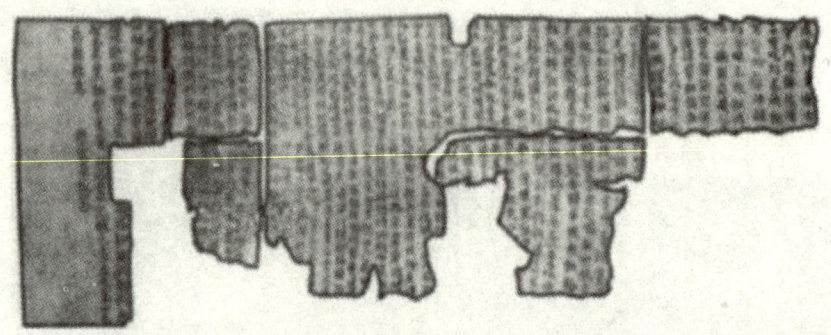

7. Дх. 10740（1）+Дх. 10740（13）

《俄藏》編爲10740號的殘卷共包括十四個正反雙面書寫的殘片，其中，Дх. 10740（1），據《俄藏》，雙面書寫，正面存5行，行6~8字，首尾和下部殘，起於"闐須彌"，止於"輯績☒（纑）"；Дх. 10740（13），據《俄藏》，雙面書寫，爲頁面的下部，正面僅存"☒（杵）白蠹"三字。張新朋判斷這兩片所標注的正反面確定有誤，標注爲正面的實際應該是反面，并依據内容定爲《開蒙要訓》殘片，"兩殘片在字體上頗爲一致，當爲同一寫卷之裂"①。確。但兩個卷號不能直接綴合，從内容判斷，兩個卷號之間應有較大的殘泐部分。

8. Дх. 19083+P. 3243

張新朋《敦煌寫本〈開蒙要訓〉叙録續補》對殘片及其綴合的情況已有非常詳盡的叙述②，可參。二者綴合后計存72行，行8~11字，中間仍有殘缺。其背面的藏文文獻也應可以綴合，俟考。兩個卷號綴合后圖版如下所示：

---

① 張新朋：《敦煌寫本〈開蒙要訓〉叙録續補》，載於《敦煌研究》2008年第1期，第100頁。

② 張新朋：《敦煌寫本〈開蒙要訓〉叙録續補》，載於《敦煌研究》2008年第1期，第99~101頁。

《太公家教》

1. S.1291（1）+S.1292V+S.1291（2）

S.1291，據《英藏》，正反雙面書寫，內容有《太公家教》和《某年三月一日中元部（落）百姓曹清奴典鎇便豆麥契》兩種，而這兩種并非接續抄寫，從圖版中可以明顯看出撕裂和粘貼的痕迹，可能是一件文書被撕裂後與其他文書混在一起誤粘。其中的《太公家教》分裂爲三個部分，第一部分書於正面，起於"☒☒（近）不能忍凍☒飢"，止於"則從後逢見"，現標識爲 S.1291（1）；第二部分書於正面，字倒，起於"☒☒（動）☒則庠序"，止於"☒近偷者"，現標示爲 S.1291（2）。S.1291（1）與 S.1291（2）之間被誤粘入首行作"☒☒三月一日中元☒（部）☒（落）☒☒☒（曹）清奴因無種子"的契約書，該契約書的背面亦爲一段《太公家教》的殘卷，起於"☒者齊脚斂手"，止於"無……☒☒必有"，今標示爲 S.1291V。

將三段《太公家教》殘卷進行比較，它們的內容基本是相連的，且字迹行款一致，應爲一卷之裂。金瀅坤就認爲"此三件文書，字迹相同，內容連貫，原來爲同一件文書，被撕裂後，又重新錯亂粘貼在一起"①，確。

S.1291（1）末"則從後逢見"句正接 S.1291V 首句"☒（尊）者

---

① 金瀅坤：《敦煌社會經濟文獻綴合拾遺》，載於《敦煌研究》2006 年第 2 期，第 90 頁。

齊脚斂手"，兩個殘卷可以完全綴合；而 S. 1291V 末句"無……☒☒必有"與 S. 1291（2）首句"☐☒（動）☒則庠序"之間殘缺多字，實際可能是在粘貼時被壓粘在前一紙頁下了，若剝離開前一紙頁，應該可以看到。

因《英藏》圖版拍攝質量不理想，現將綴合後的圖版示意如下：

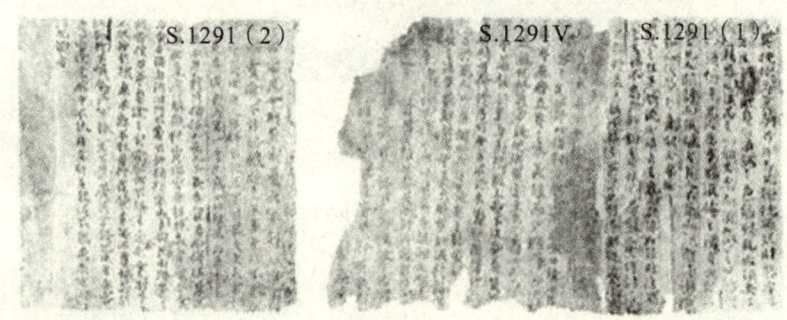

2. 罗振玉藏本之一+Дх. 03858

張新朋的《敦煌寫本〈太公家教〉殘片拾遺》有詳細敘錄，認爲："羅振玉《貞松堂藏西陲秘籍叢殘》，收錄《太公家教》殘片 3 片，經筆者研究，發現其中的兩片可以綴合，綴合後存 18 行，上部大體完整。"綴合後中間約缺損 10 行，確，文後附有綴合示意圖①，可參。

又兩個卷號均爲雙面書寫，則其背面亦可綴合。

3. Дх. 12827+Дх. 19082+Дх. 12696

張新朋《敦煌寫本〈太公家教〉殘片拾遺》有詳盡的敘錄和綴合說明，認爲："Дх. 12827 號末行止於'污染宗親'句'污染'二字，而Дх. 19082 號始於'宗親'，二者在内容上恰好相連；Дх. 12696 號首行補'夫主泛愛尊賢教示男'9 字後又恰好與 Дх. 19082 號末行'敬事'二字相連，且該行抄 16 字與其他兩片行款亦合；再參之字體（參看 Дх. 12827 號'育女'之'女'與 Дх. 12696 號首字'女'及'妻'字所從之'女'、三者之'言'字等）、行款（行 17 字左右）及三者銜接處基本吻合的外形，可知三者當爲同一寫卷之裂。"② 所言不差，可參。

---

① 張新朋：《敦煌寫本〈太公家教〉殘片拾遺》，載於《社會科學戰綫》2010 年第 4 期，第 47~51 頁。

② 張新朋：《敦煌寫本〈太公家教〉殘片拾遺》，載於《社會科學戰綫》2010 年第 4 期，第 47~51 頁。

張文未附綴合圖版,現補充綴合後的圖版示意如下:

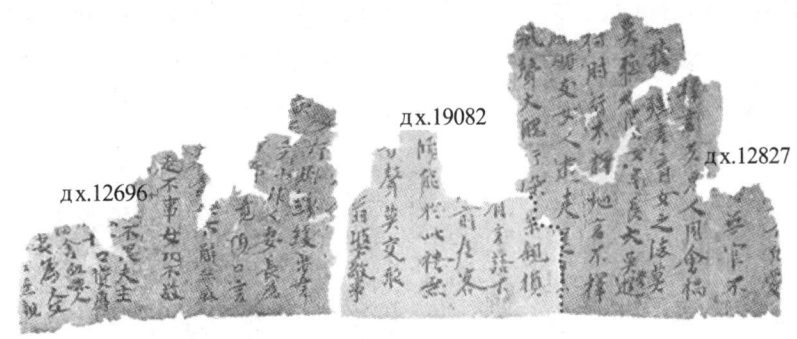

又三個卷號均爲雙面書寫,則其背面亦可綴合。

4. S.5773+S.6243

張新朋《敦煌寫本〈太公家教〉殘片拾遺》對兩個卷號有詳細的叙錄和綴合説明,文後還附有綴合圖版,可參。①

《武王家教》(按:《俄藏》綴合圖版有誤,今訂正)

Дх.00098+Дх.17447

張新朋《敦煌寫本〈太公家教〉殘片拾遺》有詳細的叙錄與綴合説明②,可參。"唯 Дх.17447 號第六行據内容判斷其前應抄何爲'八狂''九狂''十狂'等内容,但與之相應的 Дх.00098 號第九行所抄則是'莊子☒'等文句,在内容上無法相接,不知因何而致,有俟再考。"③ 謂兩個卷號綴合後却出現本應有"何爲'八狂''九狂''十狂'等内容"的 Дх.00098 第九、十、十一行却抄了不應出現在此的"庄子☒"等文句。這樣就無法確認兩個卷號的綴合關係了。

筆者重新考訂後發現 Дх.00098 實際由兩個殘片構成(分别標示爲

---

① 張新朋:《敦煌寫本〈太公家教〉殘片拾遺》,載於《社會科學戰綫》2010 年第 4 期,第 47~51 頁。
② 張新朋:《敦煌寫本〈太公家教〉殘片拾遺》,載於《社會科學戰綫》2010 年第 4 期,第 50~51 頁。
③ 張新朋:《敦煌寫本〈太公家教〉殘片拾遺》,載於《社會科學戰戰綫》2010 年第 4 期,第 50 頁。

Дх.00098p1 和 Дх.00098p2），推測其中第二個殘片 Дх.00098p2 應處於 Дх.17447 第七行的上方，三個卷號的綴合順序應該是 Дх.00098p1 與 Дх.00098p2 綴合在一起後（中有殘缺，且與《俄藏》原綴合位置不同），再綴合在 Дх.17447 的上方。綴合後的圖版如下所示：

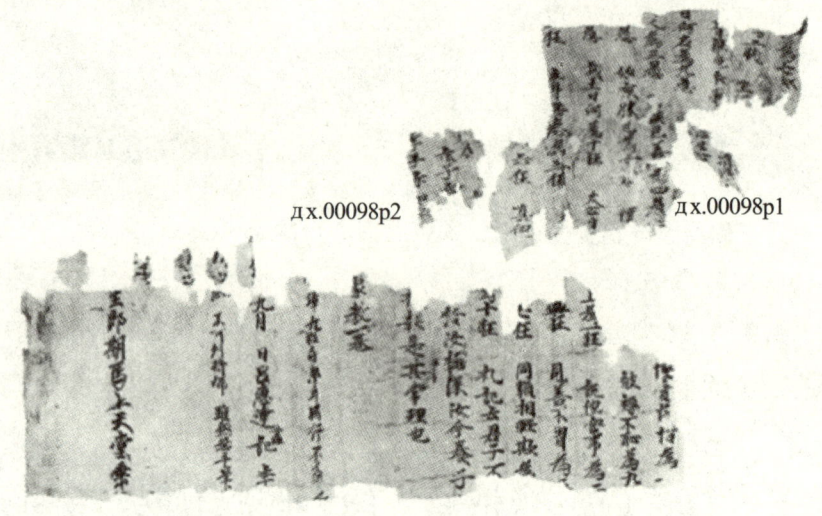

Дх.00098p2　　　　　Дх.00098p1

詳細的綴合叙録見第八章第二節。

按：背面亦可如此綴合。

《大唐同光四年具（注）曆》

（1）P.3247，據《法藏》及法國國家圖書館提供的圖版，正反雙面抄寫，正面擬名《四分律羯磨卷下》。背面擬名《大唐同光四年具曆一卷》，前端完整，有首題作"大唐同光四年具曆一卷"，後部殘損，最後一行字大部分只剩右半。

（2）羅振玉舊藏的殘曆，即《貞松堂藏西陲秘籍叢殘》（續）所收的擬題"後唐天成元年殘曆"者。《羅雪堂先生全集三編》第九冊第 3299～3305 頁收有圖版，前部殘損，首行餘部分字的左半部分。

董作賓《大唐同光四年具注曆合璧》指出二卷可以綴合①，確，綴合後本分裂於兩卷之上的"廿二日乙巳火成"等字可以合二为一，綴合後示意圖如下：

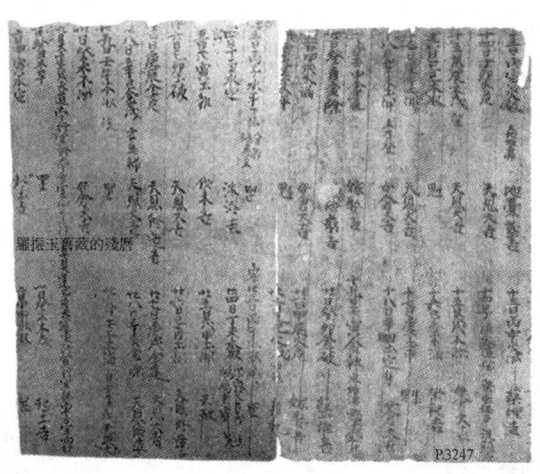

《後晉天福十年乙巳歲具注曆日》殘片

S.681V+Дx.01454+Дx.02418V

《俄藏》已綴合 Дx.01454V 與 Дx.02418V 兩個卷號的圖版，綴合後 Дx.01454V+Дx.02418V 殘卷前後端及上部殘損，正反雙面抄寫，正面擬名《書儀鏡》，字迹比較工整而拘謹，似爲學郎所書，且有似朱筆（因《俄藏》無彩色圖版，推測爲朱筆）的點讀和批改痕迹，起於"□□□□／□謀略甘分退身□"，止於"□恃貼□"；背面擬名《具注曆日》，前十四行爲曆書的總序部分，第十五行開始爲具注曆日，大概包括正、二月部分，起於"□奴婢□□□□"，止於"□安立柱□（吉）□"。

鄧文寬《敦煌三篇具注曆日佚文校考》認爲："（Дx.01454V、Дx.02418V）經與刊布在《敦煌吐魯番出土曆書》上的圖版比對，發現

---

① 參見董作賓《大唐同光四年具注曆合璧》，見《中研院歷史語言研究所集刊》1959年第30本下册，第1043、1061~1062頁。

它可以同S.0681背面的《後晉天福十年乙巳歲（945）具注曆日》綴合。不僅筆迹相同，而且撕斷的字劃也能上下對上。換言之，S.0681背所存爲此件殘曆的上半截，而此兩號則存其下半截。"① 并據S.0681V定名爲"後晉天福十年乙巳歲（945）具注曆日"，確。又王愛和《英藏S.681V與俄藏Дх.01454、Дх.02418V的拼接綴合與研究》亦對三卷進行了叙録和綴合②，并據綴合後的材料，補充了鄧文寬《敦煌天文曆法文獻輯校》中未完成的《後晉天福十年乙巳歲具注曆日比較表》。

三個卷號基本可以上下完全拼合在一起，一些字如第四行的"有"、第五行的"多"、第六行的"魁"等綴合後的可以合二爲一。

現將綴合後圖版示意如下：

歸義軍寫本《社司轉帖》

BD.01185紙背三塊裱紙

據《國圖藏》，BD.01185《天地八陽神咒經》卷背有三個殘片，有字的一面向上裱補在卷背，現按從右到左的順序依次標記爲BD.01185V₁、BD.01185V₂、BD.01185V₃。BD.01185V₁存兩殘行，第二行字只剩右半部分殘墨，可辨第一行七字，字作"牙孔鷥使程平水"。BD.01185V₂有小塊殘損，存兩殘行，第一行字只剩左半部分殘墨，可辨第二行中的十字，字

---

① 鄧文寬：《敦煌三篇具注曆日佚文校考》，載於《敦煌研究》2003年第3期，第110頁。
② 參見王愛和《英藏S.681V與俄藏Дх.01454、Дх.02418V的拼接綴合與研究》，載於《敦煌學輯刊》2003年第1期，第12~17頁。

作"以欺粟後到人解伍郎☐☐"。BD.01185V₃存兩殘行,第二行字剩右半部分殘墨,可辨第一行八字,字作"以平水解伍郎氾押",第二行基本可辨認爲"曹☐使陳☐(六)郎☐(索)"。

林世田《敦煌遺書古代修復簡論——構築4~11世紀中國書籍修復史框架(草稿)》一文指出這三塊裱補紙片"紙質、字體一致,爲同一抄本,可以綴合,内容爲歸義軍時期寫本社司轉帖"①。確。

《社司轉帖》

Дx.01286+Дx.03424

施萍婷《俄藏敦煌文獻經眼録之一》稱:"共六行,社官李卿(押),録事齊豐晟(押)。最後有兩行不同字體的字,文曰:'丑年已後儉一包贈物忽須自納若☐不送納衣調罰。'社官李卿,孟列夫目録及黄永武《敦煌遺書最新目録》均作'李卿節'。"②施説極是。原卷中第二行"社官李卿(押),录事齐丰晟(押)",在"卿"字下爲作"卿"字字形的畫押;"晟"字下爲作"晟"字字形的畫押,孟列夫及黄永武將"卿"字字形的畫押認作"節"字,誤,詳見下圖。《俄藏》已綴合二卷圖版,見《俄藏》第八册第62頁,如下圖所示。

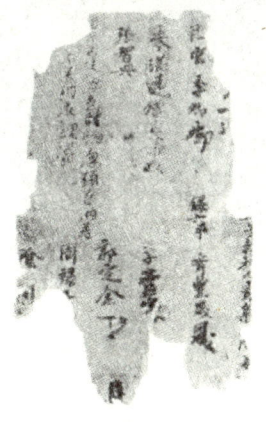

---

① 林世田:《敦煌遺書古代修復簡論——構築4~11世紀中國書籍修復史框架(草稿)》,《百年敦煌文獻整理研究國際學術討論會論文集》(下册),浙江大學古籍研究所2010年,第441頁。

② 施萍婷《俄藏敦煌文獻經眼録之一》,載於《敦煌研究》1996年第2期,第51~70頁。

《前秦建元十三、十四年買婢券》

Дх. 11414V+Дх. 02904V

徐俊《俄藏 Дх. 11414+Дх. 02947 前秦擬古詩殘本研究——兼論背面文書的地域和時代》一文已論及背面的綴合問題，其正面爲擬古詩，背面爲《秦建元十三年買婢券》。① 榮新江《吐魯番新出〈前秦建元二十年籍〉研究》又提及"與俄藏 Dx. 02947（即 Дх. 02947V）《前秦建元十四年（378）買田券》可以綴合的 Dx. 11414（即 Дх. 11414V）《前秦建元十三年買婢券》"②，明確兩個卷號背面可以綴合爲《前秦建元十三、十四年買婢券》。二位學者所論確，綴合圖示如下：

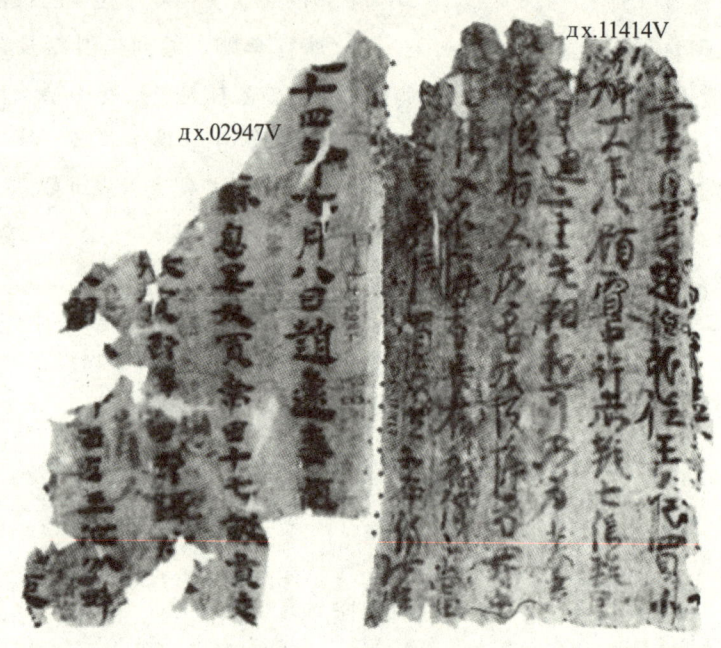

---

① 徐俊：《俄藏 Дх. 11414+Дх. 02947 前秦擬古詩殘本研究——兼論背面文書的地域和時代》，見《敦煌吐魯番研究》（第六卷），北京大學出版社，2002 年版，第 209~213 頁。
② 榮新江：《吐魯番新出〈前秦建元二十年籍〉研究》，載於《中華文史論叢》2007 年第 4 期，第 1~31 頁。

《羊抄》

Дх. 1309 + Дх. 1316 + Дх. 1310 + Дх. 3016 + Дх. 3024 + Дх. 3153 + Дх. 3159 + Дх. 2969

施萍婷在《俄藏敦煌文獻經眼錄之一》中將以上數個卷號綴合，并擬名"羊抄"，下説明"15.5□19，僅存六行"①，據《俄藏》圖版，此幾個卷號的内容中均未見有關"羊抄"者，懷疑是其誤記。今《俄藏》亦將此八個卷號的圖版放在一起，圖版在第八册第77~80頁，共含七個殘片，均爲正反雙面抄寫，擬名《書儀》，但圖版未標明每一個卷號對應的殘片。從行款格式以及字迹看，此八個卷號確屬一卷之裂，且正背面的字迹相同、内容相似，可能是正背面接續抄寫。不過彼此之間似乎并不能直接綴合拼在一起，留待有更多資料再行綴合。

《乾符六年十二月十日破用糧麵等抄》

S. 6208VP/S. 5731V

（1）S. 6208 號背，有一小殘片，僅3殘行，上下皆有殘泐，《英藏》擬題"破歷？"，現記作S. 6208Vp。

（2）S. 5731 號背，有"乾符六年己亥☒□"、"百姓盧延慶□右延慶令差迴鶻□"、"乾符六年十二月十日□徐人計喫食糧麵□兩驛供羊并路良□"等數個殘片，《英藏》前兩個擬題"差役名簿"；後一個擬題"乾符六年十二月十日破用糧麵等抄"，現記爲S. 5731Vp3。

按：該兩個卷號正面所抄文書，周祖謨《敦煌唐本字書叙録》業已指出可以綴合（詳見前《新商略古今字樣》條）。S. 5731Vp3 似亦可與 S. 6208Vp 上下綴接，如下圖所示。

---

① 施萍婷：《俄藏敦煌文獻經眼録之一》，載於《敦煌研究》1996年第2期，第70~71頁。

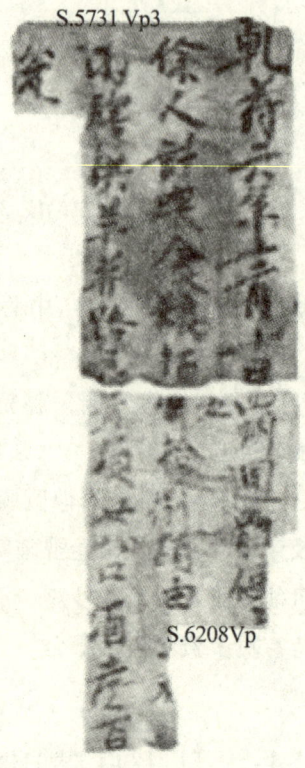

兩片綴合後，銜接處似僅有少許筆畫殘泐。殘文可校錄如下：

乾符六年十二月十日西州迴鶻使☒☐
徐人計喫食粮麵五拾捌碩由☒☒☒☐
兩驛供羊并路良置碩廿八口酒壹百☐☐
瓮

其中第3行末"百"字下不知有無殘缺，如無，則"百"可直接與次行"瓮"連讀，第2行"由"下所缺也僅三殘字而已。

《唐辛酉年至癸亥年靈修寺招司典座願真等諸渠廚田及散施入曆》

S.1600（2）+S.6981（1）

（1）S.1600，據《英藏》，爲兩件文書粘合在一起，正反雙面書寫。

第一件文書前殘，共存十殘行，起於"靈修寺招提司□"，止於"前案迴殘人"，《英藏》擬名"（庚）申至癸亥靈修寺招提司諸色斛斗入破曆計會"，現標記爲 S.1600（1）；後一件文書後殘，存七殘行，起於"辛酉年諸梁廚田及散施入"，止於"□二月分/□▨"，《英藏》擬名"辛酉年靈修寺諸色斛斗入曆"，現標記爲 S.1600（2）。兩件文書字迹相似，內容均爲入破曆計會，可能出於一人之手。

（2）S.6981，據《英藏》，包括八件不同內容的文書，彼此字迹并不相同。其中第一件起於"□倉入▨□"，止於"城南鄴▨"，內容亦爲入破曆計會，現標記爲 S.6981（1）。

金瀅坤《敦煌社會經濟文獻綴合拾遺》指出："本件由斯一六〇〇號（底一）+斯六九八一號（底二）綴合。底一和底二的書寫字迹、格式和內容、時間均相同，爲同一寺院文書，故將其綴合在一起。底卷綴合後，共存三十六行，其中底一存七行，底二存二十九行，底一、底二中間有殘缺。"① 有叙錄和説明，可參。其中所言"底一"指的是 S.1600（2），"底二"指的是 S.6981（1）。從斷裂處的形狀看，二者不能完全綴合，因無可參照的底本，不知中間相差的內容和行數。

綴合後示意圖如下：

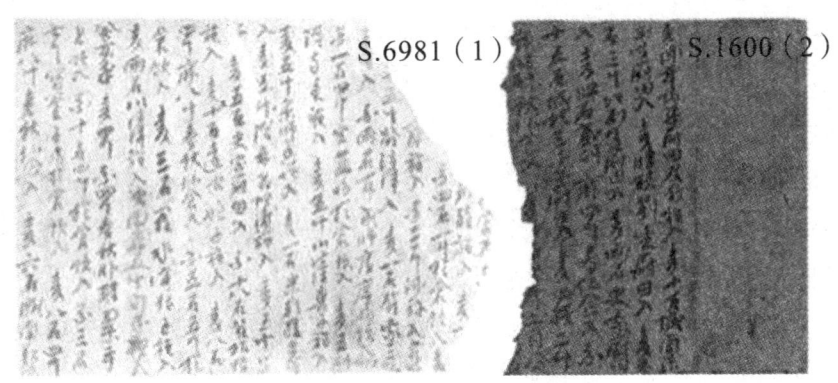

---

① 金瀅坤：《敦煌社會經濟文獻綴合拾遺》，載於《敦煌研究》2006 年第 2 期，第 88 頁。

《後唐乙未年二月十八日程虞候家榮葬名目》

P. 3416p1+P. 3416p1V

《寶藏》將兩個卷號綴合并定名爲"程虞候家榮葬名目";唐耕耦、陸宏基《敦煌社會經濟文獻真迹釋録》(第四輯)則定名爲"乙未年二月十八日程虞候家榮葬名目"①;寧可、郝春文《敦煌社邑文書輯校》綴合後定名爲"乙未年(九三五)二月十八日程虞候家榮葬名目"②,均已確認兩個卷號本爲一卷之裂的關係。上海古籍出版社、法國國家圖書館主編《法藏敦煌文獻》則將 P. 3416p1 擬名爲《乙未年二月十八日程虞候家榮葬名目》,將 P. 3416p1V 擬名爲《名目》。

金瀅坤《敦煌社會經濟文獻綴合拾遺》綴合爲"P. 3416p1 正背",并指出:"諸書均未注意到本件是由數件碎片重新粘接而成。……本文將予綴合。本件底卷正面有兩片屬後來粘貼上去的碎片(以下簡稱碎一、碎二),底卷背面也有兩片屬後來粘貼上去的碎片(以下簡稱碎三、碎四),經仔細比對,碎一應與碎四綴合(碎一爲上部,碎四爲下部),而碎二、碎三則分別爲碎一、碎四的背面,亦應予綴合,綴合後,共存十八行,各行約殘存五至十五字左右。從字體和内容來看,這幾件碎片與底卷應爲同一件文書,底卷中碎一粘貼在文書的第四行之後是正確的;但把碎二粘貼在'李曹子'一行之前,則屬大誤。碎二和碎三是正面喪葬納贈物品的合計數,應在原來底卷的背面,即碎一和碎四的背面。"③ 這一發現非常重要,但其順序有問題,以下詳細分析。

據《法藏》,P. 3416 正反雙面抄寫,正面抄《星占書》+《千字文一卷》+《孝經一卷》,後兩個文書有界欄,字迹工整娟秀,應出於一人之手;背面抄《願文》,字迹比較潦草。因頁面中出現多處殘損(如《千字

---

① 唐耕耦、陸宏基:《敦煌社會經濟文獻真迹釋録》(第四輯),全國圖書館文獻縮微複製中心1990年,第23頁。
② 寧可、郝春文:《敦煌社邑文書輯校》,江蘇古籍出版社,1997年版,第217頁。
③ 金瀅坤:《敦煌社會經濟文獻綴合拾遺》,見鄭炳林、樊錦詩、楊富學主編《絲綢之路民族古文字與文化學術討論會文集》(下册),三秦出版社,2007年版,第773~786頁。

文》第十行"改"字與"莫"字之間,第十一行"墨"字與"絲"字之間;第十三行到第十九行每行第十四、十五、十六字均殘缺。又如《孝經》序文最後一行和正文的第一至第五行每行第十、十一、十二、十三字殘缺),所以附有多個小殘片,可能是古代人修補使用的碎片。《法藏》整理者已將其從原卷上剝落下來,分別標以 P.3416p1、P.3416p2、P.3416p3、P.3416p4。

其中標爲 P.3416p1 者,實際又包含八個碎片(《法藏》圖版比較模糊,但法國國家圖書館公布的圖片中能够清晰辨認),均爲正反雙面書寫,圖版如下:

《法藏》圖版已將第一、二個殘片粘貼綴合在一起,確。録文如下:

乙未年二月二十八日程虞侯家榮葬名目如後

社官程餅粟

□□□餅粟

郭□□餅粟青紬接一丈七尺

▨紫綿綾七尺▨▨

▨▨生絹一疋共▨

▨緋綿綾緑綾▨

據此，我們可以基本確定該《榮葬名目》的記録順序，即職位（有的無）+姓名+餅粟+布匹（有的有數目）。

但除第一、二塊以外，其他碎片亦有可綴合者，金瀅坤《敦煌社會經濟文獻綴合拾遺》中有詳細的叙録和綴合説明，并有録文和校文。① 但是金文的綴合校録將八個碎片全部拼合在一起并無根據，文中真正能够確認綴合者只有兩片，其他碎片的位置可能非金文所列。

爲便於説明，現將 P.3416p1 正面八個碎片按從右到左的順序依次標記爲 P.3416p1（右1）、P.3416p1（右2）、P.3416p1（右3）、P.3416p1（右4）、P.3416p1（右5）、P.3416p1（右6）、P.3416p1（右7）、P.3416p1（右8），其背面則分別是 P.3416p1（右1）V、P.3416p1（右2）V、P.3416p1（右3）V、P.3416p1（右4）V、P.3416p1（右5）V、P.3416p1（右6）V、P.3416p1（右7）V、P.3416p1（右8）V。能够確認綴合者即 P.3416p1（右2）與 P.3416p1（右6）V；同理，P.3416p1（右2）V 與 P.3416p1（右6）也能够綴合。

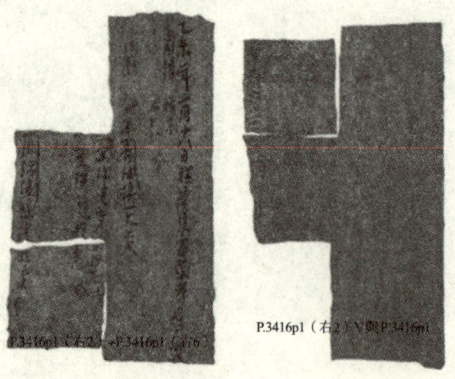

① 金瀅坤：《敦煌社會經濟文獻綴合拾遺》，載於《敦煌研究》2006 年第 2 期，第 86~88 頁。

又，根據上揭《榮葬目錄》記録的基本順序，我們認爲，如果 P.3416p1 的八個碎片之外無其他碎片，我們基本可以確定它們原來的位置，示意圖如下（不標出其卷號）：

《後晋天福七年至後周顯德五年間大乘寺交割常住什物點檢曆》

S.1624V+S.1776（2）

（1）S.1624，據《英藏》，正反雙面書寫，正面所抄爲僧録（實爲《歷代法寶記》殘卷），《英藏》擬名《雜抄（唐泗州僧伽大師實録，唐虢州閺鄉縣萬迴和尚傳等）》；背面所抄爲物品名録，起於"☐☐☐子曦"，止於"耳☐（鐺）壹口"，《英藏》擬名《天福七年（942）某寺常住什物交歷》。

（2）S.1776，據《英藏》，正反雙面書寫，實爲兩段斷開的殘卷，正面均抄物品名録，其中第一個殘卷起於"☐德伍年戊午歲十一月十三日"，止於"銀鏤枕子"，第二個殘卷起於"☐☐/函櫃"，止於"☐☐☐（常）☐（住）什物等對徒衆一一"。《英藏》一并擬名爲《（顯）德伍年（958）十一月十三日某寺判官與法律尼戒性等一伴交歷》、《敦煌遺書總目索引新編》一并擬名《顯德五年（958）十一月十三日某寺法律尼戒性等交割常住什物點檢曆狀》、《敦煌遺書最新目錄》《寶藏》一并擬名《顯德五年（西元九八五）某寺判官與當寺徒眾交割什物賬》，均認爲兩個殘卷實爲同一文書；《釋錄》和郝春文《唐後期五代宋初敦煌僧尼的社會生活》也是將兩個殘卷認爲同一件文書進行定題和研究。實際兩段殘卷内容雖相似，字迹却不同，并不是一卷之裂。今將第一個殘卷標示爲 S.1776（1），第二個殘卷標示爲 S.1776（2）。

金瀅坤《敦煌社會經濟文獻綴合拾遺》已認識到 S.1776（1）與 S.1776（2）并非同卷，并將 S.1776（2）與 S.1624 進行了綴合："底一（指 S.1624）與底二［指 S.1776（2）］不僅字體、書寫格式都相同，而且底一末行四字與底二的首行四字完全可以拼合，即拼合後的第四十六行'耳鐺壹口'四字，其紙縫亦可以拼合。底卷綴合後，首尾殘缺，共六十八行，底一爲一至四十六行右側，底二爲四十六行左側至六十八行。"① 確。

綴合後圖版如下（因兩個卷號圖版太大，此處只顯示兩個卷綴合後的局部）：

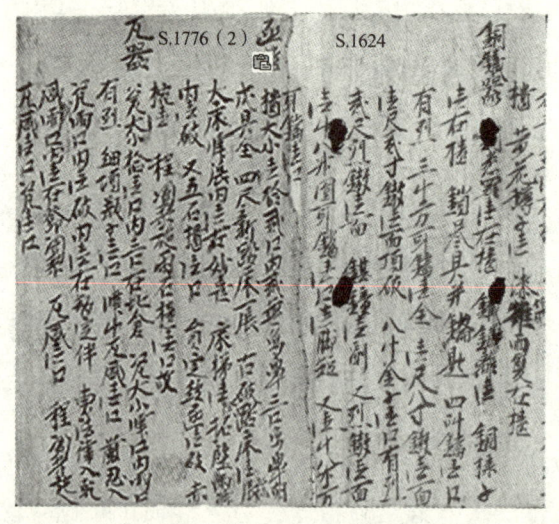

---

① 金瀅坤：《敦煌社會經濟文獻綴合拾遺》，載於《敦煌研究》2006 年第 2 期，第 369～377 頁。

《宋丁丑至戊寅年報恩寺諸色斛斗破曆》

S. 5039+S. 4899

唐耕耦、陸宏基在《敦煌社會經濟文獻真迹釋錄》（第三輯）中對 S. 5039、S. 4899 兩個卷號進行了錄文，并懷疑它們爲一卷之裂。

金瀅坤《敦煌社會經濟文獻綴合拾遺》有詳細的叙錄和綴合説明，認爲"這兩件文書的紙質、字迹、格式及内容相同，其記録賬目的月份亦大致可以連接，因此，本文將其綴合在一起"。"但底一和底二不能完全銜接，中間有殘缺。底一已經撕裂爲兩片，前一片十八行，後一片十九行，前一篇（按：應爲'片'）的末行和後一片的前七行上部分殘泐二至十六字不等，《釋錄》第三輯把後一片置於前一片之前，非是，《英藏》已更正。"① 確，可參。釋文見於金瀅坤《敦煌社會經濟文書輯校》②

綴合後示意圖如下：

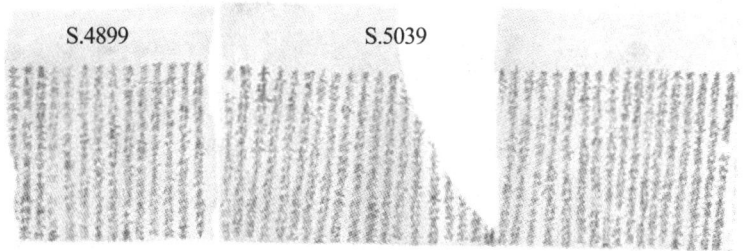

《宋辛巳年十二月沙洲僧保真貸紅采段契》

S. 5652+S. 5652V

S. 5652，據《英藏》，正面抄《辭道場讚》+《宋辛巳年十二月沙洲

---

① 金瀅坤：《敦煌社會經濟文獻綴合拾遺》，載於《敦煌研究》2006年第2期，第89頁。
② 金瀅坤：《敦煌社會經濟文書輯校》，浙江大學博士後研究報告，第32~34頁。

僧保真貸紅采段契》，後一文書只有五行，且第五行字左半大部分失去。背面從頁面中段開始抄《宋辛巳年十二月沙洲僧保真貸紅采段契》，共約六行，首行前七字右半大部分失去，第八至十二字全字失去。《英藏》正背面圖版如下所示：

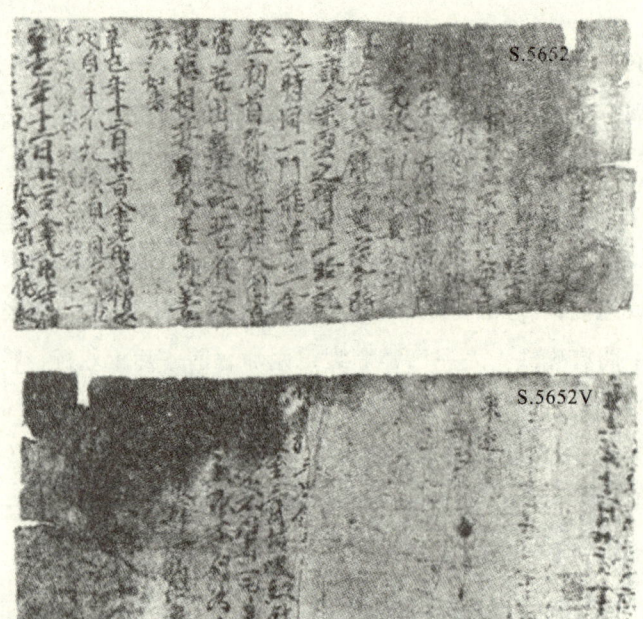

金瀅坤《敦煌社會經濟文獻綴合拾遺》將抄有《宋辛巳年十二月沙洲僧保真貸紅采段契》的兩部分進行了綴合，認爲："本件由斯五六五二號（底一）+斯五六五二號背（底二）綴合，原件應寫在卷軸的封口處，卷軸撕裂後，分別爲現在的底一、底二。本件文書從原文的第二行'保真於三界僧乾支面上貸紅'十二字中間撕裂，底一、底二斷裂處的字跡和撕裂文字均可銜接，其中'保真於三界僧'多半（左側）在底二、'乾支面上貸紅'多半（右側）在'底一'。一至二行右半側爲底一，第二行左半側至六行爲底二。綴合後，底卷首尾、下殘，共五行，字跡模糊，爲習字。"①

所言基本不差，這兩部分確可綴合，綴合後示意圖如下：

---

① 金瀅坤：《敦煌社會經濟文獻綴合拾遺》，載於《敦煌研究》2006年第2期，第88頁。

但有一點金文未曾指出，即這一文書也可能并非撕裂後形成這樣的形式。從 S.5652 正面的圖版來看，原卷撕裂的痕迹并不明顯，更像是一張完整的紙頁。《宋辛巳年十二月沙洲僧保真貸紅采段契》之所以一部分抄於正面，一部分抄於背面，且形成正面最後一行字與背面第一行字需拼合纔能成爲完整的一行的情況，大概就有兩種可能性：

第一，《辭道場讚》先寫就，學童爲練字，見《辭道場讚》之後還有空白，於是將紙尾部分稍捲曲，這樣正面的空白部分與紙背面就形成了新的可供書寫的空白紙頁，再在其上繼續寫《宋辛巳年十二月沙洲僧保真貸紅采段契》。

第二，《宋辛巳年十二月沙洲僧保真貸紅采段契》先寫就，之後從寫有"保真於三界僧乾支面上貸紅"的一行處被撕裂開，將撕開後帶字的右半部分翻轉過來，將非撕裂處那一端與左半部分帶字撕裂處那一端粘貼起來，粘貼時寫有"保真於三界僧乾支面上貸紅"一行壓住非撕裂處那一端，最後將紙頁翻轉過來，再抄寫《辭道場讚》。

因《英藏》圖版比較模糊，無法辨認原紙頁是否有撕裂的痕迹，所以究竟哪種可能性更大，還需進一步的證據證明。

《酒賬》

敦煌研究所藏《酒賬》（敦研 001+董希文藏本）+P.2629

（1）敦煌研究所藏《酒賬》（敦研 001+董希文藏本），敦研 001 即敦煌研究院藏《歸義軍衙府酒破曆》，共 11 行，與董希文所藏本爲一件，後割裂爲二。施萍亭（原文爲"施萍亭"，疑即爲"施萍婷"，從之不改，下同)《本所藏〈酒賬〉研究》插圖一①存有原件未割裂開時的臨摹圖的照片,統稱其爲"敦煌研究所藏《酒賬》"。按照施萍亭叙録:"酒賬(曆)原件無頭無尾,共49行,現已割裂爲二,前半截存文物研究所,後半截原爲董希文先生收藏。本所收藏的這一截,長23釐米,寬30釐米,十一行,紙張的接縫處鈐有'歸義軍節度使新鑄印',現存印記一方半,印5.8*6.1釐米,略帶縱長方形。"②又從臨摹圖的照片可知,原件起於"酒壹☒(瓮)九日甘州使迎令公支酒",止於"☐☒(壹)☒(斜)西宅用酒一瓮☐"。今《甘肅藏敦煌文獻》第一册第1頁有敦煌研究院所藏這半截比較清晰的圖版。

(2) P.2629,據《法藏》及法國圖書館公布的圖版,正反雙面書寫,反面擬名《金剛經贊釋》。正面擬名《歸義軍酒賬》,有界欄,紙张的接縫處鈐有"歸義軍節度使新鑄印"朱印兩方,起於"☐☒(壹)瓮同日墳頭酒☒(壹)☒(斜)☐"。

施萍亭《本所藏〈酒賬〉研究》③對兩個卷號有詳細的考訂,認爲P.2629應是這件《酒賬》的續卷。兩件連接以後,原斷裂的一行文字一目了然:"使出馬圈口酒壹甕。同日,墳頭酒壹科。廿四日,西宅用酒壹甕。"因文中所附原件臨摹圖的照片比較模糊,未能見"使出马圈口"五字,但"壹""斜"二字正呈分裂於二卷之上,合二可得爲一的情況;又二卷行款、字迹基本相同,故二卷可以綴合無疑。

綴合後圖版示意如下(因兩號圖版較長,均只列出局部):

---

① 施萍亭:《本所藏〈酒賬〉研究》,載於《敦煌研究》1983年第1期,第142頁。
② 施萍亭:《本所藏〈酒賬〉研究》,載於《敦煌研究》1983年第1期,第142頁。
③ 施萍亭:《本所藏〈酒賬〉研究》,載於《敦煌研究》1983年第1期,第142~155頁。

《報恩寺常住什物交割點檢曆稿》

S.4199+P.3598

（1）S.4199，據《英藏》及IDP圖版，前後端殘缺，存21殘行，首行及末行字迹均只剩部分筆畫。起於"☒（案）肆"，止於"槍∕▢▢"。卷中有朱筆所作符號，如寺主"保惠"二字以"⌐"括出。

（2）P.3598，據《法藏》，前端略有殘損，上端略有殘損，存22殘行，首行字迹殘去部分筆畫，一些行間有稍小字所作的補充注釋。起於"▢在東街☒（張）孔目"，止於"▢子延☒壹斤"。部分字用朱筆，如"☒過外欠物色"，似是爲了區別收入與支出。卷中還有朱筆所作符號，如"在大和尚"四字以"⌐"括出。

唐耕耦、陸宏基在《敦煌社會經濟文獻真迹釋録》（第三輯）中發現兩個卷號可以綴合爲S.4199+P.3598，擬名爲"某寺交割常住什物點檢曆"①；唐耕耦《敦煌寺院會計文書研究》亦綴合爲S.4199+P.3598，擬名爲"丁卯年（967或907）報恩寺常住什物交割點檢曆稿"②。郝春文《唐後期五代宋初敦煌僧尼的社會生活》又擬名爲"報恩寺常住交割什物曆"③。金瀅坤《敦煌社會經濟文書定年拾遺》綴合爲S.4199+P.3598，擬名爲"宋庚辰年（980）後報恩寺常住什物交割點檢曆稿"④。

兩個卷號字迹、行款一致，又P.3598首行字所缺的部分筆畫正在S.4199的末行，所有的字均可以合二爲一，綴合後可以辨認爲"▢在東街張孔目"，該行綴合處局部圖如下：

---

① 唐耕耦、陸宏基：《敦煌社會經濟文獻真迹釋録》（第三輯），全國圖書館文獻縮微複製中心，1990年版。
② 唐耕耦：《敦煌寺院會計文書研究》，臺北新文豐出版公司，1997年版，第300~304頁.
③ 郝春文：《唐後期五代宋初敦煌僧尼的社會生活》，中國社會科學出版社，1998年版，第130頁。
④ 金瀅坤：《敦煌社會經濟文書定年拾遺》，載於《首都師範大學學報》2006年第1期，第9~14頁。

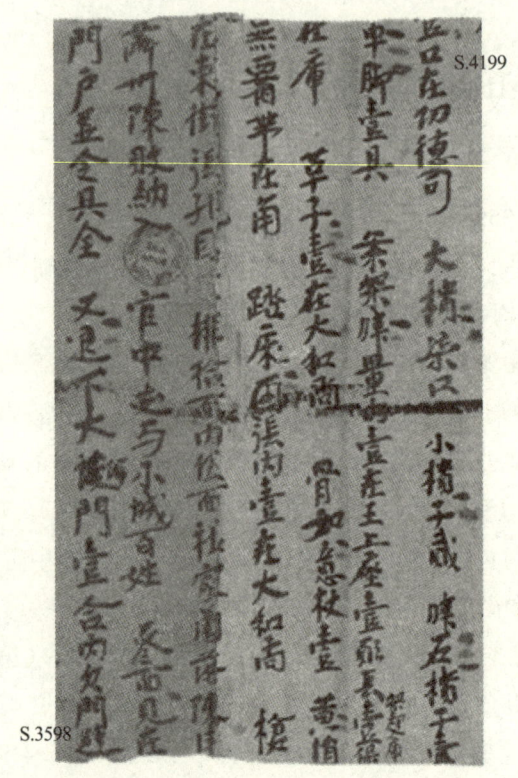

故 S.4199 與 P.3598 可以綴合無疑。

又二卷號均爲 22 行左右，可能是卷子裝文獻中粘合在一起的兩個紙頁，S.4199 末與 P.3598 首正是粘合處，所以又 P.3598 首行與 S.4199 的末行各有同一行字的部分筆畫。因爲 P.3598 首在字迹前有部分留白，S.4199 末則無，故推測粘貼時應該是 S.4199 尾粘在 P.3598 首之上。同樣，我們還可以推測 S.4199 首被壓粘在另一個殘卷之下，惜暫未發現可與 S.4199+P.3598 有綴合關係的其他殘卷。

綴合後圖版示意如下：

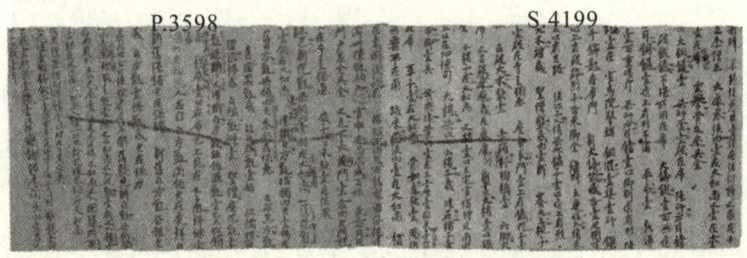

《報恩寺常住什物交割點檢曆》

P. 4004+P. 3067+S. 4706+P. 4908

（1）P. 4004，據《法藏》及法國國家圖書館提供的圖版，前後端殘損，下部有些微殘，共存17殘行。前四行比後部分高四字左右，爲叙述時間、人物、事件并言"抄録如後"的總起；後十三行列檢點什物明細，第五行上方有朱筆寫"供養具"三字，似是分類類目。部分行間有稍小字所作的補充注釋。王重民主編《敦煌遺書總目索引》定名爲"庚子年倉食貯賬"[1]，黄永武《寶藏》同。沙知《敦煌契約文書輯校》定名爲"某寺執物僧團頭法律惠員執倉憑"[2]，似有問題。

（2）P. 3067，據《法藏》及法國國家圖書館提供的圖版，前端殘損，共存18殘行，列檢點什物明細，第十二行上方有朱筆寫"銅鐵器"三字，似是分類類目。

（3）S. 4706，據《英藏》，前後端殘損，共存21殘行，首行及末行部分字只剩殘筆墨，列檢點什物明細，第九行上方"氈褥"二字，且似爲朱筆寫就，似是分類類目。部分行間有稍小字所作的補充注釋，筆墨較淺，似作朱筆。

（4）P. 4908，據《法藏》及法國國家圖書館提供的圖版，前後端殘損，共存18殘行，列檢點什物明細，第十八行上方貼有一小題簽，上書"七佛神咒羊"五字，部分行間有稍小字所作的補充注釋。

唐耕耦、陸宏基在《敦煌社會經濟文獻真迹釋録》（第三輯）中將四個卷號綴合爲P. 4004+P. 3067+S. 4706+P. 4908，并定名爲"某寺交割常住什物點檢曆"[3]。後唐耕耦《敦煌寺院會計文書研究》又綴合并定名爲"報恩寺前寺主法□交割常住什物曆牒"[4]；金瀅坤《敦煌社會經濟文書定

---

[1] 王重民：《敦煌遺書總目索引》，中華書局，1983年版。
[2] 沙知：《敦煌契約文書輯校》，江蘇古籍出版社，1998年版，第410頁。
[3] 唐耕耦、陸宏基：《敦煌社會經濟文獻真迹釋録》（第三輯），全國圖書館文獻縮微複製中心，1990年，第32頁。
[4] 唐耕耦：《敦煌寺院會計文書研究》，臺北新文豐出版公司，1997年版，第293頁。

年拾遺》考察後認爲"本件文書中的多數僧官同時見於十世紀末的有關報恩寺的文書,則本件應爲報恩寺文書"①。故定名爲"報恩寺交割常住什物點檢曆"。

按:四卷中,P.4004與P.3067字迹行款一致,且均有朱筆寫的分類類目以及行間稍小字所作的補充注釋,可以綴合的特徵明顯。因爲P.3067首在字迹前有部分留白,P.4004末則無,故推測粘貼時應該是P.4004尾粘在P.3067首之上,這樣內容也比較通順。綴合後示意圖如下:

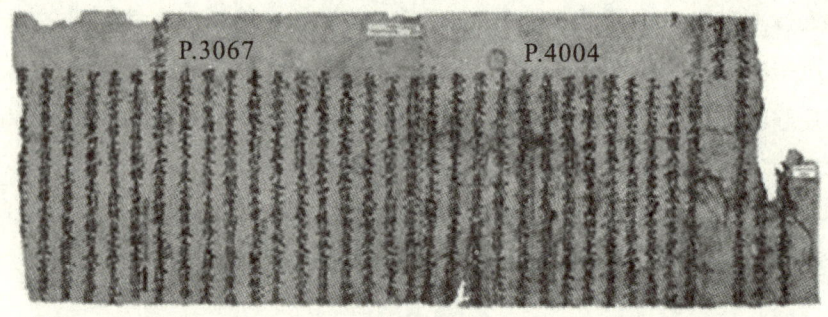

完全拼合後如下所示:

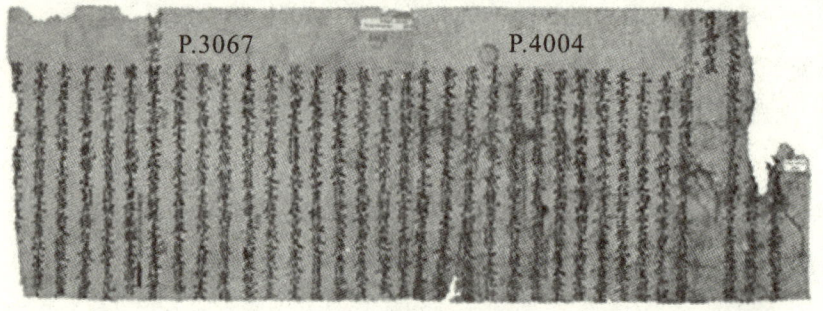

S.4706與P.4908字迹行款一致,特別是S.4706末行殘留的正是P.4908首行"寺主戒會又白"幾個字的殘筆畫,兩個卷號綴合後此六字合二爲一;S.4706倒數第二行小字注中"壹領"二字也是部分在S.4706末,部分在P.4908首,綴合後纔完全。綴合後圖版示意如下:

---

① 金瀅坤:《敦煌社會經濟文書定年拾遺》,載於《首都師範大學學報(社會科學版)》2006年第1期,第9~14頁。

但是,前兩個卷號與後兩個卷號之間存在差异,如 P.4004 與 P.3067 行間距較疏朗,而 S.4706 與 P.4908 行間距明顯要小於 P.4004 與 P.3067;且 P.4004 與 P.3067 行 18 字,S.4706 與 P.4908 行 16 字,明顯不同;一些同時出現在前兩個卷號與后兩個卷號中的字如"壹""又""子""寺主"等表現出明顯的書寫風格差异,不似一卷之裂;從行款上看,P.4004 和 P.3067 每行字數及行距一致,S.4706 和 P.4908 每行字數及行距一致,但 S.4706 和 P.4908 每行字數少於 P.4004 和 P.3067,行距也明顯變得比較密集;又 P.3067 和 S.4706 之間的斷裂痕迹看似可以拼合,但實際并不可拼合。故現重新綴合为 P.4004+P.3067 和 S.4706+P.4908,唐耕耦、金瀅坤等人的綴合是有問題的。爲便於直觀地認識此點,現將四個卷號的圖版放在一起,對比如下:

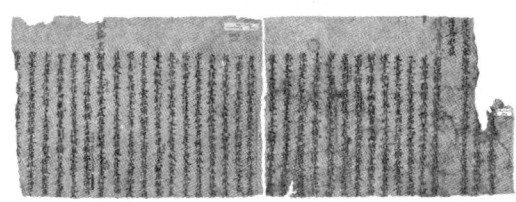

《大蕃古沙州行人部落兼防禦兵馬及行營留後監軍使論董勃藏重修伽藍功德記》

Дх. 01462+P. 3829

李正宇《吐蕃論董勃藏修伽藍功德記兩殘卷的發現、綴合及考證》對兩個卷號有簡單的叙錄，并指出："兩卷綴合後，全文尾部仍缺，文中亦有由於紙缺而致缺失之字。然而從文意度之，殘字及缺行無多，全文主要内容足以把握，可以成爲一件堪以使用、足資研究的資料。參合兩殘卷文意，知爲碑記之抄本，根據其內容并參照原有殘題擬名爲《大蕃古沙州行人部落兼防禦兵馬及行營留後監軍使論董勃藏重修伽藍功德記》。"① 確。Дх. 01462 第 4~31 行正與 P. 3829 第 1~27 行上下相接續，綴合後的第十行 "元"、第十一行 "盟"、第十二行 "梁"、第二十二行 "照"、第二十七行 "笑" 等本分裂爲二，各置一卷的字可以合二爲一。

綴合後圖版示意如下：

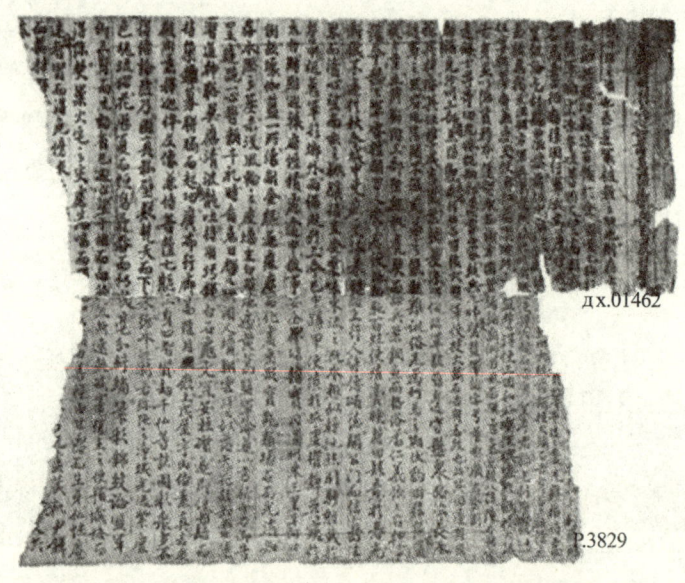

---

① 李正宇：《吐蕃論董勃藏修伽藍功德記兩殘卷的發現、綴合及考證》，見金雅聲、束錫紅、才讓主編《敦煌古藏文文獻論文集》（上册），上海古籍出版社，2007 年版，第 105~111 頁。

《開寶三年十一月七日爲母做七啓請永安寺翟僧正等疏》

BD.00234 背（3—3）

BD.00234，據《國圖藏》，其背面有三補紙，在修補正面時粘在紙背，共三塊有字紙片和一塊空白紙片，有字紙片所處位置基本已經可以綴合，《國圖藏》圖版示意如下：

林世田、薩仁高娃在《國家圖書館藏敦煌寫本〈金光明最勝王經〉古代修復簡論》中稱："補紙有字一面朝外，可拼合辨讀，爲開寶三年（970）十一月七日爲母做七啓請永安寺翟僧正等疏。"① 三片綴合後，從

---

① 林世田、薩仁高娃：《國家圖書館藏敦煌寫本〈金光明最勝王經〉古代修復簡論》，載於《敦煌研究》2006 年第 6 期，第 183~191 頁。

內容判斷，其順序應該是從上到下第一塊居上，第三塊右移一行粘在第一塊下方，第二塊似在第二塊第一行下方，如下圖所示：

《中元節爲亡師薦福發願文》

羽 072aV+羽 038V

劉永明《日本杏雨書屋藏敦煌道教及相關文獻研讀札記》對兩個卷號有詳細的叙錄和綴合説明，認爲"兩份殘卷用紙相同，行草書寫，字體相同。又，這兩份卷子正面均爲《十六國春秋》關於前燕部分，正楷中略帶碑體筆意，書法精美，每行十六七字，有欄筐（按：欄框之誤，即界欄），字迹清晰。但内容與今本文字不同，又由於文書斷裂，文字不完全相連續，不過依然可以看出兩者同屬一份寫卷。這就進一步證明背面内容也同屬一份寫卷"，并擬名《中元節爲亡師薦福發願文》[1]，可參。據《秘笈》，這件文書應寫於紙背，爲行草，字迹非常模糊，擬題爲《支遁ニ関スル讚文》。兩個卷號無法直接綴合，且非常模糊，不附綴合後圖版。

---

[1] 劉永明：《日本杏雨書屋藏敦煌道教及相關文獻研讀札記》，載於《敦煌學輯刊》2010年第3期，第68頁。

《報恩寺方等道場榜》

S. 520+S. 8583

（1）S. 520，據《英藏》，只拍攝了一面，而 IDP 圖版顯示爲正反雙面抄寫。正面後部殘損，起於首題"報恩寺方等道場榜"，止於"唱經金受索法律土宋法律□"，字迹清晰工整，內容爲"請諸司勾當分配"的具體安排，從形式及內容看，應爲寺院榜文的前部分。末尾部分印有"河西都僧統印"銘文的印一枚。背面有墨書"報恩寺道場榜示有河西都僧統印"一行，應是整理者所書。

（2）S. 8583，據《英藏》及 IDP 圖版，正反雙面抄寫。正面前部殘損，起於"□☒（律）云李法律"，止於落款"河西應管內外釋門都僧統龍言"，字迹清晰工整，從形式及內容看，應爲寺院榜文的前部分，擬名"天福八年（943）二月十九日河西都僧統龍寶榜"；背面有"齋文一部"四字。

唐耕耦《敦煌研究拾遺補缺二則》指出兩個卷號可以綴合，因爲"第一，從筆鋒看，兩者出於同一人手筆。第二，S. 520 號末行（19 行）土宋法律之'法律'二字殘缺筆劃，與 S. 8583 號第一行（19 行）起首殘剩之筆劃，恰好能拼合。第三，S. 8583 號第二行（20 行）'龍承紹'右半邊稍有殘缺之筆劃，見於 S. 520 號斷片上（19 行後）。第四，S. 520 號 17、18 行末之'河西都僧統印'缺左邊一條印沿，見於 S. 8583 號首行（19 行）末尾'恩張'兩字之右。兩者恰好拼合。第五，S. 520、S. 8583 號綴合後，從內容看爲一件榜文，前後無絲毫矛盾"①。確。

綴合後圖版示意如下：

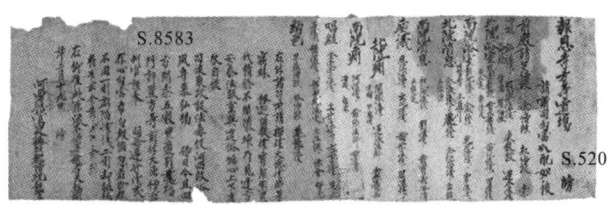

---

① 唐耕耦：《敦煌研究拾遺補缺二則》，載於《敦煌研究》1996 年第 4 期，第 116~117 頁。

《黃帝明堂經》

Дх.00235+Дх.06634+Дх.11538b+Дх.00239+Дх.03070

施萍婷《俄藏敦煌文獻經眼録之一》將 Дх.00235 擬名"灸經",稱:"共17行。字體古樸有隸書味,爲北朝時期的針灸書,甚爲珍希。按孟目,此件應由兩片連綴,一片29□14,21行,另一件24□24.5,17行。然我所過目者僅17行而已。"① 《俄藏》則將 Дх.00235、Дх.00239、Дх.03070 歸在一起,擬名《醫書》。施萍婷所論 Дх.00235 十七行爲第一片。

(1) Дх.00235,前後殘泐,存17殘行(有字者17行,但從紙葉留白寬度看應爲18行),下部有部分殘缺,行22字左右。起於"□☒(食)☒□/前各一寸半",止於"刺入七(按:旁寫'三'字)分灸三壯"。

(2) Дх.06634,前後及下部殘泐,存8殘行,起於"主要脊强痛",止於"刺入五"。

(3) Дх.11538,包括上下兩個殘片,實際兩個殘片并非同卷之裂,因爲字迹有差异,且上一片有界欄,下一片没有,不可能綴合。現將下一片標識爲 Дх.11538b,其前後上下均殘泐,存十一殘行,起於"腹腰以下至足",止於"少陽"。

(4) Дх.00239,前後及下部殘,存21殘行,起於"重☒☒舉□/上在第一空在要(按:腰)果(按:髁)□",止於"□☒第三椎下兩旁□"。

(5) Дх.03070,前後及下部殘,存5殘行,起於"□☒五分灸三壯☒□博聞",止於"噫嘻在肩博内廉"。

施萍婷將 Дх.00235 擬名"灸經",并未細核。《俄藏》歸在一起的 Дх.00235、Дх.00239、Дх.03070 三個殘卷實際均爲《黃帝明堂經》的内容,但與傳世醫籍《黃帝明堂經》有細微不同。日本小曾户洋便認爲這

---

① 施萍婷:《俄藏敦煌文獻經眼録之一》,載於《敦煌研究》1996年第2期,第63頁。

是《黄帝明堂經》古傳本中的一種，馬繼興據之將此三個殘片綴合并定名爲《黄帝明堂經》。①

三個殘片之間并不能直接綴合。實際除此三片之外，《俄藏》中還有兩個卷號亦屬於《黄帝明堂經》的內容，且與此三片能夠直接綴合，將此三片連接在了一起，即 Дx. 6634 和 Дx. 11538（2），其中 Дx. 11538 有兩個殘片，上片爲不知名醫經，有界欄；下片爲《黄帝明堂經》的內容，無界欄，現標記爲 Дx. 11538（2）。兩片行款不同，內容并不相關，字迹非出於一人之手，《俄藏》將兩片編爲同號綴合在一起，實際是誤綴。王杏林《跋敦煌本〈黄帝明堂經〉》中已有詳細的叙述②，且有綴合圖版，因原圖版不清楚，重新示意如下：

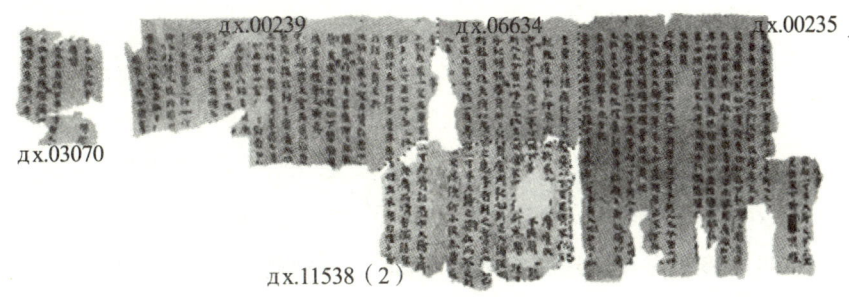

《脉書殘卷》

S. 6245V+S. 9431V+S. 9443V+S. 8289

王淑民《四個英藏敦煌脉書殘卷的綴輯研究》對四個卷號有詳細的叙録及綴合説明③，確，可參。

又，關於此殘卷的定名，在未綴合之前，《敦煌醫藥文獻輯校》分別定名爲 S. 6245V"《五臟脉候陰陽相乘法》乙本"，S. 9431V"不知名醫方第二十一種"，S. 9443V"不知名醫方第二十二種"，S. 8289"不知名醫方

---

① 馬繼興：《敦煌古醫籍考釋》，江西科學技術出版社，1988 年版，第 454 頁。
② 王杏林：《跋敦煌本〈黄帝明堂經〉》，載於《敦煌研究》2012 年第 6 期，第 81~82 頁。
③ 王淑民：《四個英藏敦煌脉書殘卷的綴輯研究》，載於《敦煌研究》2001 年第 4 期，第 129~133 頁。

第十九種"①；其後，馬繼興《重要糾誤聲明》重新定名爲 S. 8289 "《平脈略例》丁本"，S. 9431V "《平脈略例》戊本的甲卷"，S. 9443V "《平脈略例》戊本的乙卷"。② 綴合後的殘卷前後端及上部均殘損，共 84 行，實抄四部分内容：1 至 31 行殘文與 S. 5614《五臟脈候陰陽相乘法》同，可據以名之；32 至 34 行殘文同於 S. 5614 所抄《占五臟聲色源候》，亦可據以名之；35 至 59 行殘文所抄内容實爲左右手三關陰陽 24 氣脈，此首見於《脈經》卷二《平三關陰陽二十四氣脈》中，也見於《平脈略例》，但從抄寫體例和文序分析，又不可能出於二書，王文認爲"命名爲'平三關陰陽二十四氣脈'最爲貼切"③。第 60～84 行内容同於王叔和《脈經》，可據以名之。

《備急單驗藥方卷》

S. 9987B$_2$V+S. 9987A+S. 3347+S. 3395

S. 9987 寫本是由兩層殘紙相粘貼的，英國圖書館修復部的工作人員對其進行了拆揭修復，據《英藏》和 IDP 圖版，共得 4 個殘片，其中第一片標記爲 S. 9987A，擬名《［備］急單驗藥方卷并序》，注明"參 S. 9987B$_2$V、S. 3347、S. 3395"。第二片正反雙面抄寫，正面標記爲 S. 9987B$_1$，擬名《莊子郭象注摘抄》；背面擬名標記爲 S. 9987B$_1$V，擬名《相書》。第三片僅一面有字，即標記爲 S. 9987B$_2$V 者，擬名《［備］急單驗藥方卷并序》，注明"參 S. 9987A、S. 3347、S. 3395"。第四片亦僅一面有字，即標記爲 S. 9987B$_3$者，擬名《裁衣吉日》。其中 S. 9987A 與 S. 9987B$_2$V 字迹、行款相同，内容相似，都屬於《備急單驗藥方卷》，可以綴合。且 S. 9987B2V 卷首有首題作"☒（備）急單驗藥方卷并序"，可以據此定名。

王冀青在英國國家圖書館訪問期間整理了 S. 6981 之後的部分文書，

---

① 馬繼興：《敦煌醫藥文獻輯校》，江蘇古籍出版社，1998 年版。
② 馬繼興：《敦煌醫藥文獻輯校》，江蘇古籍出版社，1998 年版。
③ 王淑民：《四個英藏敦煌脈書殘卷的綴輯研究》，載於《敦煌研究》2001 年第 4 期，第 132 頁。

在整理過程中發現"英國圖書館東方部藏 S.3347 和 3395 兩殘片與 S.9987 兩殘片原屬同一件文書，即《備急單驗藥方卷》"①，王文中有詳細的叙録和綴合説明②，可參。

因爲《備急單驗藥方卷》在傳世醫籍中未見收録，無法確定原卷的内容順序，這四個殘卷（片）之間的撕縫斷紋又不相吻合，説明并不能直接綴合。其中 S.9987B_2V 有篇名及序文，應爲卷首部分，"S.9987. FRONT（按：即 S.9987A）殘片修復前與 S.9987. BACK.2（按：即 S.9987B_2V）殘片緊貼在一起，以卷子形制推測，它應離卷首最近；至於其餘兩件殘片，我們依常見的藥方排列爲序將 S.3347 殘片編爲第 3 塊，將 S.3395 殘片編爲第 4 塊"③。因幾個卷子的圖版較大，不再列出綴合後圖版示意圖。

《唐人選方》（擬）

P.2565+P.2662+……+P.3731

（1）P.2565，據《法藏》和法國國家圖書館提供的圖版，擬名爲"醫方書"，爲一前後端殘損的殘卷，起於"▨▨篩密和爲丸飲服七丸"，止於"四五十▨飲叶服▨生冷▨油▨猪"。

（2）P.2662，據《法藏》和法國國家圖書館提供的圖版，正反雙面抄寫。正面擬名"醫方書"，前後及下端殘損，起於"▨角散主熱毒痢"，止於"有▨以少蜜和之▨以▨爲▨"；背面擬名"醫方書"，前端及下端殘損，起於"▨▨産後風虚勞損"，止於"檳榔二枚末"。其被標記爲正面 P.2662 者字迹較背面 P.2662V 者小，且紙背字迹浸透紙頁，使正面字迹比較模糊；P.2662V 末行後餘留較多空白紙頁，應該是内容已完。

（3）P.3731，據《法藏》和法國國家圖書館提供的圖版，擬名爲

---

① 王冀青：《英國圖書館藏〈備急單驗藥方卷〉（S.9987）的整理復原》，載於《敦煌研究》1991 年第 4 期，第 106 頁。

② 王冀青：《英國圖書館藏〈備急單驗藥方卷〉（S.9987）的整理復原》，載於《敦煌研究》1991 年第 4 期，第 103~106 頁。

③ 王冀青：《英國圖書館藏〈備急單驗藥方卷〉（S.9987）的整理復原》，載於《敦煌研究》1991 年第 4 期，第 106 頁。

《藥方》，前後端殘損，起於"▢▢⊠裏流瓶盛之稍稍減出"，止於"利即差亦有得⊠魚"。

趙健雄、蘇彥玲在《敦煌遺書醫學卷考析》中認爲："P.2565、P.2662（正面）和 P.3731 三卷，首尾殘缺，墨筆抄寫，其字體、款式、體例均同，所錄醫方多記有引自六朝及唐代醫家的姓名，屬選方性質。P.2565 卷存 105 行，錄 21 方；P.2662 卷存 83 行，錄 27 方，兩卷間有斷痕可綴合一起，且殘文前後接續。P.3731 卷存 40 行，錄 8 方，和前兩卷均不連續。"① 但从图版看，P.2662 与 P.2565 之间似并无可以直接缀合的痕迹，暂存疑。

《灸療圖》

S. 6168+S. 6262

《英藏》已綴合，注明互參，擬名《灸法圖》。趙健雄、蘇彥玲《敦煌遺書醫學卷考析》認爲："S.6168 和 S.6262 兩卷，爲一書斷裂數段。首尾殘缺，不知書名和撰年。據其抄寫字體，似爲唐人抄本。"② 并擬名《灸療圖》殘卷，可備一説。兩卷號無法直接綴合，不列出綴合後圖版。

《男女身面諸黶之圖》

（按：此卷雖大部分屬圖畫，但亦有漢文標識，可能是醫書的部分殘卷，故歸入研究課題）

CH. 00209+S. 5976

王晶波《英藏敦煌唐代黶子图考》對兩個卷號有詳細的敘錄和綴合

---

① 趙健雄、蘇彥玲：《敦煌遺書醫學卷考析》，載於《敦煌研究》1991 年第 4 期，第 99~102 頁。

② 趙健雄、蘇彥玲：《敦煌遺書醫學卷考析》，載於《敦煌研究》1991 年第 4 期，第 100 頁。

説明①，確，可參。

綴合圖版示意如下：

《占卜書》（應爲《醫書》+《具注曆》）

Дх. 01225 + Дх. 03545 + Дх. 02976（實應爲 Дх. 01295 + Дх. 03515 + Дх. 02976）

　　施萍婷《俄藏敦煌文獻經眼錄之一》記 Дх. 01225+Дх. 03545+Дх. 02976 綴合，擬名《占卜書》并注明："與孟目的對應號有出入。"② 實際《俄藏》Дх. 01225 爲《太子成道變文》，Дх. 03545 注明 "館藏缺"，Дх. 02976 處注 "見 Дх. 1295"，Дх. 01295 處標明 "Дх. 1295、Дх. 02976、Дх. 03515"，實際 Дх. 01295 與 Дх. 02976、Дх. 03515 可以綴合，内容爲《醫書》+《具注曆》，可能是施萍婷等將其錯記爲 Дх. 01225+Дх. 03545+Дх. 02976。綴合後圖版見《俄藏》第八册第 68 頁。

《天宰（宰）鬼鏡圖并推得日法張師天撰》
（原題，應爲 "天宰鬼鏡圖并推得日法"）

Дх. 1258+Дх. 1259+Дх. 1289+Дх. 2977+Дх. 3162+Дх. 3165+Дх. 3829+

---

① 王晶波：《英藏敦煌唐代廁子圖考》，載於《中國典籍與文化》2004 年第 3 期，第 80~82 頁。
② 施萍婷：《俄藏敦煌文獻經眼錄之一》，載於《敦煌研究》1996 年第 2 期，第 67~68 頁。

Дx. 06761+06761V

　　施萍婷《俄藏敦煌文獻經眼錄之一》謂："孟目 1539 包括五個殘片，歸入醫學、曆法、天文類。我所見者爲七個殘片，只好據我寓目者來説明：以上七號原爲一個小册子，現已成零頁，有一頁上寫'天窣鬼鏡圖……'，我據此定名。每頁均爲兩面書寫。1259 號上還有原來的子目《推得病日法》。其中有：'建日病者，犯東方土公丈人索食□……除日病者客死□……滿日病者斷後不葬，鬼與人爲祟……'可見此乃用建除十二時來占卜疾病的卜筮書，可能書名就應該叫做《天窣鬼鏡圖》。"①

　　原卷確爲册頁裝，雙面書寫，現存爲七個殘頁（因正反書寫，故圖版爲十四個殘片），第一片上寫有"天窣鬼鏡圖并推得日法　張師天撰"，應爲其題，施萍婷錯記"窣"爲"宰"，《俄藏》已經改擬名爲《天窣鬼鏡圖并推得日法》。七個殘頁基本均爲右部及下部殘缺，故内容無法完全相接。圖版見《俄藏》第八册第 38~41 頁。

　　又黄正建《關於〈俄藏敦煌文獻〉第 11 至第 17 册中占卜文書的綴合與定名等問題》指出："Дx. 06761+06761V 爲一件文書，似是册子裝的一頁，正背面接抄。"② 而 "Дx. 01258、01259、01289、012977、03162、03165、03929 恰恰缺了從'未日'到'戌日'的一頁。將本件文書插入，就可得到'推得病日法'中從'子日'到'亥日'的全部推得病法。因此本件文書實是 Дx. 01258、01259、01289、012977、03162、03165、03929 號文書的一頁，二者可以綴合"③。確。因圖版爲册頁裝，内容非常多，故不列綴合後圖版。

《推得病日法》

Дx. 00506V+Дx. 05924

---

　①　施萍婷：《俄藏敦煌文獻經眼錄之一》，載於《敦煌研究》1996 年第 2 期，第 51~70 頁。
　②　黄正建：《關於〈俄藏敦煌文獻〉第 11 至第 17 册中占卜文書的綴合與定名等問題》，載於《敦煌研究》2002 年第 2 期，第 48 頁。
　③　黄正建：《關於〈俄藏敦煌文獻〉第 11 至第 17 册中占卜文書的綴合與定名等問題》，載於《敦煌研究》2002 年第 2 期，第 48 頁。

黄正建《關於〈俄藏敦煌文獻〉第 11 至第 17 册中占卜文書的綴合與定名等問題》對 Дx.05924 有詳細叙錄，并對兩個卷號的綴合關係有説明，認爲："《俄藏敦煌文獻》第 6 册中的 Дx.00506V 文書，發現它與本件文書（即 Дx.05924）不僅字迹相同，而且内容相接，可以綴合。大致應是 Дx.00506V 在上，本件在下。"① 確。其中第十一行"熱"字、第十二行"木"字、第十五行"熱"字、第十六行"人"字等均呈在兩個卷號各分布一部分，綴合後可合二爲一的情況。綴合後圖版示意如下：

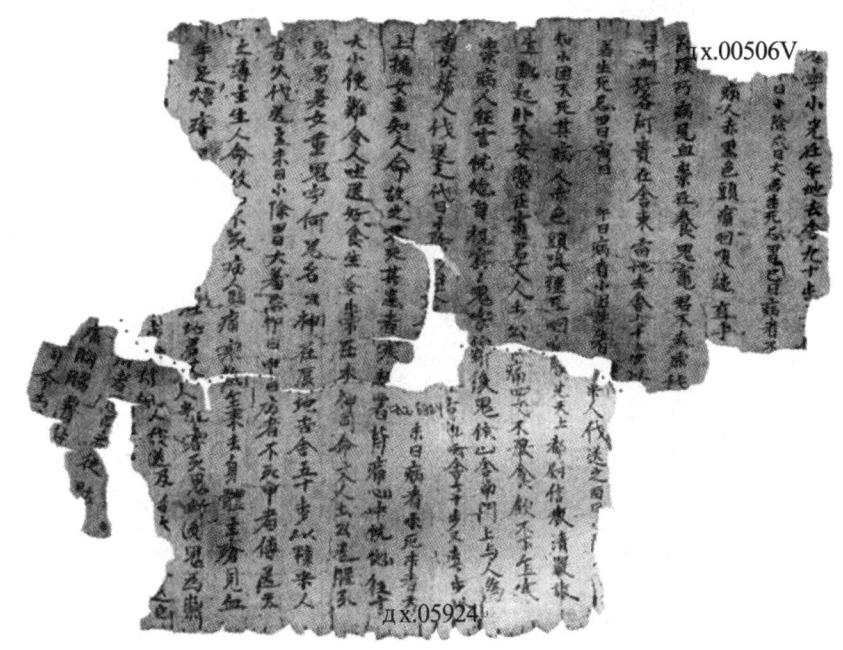

《相書》

S.3395+S.9987B1V

（1）S.3395，據《英藏》及 IDP 圖版，實爲兩種殘片，一爲《醫方》，前已綴合。一爲《相書》，殘損非常厲害。

---

① 黄正建：《關於〈俄藏敦煌文獻〉第 11 至第 17 册中占卜文書的綴合與定名等問題》，載於《敦煌研究》2002 年第 2 期，第 48 頁。

(2) S. 9987B1V，S. 9987 殘片中的第二片之背面。

王晶波《敦煌相書殘卷 S. 3395、S. 9987B1V 考論》對兩個卷號有詳細叙録及綴合説明，并對兩個卷號的拼合部分有詳細的録文，可參。①

綴合後圖版示意如下：

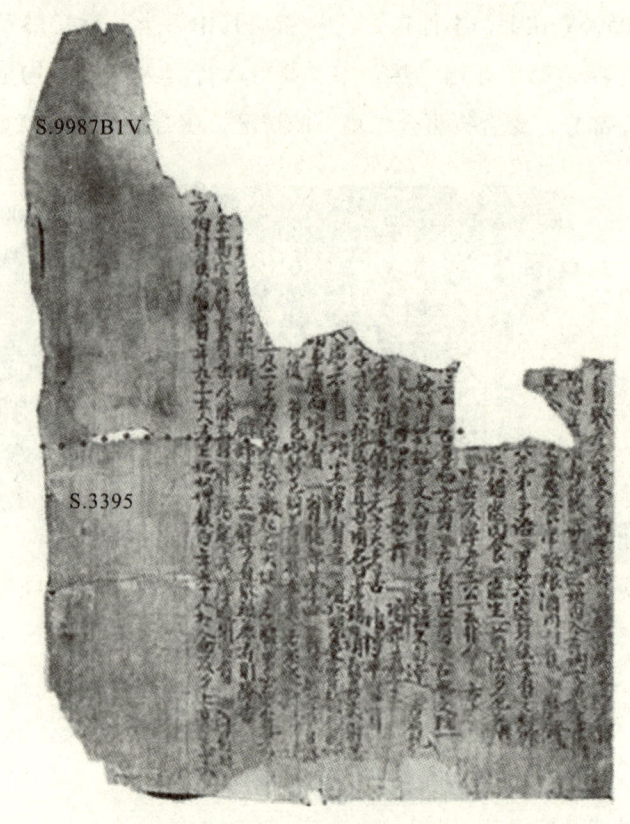

《葬書》

S. 10639AV+S. 12456C+S. 12456B

（1）S. 10639AV，據《英藏》，有界欄，存 2 殘行，15 字，字作"☒（論）吉凶法第一/論龜甲取吉☒法卅四"。而國際敦煌項目 IDP 提供的圖

---

① 王晶波：《敦煌相書殘卷 S. 3395、S. 9987B1V 考論》，載於《蘭州大學學報（社會科學版）》2004 年第 4 期，第 29~30 頁。

版上可以看出，S.10639 共有 A、B、C 三個殘片，《英藏》標記爲 S.10639AV 者，IDP 圖版標記爲 S.10639B，此處采用《英藏》的標記。

（2）S.12456，據《英藏》，有 B、C 兩個殘片，IDP 圖版中 S.12456 除 S.12456B、S.12456C 兩個殘片以外，還有標記爲 S.12456 者，內容爲《維摩詰經》，且所標 S.12456B 實爲《英藏》的 S.12456C，反之亦然，此處采用《英藏》的標記。S.12456B，據《英藏》，有界欄，存 9 殘行，起於"論六甲八☒緣法卅七"，止於"論立銘請幡法五十八"。S.12456C，據《英藏》，有界欄，存九殘行，起於"☐☒等☐"，止於"論取☒☐／☐☒☒☒☒☐"。

黃正建在《敦煌占卜文書與唐五代占卜研究》中認爲："將這 3 件殘片拼合排列，可得到自'卅二'至'五十八'的目錄，其中能完整辨認的有 15 條目錄。"實際可得的内容爲從"卅一"到"五八"的目錄，黃文失考。他還推測這"可能是一部集大成的《葬書》，敦煌文書中《葬書》殘卷可能都與這部《葬書》有關"①。俟考。

綴合後圖版如下所示，其中 S.10639AV 與 S.12456B 基本可以完全綴合在一起，拼合后位於 S.12456C 的上方，故綴合順序記爲（S.10639AV+S.12456B）+S.12456C 較好。

---

① 以上兩段引文見黃正建《敦煌占卜文書與唐五代占卜研究》，學苑出版社，2001 年版，第 83 頁。

《解夢書一卷》

Дx. 1327+……+Дx. 2844

孟列夫主編，袁席箴、陳華平譯《俄藏敦煌漢文文獻叙録》有 Дx. 01327 的叙録①，并認爲："Дx. 2844 也是這個手卷的一部分，但不連接。"確。但孟氏擬名《圓夢者》，殊爲不類。《俄藏》已將兩個卷號的圖版綴合，并擬名《解夢書一卷》，因《俄藏》第二張殘片圖版上首行有清晰的"☒（解）夢書一卷"字樣，故《俄藏》擬名不誤。不過《俄藏》將有題名的殘片放在第二張圖版，而第一張圖版起於"☒（夢）見日初出"，也屬於同一卷《解夢書》的内容，應該綴合在有題名的殘片之後。綴合圖版參見《俄藏》第八册第 92 頁。

《周公解夢書》

P. 3281+P. 3685

戴仁《敦煌寫本中的解夢書》指出："P. 3685，這是一種 21 行的未完殘卷，與 P. 3281 出自同一寫本。"②首先明確了兩個卷號的綴合關係。後楊自福、顧大勇《敦煌本〈周公解夢書〉殘卷初探》從字體及卷背文書的關係分析，確認了這一綴合關係，擬名《周公解夢書》，并有詳細的叙録和綴合説明③，可參。因原文獻内容太大，卷面無法容納，不列綴合後的圖版示意圖。

需説明的是，《法藏》於 P. 3281+P. 3685 之下仍定名《卜筮書》，未采納戴仁意見。另，兩個卷號均爲正反雙面抄寫，其背面亦可綴合。

---

① ［俄］孟列夫主編：《俄藏敦煌漢文文獻叙録》（上册），袁席箴、陳華平譯，上海古籍出版社，1999 年版，第 625~626 頁。

② 戴仁：《敦煌寫本中的解夢書》，《法國敦煌學者敦煌學論文選粹》，中華書局，1993 年版，第 314 頁。

③ 楊自福、顧大勇：《敦煌本〈周公解夢書〉殘卷初探》，載於《敦煌學輯刊》1995 年第 2 期，第 69~74 頁。

《十二月壬氣》

Дх. 00506+Дх. 05924V

接《推得病日法》一條，既然 Дх. 00506V 可與 Дх. 05924 綴合，那麽 Дх. 00506 與 Дх. 05924V 亦可綴合。黃正建《關於〈俄藏敦煌文獻〉第 11 至第 17 册中占卜文書的綴合與定名等問題》中已指出："與文書的另一面一樣，這兩件文書也可以綴合，當然也是 Дх. 00506 在上，本件文書（即 Дх. 05924）在下。比如釋'白露'時，'露'字的上半在 Дх. 00506 號，下半則在本件文書。"① 確。綴合後圖版示意如下：

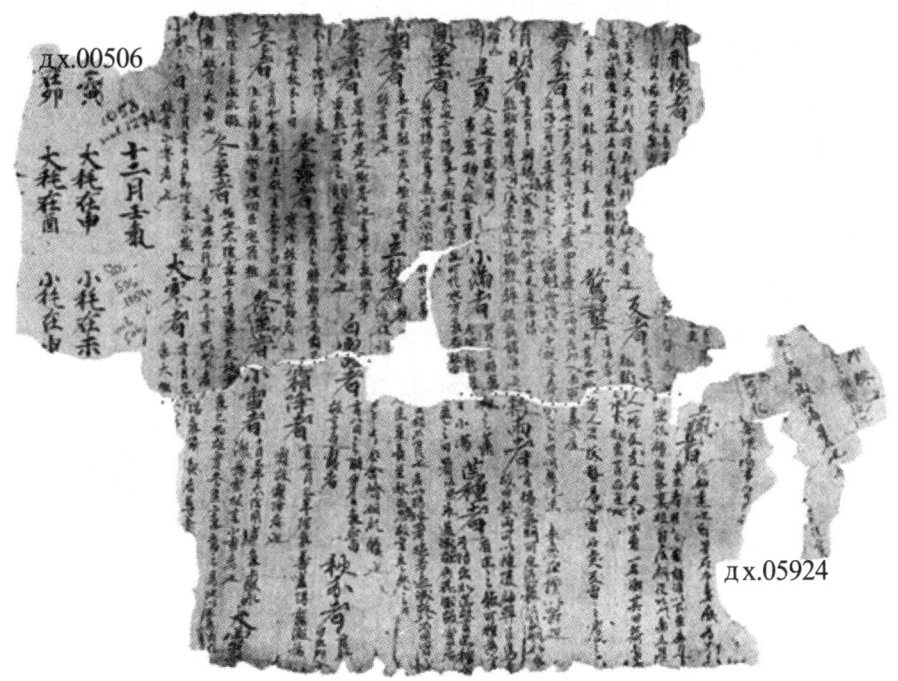

需指出的一點是，《英藏》編號時就將兩個卷號中某一個的正背面顛倒了。

---

① 黃正建：《關於〈俄藏敦煌文獻〉第 11 至第 17 册中占卜文書的綴合與定名等問題》，載於《敦煌研究》2002 年第 2 期，第 48 頁。

《五兆要訣略》

Дх. 11859V+Дх. 11859+Дх. 11925+Дх. 11762+Дх. 11961+Дх. 11961V+Дх. 11925+Дх. 11762V

（1）Дх. 11762，據《俄藏》，正反雙面書寫，爲一前後上下均有殘損的小殘片，卷面暗黑，勉强可辨認。正面有界欄，存 10 殘行左右，起於"▨雲白虎▨施是▨▭"，止於"侯氏▭"；背面存 8 殘行左右，起於"▨▨▨甘推▨色法"，止於"天▨在壬▭"。

（2）Дх. 11859，據《俄藏》，正反雙面書寫，爲一前後及下端有殘損的小殘片。正面有界欄，存 13 殘行，起於"▨（占）六▨（神）朱雀▨"，止於"白▨▨"；背面存十殘行，起於"相兆爲……眙兆▨▭"，止於"伏遷隱藏▨▨▭"。

（3）Дх. 11925，據《俄藏》，正反雙面書寫，爲一前後及下端有殘損的小殘片。正面有界欄，存 10 殘行左右，起於"人向▨▨是勝"，止於"其家▨▨在"；背面存 9 殘行，起於"▨宮爲上丙"，止於"若日辰尅▨▨▭"。

（4）Дх. 11961，據《俄藏》，正反雙面書寫，爲一前後及下端有殘損的殘片。正面有界欄，存 20 殘行，起於"▨憂子遠行"，止於"▨▨刑▨▨日刑"；背面存 15 殘行，起於"主飛……鼠攘水▨▭"，止於"▨色紫正色赤▭"。

黃正建《關於〈俄藏敦煌文獻〉第 11 至第 17 册中占卜文書的綴合與定名等問題》指出 Дх. 11762 + Дх. 11762V、Дх. 11859 + Дх. 11859V、Дх. 11925 + Дх. 11925V、Дх. 11961 + Дх. 11961V 四件文書内容均爲與 P. 2859 類似的另一版本之《五兆要訣略》，且"從這 4 件文書的字迹和内容順序判斷，它們很可能原屬 1 件文書，其中 Дх. 11925 + 11925V 與 Дх. 11762+11762V 似可拼接"，"如果按照 P. 2859《五兆要訣略》的排列順序，這 4 件文書似可排序爲：① Дх. 11859V、② Дх. 11859、③

Дх. 11925、④ Дх. 11762、⑤ Дх. 11961、⑥ Дх. 11961V、⑦ Дх. 11925、⑧ Дх. 11762V"①。

實際上四個卷號正面與背面的字迹、行款明顯不同，内容本不屬同一係統，恐怕不可簡單將 Дх. 11925 與 Дх. 11925V、Дх. 11762 與 Дх. 11762V 綴合之後拼接在一起。黄文中也指出："文書究竟能否綴合，順序是否即上所述，恐怕只有在看到原件之後纔能最後斷定。"② 但是，四個卷號正、背面的内容確均屬《五兆要訣略》，應該可以將四個卷號的正面綴合，再將四個卷號的背面綴合，可能分別屬於兩個版本的《五兆要訣略》，其具體綴合順序俟考。

《老子道德經》

1. Дх. 1111+Дх. 1113

施萍婷《俄藏敦煌文獻經眼録之一》指出："兩片綴合後共 30 行，行 17 字。背面有騎縫章，印文只認得'之印'二字。"③《俄藏》已將兩卷圖版綴合在一起，見《俄藏》第七册第 319~320 頁。背面騎縫章印文爲"涼州都督之印"。

2. P. 2594+P. 2864+S. 2060+P. 3237+P. 2577+P. 3277

小島祐馬《巴黎圖書館藏敦煌遺書所見録》分别將 P. 2594 與 P. 2864 綴合，將 S. 2060、P. 3237、P. 2577 三個卷號綴合，但未指出五個卷號實爲一卷之裂；王重民《敦煌古籍叙録》綴合爲 P. 2594+P. 2864+P. 3237+P. 2577+P. 3277④、姜亮夫《巴黎所藏敦煌寫本道德經殘卷綜合研究》亦綴合爲 P. 2594+P. 2864+P. 3237+P. 2577+P. 3277⑤；陳國符在《道藏源流

---

① 黄正建：《關於〈俄藏敦煌文獻〉第 11 至第 17 册中占卜文書的綴合與定名等問題》，載於《敦煌研究》2002 年第 2 期，第 49 頁。
② 黄正建：《關於〈俄藏敦煌文獻〉第 11 至第 17 册中占卜文書的綴合與定名等問題》，載於《敦煌研究》2002 年第 2 期，第 49 頁。
③ 施萍婷：《俄藏敦煌文獻經眼録之一》，載於《敦煌研究》1996 年第 2 期，第 51~70 頁。
④ 王重民：《敦煌古籍叙録》，中華書局，1979 年版，第 242~243 頁。
⑤ 姜亮夫：《巴黎所藏敦煌寫本道德經殘卷綜合研究》，《姜亮夫全集》（第十三册），雲南人民出版社，2002 年版，第 240~241 頁。

考》中亦論及這五個卷號的綴合①。

後翟斯理目錄、大淵忍爾《敦煌道經·目錄編》和《敦煌道經·圖錄編》、黃海波《李榮及其〈老子注〉考辨》加入 S.2060，將此六個卷號完全綴合；朱大星《敦煌本〈老子〉研究》亦有論及；又見於顏廷亮《關於〈白雀歌〉見在寫卷兼及敦煌佛道關係》②。先賢所論已多，此不贅述。因涉及圖版較多較大，亦不列圖版綴合示意圖。

《莊子·讓王》

P.4988+羽019R

劉永明《日本杏雨書屋藏敦煌道教及相關文獻研讀札記》對兩個卷號有詳細的敘錄和綴合説明，指出它們可以綴合："可見這兩份抄卷原屬同一份文書斷裂所致，至此可以完璧。"③ 確。綴合後圖版示意如下：

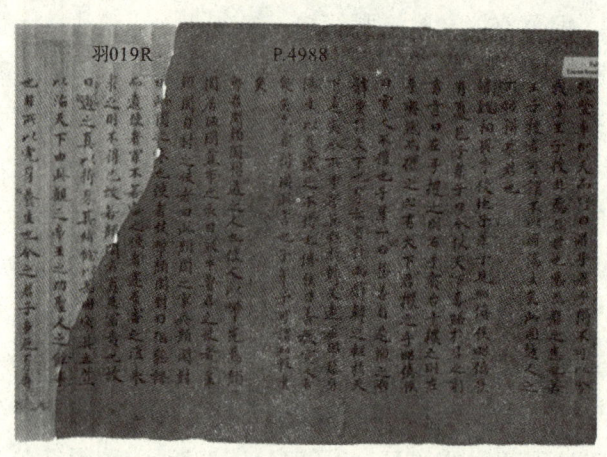

---

① 陳國符：《道藏源流考》，中華書局，1963 年版，第 209 頁，第 226~227 頁。
② 顏廷亮：《關於〈白雀歌〉見在寫卷兼及敦煌佛道關係》，載於《蘭州教育學院學報（社會科學版）》1995 年第 2 期，第 31~38 頁。
③ 劉永明：《日本杏雨書屋藏敦煌道教及相關文獻研讀札記》，載於《敦煌學輯刊》2010 年第 3 期，第 68 頁。

《莊子》

P.3602+S.6256

(1) P.3602，據《法藏》，前後殘損，主要包括《莊子》內篇中的《駢拇》的部分，《馬蹄》《胠篋》的全部和《在宥》的部分。

(2) S.6256，據《英藏》，前後及上方殘，擬名《莊子音義（讓王品）》，正文大字，音義作小字二行注，起於正文"苴"，止於正文"希饜（世）"。正面實包括兩個殘片，分別擬名《醫方》和《相書》。《相書》背面抄寫有《知北游》《田子方》內容，擬名《莊子郭象注摘抄》，爲一四面皆有殘損的殘片。

金岡照光在《講座敦煌・敦煌と中國道教》中將這兩個卷號認定爲一卷之裂①，確。因 S.6256 屬於《莊子》外篇《讓王》的殘片，與 P.3602 內容之間有較多殘損，僅列綴合示意圖（不計殘損處的大小）如下：

《南華真經》(《田子方品》第廿一)

BD.14634+……+P.3789

王卡《敦煌道教文獻研究》認爲 BD.14634 "紙質筆迹同 P.3789，原

---

① ［日］金岡照光：《講座敦煌・敦煌と中國道教》，日本東京大東出版社，1983 年版，第 53 頁。

系同一抄本,但文字不直接連續"①,確。楊思范《敦煌本〈莊子〉殘卷敘錄》有詳細敘錄。② BD.14634 尾注文"所謂者我也,而我與變俱故無失也"與 P.3789 首句正文"吏後至也"之間所缺若干,故兩個卷號之間應還有可以綴合的殘卷,綴合順序爲 BD.14634+……+P.3789。因缺損太多,不列出綴合後圖版。

《南華真經》(《外物品》第二十六)

S.77+P.2688

(1) S.77,據《英藏》,擬名《莊子郭象注》(外物篇),前端殘損,正文大字,注文作小字兩行注形式,起於正文"☒(所)☒(逃)",止於正文"與其譽堯而非桀不如"。

(2) P.2688,據《法藏》,正反雙面抄寫,正面擬名《莊子外物篇》,背面擬名《維摩詰經疏釋》。《莊子外物篇》有注釋,爲郭象注,前端殘損,正文大字,注文作小字二行注形式,起於正文"兩忘而避其所遇",止於正文"雖然若是者"。首句正好與 S.77 末尾相接續。

楊思范《敦煌本〈莊子〉殘卷敘錄》稱:"S.77 結尾和 P.2688 開頭剛好綴合,且筆迹一樣,當爲同一卷之裂。"③ 確。擬名《南華真經外物品第二十六》,可參。

綴合後圖版如下所示:

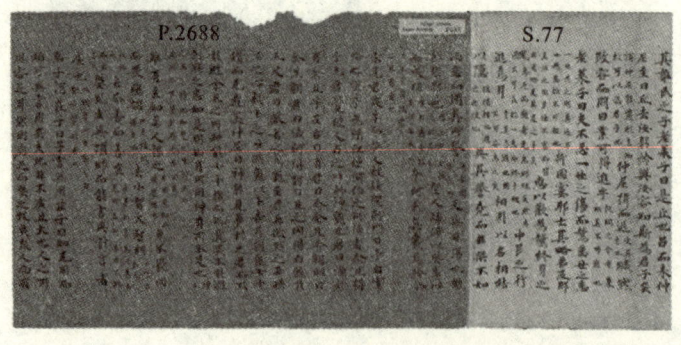

---

① 王卡:《敦煌道教文獻研究》,中國社會科學出版社,2004 年版,第 366 頁。
② 楊思范:《敦煌本〈莊子〉殘卷敘錄》,載於《敦煌研究》2007 年第 1 期,第 102 頁。
③ 楊思范:《敦煌本〈莊子〉殘卷敘錄》,載於《敦煌研究》2007 年第 1 期,第 102 頁。

《莊子摘抄》(《徐無鬼》《庚桑楚》《知北游》《田子方》)

S.3395b+……+S.9987B1

（1）S.3395，據《英藏》，正反雙面抄寫，正面實包括兩個殘片，分別擬名《醫方》和《相書》。《相書》背面抄寫有《知北游》《田子方》內容，擬名《莊子郭象注摘抄》，爲一四面皆有殘損的殘片。

（2）S.9987，據《英藏》，正反雙面抄寫，正面實包括寫有內容的三個殘片，分別擬名《（備）急單驗藥方卷并序》(S.9987A)、《莊子郭象注摘抄》(S.9987B$_1$)、《裁衣吉日》(S.9987B$_3$)；S.9987B$_1$背面抄《相書》，另一無內容的S.9987B$_2$背面抄《（備）急單驗藥方卷并序》。按：S.9987B$_1$可能正反面的標注正好顛倒，S.9987B$_2$同。

《英藏》在S.3395V卷號下無標注，但在S.9987B$_1$卷號下標注"參S.3395V"，説明已經意識到兩個卷號可以綴合。榮新江在《英國圖書館藏敦煌漢文非佛教文獻殘卷目録》中確認："S.3395背與S.9987B$_1$爲同一抄本"①。楊思范《敦煌本〈莊子〉殘卷叙録》綴合爲"S.3395b+？+S.9987B$_1$"，定名爲"《莊子摘抄》(《徐無鬼》《庚桑楚》《知北游》《田子方》)"②，確，可參。只是諸家均未指出S.3395V與S.9987B$_1$可以綴合，則《英藏》對兩個卷號正反面的確定就産生了問題，同抄《莊子》殘卷的S.3395V和S.9987B$_1$要麽同爲卷子的正面，要麽同爲反面。

因兩個卷號殘損過大，且之間殘缺太多，不列綴合後示意圖。

唐開元廿七年鈔本《文子》

S.2506（2）+……P.2810（1）+S.2506（1）+P.4073+P.2810（2）+

---

① 榮新江：《英國圖書館藏敦煌漢文非佛教文獻殘卷目録》，臺北新文豐出版公司，1984年版，第147頁。

② 榮新江：《英國圖書館藏敦煌漢文非佛教文獻殘卷目録》，臺北新文豐出版公司，1984年版，第103頁。

……+P.2380

盛朝暉對這幾個卷號有録文。① 朱大星在《試論敦煌本〈文子〉諸寫本之寫作時代及其價值》中對這四個卷號進行了叙録和綴合，并指出前代綴合中有一個關鍵性的錯誤，那就是黄永武等將 S.2506 連綴成文，《英藏》圖版因之，并不正確，S.2506 號中的十四行字并不是完全相連接的。② 盛朝暉在《敦煌寫本 P.2506、2810（a）、2810（b）、4073、2380 之研究》中同樣指出："S.2506 前後内容不一致。對照《文子續義》或《通玄真經》，不難發現，S.2506 第 7 例、第 8 例間内容不連續，且秩序顛倒。後半部分内容不但應在前半部分内容前面，而且所有文書所録《文子》都是在最前的。前半部分内容基本上可和 P.4073 的内容前後相連。爲什麽會出現這種情況呢？檢看縮微膠卷，可以發現 S.2506 中間隱約有一條黑綫，文書背面'大事記'也有一條這樣的黑綫。如這條黑綫是接縫，那問題就解决了：那是書寫'大事記'之前的某個時候粘在一塊的。"③ 所言極是。

所以 S.2506 和 P.2810 實際都包括兩個殘片，但 S.2506 的兩個殘片在《英藏》圖版中已經粘合在一起，現恢復爲兩個殘片的形式，右起第 1~7 行標爲 S.2506（1），右起第 8~14 行標爲 S.2506（2）；P.2810 號中的兩個殘片分别標爲 P.2810（1）、P.2810（2）。同屬 S.2506 的兩個殘片不能直接綴合，同屬 P.2810 的兩個殘片亦不能直接綴合。S.2506（2）當居 P.2810（1）之前，但中間約殘缺 28 行；P.2810（1）與 S.2506（1）、P.4073、P.2810（2）可以直接綴合。

盛朝暉還對 S.2506（2）、P.2810（1）、S.2506（1）、P.4073、P.2810（2）以及 P.2380 進行了綴合："這樣，按《文子》内容的絶對順序，我們對文書内容排序爲：S.2506b［即 S.2506（2）］、P.2810a［即 P.2810（1）］、S.2506a［即 S.2506（1）］、P.4073+P.2810b［即 P.2810（2）］。如果 P.2380 真是寫《文子》題記，和這幾件文書原本是

---

① 見盛朝暉《敦煌寫本 P.2506、2810（a）、2810（b）、4073、2380 之研究》，載於《敦煌研究》2001 年第 4 期，第 128 頁附録部分。
② 見朱大星《試論敦煌本〈文子〉諸寫本之寫作時代及其價值》，載於《文獻》2001 年第 2 期，第 206~207 頁。
③ 盛朝暉：《敦煌寫本 P.2506、2810（a）、2810（b）、4073、2380 之研究》，載於《敦煌研究》2001 年第 4 期，第 126 頁。

一件，如前所述，它的排位是最後，即位於 P. 2810 之後。"①

還需指出的是，第一，S. 2506（1）末行與 P. 4073 首行之間缺"物，因人以知人，故積力之所舉，及無不勝"16 字，正是約一行的內容，今 P. 4073 前仍可見一行部分字迹的餘墨，可能是殘掉了一部分（此點盛文第 126 頁注 2 已提及）。第二，P. 4073 與 P. 2810（2）之間基本可以直接綴合，但 P. 2810（2）首行字的右邊有極少部分殘掉了。第三，此幾個卷號的背面可以綴合，內容爲今已失傳的唐代史書殘卷，郭峰在《簡談敦煌寫本斯二五〇六號等唐修史書殘卷的性質和價值》中發現 P. 2380V 亦爲今已失傳的唐代史書殘卷，且與此幾個卷號的背面同爲一卷之裂，故 P. 2380 正面也可以與 S. 2506、P. 2810 及 P. 4073 三個卷號綴合。P. 2380 沒有正文內容，爲落款，朱大星《試論敦煌本〈文子〉諸寫本之寫作時代及其價值》相關叙錄甚明。② P. 2380V "結尾有一落款人名'願應'，并有一濃墨勾劃，勾劃以後爲空白，知全文至此終"③，是爲唐代殘史書的結尾部分，故 P. 2380 肯定爲《文子》的末尾題記部分無疑。但 P. 2810（2）末句之後離《文子》正文結束還有約 24 行的內容，可推知 P. 2810（2）後、P. 2380 前還有部分殘片缺失。第四，綴合之後這幾個卷號的正背面抄寫的情況比較特殊，背面《唐代殘史書》（或擬名《古今年代曆》或《年紀》）者幾個斷片之間蓋無缺損，完全可以拼接爲一個長卷，但是正面的《文子》情況就比較複雜，S. 2506（2）與 P. 2810（1）之間約殘缺 28 行，S. 2506（1）與 S. 4073 之間缺漏一行，P. 2810（2）與 P. 2380 之間應該也還有約 24 行的內容。又背面可以連在一起的 S. 2506（1）與 S. 2506（2），從正面抄寫的《文子》內容來看，却相隔甚遠。對於這一特别的情況，盛文解釋爲："我們可以設想這樣一種情形：開元廿七年鈔寫的《文子》的背面被貞元四年或更晚的人用來書寫'大事記'，而此前原卷就已分裂成大小不等的若干片，也許是書寫者的主觀行爲，或許是他人或其他客觀原因，總之，原卷斷裂成了若干片，後來書寫'大事記'

---

① 盛朝暉：《敦煌寫本 P. 2506、2810（a）、2810（b）、4073、2380 之研究》，載於《敦煌研究》2001 年第 4 期，第 125~126 頁。

② 朱大星：《試論敦煌本〈文子〉諸寫本之寫作時代及其價值》，載於《文獻》2001 年第 2 期，第 204 頁。

③ 郭峰：《簡談敦煌寫本斯二五〇六號等唐修史書殘卷的性質和價值》，載於《敦煌學輯刊》1992 年第 1 期，第 88~95 頁、59 頁。

者没有或者説也没必要把這些斷片按照正面内容整理好順序後,再來書寫他的'大事記'。我們還可大膽設想,原卷中一些斷片另作他用,甚至廢弃不用。就這樣,我們看到了這樣一個事實:正面的内容殘缺不全,無法拼接;相反,背面的内容反倒較完整、連續、拼接完好。"① 這種可能性是比較大的。

綜上,今已確認的《文子》殘卷可以綴合的殘片爲四個卷號六個殘片,綴合順序爲 S.2506(2)+……P.2810(1)+S.2506(1)+……+P.4073+P.2810(2)+……+P.2380 綴合示意圖如下(按:中間所缺的比較多的部分由於紙頁寬度無法呈現,只用小塊留白顯示):

《太上洞玄靈寶無量度人上品妙經》

1. Дх.1946+Дх.1979

葉貴良的《〈俄藏敦煌文獻〉道經殘卷考述》有綴合及叙録,稱:"DX1946 號+DX1979 號,殘片,可綴合,共 20 行,下部殘缺,行款不詳。起'十遍周竟,十方無極天真',訖'悉其章誦之'。"② 日本學者大淵忍爾所著《敦煌道經·目録編》著録 Дх.01946 一個卷號,但收録了Дх.01946、Дх.01979 兩號内容。③《俄藏》在第八册第 396 頁有兩個卷號的綴合圖版,但未標明殘片具體的卷號,如下所示:

---

① 盛朝暉:《敦煌寫本 P.2506、2810(a)、2810(b)、4073、2380 之研究》,載於《敦煌研究》2001 年第 4 期,第 126 頁。
② 葉貴良:《〈俄藏敦煌文獻〉道經殘卷考述》,見《浙江與敦煌學——常書鴻先生誕辰一百周年紀念文集》,浙江古籍出版社,2004 年版,第 357 頁。
③ [日]大淵忍爾:《敦煌道經·目録編》,日本東京福武書店,1978 年版,第 54 頁。

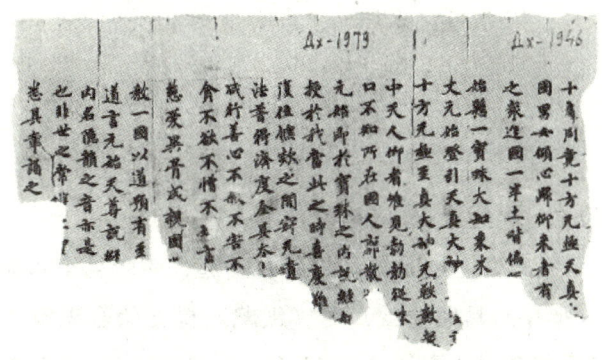

2. Дх. 05031+Дх. 04169+Дх. 03649（2）+Дх. 07968

葉貴良的《〈俄藏敦煌文獻〉道經殘卷考述》敘錄 Дх. 01946 + Дх. 01979、Дх. 04169、Дх. 03649（2）、Дх. 07968、Дх. 05031 等幾個卷號，并認爲："以上後四個殘卷原爲同一寫本，是後來撕裂所致。内容出自《太上洞玄靈寶無量度人上品妙經》。"① 確。但葉貴良未能指明這四個殘卷之間的位置關係。按：Дх. 04169 和 Дх. 03649（2）上有天頭，均處於頁面上端部分，從其内容在傳世《太上洞玄靈寶無量度人上品妙經》中的位置推斷，其所在的原卷每行約爲 18 字。Дх. 05031 下有地腳，處於頁面下端部分。由此及各卷號内容亦可判斷：綴合後 Дх. 05031 位置最靠前，其末行與 Дх. 04169 首行之間約缺損五行；Дх. 04169 末行與 Дх. 03649（2）首行之間約缺損一行；Дх. 03649（2）末行與 Дх. 07968 首行之間約缺損兩行。

綴合後圖版示意如下：

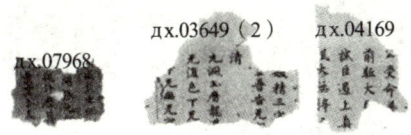

---

① 葉貴良：《〈俄藏敦煌文獻〉道經殘卷考述》，《浙江與敦煌學——常書鴻先生誕辰一百周年紀念文集》，浙江古籍出版社，2004 年版，第 358 頁。

《太上靈寶空洞靈章》

Дх. 01870+Дх. 01622+Дх. 00240

《俄藏》已將三個卷號的圖版綴合在一起，圖版見第六册第 151 頁，但未標注每一殘片的具體卷號，從《俄藏》標注綴合編號的習慣來看，右、中、左三片應該分别對應 Дх. 01870、Дх. 01622 和 Дх. 00240。葉貴良認爲《俄藏》的拼接有誤，但未明言錯誤之處。

經仔細辨别，筆者認爲第二片第一行"法則濟流"應拼接在第一片末行"☐（十）轉迴☐（旋）"之後，"☐（金）玉滿（堨）"之前。但俄藏圖版却將其拼合在了第一片倒數第二行"鑰欷四八"之後，"五帝焕符"之前，明顯是前置錯拼了一行，應後退一行進行綴合。

又右起第三片（按：筆者認爲是 Дх. 00240）起於"無思無色界，渺渺☐☐"，止於"☐☐（樂）天帝君"，正是《太上洞玄靈寶空洞靈章》第廿二章的内容及第廿三章首題的部分内容。這説明右起第三片的位置實際應該在右起第一片之前。

可知《俄藏》綴合圖版完全錯誤，重新綴合如下：

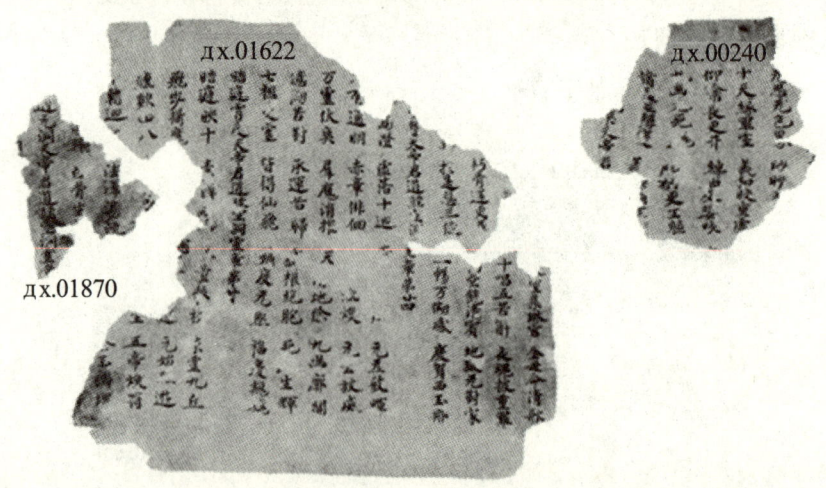

綴合後可以發現，此件行款爲行十六字，故根據今傳本的内容順序判斷，其中右起第一片最末一行與第二片首行之間相隔兩行左右；第三片第

一字"法"與第二片末一字之間缺一"玄"字以及一字左右的留白。又，第二片最後"☒（十）轉迴☒（旋）"句，今傳本作"十轉過玄"。詳細綴合敘錄見第八章第二節。

《太上洞玄靈寶昇玄內教經》

Дх.5385+Дх.5392（3—1）+Дх.5392（3—2）

葉貴良在《〈俄藏敦煌文獻〉道經殘卷考述》中認爲："皆爲殘片，可以綴合。共計34行，上部殘缺，行款不詳。起'不得煞'，訖'是吾太上太上太一第九戒也'。"① 其內容屬《太上洞玄靈寶昇玄內教經》卷第九。《俄藏》已將三個卷號的圖版綴合在一起，見第十二冊第111~112頁，但未標注每一個殘片的具體卷號。

《太玄真一本際經》

1. Дх.2938+Дх.2226

葉貴良在《〈俄藏敦煌文獻〉道經殘卷考述》中稱："皆爲殘片，可以綴合。共存28行，行17字。起'莊嚴道慧資'，訖'取此世界複以爲末'。"② 其內容屬《太玄真一本際經》卷三。《俄藏》第九冊第99頁有兩個卷號的綴合圖。

2. Дх.2938+Дх.2226+（BD.14841B+S.3387+津藝131）（按：后三個卷號可能非完全綴合）

葉貴良在《〈俄藏敦煌文獻〉道經殘卷考述》中提及："Дх.2938+Дх.2226號，皆爲殘片，可以綴合。共存28行，行17字。起'莊嚴道慧資'，訖'取此世界復以爲末'。Дх.2938+Дх.2226可與BD.14841b、

---

① 葉貴良：《〈俄藏敦煌文獻〉道經殘卷考述》，《浙江與敦煌學——常書鴻先生誕辰一百周年紀念文集》，浙江古籍出版社，2004年版，第363頁。
② 葉貴良：《〈俄藏敦煌文獻〉道經殘卷考述》，《浙江與敦煌學——常書鴻先生誕辰一百周年紀念文集》，浙江古籍出版社，2004年版，第365頁。

S. 3387、津藝 331 綴合。"① 王卡《中國國家圖書館敦煌道教遺書調查報告》亦已綴合此五個殘卷。② 從行款、字迹及内容看，五個卷號綴合殆無疑問，但因圖版太長，不列綴合後的圖版示意圖。

《太玄真一三善行法發願經》

Дх. 05425+S. 6002

葉貴良在《〈俄藏敦煌文獻〉道經殘卷考述》中稱："Дх. 5425 號爲前半部，S. 6002 號爲後半部，兩號拼接可得一部完整的道經。"③ 其中，Дх. 05425 首題"太玄真一三善行法發願經"，S. 6002 號尾題"天尊說三善發願經"。兩個卷號拼接后内容緊密相接，有首尾題，只是最後兩行的下方被剪切掉一塊。綴合示意圖如下：

《金真玉光八景飛經》

Дх. 01962+Дх. 02052

葉貴良在《〈俄藏敦煌文獻〉道經殘卷考述》中將兩件進行綴合，共

---

① 葉貴良：《〈俄藏敦煌文獻〉道經殘卷考述》，《浙江與敦煌學——常書鴻先生誕辰一百周年紀念文集》，浙江古籍出版社，2004 年版，第 365 頁。
② 參見王卡《中國國家圖書館敦煌道教遺書調查報告》，《敦煌吐魯番研究》（第 7 卷），北京大學出版社，2004 年版，第 369 頁。
③ 葉貴良：《〈俄藏敦煌文獻〉道經殘卷考述》，《浙江與敦煌學——常書鴻先生誕辰一百周年紀念文集》，浙江古籍出版社，2004 年版，第 366 頁。

得9行，17字，認爲"内容出《金真玉光八景飛經》"①。他還指出郝春文所言"中國國家圖書館藏敦煌文獻中尚有一件未經整理刊布的《金真玉光八景飛經》，也可能與以上各件屬同一部經典"有誤，郝春文所提及的此件文獻可能并不存在。《俄藏》已將兩個卷號的圖版綴合在一起，但未標明殘片具體的卷號，見第八册第402頁。綴合後圖版如下圖所示：

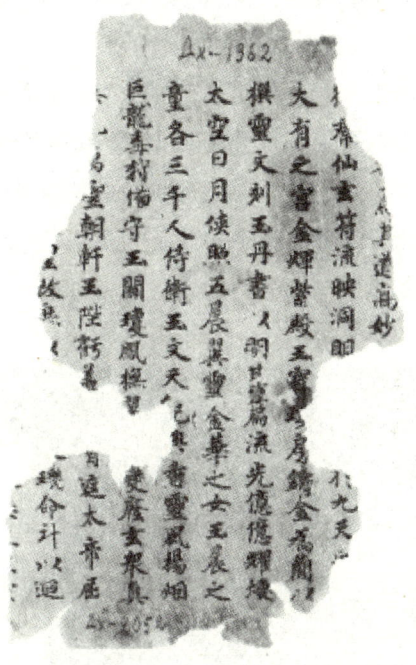

《洞淵神咒經》卷三《縛鬼品》寫本

《敦煌寫經殘片》第28頁道經殘片+P.4676

（1）《敦煌寫經殘片》第28頁道經殘片，據王卡《兩件敦煌道經殘片的定名》所述，啟功生前所搜集收藏的古代碑帖與經卷寫本後爲王連起等整理編爲《堅净居叢帖》十册，第十册《敦煌寫經殘片》第28頁有

---

① 葉貴良：《〈俄藏敦煌文獻〉道經殘卷考述》，《浙江與敦煌學——常書鴻先生誕辰一百周年紀念文集》，浙江古籍出版社，2004年版，第357頁。

一片道經殘片①，該書實爲啓功購自琉璃廠的一本原封面題名"敦煌石室寫經殘字"，原題記"己未（1919）春得於蘭州"，內有 24 頁圖版貼有 34 枚殘片的小冊子冊末的一個殘片。該小冊子的來歷，據柴劍虹跋文《啓功先生的隨身寶》考述，原應爲許承堯的藏品。

（2）P.4676，據《法藏》及法國國家圖書館提供的圖版，爲一前部有缺損、後部內容不全的殘卷，存 30 殘行，起於"鬼矣▢"，止於"急急如太上口"。

王卡《兩件敦煌道經殘片的定名》稱："從筆迹看，此殘片（指《敦煌寫經殘片》第二十八頁道經殘片）與 P.4676 殘片原是同抄本，兩件間有 1 行缺文，可據《道藏》本擬補。綴合後存經文 41 行（10+1+30）。"② 并據《道藏》本補齊缺文後抄錄有錄文，可參。

綴合後圖版示意如下：

《無上秘要》

Дх. 00169+Дх. 00170+Дх. 02632

葉貴良在《〈俄藏敦煌文獻〉道經殘卷考述》中認爲："三號皆爲殘片，三號可綴合。共 42 行，行 17 字。起'混合變爲一'，訖'雨師雷公霹靂'。述人身之神，引用《洞真太上素靈大有妙經》等道經。""三殘卷

---

① 王連起等：《堅净居叢帖・敦煌寫經殘片》，北京師範大學出版社，2006 年版，第 28 頁。
② 王卡：《兩件敦煌道經殘片的定名》，載於《文獻》2009 年 7 月第 3 期，第 37 頁。

內容出自《無上秘要》。"① 《俄藏》將三個卷號歸在一起，圖版見第六冊，第 115 頁。其中 Дх.00169 與 Дх.00170 可以完全綴合。葉文中將 Дх.00169、Дх.00170、Дх.02632 分別記爲 Дх.169a、Дx170a、Дх.2632a，不規範。

《道經》

Дх.00362V+Дх.01252V+Дх.01263V+Дх.01463+Дх.02975V

葉貴良在《〈俄藏敦煌文獻〉道經殘卷考述》中認爲："五個殘片字迹相同，可以綴合。共存 16 行，行款不詳。起'長生得者施行莫隱藏，見者能'，訖'吉（?）福自燁'。從體裁看，似爲説唱韻文。"② 《俄藏》第六册第 254~255 頁有綴合圖，但未標注每一個殘片的具體卷號，定名爲《道經》。從圖版來看，這五個殘卷并不能直接綴合，中間有若干殘片。其正面亦能綴合，内容爲《春秋左氏傳（僖公二十一、二十二年）》，見前文《春秋左氏傳集解》條第四條。

《十戒經》（卷背爲《辯中邊論》）

P.2735+羽 003R

劉永明的《日本杏雨書屋藏敦煌道教及相關文獻研讀札記》對兩個卷號有詳細的叙錄和綴合説明，認爲："P.2735 卷背面也是《辯中邊論》，仔細核對兩卷殘斷處，發現與羽 003R 背面《辯中邊論》殘存文字正好相吻合，兩卷可以全面綴合，綴合後形成的完整文字内容是：'菩提心此菩提心與菩薩性爲所依止如是菩薩由已發'。由此，P.2735+羽 003R

---

① 以上兩段引文見葉貴良《〈俄藏敦煌文獻〉道經殘卷考述》，《浙江與敦煌學——常書鴻先生誕辰一百周年紀念文集》，浙江古籍出版社，2004 年版，第 360 頁。
② 葉貴良：《〈俄藏敦煌文獻〉道經殘卷考述》，《浙江與敦煌學——常書鴻先生誕辰一百周年紀念文集》，浙江古籍出版社，2004 年版，第 367~368 頁。

可以拼接爲一份寫卷。"① 可參。綴合後分裂於兩個卷號上的字正好合爲一行,在圖版上可以很好地看出來。

綴合後圖版示意如下:

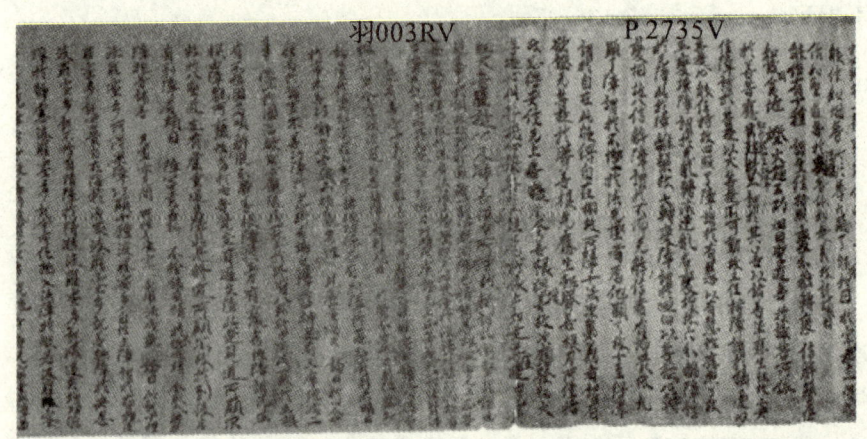

背面可綴合,則正面亦可綴合,但查 P.2735 正是《道德經河上公注》的末尾題記,羽 003R 是《洞玄靈寶天尊說十戒經》之開頭,有首題"十戒經",若非背面綴合,正面的綴合關係很難看出,正面圖版的綴合關係也很難看出,故此處不再列綴合後的圖版。

《陶弘景五法傳授儀》

S.3750+BD.11252+P.2559

(1) S.3750,據《英藏》及 IDP 圖版,正反雙面抄寫,正面擬名《陶公傳授儀》,存 28 殘行,正文大字,注文小字雙行,有朱筆所寫文字,起於"跽祝曰厶甲志在山林",止於"於庭壇東",字跡工整娟秀,有明顯的抄經生書法特徵。

(2) BD.11252,據《國圖藏》,爲一前後端殘損的殘片,存 5 殘行,正文大字,注文小字雙行,起於"☒敷六尺席",止於"三汒勺"。

(3) P.2559,據《法藏》及法國國家圖書館提供的圖版,擬名《陶

---

① 劉永明:《日本杏雨書屋藏敦煌道教及相關文獻研讀札記》,載於《敦煌學輯刊》2010年第 3 期,第 68 頁。

公傳授儀》，殘卷較長，前端殘缺，正文大字，注文小字雙行，其中第一行字只剩左半部分筆墨，起於"☒山☒乂☐"，止於題記"某年歲月日州郡縣鄉里男生姓名年如於"，中有朱筆所畫符圖，字迹工整娟秀，有明顯的抄經生書法特徵，從題記看可能是用於出售與人供奉的。

王卡《敦煌殘抄本陶公傳授儀校讀記》稱："筆者最近從尚未公布的中國國家圖書館藏敦煌抄本中，發現編號爲 BD.11251 的殘片一件，僅存 5 行文字。經比定恰爲 S.3750 與 P.2559 兩件之間缺損的部分，因此三件可綴合爲一。"① 綴合後存 196 行，行 28 字。王文有三卷綴合後的錄文，并擬名爲"陶弘景五法傳授儀"②，可參。

其中 BD.11252 末行"山""者""又"等數字存右半部分，P.2559 首行正存該幾個字的左半部分，兩卷拼合後可以合二爲一，確證其綴合關係。綴合後圖版示意如下（因 S.3750 和 P.2559 內容較長，此處僅取兩卷部分圖版進行綴合）：

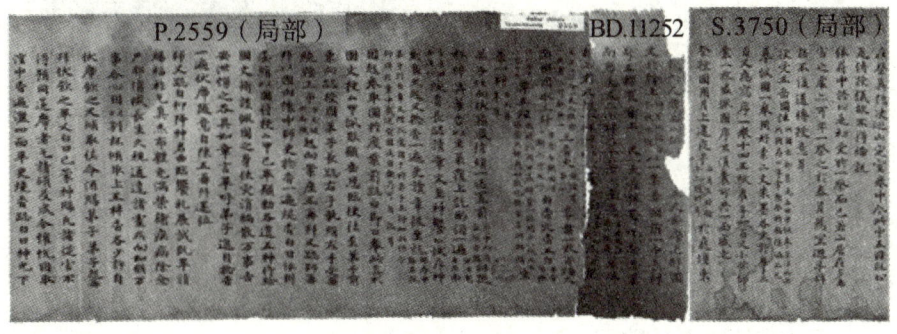

《文選·運命論》

P.2645+敦煌文物研究所所藏《文選·運命論》（敦研 356 號）

（1）P.2645，據《法藏》及法國國家圖書館提供的圖版，擬名"文選李蕭遠運命論"。前端殘損，後部内容未完，存 35 殘行，起於"其末天下卒至於溺而不可援也"，止於"豈獨君子恥"，有界欄，字迹工整

---

① 王卡：《敦煌殘抄本陶公傳授儀校讀記》，載於《敦煌學輯刊》2002 年第 1 期，第 93 頁。
② 王卡：《敦煌殘抄本陶公傳授儀校讀記》，載於《敦煌學輯刊》2002 年第 1 期，第 93 頁。

秀美。

（2）敦煌文物研究所所藏《文選·運命論》，即敦研356號，李永寧《本所藏〈文選·運命論〉殘卷介紹》有叙録。①

李永寧《本所藏〈文選·運命論〉殘卷介紹》將二個卷號綴合，認爲："伯希和2645號遺書，《文選·運命論》自'其末天下卒至於溺而不可援也'起，至'道之將廢也，命之將賤也，豈獨君子恥'止。其下，恰與敦煌文物研究所藏殘卷相接，視其書體、計其行字，亦相合，應爲同卷之前半段"②，確。

綴合後圖版示意如下（P.2645只取局部）：

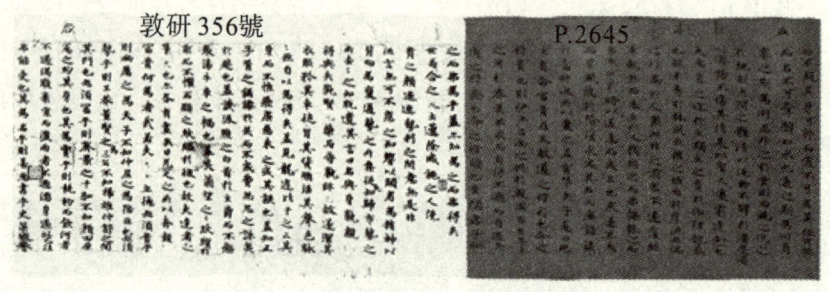

《李善注文選》（或《文選李善注》）

Дх.08011+Дх.08462

張涌泉、丁小明在《敦煌文獻定名研究》中指出："此二片書迹行款相同，其背面皆爲不知名佛經，字體也相同，可以確定爲同一寫本之撕裂。"③ 據傳世本《文選李善注》④，Дх.08011末行注釋"僵仆也郭璞尔☒（雅）"與Дх.08462首行正文"皇風☒（載）（韙）"之間，殘去注文"雅注曰蹖前覆也張揖上林賦注曰掩覆也"17字以及正文"又云至聞"4

---

① 李永寧：《本所藏〈文選·運命論〉殘卷介紹》，載於《敦煌研究》1983年第3期，第164頁。
② 李永寧：《本所藏〈文選·運命論〉殘卷介紹》，載於《敦煌研究》1983年第3期，第164頁。
③ 張涌泉、丁小明：《敦煌文獻定名研究》，載於《中華文史論叢》2011年第2期，第490頁。
④ 清胡克家校本《李善注文選》卷三十五張協《七命》。

字。而Дх.08462下有地脚，應處於頁面的下部分，由此推斷，Дх.08011末行與Дх.08462首行之間可能并無間隔，只是Дх.08462上部殘缺了一部分，正是所缺的17字注文及4字正文（按：Дх.08011末行下端有少量殘泐，可能包含有1~2字的注文）。

兩個卷號大致的綴合後圖版如下所示：

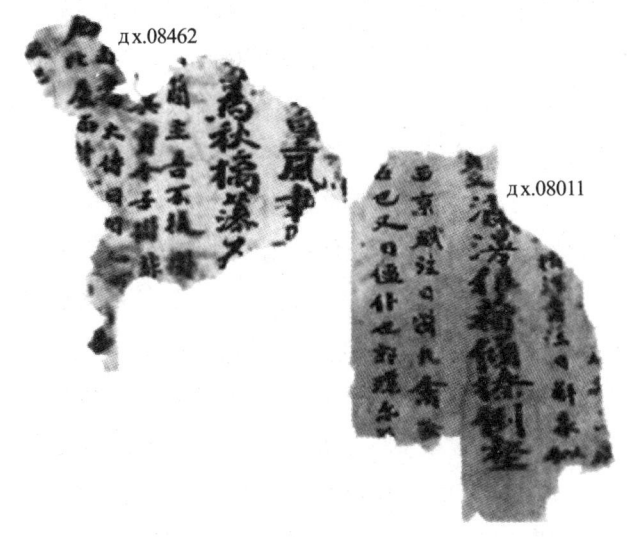

《南朝詩歌叢抄》

Дх.02173+Дх.06753V（實應爲正面）

（1）Дх.02173，據《俄藏》，正反雙面抄寫，正面前後殘缺，殘存11行，起於"▨樹多芳根"，止於"▨聞▨（鳥）▨"，《俄藏》擬名"梁吳均五言詩二首"，確爲南朝梁吳均《酬別江主簿屯騎》與《登壽陽八公山一首五言》二詩。背面存14行，起於"▨/抱孫不於▨□"，止於"臨藥不▨□"，《俄藏》擬名《禮記·曲禮上第一》。

（2）Дх.06753，據《俄藏》，正反雙面抄寫，定爲Дх.06753V的一面前後及下部殘缺，殘存8行，起於"▨▨我有數行泪"，止於"□郎王籍入▨□/▨▨（林）逾□"，考爲南朝梁陶弘景《和約法師臨友人詩》、署名"莊丘梁太守□"的五言詩一首以及梁王籍的《入若邪（一作"耶")溪》三首詩的殘片。背面9行,起於"⬜☒將☒(駕)⬜",止於"入國不馳/⬜☒不☒⬜",屬《禮記·曲禮》的内容。

徐俊《敦煌寫本詩歌續考》認爲:"今考《俄藏敦煌文獻》第13册所載 Дx.6753V 殘片,存詩8行,書法與 Дx.2173 相同,均抄於《禮記·曲禮》背,雖然不能直接綴接,但是可確定爲同卷。與正面所抄《禮記·曲禮》的順序相反,背面詩歌殘片的順序應爲 Дx.2173、Дx.6753,據《禮記·曲禮》的缺文(二殘片間殘530餘字,約30行),可以推測兩詩歌殘片間約殘缺20餘行,應是一個頗具規模的詩選集,只可惜現在已無從考知其名了。Дx.6753 存殘詩三首,作者陶弘景、莊丘□、王籍,均爲南朝人,此卷應定名爲'南朝詩歌叢抄'。"① 確。

但是,寫卷不可能正反兩面顛倒抄寫《敦煌寫本詩歌续考》與《礼记·曲礼》,《俄藏》所確定的兩個卷號正反面必有一處是錯誤的。據許建平《〈俄藏敦煌文獻〉儒家經典類寫本的定名與綴合——以第11~17册未定名殘片爲重點》考證:"Дx.2173V 號《俄藏》定爲背面,其正面内容定名爲《梁吴均五言持二首》;Дx.6753 號《俄藏》則定爲正面,而將抄寫有詩篇的一面定爲背面。殘卷詩篇用優美的行書書寫,且行款疏朗;而《禮記》内容则字體笨拙,應是學童所書。《俄藏敦煌漢文寫卷叙録》以有詩篇的一面爲正面,并云:'紙面光滑。'光滑的一面當然是正面。《俄藏》將 Дx.6753 號的正背面顛倒了。"②

因兩個卷號之間殘缺較多(約20行),不再附綴合圖示。

《唐詩文叢鈔》(詩二十一首)

Дx.03865+P.2492

《法藏》及姜亮夫、王重民等前輩學者的研究中按伯希和《巴黎圖書

---

① 徐俊:《敦煌寫本詩歌續考》,載於《敦煌研究》2002年第5期,第65~72頁。
② 許建平:《〈俄藏敦煌文獻〉儒家經典類寫本的定名與綴合——以第11~17册未定名殘片爲重點》,載於《漢語史學報專輯(總第三輯)》,後收入《姜亮夫、蔣禮鴻、郭在貽先生紀念文集》,上海教育出版社,2003年版,第307頁。

館敦煌寫本書目》①將 P.2492 擬名《白香山詩集》，實際有誤。徐俊《敦煌詩集殘卷輯考》有兩個卷號詳細的叙録與綴合説明②，認爲："二者正相綴接，可成完篇。俄藏 Дх. 三八六五册頁右上角殘存字迹，正可與伯二四九二末行左側略殘之字拼合，使'鹽商婦'等字完好無缺。"③ 定名爲"唐詩文叢鈔（詩二十一首）"，并對每一首詩都有校録④，可參。

因原卷爲册頁本裝，圖版極多，此處只截取綴合部分的局部圖版示意如下：

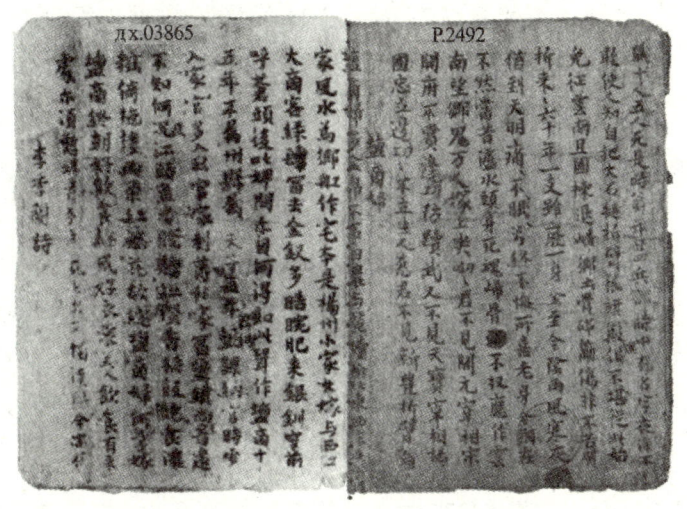

《王梵志詩一百一十首》

S.4277+Ф256+Дх.00485+Дх.01349

（1）S.4277，據《英藏》，存 43 殘行，前後端殘損，前端第一至七行頁面下半部分有殘缺，起於"世有一種人，可笑窮奇物"，止於"五内無六賊"，字迹較工整，有朱筆點讀符號。翟理斯《大英博物院藏敦煌漢

---

① 伯希和：《巴黎圖書館敦煌寫本書目》，國立北平圖書館館刊九卷五號抽印本，1936 年 9 月，第 53 頁。
② 徐俊：《敦煌詩集殘卷輯考》，中華書局，2000 年版，第 21~28 頁。
③ 徐俊：《敦煌詩集殘卷輯考》，中華書局，2000 年版，第 22 頁。
④ 徐俊：《敦煌詩集殘卷輯考》，中華書局，2000 年版，第 22~40 頁。

文寫本解題目錄》(大英博物館,1957年版)定名爲"隨感式詩作",叙錄爲"一位禪師的隨感式詩作,手稿整潔,前後俱殘"。金岡照光《敦煌出土文學文獻分類目録附解説》(東洋文庫,1971年版)定名爲"王梵志詩",注明:"現存22行,卷首六行下半部有殘損,五言詩,內容與王梵志詩相似,今據王梵志詩集殘卷擬題。"而王重民主編《敦煌遺書總目索引》雖言"體似梵志",但仍定名爲"禪詩"。《英藏》擬名《王梵志詩》,并注"參聖彼得堡 Дх. 1456",Дх. 1456 實爲《春秋左氏傳(昭公十三年)》,實際《英藏》注有誤,"Дх. 1456"當爲"孟目1456",即"L. 1456"。

(2) Ф256+Дх. 00485+Дх. 01349,據《俄藏》,三個卷號圖版已經綴合在一起,見《俄藏》第五册第13~22頁,施萍婷《俄藏敦煌文献經眼録之一》對這三個卷號的綴合關係及綴合情況已有詳細叙録,稱:"Ф256、Дх. 485、Дх. 1349 三件相綴之后,共存107行,三紙,第一紙42行,第二紙44行,第三紙21行。無首,起於'我今一身内,修營等一國'。"①"又,中間有'王·梵·志·迴·波·乐'詩題,原有標點句讀。"② 可參。因這三個卷號又被孟列夫編爲孟目1456,故學者多記爲"L. 1456"。

朱鳳玉《敦煌寫卷S4277號殘卷校釋》首先提出"S. 4277 號殘卷竟然與列格勒藏之'法忍抄本王梵志詩殘卷'是同一寫卷斷裂的二部分"③。張錫厚《整理〈王梵志詩集〉的新收穫——敦煌寫本 L. 1456 與 S. 4277 的重新綴合》亦綴合爲 S. 4277 + L. 1456,認爲"今天,當重新獲睹 L. 1456 王梵志詩一百一十首殘卷以後,再仔細審視 S. 4277 殘卷,就不難發現它們之間有著不容置疑的共通之處","因此可以判定 S. 4277 原與 L. 1456 同卷,實即王梵志詩一百一十首本前半部分"④,并指出三個重要問題:

其一,L. 1456 的抄本,每行約26字,第31行下小字標明"八十",

---

① 施萍婷:《俄藏敦煌文獻經眼録之一》,載於《敦煌研究》1996年第2期,第60頁。
② 施萍婷:《俄藏敦煌文獻經眼録之一》,載於《敦煌研究》1996年第2期,第60頁。
③ 朱鳳玉:《敦煌寫卷S4277號殘卷校釋》,"國際敦煌吐魯番學術會議"論文,1987年香港。
④ 以上兩段引文均引自張錫厚《整理〈王梵志詩集〉的新收穫——敦煌寫本 L. 1456 與 S. 4277 的重新綴合》,載於《文學遺產》1988年第6期,第125~134頁。

第 75 行下小字標明"一百",皆於詩尾標明詩的首數。依此回推,卷首所存"我今一身內"詩,應爲第 69 首。S. 4277 抄本,每行字數不一,爲 27~35 字。第 26 行中間有小字標明"六十",第 33 行下小字標明"六十(四?)",亦皆於詩尾標明詩的首數,依此上推,卷首"世有一種人",應爲第 46 首,下推至卷尾"我本野外夫",爲第 68 首,則此卷適與 L. 1456 卷首之第 69 首"我今一身內"相銜接。

其二,據蘇目第二册第 672 頁附 L. 1456《王梵志詩一百一十首》殘卷末頁的圖版,與 S. 4277 殘卷之復製件,略作對照,適又發現其字迹完全相同,行款一致,各詩開頭往往是另行抄寫,即或抄於同一行者,亦留有空格,其起首處又用朱墨筆點讀,極易分首,從這些特點可推斷它們確屬同一寫本。

其三,L. 1456、S. 4277 所載詩的內容亦有共通之處,再就詩歌表現形式及其通俗語言的運用,也不無相同之處。

張錫厚與朱鳳玉所做的綴合無誤。因涉及的圖版較長,只列局部綴合後圖版示意如下:

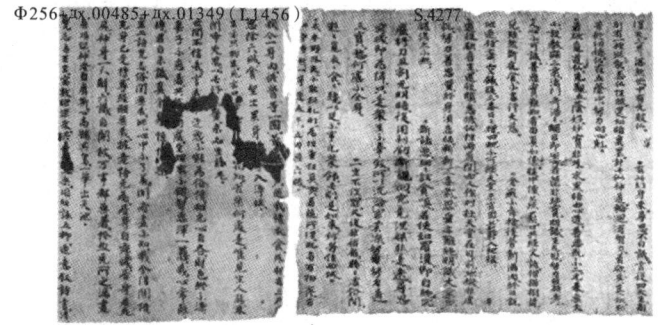

《王梵志詩殘片》

S. 5796+……+Дx. 11197

張新朋的《敦煌本〈王梵志詩〉殘片考辨五則》有詳細叙錄及綴合

說明①，認爲："該殘頁（指 Дx. 11197）與 S. 5796 號《王梵志詩》殘頁在紙張形狀（皆狹長型）、書風字體（參看'人''村''看'等二號共有或其他相類的字）及抄寫形式（每面 7 行，行 30 字左右，每首詩開始位置空二字左右）等方面皆十分相近，當是由同一文體散落而來。據文本内容判斷，S. 5796 號所存爲該文本的起始頁，而 Дx. 11197 號所存則是後面的内容，二者之間有大段的殘缺。"② 確。因不可直接綴合，故張文還附有二卷號的對比圖③，可參。

《僧志貞、法舟詩》

Дx. 00105+Дx. 10299

《俄藏》已經將兩個卷號的圖版綴合在一起，施萍婷《俄藏敦煌文獻經眼錄之一》④ 有綴合后的法舟詩的録文和志貞詩的部分録文以及説明。法舟詩録文無誤，但施謂："志貞詩上部殘，只剩 20 字，能識別者爲：'▢▢祇園妙理光含秀/▢▢上首葉裏坐青蓮'。"實際志貞詩餘 4 行 23 字，録文如下："僧志貞/▢▢高倚馬前▢▢/祇園妙理光含秀/▢▢▢▢中居上首葉裏坐青蓮。"綴合后圖示如下：

---

① 張新朋：《敦煌本〈王梵志詩〉殘片考辨五則》，載於《敦煌學輯刊》2009 年第 4 期，第 63~64 頁。

② 張新朋：《敦煌本〈王梵志詩〉殘片考辨五則》，載於《敦煌學輯刊》2009 年第 4 期，第 63~64 頁。

③ 張新朋：《敦煌本〈王梵志詩〉殘片考辨五則》，載於《敦煌學輯刊》2009 年第 4 期，第 65 頁。

④ 施萍婷：《俄藏敦煌文獻經眼錄之一》，載於《敦煌研究》1996 年第 2 期，第 62 頁。

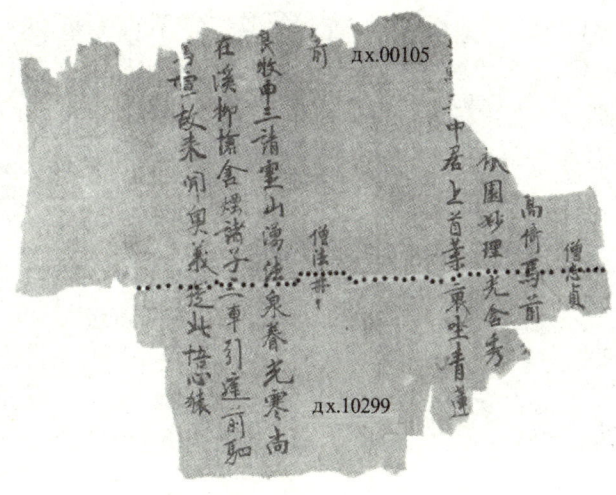

《白雀歌》

P. 2594V+P. 2864V

（1）P. 2954，雙面抄寫，據《法藏》，正面擬名《老子道德經李榮注》，背面擬名《孔子備問書一卷》+《白雀歌并進表》。背面 P. 2954V《孔子備問書一卷》僅抄一段，字迹幼拙，似是雜寫；《白雀歌并進表》前有落款"三楚漁人臣張永進上"的進表，后内容殘泐。

（2）P. 2864，雙面抄寫，據《法藏》，正面擬名《李榮注老子道德經》，背面 P. 2864V 擬名《白雀歌并進表》。

顔廷亮在《敦煌西漢金山國檔案文獻考略》中將兩個卷號加以綴合①，但誤記其編號爲 P. 2594+P. 2864，實際應該爲 P. 2594V+P. 2864V。兩個卷號綴合后前後完整。但顔廷亮提及李海舟《敦煌古物之新發現》（《甘肅民國日報》1948 年 1 月 11 日）校録過現已不存的另一個卷號的《白雀歌》，應該是該詩的另一抄本。兩個卷號字迹行款相同，内容接續，但從圖版看，兩個卷號似非同一紙頁裂開，而更像是卷子裝文獻兩張紙頁粘合處脱開造成的殘泐。綴合圖示如下（因圖版較長，僅取局部）：

---

① 顔廷亮：《敦煌西漢金山國檔案文獻考略》，載於《甘肅社會科學》1996 年第 5 期，第 91~94 頁。

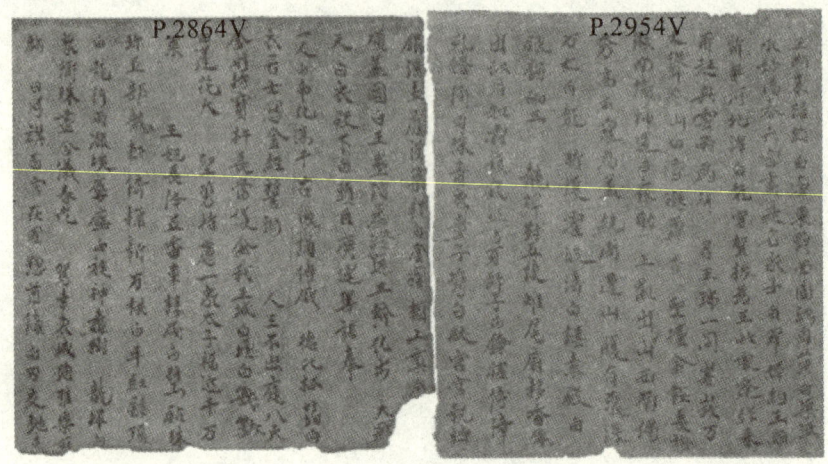

完全拼合後綴合圖示如下：

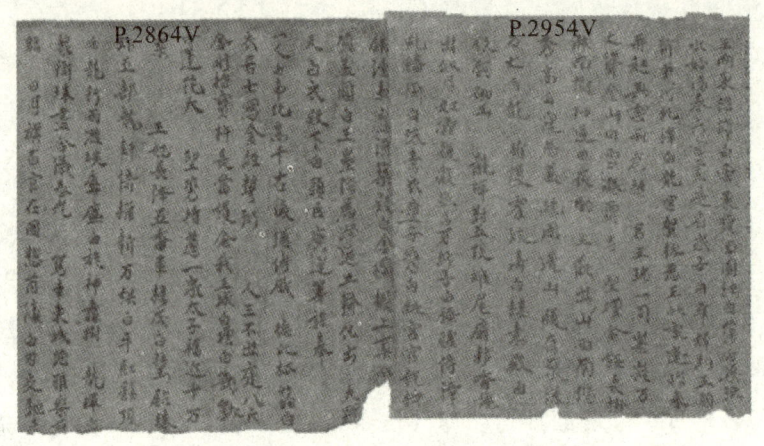

按：其正面亦可綴合，爲《老子道德經李榮注》，見前《老子道德經》（P.2594+P.2864+S.2060+P.3237+P.2577+P.3277）條。

《白雀歌》《祝骨子契》《陽願進狀》以及其他

P.2594V+P.2864V+S.2060V+P.3237V+P.2577V+P.3277V

前已述及 P.2594+P.2864+S.2060+P.3237+P.2577+P.3277 的綴合關係，既然正面可綴合，則背面亦可綴合。顏廷亮在《關於〈白雀歌〉見在寫卷兼及敦煌佛道關係》一文中就指出背面的綴合關係，并言："正面抄寫的是李榮注《老子道德經》德經,背面抄寫的是《白雀歌》《祝骨子契》《陽願進狀》以及別的一些文字。"① 可參見上一條。

《前秦擬古詩》

Дх. 11414+Дх. 02947

徐俊《俄藏 Дх. 11414+Дх. 02947 前秦擬古詩殘本研究——兼論背面文書的地域和時代》對兩個卷號有詳細敍録及綴合説明,并對該殘本的内容、時代等諸方面問題作了考證②,可參。

綴合圖示如下:

---

① 顏廷亮:《關於〈白雀歌〉見在寫卷兼及敦煌佛道關係》,載於《蘭州教育學院學報(社會科學版)》1995 年第 2 期,第 31~38 頁。
② 徐俊:《俄藏 Дx11414+Дx02947 前秦擬古詩殘本研究——兼論背面文書的地域和時代》,《敦煌吐魯番研究》(第六卷),北京大學出版社,2002 年版,第 205~220 頁。

《貞女樓詠》

　　Дх. 03861（已與 Дх. 03872、Дх. 03874、Дх. 03927A 等綴合）+Дх. 06654V

　　（1）Дх. 03861，據《俄藏》，已與 Дх. 03872、Дх. 03874、Дх. 03927A 綴合，《俄藏》第十一册第 72～74 頁有綴合後圖版。從圖版看應爲册頁裝，半頁 10 行左右，行 12 字，現存有三整頁（其中前兩頁只剩頁面下半部分）和兩個半頁。可辨認有題目者包含《陷賊後寄故夫》等詩歌六首。殘損爲頁面上下撕開所致，其中的兩個半頁和後一整頁已經綴合完整，第一、二整頁缺頁面的上半部分。據徐俊《敦煌詩集殘卷輯考》考證，爲《瑤池新詠》的殘册，且此文獻還有 Дх. 16722、Дх. 06654＋Дх. 13861、Дх. 03872＋Дх. 03874、Дх. 111050 等殘頁。徐俊《敦煌詩集殘卷輯考》有叙錄。①

　　（2）Дх. 6654，正反雙面抄寫，據《俄藏》，已與 Дх. 6722 圖版綴合，册頁裝，半頁 10 行左右，現存爲頁面上半部分。前有首題作"瑤池新詠集"。

　　徐俊《敦煌寫本詩歌續考》將兩個卷號綴合，并有綴合後的《貞女樓詠》一詩的錄文②，確，可參。

　　綴合圖版示意如下：

---

① 見徐俊《敦煌詩集殘卷輯考》，中華書局，2000 年版，第 672～685 頁。
② 徐俊：《敦煌寫本詩歌續考》，載於《敦煌研究》2002 年第 5 期，第 66 頁。

《秦婦吟》

Дх.04758+……+Дх.10740（4—3，中）+Дх.10740（4—3，右）+Дх.10740（4—3，左）+Дх.10740（4—2，左）+Дх.10740（4—2，右）

（1）Дх.4568，據《俄藏》，包括兩個殘片，左片爲雜寫。右片存3行，現名之爲 Дх.04568（右），起於"☐☒獨向綠楊陰下歇"，止於"借問女郎何處☐☒（含）☒（頻）☒☐☒☒謝"；左片存3行，字作"今朝今朝到此寺壁上亭☒字/☒日受/☒（賓）"。

（2）Дх.10740，據《俄藏》，正反雙面抄寫，包括14個殘片，《俄藏》第二張照片上有左、右、兩個殘片，現分別標示爲"Дх.10740（4—2，左）"和"Дх.10740（4—2，右）"；第三張照片上有左、中、右三個殘片，現分別名之爲"Дх.10740（4—3）左"、"Дх.10740（4—3，中）"和"Дх.10740（4—3，右）"；均有界欄，字迹類似，徐俊謂"爲同一《秦婦吟》寫本的殘裂。經比定綴接，從'長安寂寂今何有'句起至'妾聞此父傷心語'句之'妾聞此'3字止，文字稍有殘缺，但基本完整"①，確；第四張照片上有左、中左、中右、右四個殘片，其中后三個與《秦婦吟》似無關，暫不論，將左邊的殘片標示爲"Дх.10740

---

① 徐俊：《敦煌寫本詩歌續考》，載於《敦煌研究》2002年第5期，第66頁。

（4—4，左）"。

（3）Дx.04758，據《俄藏》，爲一上下前後均有殘泐的殘片，張新朋《敦煌詩賦殘片拾遺》有叙錄。①

徐俊在《敦煌寫本詩歌續考》將Дx.4568（右）與Дx.10740（4—3，中）、Дx.10740（4—3，右）、Дx.10740（4—3，左）、Дx.10740（4—2，左）、Дx.10740（4—2，右）綴合，認爲："綴接後的俄藏《秦婦吟》寫本，卷號順序應爲Дx.4568（右）+Дx.10740（4—3，中）+Дx.10740（4—3，右）+Дx.10740（4—3，左）+Дx.10740（4—2，左）+Дx.10740（4—2，右）。"② 文中將"Дx."標爲"Dx"，今一律改過。

後張新朋在《敦煌詩賦殘片拾遺》中對Дx.10740（4—4，左）和Дx.4758進行叙錄後，指出這兩個殘片上的文字内容實際也屬《秦婦吟》，且可與上述徐俊已綴合的Дx.10740中的五個殘片進行綴合③，其位置在頁面上方，Дx.10740（4—3，右）與Дx.10740（4—2，左）之間，確。張文附有綴合後的示意圖④，如下：其中的Дx.10740Ⅵ、Дx.10740Ⅶ、Дx.10740Ⅷ、Дx.10740Ⅸ、Дx.10740Ⅹ、Дx.10740Ⅺ分别即本文中的Дx.10740（4—2，右）、Дx.10740（4—2，左）、Дx.10740（4—3，右）、Дx.10740（4—3，中）、Дx.10740（4—3，左）、Дx.10740（4—4，左）。張新朋還指出Дx.4568與其餘的殘片行款和字形有异，故没有將其與其他殘片綴合，筆者認爲此種判斷是正確的，但似還可以考察。故最後的綴合順序記爲Дx.4758+……+Дx.10740（4—3，中）+Дx.10740（4—3，右）+Дx.10740（4—3，左）+Дx.10740（4—4，左）+Дx.10740（4—2，左）+Дx.10740（4—2，右）。

---

① 張新朋：《敦煌詩賦殘片拾遺》，載於《敦煌研究》2011年第5期，第78頁。
② 徐俊：《敦煌寫本詩歌續考》，載於《敦煌研究》2002年第5期，第66頁。
③ 張新朋：《敦煌詩賦殘片拾遺》，載於《敦煌研究》2011年第5期，第78頁。
④ 張新朋：《敦煌詩賦殘片拾遺》，載於《敦煌研究》2011年第5期，第78頁。

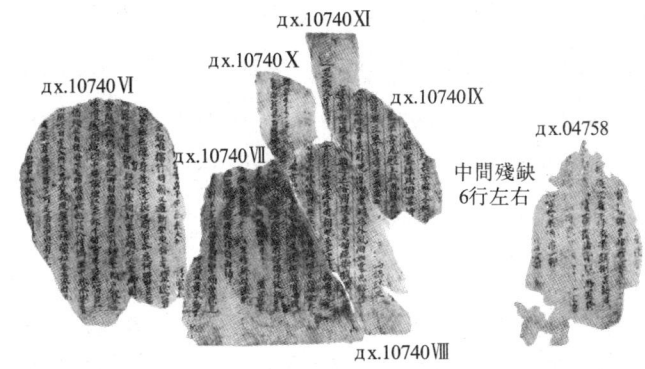

《李嶠雜詠注》

Дх. 10298+Дх. 05898+Дх. 02999+Дх. 03058+Дх. 11210

（1）Дх. 10298，據《俄藏》，正反雙面抄寫，正面後及下端殘缺，殘存 9 行，有界欄，起於"治上氣咳嗽方"，止於"取☒汁☒☒"，爲醫方。背面 9 行，起於"☐☒開冰小學☐"，止於"蒲葵寶曉☐"。

（2）Дх. 05898，據《俄藏》，正反雙面抄寫，正面後及上部殘缺，殘存 10 行，有界欄，起於"☒☒雨持☒☒"，止於"又方"，爲醫方。背面 9 行，起於"☒苗徒見（艸熱火）"，止於"羅薄詎"。

（3）Дх. 02999，據《俄藏》，已與 Дх. 03058 圖版綴合。正反雙面抄寫，綴合後正面前及上部殘缺，殘存 7 行，有界欄，起於"☒☒（打）差☐"，止於"☒擇服之"，爲醫方。背面 5 行左右，爲詩夾注的形式，正文大字，注文小字二行，起於"月明"，止於"明月澄清☒☒"。

（4）Дх. 11210，據《俄藏》，正反雙面抄寫，正面後及上部殘缺，殘存 16 行，有界欄，起於"☒/又方每日☐"，止於"和白蜜服之"，爲醫方。背面前抄 5 行，爲詩夾注的形式，正文大字，注文小字二行，起於"障聲，逐暑隨風轉"，止於"願言從愛客☒"；后抄 4 行，字迹內容與前五行不似，而爲正面"醫方"的結尾部分。

徐俊《敦煌寫本詩歌續考》稱："《硯》《墨》《紙》《酒》《扇》《月》六詩，原據 Дх. 10298、Дх. 2999、Дх. 3058 三卷校錄，多有殘缺。《俄藏敦煌文獻》第 2 冊載 Дх. 5898、第 15 冊載 Дх. 11210 兩殘片，也爲李嶠《雜咏》，且正可補其殘缺。《硯》《墨》《紙》《扇》四詩原無注，綴接後闕字可補足，幾無异文。俄藏《李嶠雜咏注》因殘裂而分置，綴接順序應爲 Дх. 10298+Дх. 5898+Дх. 2999+Дх. 3058+Дх. 11210，均抄於藥方背面。Дх. 11210 詩後空約 4 行位置，另抄藥方 4 行，知此卷原抄至《月》詩爲止，且未依照《雜咏》部序抄寫。"① 且有其中《酒》《月》二詩的録文及注釋，可参。

唯其《酒》詩録文中"每接高陽宴"及其注文録爲"（正文）每接高陽宴（注文）郁家池，高陽池，飲酒醉"。實際"飲酒醉"後還有三字，作"酒☒☒"。"綴接順序应为 Дх. 10298＋Дх. 5898＋Дх. 2999＋Дх. 03058＋Дх. 11210"，不確，實際綴合時應該是按照 Дх. 10298 在右上，Дх. 05898 在右下，Дх. 11210 在左上，Дх. 02999＋Дх. 03058 在左下的順序依次綴合，故準確的綴合順序應該是 Дх. 10298＋Дх. 05898＋Дх. 11210＋（Дх. 02999＋Дх. 03058）。

綴合後圖版示意如下：

還須補充説明的是，因爲 Дх. 10298 末句首字"扇"左撇部分書於 Дх. 11210 之上，但此殘筆畫不是位於頁面的邊緣，離頁邊有部分距離；又 Дх. 5898 與 Дх. 2999＋Дх. 3058 之間也存在這種情況，故推測此文獻應爲卷子裝，且爲將紙頁粘貼在一起形成長紙卷後纔書寫的，Дх. 10298 與 Дх. 11210、Дх. 5898 與 Дх. 2999＋Дх. 3058 之間正是兩個紙頁的粘合部分。

---

① 徐俊：《敦煌寫本詩歌續考》，載於《敦煌研究》2002 年第 5 期，第 67 頁。

《晏子賦》殘片

Дх. 00925+Дх. 05174+Дх. 10740Ⅱ+Дх. 05565

張新朋的《敦煌詩賦殘片拾遺》有詳細的叙録與綴合説明，認爲"各殘片由殘存文字可推知各自行款大抵在行 25 字左右；再結合各片正面的界行及背面的習字判斷，上揭四殘片，乃由同一寫卷撕裂而來，可以綴合"①，并附綴合後圖版示意圖②，可參。

《韓朋賦》

S. 4901+S. 10291+S. 3904

（1）S. 4901，據《英藏》，正反雙面抄寫，反面從右至左依次爲《押衙張萬千貸織物契》、《千字文》雜寫和《新集嚴父教》。正面抄《韓朋賦》，起於首句的"▨（朋）少小孤單"，止於"▨兩鳥相搏一鳥▨（頭）▨（破）▨（齒）"。

（2）S. 10291，據《英藏》，正反雙面抄寫，反面擬名《新集嚴父教》。正面擬名《韓朋賦》，前後及上部皆殘，僅存 5 殘行，起於"▨（齒）落毛雨兮兮"，止於"婦問夫▨"。

（3）S. 3904，據《英藏》，正反雙面抄寫，反面爲《千字文》雜寫。正面爲《韓朋賦》，共存 25 行，其中前 8 行殘去下半部分，起於"使者"，止於"▨（豺）狼有伴"。

S. 4901 正與 S. 10291 末尾接續，且"破""齒"二字正呈一半在 S. 10291 上一半在 S. 4901 的情況。故王重民等在《敦煌變文集》中率先指出："斯 4901 與斯 3904 實系同一寫本而破損爲二，而分裱成兩卷者。"③ 張錫厚《敦煌賦彙》又發現："斯 10291 系斯 3904 開端數行之第

---

① 張新朋：《敦煌詩賦殘片拾遺》，載於《敦煌研究》2011 年第 5 期，第 79~80 頁。
② 張新朋：《敦煌詩賦殘片拾遺》，載於《敦煌研究》2011 年第 5 期，第 80 頁。
③ 王重民等：《敦煌变文集》，人民文學出版社，1957 年版，第 142 頁。

四行至第八行殘去之文字。"① 後伏俊璉《敦煌賦及其作者、寫本諸問題》將三個卷號完全綴合,定名爲"韓朋賦"②。

綴合後圖版示意如下:

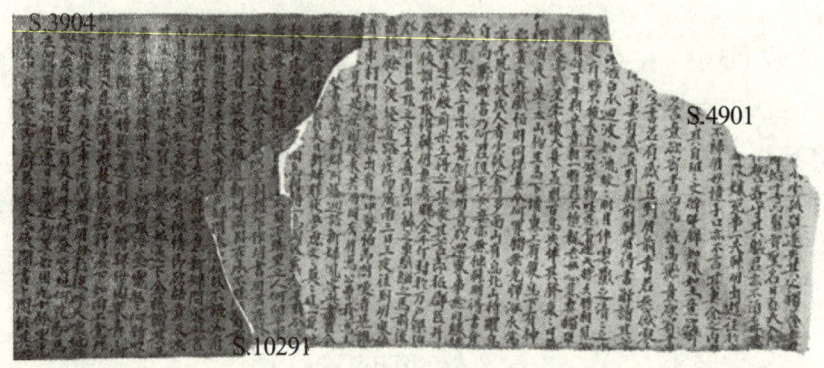

《太子須達拏本生變文》

Дx. 00285+Дx. 02150+Дx. 02167+Дx. 02960+Дx. 03020+Дx. 03123

施萍婷《俄藏敦煌文獻經眼錄之一》對前四個卷號有叙錄,稱:"這麼多號放在一起,當時也來不及仔細拼接,只好分別記錄:Дx. 2167,24行,一面爲須達拏太子本生,一面爲褐襆破曆。Дx. 2150,24行,上下殘,内容爲須達拏太子本生,另一面爲糧食破曆。Дx. 2960 只是一小塊,須達拏太子本生。Дx. 285,孟目 1480,須達拏太子本生,孟目定名爲《太子成道變文》。"③ 漏記後兩個卷號的情況。《俄藏》已經將六個卷號的圖版綴合并放在一起,無法分辨每一塊殘片的具體位置,圖版見《俄藏》第六册第 179~186 頁。《俄藏》定名爲《須大拏太子變文》,與施文稍有差异。

---

① 張錫厚:《敦煌賦彙》,江蘇古籍出版社,1996 年版,第 369 頁。
② 伏俊璉:《敦煌賦及其作者、寫本諸問題》,載於《南京師範大學文學院學報》2003 年第 2 期,第 173 頁。
③ 施萍婷:《俄藏敦煌文獻經眼錄之一》,載於《敦煌研究》1996 年第 2 期,第 64 頁。

《須大拏太子變文》+《祭慈母文》+《褐牒布破曆》+《糧食破曆》

Дх. 285V+Дх. 2150V+Дх. 2167V+Дх. 2960V+Дх. 3020V+Дх. 3123V

此爲 Дх. 00285+Дх. 02150+Дх. 02167+Дх. 02960+Дх. 03020+Дх. 03123 的背面，施萍婷《俄藏敦煌文獻經眼錄之一》指出其綴合關係，并擬名《褐牒破曆》+《糧食破曆》①，并未概括完此六個卷號的內容。《俄藏》定名《須大拏太子變文》+《祭慈母文》+《破曆》，較之更爲完整。實際上在 Дх. 285V+Дх. 2150V+Дх. 2167V+Дх. 2960V+Дх. 3020V+Дх. 3123V 中，前六行抄《須大拏太子變文》，起於"爾時菩薩當欲降☐"，止於"斬七多羅樹斷想不☐☐"。第七行起，頁面上半部分抄《祭慈母文》，約 19 殘行；下半部分另抄《破曆》，其中又可細分爲《糧食破曆》和《褐牒布破曆》兩種。《俄藏》已經將六個卷號的圖版綴合并放在一起，無法分辨每一塊殘片的具體位置，圖版見《俄藏》第六冊第 187~194 頁。

《下女夫詞》

（一）S.3227+S.6208V

該二號正面所抄《雜集時用要字（擬）》可以綴合〔詳見前《雜集時用要字（擬）》條〕。S.6208V 的"失名韻文（？）"亦可與 S.3227《下女夫詞》部分上下綴接，如下圖所示。S.3227 末行所存"書後有殘 ☒（紙），不可列（別）將婦（歸？）"正可與 S.6208 號背末行"☒（雖）然無手筆，且作五言☒（詩）"上下銜接②，綴合成五言學郎題記詩一首。S.3227 號此詩之前有"☒（下）女夫詞一卷"題署，據此，S.6208 號《古賢集》之後的 8 殘行"失名韻文"（後 5 行上部可與

---

① 施萍婷：《俄藏敦煌文獻經眼錄之一》，載於《敦煌研究》1996 年第 2 期，第 64 頁。
② 括注文字據伯 3322、伯 2947 號校補。參看徐俊《敦煌詩集殘卷輯考》，中華書局，2000 年版，第 785 頁。

S. 3227 綴接）或亦爲《下女夫詞》。但相關内容其他各本《下女夫詞》未見，俟考。

（二）Дx. 11049+Дx. 12834+Дx. 03860（按：在前人綴合基礎上再補充 Дx. 03860）

Дx. 11049+Дx. 12834+Дx. 03860 的書寫順序爲［Дx. 11049（左）+Дx. 12834V］→［Дx. 12834+Дx. 11049V（右）］→Дx. 11049V（左）→Дx. 11049（右）

宋雪春在《〈俄藏敦煌文獻〉中四件〈下女夫詞〉殘片的綴合》一文中指出 Дx. 11049 與 Дx. 12834V、Дx. 11049V 與 Дx. 12834 四個卷號可以綴合，綴合後屬於甲系統的同一件《下女夫詞》，其抄寫的順序是 Дx. 11049（左）→ Дx. 12834V → Дx. 12834 → Дx. 11049V（右）→ Дx. 11049V（左）→ Дx. 11049（右）。① 因 Дx. 12834V 可以綴合在

---

① 參見宋雪春《〈俄藏敦煌文獻〉中四件〈下女夫詞〉殘片的綴合》，載於《敦煌研究》2012 年第 6 期，第 85~87 頁。

Дх.11049（左）的左邊，Дх.12834R 可以綴合在 Дх.11049V（右）的右邊，上述抄寫順序我們重新標記爲［Дх.11049（左）+Дх.12834V］→［Дх.12834+Дх.11049V（右）］→Дх.11049V（左）→Дх.11049（右）。

筆者後發現歸入《下女夫詞》甲系統的另一件殘片 Дх.03860 與Дх.11049、Дх.12834 亦可綴合，且使原有已綴合的《下女夫詞》寫卷的奇怪抄寫順序變得可以理解。詳細綴合叙録見第八章第三節。

《大漢三年季布駡陣詞文》

P.3386+P.2747+P.2648

此爲國内學者最早注意到的敦煌世俗文獻卷子之一，且劉復《敦煌掇瑣》就嘗試過對其進行綴合，但認爲"此（指 P.3386）與前二號字體不類，是另一人所寫"①。王重民則指出："又劉氏三卷（即 P.2747、P.2648、P.3386），今校以全文，并驗其裂痕，確爲同卷，今割裂爲三截。半農先生疑三三八六號卷子，'與前二號字體不類，是另一人所寫'者，非是。"② 王書中有對這三個卷子的叙録，可參。③ 後張涌泉、丁小明在《敦煌文獻定名研究》中也肯定："其實 P.3368 號即 P.2747+P.2648 號之後的殘缺部分。"④ 并指出："P.2648 號末句'遂令武士'四字左部部分殘畫及'齊擒捉'三字在 P.3386 號，二者綴合後正好完整無缺。"⑤ 因圖版太長，此處不列出綴合後圖版。

《結壇散食迴向發願文》

Дх.00721+Дх.01059

---

① 劉復：《敦煌掇瑣》，黄永武《敦煌叢刊初集》影印，臺北新文豐出版公司，1986 年版，第 40 頁。
② 王重民：《敦煌古籍叙録》，中華書局，1979 年版，第 343 頁。
③ 王重民：《敦煌古籍叙録》，中華書局，1979 年版，第 340~343 頁。
④ 張涌泉、丁小明：《敦煌文獻定名研究》，載於《中華文史論叢》2011 年第 2 期，第 489 頁。
⑤ 張涌泉、丁小明：《敦煌文獻定名研究》，載於《中華文史論叢》2011 年第 2 期，第 489 頁。

趙鑫曄《俄藏敦煌殘卷綴合八則》中有詳細的叙録與綴合説明，并附有綴合示意圖和校録①，可參，并認爲"此卷内容可與 S.3427《結壇散食迴向發願文》、臺北 136《結壇散食迴向發願文》擬相參，故擬題爲《結壇散食迴向發願文》"②。

《亡文》（擬）

Дх.02371+Дх.02377+Дх.10319

趙鑫曄《俄藏敦煌殘卷綴合八則》認爲："Дх.10319 共存文 11 行，據其内容，當是兩篇亡文的文本，第一篇至第八行'齊登佛果'可與 Дх.02371+Дх.02377 相接，爲《亡妣文》。而根據第二篇的開頭内容，我們可推知其亦屬《亡文》。"③ 故最後擬名"亡文（擬）"。文中附有綴合示意圖和校録④，可參。

《邑文》等（擬）

Дх.04371+Дх.07198+Дх.04964V

趙鑫曄《俄藏敦煌殘卷綴合八則》綴合爲 Дх.04371+Дх.07198+Дх.04964V，認爲："Дх.04371 存有六行，是一篇願文的末尾部分，難以判斷其種類。Дх.07198 共存六行，其中有兩部分内容，一部分是一篇願文的末尾部分，另一部分是《邑文》的開頭内容，標題原有。Дх.04964V 存有五行，其内容亦是《邑文》。"文中附有綴合示意圖和校録⑤，可參。

---

① 趙鑫曄：《俄藏敦煌殘卷綴合八則》，載於《藝術百家》2010 年第 6 期，第 173~174 頁。
② 趙鑫曄：《俄藏敦煌殘卷綴合八則》，載於《藝術百家》2010 年第 6 期，第 173 頁。
③ 趙鑫曄：《俄藏敦煌殘卷綴合八則》，載於《藝術百家》2010 年第 6 期，第 174 頁。
④ 趙鑫曄：《俄藏敦煌殘卷綴合八則》，載於《藝術百家》2010 年第 6 期，第 174 頁。
⑤ 趙鑫曄：《俄藏敦煌殘卷綴合八則》，載於《藝術百家》2010 年第 6 期，第 174~175 頁。

《燃燈文》

Дх. 4964+Дх. 07198V+Дх. 04371V

因"此條綴合是上條綴合的另一面"①，故亦可綴合。趙鑫曄還指出："此三個殘片可綴合，内容爲'燃燈文'，標題原有，僅存五行，其内容與 P.2237《燃（原文作'然'）燈文》相同，而且據其所抄文字特點，當是出於同一底本，其部分内容還可與 P.2767《燃燈歎》相參。"文中附有綴合示意圖和校録②，可參。

《亡文》

Дх. 05021+Дх. 07188

趙鑫曄《俄藏敦煌殘卷綴合八則》中有詳細的叙録與綴合説明，并附有綴合示意圖和校録③，可參。

《玄真大聖大興孝皇帝遠忌文》

朱鳳玉在《〈俄藏敦煌文獻〉11-17 册中之文學文獻叙録（初稿）》中將 Дх. 05686 定名爲"唐睿宗玄真大聖大興孝皇帝遠忌文"④，確，但未發現其與 Дх. 05870 之間的綴合關係。趙鑫曄《俄藏敦煌殘卷綴合八則》⑤綴合爲 Дх. 05686+Дх. 05870，定名爲"玄真大聖大興孝皇帝遠忌文"，有

---

① 趙鑫曄：《俄藏敦煌殘卷綴合八則》，載於《藝術百家》2010 年第 6 期，第 175 頁。
② 趙鑫曄：《俄藏敦煌殘卷綴合八則》，載於《藝術百家》2010 年第 6 期，第 175 頁。
③ 赵鑫晔：《俄藏敦煌残卷缀合八则》，載於《藝術百家》2010 年第 6 期，第 175~176 頁。
④ 朱鳳玉：《〈俄藏敦煌文獻〉11-17 册中之文學文獻叙録（初稿）》，《冉雲華先生八秩華誕壽慶論文集》，法光出版社，2003 年版。
⑤ 赵鑫晔：《俄藏敦煌残卷缀合八则》，載於《藝術百家》2010 年第 6 期，第 173~177 頁。

詳細的叙録與綴合説明，并附有綴合示意圖和校録①，可參。

《結壇散食迴向發願文》

Дх. 06056+Дх. 10255

趙鑫曄《俄藏敦煌殘卷綴合八則》中有詳細的叙録與綴合説明，并附有綴合示意圖和校録，并認爲："二者内容與 S. 3427《結壇散食迴向發願文》、臺北 136《結壇散食迴向發願文擬》内容相同，故據 S. 3427 擬題。"②

《難月文》（擬）

Дх. 18956+Дх. 18961

趙鑫曄《俄藏敦煌殘卷綴合八則》認爲："此二殘片可綴合，Дх. 18961 當綴合於 Дх. 18956 的左上方。"③ 并指出："據其内容可與 S. 1441《患難月文》、S. 5561《難月文》、S. 5593《難月文擬》、S. 5957《難月文》、P. 3084+P. 376《難月文》相參校，故兹據上述各卷原標題擬題爲《難月文擬》。"④ 文中附有綴合示意圖和校録⑤，可參。

《鎮宅文》

S. 6094+S. 9989

（1）S. 6094，據《英藏》，後部及下端殘損，存 9 殘行（第 9 行基本

---

① 趙鑫曄：《俄藏敦煌殘卷綴合八則》，載於《藝術百家》2010 年第 6 期，第 176 頁。
② 趙鑫曄：《俄藏敦煌殘卷綴合八則》，載於《藝術百家》2010 年第 6 期，第 176 頁。
③ 趙鑫曄：《俄藏敦煌殘卷綴合八則》，載於《藝術百家》2010 年第 6 期，第 176~177 頁。
④ 趙鑫曄：《俄藏敦煌殘卷綴合八則》，載於《藝術百家》2010 年第 6 期，第 177 頁。
⑤ 趙鑫曄：《俄藏敦煌殘卷綴合八則》，載於《藝術百家》2010 年第 6 期，第 177 頁。

只剩部分殘筆畫，無法識別），起於"惟歲次甲戌正月乙亥朔廿二日庚申"，止於"主人家口大小延年☒☐"。《英藏》擬名"甲戌年正月廿二日洪潤鄉百姓高延晟祭宅神文"。

（2）S.9989，據《英藏》，爲一前後及上端殘損的殘片，下部分略有殘損，共存7殘行，起於"☐☒（神）惡鬼遠去他鄉☐"，止於"☐☒（伏）☒（惟）"。《英藏》擬名"鎮宅文"。

劉永明《兩份敦煌鎮宅文書之綴合及與道教關係探析》指出："我們在考察同類文書時還發現，S.9989殘篇現存7行文字，其内容與S.6094相連貫而字體相同，進一步核對則可以斷定，此兩者實屬於一份寫卷斷裂所致，S.6094卷之第7、第8行與S.9989卷之第1、第2行從紙形到内容均可以全面拼接。S.6094殘缺了下端和後端，S.9989則下端略有殘損。前端、上端、後端均殘缺。"① 確。現將綴合後圖版示意如下：

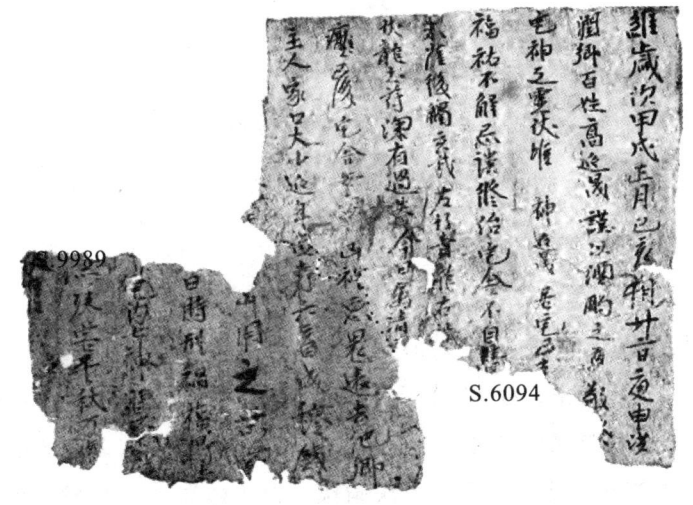

《殘信札》

Дх.1265+Дх.1457

---

① 劉永明：《兩份敦煌鎮宅文書之綴合及與道教關係探析》，載於《蘭州大學學報》第37卷第6期，第32頁。

施萍婷的《俄藏敦煌文獻經眼錄之一》加以綴合并有錄文①,可參。《俄藏》已經將兩個卷號綴合,《俄藏》第八冊第 43 頁有綴合圖版,但未標注殘片的具體卷號,如下:

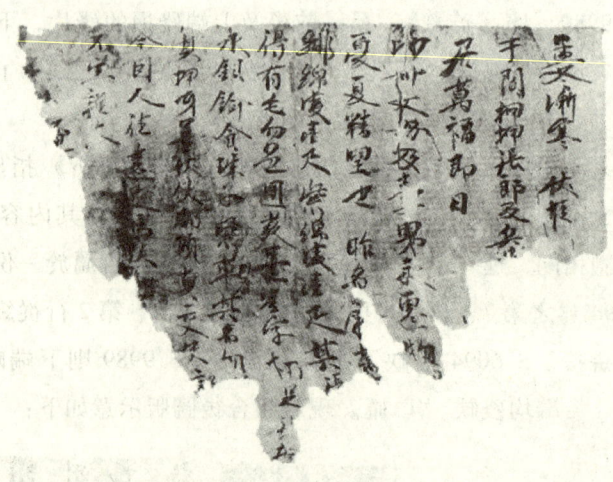

《歸義軍僧官書儀》

P. 3715p1+P. 2729+P. 5015

(1) P. 3715 爲《類書》殘卷,還包括有五個殘片分別記爲 P. 3715p1~P. 3715p5。其中標記爲 P. 3715p1 者,據《法藏》及法國國家圖書館提供的圖版,前後端殘損,存 14 殘行,起於"軍儲☒☐",止於"賀立德政碑"及只剩部分筆墨的一殘行,《法藏》擬名《歸義軍賀文書儀》。

(2) P. 2729,據《法藏》及法國國家圖書館提供的圖版,前後端殘損,下部部分殘損,存 43 殘行,唐耕耦、陸宏基《敦煌社會經濟文獻真迹釋錄》附有錄文②,趙和平《敦煌表狀箋啓書儀輯校》亦有錄文③。《法藏》擬名《歸義軍僧官書儀》。

(3) P. 5015,據《法藏》及法國國家圖書館提供的圖版,爲一前後

---

① 施萍婷:《俄藏敦煌文獻經眼錄之一》,載於《敦煌研究》1996 年第 2 期,第 68~69 頁。
② 唐耕耦、陸宏基:《敦煌社會經濟文獻真迹釋錄》(第五輯),全國圖書館文獻微縮複製中心,1990 年版,第 352 頁。
③ 趙和平:《敦煌表狀箋啓書儀輯校》,江蘇古籍出版社,1999 年版,第 284~295 頁。

部及上部殘損的殘片，存 7 殘行 32 字，李軍《敦煌寫本〈歸義軍僧官書儀〉拼接綴合及相關問題研究》有錄文。①

趙和平《敦煌表狀箋啓書儀輯校》已綴合 P.3715p1 與 P.2729，并將綴合後的文書定名爲"歸義軍僧官書儀"。② 但《法藏》未采用這一綴合及定名。後李軍《敦煌寫本〈歸義軍僧官書儀〉拼接綴合及相關問題研究》又"發現 P.5015 在内容、形式、筆迹上都與 P.2729、P.3715p1 相近或相同，與可與上述兩件綴合"③。"P.5015 第 2 行之'召'字，第 5 行之'波'字，都是與 P.2729 綴合後方能識別；第 3 行、第 6 行之'慶抃'二字，均與 P.2729 文書的'厶乙下情無任'相連，也證明兩件文書本爲一卷。"④ 最終綴合爲 P.3715p1+P.2729+P.5015。李文中附有三個卷號綴合後的部分連綴錄文⑤，可參。

綴合後的圖版示意如下：

---

① 李軍：《敦煌寫本〈歸義軍僧官書儀〉拼接綴合及相關問題研究》，載於《敦煌學輯刊》2006 年第 3 期，第 42~44 頁。
② 趙和平：《敦煌表狀箋啓書儀輯校》，江蘇古籍出版社，1999 年版，第 284~295 頁。
③ 李軍：《敦煌寫本〈歸義軍僧官書儀〉拼接綴合及相關問題研究》，載於《敦煌學輯刊》2006 年第 3 期，第 42 頁。
④ 李軍：《敦煌寫本〈歸義軍僧官書儀〉拼接綴合及相關問題研究》，載於《敦煌學輯刊》2006 年第 3 期，第 42 頁。
⑤ 李軍：《敦煌寫本〈歸義軍僧官書儀〉拼接綴合及相關問題研究》，載於《敦煌學輯刊》2006 年第 3 期，第 43 頁。

參考文獻

一、敦煌文獻目錄、圖錄

《中國書店藏敦煌遺書》編委會. 中國書店藏敦煌遺書［M］. 北京：中國書店，2007.

北京大學圖書館，上海古籍出版社. 北京大學圖書館藏敦煌文獻［M］. 上海：上海古籍出版社，1995.

伯希和. 敦煌石室訪書記［M］. 陸翔，譯. 北京：國立北平圖書館館刊九卷五號抽印本，1936.

段文傑. 甘肅藏敦煌文獻［M］. 蘭州：甘肅人民出版社，1999.

敦煌研究院. 敦煌遺書總目索引新編［M］. 北京：中華書局，2000.

俄羅斯科學院東方研究所聖彼得堡分所，俄羅斯科學出版社東方文學分部，上海古籍出版社. 俄藏敦煌文獻［M］. 上海：上海古籍出版社，1993—2001.

方廣錩. 中國國家圖書館藏敦煌遺書總目錄［M］. 北京：中國人民大學出版社，2013.

黄永武. 敦煌寶藏［M］. 臺北：新文豐出版公司，1986.

黄永武. 敦煌遺書最新目錄［M］. 臺北：新文豐出版公司，1986.

磯部彰. 臺東區立書道博物館中村不折舊藏禹域墨書集成［M］. 東京：文部科學省科學研究非特定領域研究『東ジア出版文化の研究』總括班，2005.

吉川忠夫. 敦煌秘笈目錄册［M］. 大阪：杏雨書屋，2009—2013.

吉川忠夫. 敦煌秘笈影片册［M］. 大阪：杏雨書屋，2009—2013.

金榮華. 倫敦藏敦煌漢文卷子目錄提要［M］. 臺北：福記文化圖書

有限公司, 1993.

毛昭晰. 浙藏敦煌文獻 [M]. 杭州：浙江教育出版社, 2000.

孟列夫. 俄藏敦煌漢文寫卷叙錄 [M]. 袁席箴, 陳華平, 譯. 上海：上海古籍出版社, 1999.

任繼愈. 國家圖書館藏敦煌遺書 [M]. 北京：北京圖書館出版社, 2005—2012.

任繼愈. 中國國家圖書館藏敦煌遺書 [M]. 南京：江蘇古籍出版社, 1999—2001.

上海古籍出版社, 法國國家圖書館. 法藏敦煌西域文獻 [M]. 上海：上海古籍出版社, 1993—2005.

上海古籍出版社, 上海博物館. 上海博物館藏敦煌吐魯番文獻 [M]. 上海：上海古籍出版社, 1993.

上海古籍出版社, 天津市藝術博物館. 天津藝術博物館藏敦煌文獻 [M]. 上海：上海古籍出版社, 1996—1997.

石谷風. 魏晉隋唐殘墨 [M]. 合肥：安徽美術出版社, 1992.

王連起等. 堅净居叢帖·敦煌寫經殘片 [M]. 北京：北京師範大學出版社, 2006.

王重民. 敦煌遺書總目索引 [M]. 北京：商務印書館, 1962.

小田義久主. 龍谷大學善本叢書二十三·大谷文書集成 [M]. 東京：法藏館, 1984—2003.

翟理斯. 英國博物館藏敦煌漢文寫本注記目錄 [M]. 臺北：新文豐出版公司, 1985.

中國社會科學院歷史研究所, 中國敦煌吐魯番學會敦煌古文獻編輯委員會, 英國國家圖書館, 倫敦大學亞非學院. 英藏敦煌文獻（佛經以外部分）[M]. 成都：四川人民出版社, 1990—1995.

二、古籍及校注

《四部叢刊》初編 [M]. 上海：商務印書館, 1922.

《四部叢刊》三編 [M]. 上海：商務印書館, 1936.

班固. 漢書 [M]. 北京：中華書局, 1962.

陳壽. 三國志［M］. 北京：中華書局, 1962.

段公路. 北户錄［M］. 十萬卷樓叢書本.

范曄. 後漢書［M］. 北京：中華書局, 1965.

方以智. 物理小識［M］. 清光緒刻本.

房玄齡等. 晉書［M］. 北京：中華書局, 1974.

費袞. 梁谿漫志［M］. 學海類編本.

賈思勰. 齊民要術［M］. 上海：商務印書館, 1930.

李昉等. 太平廣記［M］. 北京：中華書局, 1961.

李昉等. 太平御覽［M］. 上海：上海古籍出版社, 2008.

李延壽. 北史［M］. 北京：中華書局, 1974.

李延壽. 南史［M］. 北京：中華書局, 1975.

劉昫. 舊唐書［M］. 北京：中華書局, 1975.

劉恂. 嶺表錄异［M］. 十萬卷樓叢書本.

歐陽修, 宋祁. 新唐書［M］. 北京：中華書局, 1975.

錢仲聯. 劍南詩稿校注［M］. 上海：上海古籍出版社, 1985.

阮元. 十三經注疏［M］. 北京：中華書局, 1980.

司馬遷. 史記［M］. 北京：中華書局, 1959.

宋應星. 天工開物［M］. 臺北：臺灣商務印書館, 1967.

蘇易簡. 文房四譜［M］. 十萬卷樓叢書本.

王利器. 顏氏家訓集解［M］. 上海：上海古籍出版社, 1980.

王溥. 唐會要［M］. 上海：上海古籍出版社, 1991.

王欽若. 册府元龜［M］. 臺北：臺灣中華書局, 1996.

魏收. 魏書［M］. 北京：中華書局, 1974.

文淵閣四庫全書［M］. 臺北：臺灣商務印書館, 1987.

蕭子顯. 南齊書［M］. 北京：中華書局, 1972.

姚思廉. 梁書［M］. 北京：中華書局, 1973.

贊寧. 宋高僧傳［M］. 北京：中華書局, 1987.

章學誠. 文史通義［M］. 上海：上海古籍出版社, 2008.

張彥遠. 歷代名畫記［M］. 上海：上海人民美術出版社, 1964.

張宇初, 張宇清, 等. 正統道藏［M］. 臺北：新文豐出版公司, 1978.

張世南. 游宦紀聞：卷五［M］. 北京：中華書局，1981.

趙希鵠. 洞天清錄［M］. 清刻修補本.

周嘉冑. 裝潢志［M］. 北京：中華書局，2012.

三、近現代著作

潘吉星. 中國科學技術史·造紙與印刷卷［M］. 北京：科學出版社，1998.

潘吉星. 中國造紙史話［M］. 臺北：臺灣商務印書館，1994.

潘重規. 敦煌變文集新書［M］. 臺北：文津出版社有限公司，1994.

馬繼興. 敦煌古醫籍考釋［M］. 南昌：江西科學技術出版社，1988.

方廣錩.《魏晉隋唐殘墨》綴目［M］//敦煌吐魯番研究：第六卷. 北京：北京大學出版社，2002.

弗雷德里克·G. 凱尼恩. 古希臘羅馬的圖書與讀者［M］. 蘇傑，譯. 杭州：浙江大學出版社，2012.

大淵忍爾. 敦煌道經·目錄編［M］. 東京：福武書店，1978.

戴仁. 敦煌寫本中的解夢書［M］//法國敦煌學者敦煌學論文選粹. 北京：中華書局，1993.

杜偉生. 中國古籍修復與裝裱技術圖解［M］. 北京：中華書局，2013.

唐耕耦，陸宏基. 敦煌社會經濟文獻真迹釋錄：第四輯［M］. 北京：全國圖書館文獻縮微復製中心，1990.

唐耕耦，陸宏基. 敦煌社會經濟文獻真迹釋錄：第三輯［M］. 北京：全国图书馆文献缩微复製中心，1990.

唐耕耦. 敦煌寺院會計文書研究［M］. 臺北：新文豐出版公司，1997.

唐耕隅，陸宏基. 敦煌社會經濟文獻真迹釋錄：第五輯［M］. 北京：全國圖書館文獻微縮復製中心，1990.

藤枝晃. 漢字的文化史［M］. 北京：知識出版社，1991.

寧可，郝春文. 敦煌社邑文書輯校［M］. 南京：江蘇古籍出版社，1997.

來新夏. 中國圖書事業史 [M]. 上海：上海人民出版社，2009.

李正宇. 吐蕃論董勃藏修伽藍功德記兩殘卷的發現、綴合及考證 [M] //金雅聲，束錫紅，才讓. 敦煌古藏文文獻論文集：上冊. 上海：上海古籍出版社，2007.

李索，趙君. 敦煌文獻《春秋經傳集解》綴合四則 [M] //中國古代社會與思想文化研究論集——全國首屆東周文明學術研討會論文集. 哈爾濱：黑龍江人民出版社，2006.

李索. 敦煌寫卷《春秋經傳集解》异文研究 [M]. 北京：中國社會科學出版社，2007.

劉復. 敦煌掇瑣 [M]. 臺北：新文豐出版公司，1986.

羅振玉. 鳴沙石室佚書正續編 [M]. 北京：北京圖書館，2004.

羅振玉. 羅雪堂先生全集初編冊一 [M]. 臺北：文華出版公司，1968.

高楠順次郎，渡邊海旭，小野玄妙，等. 大正新修大藏經 [M]. 東京：大藏出版株式會社，1929—1934.

顧頡剛，顧廷龍. 尚書文字合編 [M]. 上海：上海古籍出版社，1996.

郭慶光. 傳播學教程 [M]. 北京：中國人民大學出版社，1999.

郝春文. 石室寫經：敦煌遺書 [M]. 蘭州：甘肅教育出版社，2007.

郝春文. 唐後期五代宋初敦煌僧尼的社會生活 [M]. 北京：中國社會科學出版社，1998.

許建平.《俄藏敦煌文獻》儒家經典類寫本的定名與綴合——以第11~17冊未定名殘片爲重點 [M] //敦煌文獻叢考. 北京：中華書局，2005.

許建平. 北圖藏殷42《論語音義》殘卷跋 [M] //敦煌吐魯番研究：第2卷. 北京：北京大學出版社，1997.

許建平. 中國國家圖書館藏未刊敦煌寫本殘片四種的定名與綴合 [M] //張涌泉，陳浩. 浙江與敦煌學. 杭州：浙江古籍出版社，2004.

荒見泰史. 敦煌講唱文學寫本研究 [M]. 北京：中華書局，2010.

黃征，張涌泉. 敦煌變文校注 [M]. 北京：中華書局，1997.

黃正建. 敦煌占卜文書與唐五代占卜研究 [M]. 北京：學苑出版

社，2001.

季羨林. 敦煌學大辭典［M］. 上海：上海辭書出版社，1998.

錢存訓. 書於竹帛——中國古代的文字記錄［M］. 上海：上海書店出版社，2006.

金岡照光. 講座敦煌·敦煌と中國道教［M］. 東京：大東出版社，1983.

姜亮夫. 巴黎所藏敦煌寫本道德經殘卷綜合研究［M］//姜亮夫全集：第十三册. 昆明：雲南人民出版社，2002.

姜亮夫. 敦煌學概論［M］//姜亮夫全集：第十二卷. 昆明：雲南人民出版社，2002.

姜亮夫. 敦煌碎金［M］//姜亮夫全集：第十二卷. 昆明：雲南人民出版社，2002.

姜亮夫. 敦煌——偉大的文化寶藏［M］//姜亮夫全集：第十二卷. 昆明：雲南人民出版社，2002.

屈直敏. 敦煌寫本類書《勵忠節鈔》研究［M］. 北京：民族出版社，2007.

余欣. 博望鳴沙——中古寫本研究與現代中國學術史之會通［M］. 上海：上海古籍出版社，2012.

余欣. 中古異象：寫本時代的學術、信仰與社會［M］. 上海：上海古籍出版社，2011.

徐俊. 敦煌詩集殘卷輯考［M］. 北京：中華書局，2000.

徐俊. 俄藏 Дх.11414+Дх.02947 前秦擬古詩殘本研究——兼論背面文書的地域和時代［M］//敦煌吐魯番研究：第六卷，北京：北京大學出版社，2002.

徐朔方. 小説考信編［M］. 上海：上海古籍出版社，1997.

趙和平. 敦煌表狀箋啓書儀輯校［M］. 南京：江蘇古籍出版社，1997.

周祖謨. 敦煌唐本字書叙録［M］//敦煌語言文學研究. 北京：北京大學出版社，1988.

陳鐵凡. 敦煌本《孝經》類纂［M］. 臺北：燕京文化事業股份有限公司，1977.

陳國符. 道藏源流考［M］. 北京：中華書局，1963.

陳垣. 敦煌劫餘錄［M］. 臺北：新文豐出版公司，1985.

張平，吳澍時. 古籍修復案例述評［M］. 北京：國家圖書館出版社，2012.

張廣達，榮新江. 十世紀于闐國的天壽年號及其相關問題［M］//歐亞學刊：第1輯. 北京：中華書局，1999.

張鴻勳. 敦煌說唱文學概論［M］. 臺北：新文豐出版公司，1993.

張金泉，許建平. 敦煌音義匯考［M］. 杭州：杭州大學出版社，1996.

張錫厚. 敦煌賦彙［M］. 南京：江蘇古籍出版社，1996.

張涌泉，張新朋. 敦煌本《千字文》叙錄［M］//中國俗文化研究：第五輯，成都：巴蜀書社，2008.

張涌泉. 敦煌經部文獻合集［M］. 北京：中華書局，2008.

張涌泉. 俄敦18974號等字書碎片綴合研究［M］//張涌泉敦煌文獻論叢. 上海：上海古籍出版社，2011.

鄭炳林. 敦煌歸義軍史專題研究三編［M］. 蘭州：甘肅文化出版社，2005.

鄭阿財，朱鳳玉. 敦煌蒙書研究［M］. 蘭州：甘肅教育出版社，2002.

鄭阿財. 敦煌寫卷新集文詞九經抄研究［M］. 臺北：文史哲出版社，1989.

池田温. 敦煌文書的世界［M］. 張銘心，郝秩君，譯. 北京：中華書局，2007.

池田温. 李盛鐸舊藏敦煌歸義軍後期社會經濟文書簡介［M］. 慶祝吳其昱先生八秩華誕敦煌學特刊，臺北：文津出版社，2000.

施萍婷. 三界寺·道真·敦煌藏經［M］//1990敦煌學國際研討會文集·石窟考古編，瀋陽：遼寧美術出版社，1995.

施萍婷. 俄藏敦煌文獻經眼錄（二）［M］//敦煌吐魯番研究：第2卷，北京：北京大學出版社，1997.

沙知. 敦煌契約文書輯校［M］. 南京：江蘇古籍出版社，1998.

沙武田. 敦煌壁畫故事與歷史傳說［M］. 蘭州：甘肅人民出版

社，2009.

葉貴良.《俄藏敦煌文獻》道經殘卷考述［M］//浙江與敦煌學——常書鴻先生誕辰一百周年紀念文集. 杭州：浙江古籍出版社，2004.

葉貴良. 敦煌道經 Дх. 5425 號、S. 6002 號綴合與出處［M］//古籍研究，合肥：安徽大學出版社，2006.

任二北. 敦煌歌辭總編［M］. 上海：上海古籍出版社，1987.

榮新江. 辨僞與存真：敦煌學論集［M］. 上海：上海古籍出版社，2010.

榮新江. 敦煌學新論［M］. 蘭州：甘肅教育出版社，2002.

榮新江. 敦煌學十八講［M］. 北京：北京大學出版社，2001.

榮新江. 海外敦煌吐魯番文獻知見録［M］. 南昌：江西人民出版社，1996.

榮新江. 英國圖書館藏敦煌漢文非佛教文獻殘卷目録［M］. 臺北：新文豐出版公司，1994.

王卡. 敦煌道教文獻研究［M］. 北京：中國社會科學出版社，2004.

王卡. 中國國家圖書館敦煌道教遺書調查報告［M］//敦煌吐魯番研究：第 7 卷，北京：北京大學出版社，2004.

王冀青. 國寶流散——敦煌藏經洞紀事［M］. 蘭州：甘肅出版社，2007.

王重民，王慶菽，向達，等. 敦煌變文集［M］. 北京：人民文學出版社，1957.

王重民. 敦煌古籍叙録［M］. 北京：商務印書館，1958.

王三慶. 敦煌類書［M］. 高雄：麗文文化事業股份公司，1993.

王素. 敦煌吐魯番文獻［M］. 北京：文物出版社，2002.

約書亞·梅羅維茨. 消失的地域：電子媒介對社會行爲的影響［M］. 肖志軍，譯. 北京：清華大學出版社，2002.

四、期刊論文及其他

巴桑旺堆. 關於古藏文寫本的研究方法的再探索［J］. 中國藏學，2009（3）.

北京圖書館圖書保護研究組. 對紙質文獻儲藏適宜溫濕度的探討

[J]．圖書館建設，1994（3）．

潘吉星．敦煌石室寫經紙的研究［J］．文物，1966（3）．

潘重規．倫敦藏二七二九號暨列寧格勒藏一五一七號敦煌《毛詩音》殘卷綴合寫定題記．［J］．新亞學報，1970（2）．

馬海鵬，孟碩．紙質文獻殘舊形成機理與外觀特徵［J］．中國文物科學研究，2012（1）．

梅維恒．"敦煌"得名考［J］．西南民族大學學報，2012（9）．

牟會寵，楊志法．文物保護中石窟寺的穩定性分析與評價［J］．第四屆全國工程地質大會論文選集，1992．

方廣錩．百年前的一樁公案——關於22卷續交敦煌遺書的考察［J］．敦煌研究，2009（1）．

伏俊璉．敦煌賦及其作者、寫本諸問題［J］．南京師範大學文學院學報，2003（2）．

伏彥冰，楊曉華．敦煌文學的傳播方式［J］．敦煌學輯刊，2012（2）．

石玉成，王旭東．甘肅地區石窟文物保護中的地震危害性估計［J］．敦煌研究，2005（5）．

鄧文寬．敦煌寫本《百行章》校釋［J］．敦煌研究，1985（2）．

鄧文寬．敦煌三篇具注曆日佚文校考［J］．敦煌研究，2003（3）．

丁治民．敦煌殘卷《時要字樣》考述［J］．文獻季刊，2004（1）．

杜偉生．談敦煌遺書的修復［J］．北京圖書館館刊，1993（2）．

唐耕耦．敦煌研究拾遺補缺二則［J］．敦煌研究，1996（4）．

藤枝晃．敦煌寫本概述［J］．敦煌研究，1996（2）．

勒寇克．普魯士第一次（即德國第二次）新疆吐魯番考察隊的緣起、行程和收穫［J］．敦煌研究，1999（3）．

李軍．敦煌寫本《歸義軍僧官書儀》拼接綴合及相關問題研究［J］．敦煌學輯刊，2006（3）．

李致中．敦煌遺書中的裝幀形式與書史研究中的裝幀形式［J］．文獻，2004（2）．

李永寧．本所藏《文選·運命論》殘卷介紹［J］．敦煌研究，1983（3）．

劉波，林世田．《孟姜女》殘卷的綴合、校錄及相關問題研究［J］．文獻，2009（2）．

劉顯．敦煌寫本《大智度論》殘卷綴合研究［J］．宗教學研究，2011（2）．

劉舜強．古書畫損毀機理初探［J］．文物保護與考古科學，2003（1）．

劉安志．《大谷文書集成》古籍寫本考辨［J］．新疆師範大學學報，2004（1）．

劉永明．日本杏雨書屋藏敦煌道教及相關文獻研讀札記［J］．敦煌學輯刊，2010（3）．

劉永明．兩份敦煌鎮宅文書之綴合及與道教關係探析［J］．蘭州大學學報（社會科學版），2009（6）．

林世田，張平，趙大瑩．國家圖書館所藏與道真有關寫卷古代修復淺析［J］．中國典籍與文化，2007（3）．

林世田，薩仁高娃．國家圖書館藏敦煌寫本《金光明最勝王經》古代修復簡論［J］．敦煌研究，2006（6）．

林世田．敦煌遺書古代修復簡論——構築4~11世紀中國書籍修復史框架（草稿）［J］．百年敦煌文獻整理研究國際學術討論會論文集（下冊）．2010．

林世田．敦煌文獻是修復，還是原樣保存？——國際敦煌項目（IDP）．第六次會議在國圖召開［J］．人民日報（海外版），2005-04-29．

羅福頤．敦煌石室稽古錄［J］．嶺南學報，1947（2）．

郭峰．簡談敦煌寫本斯二五〇六號等唐修史書殘卷的性質和價值［J］．敦煌學輯刊，1992（1-2）．

郝春文．英倫研讀敦煌原件札記——研讀原件對全面研究、整理敦煌文獻的意義［J］．敦煌研究，2000（2）．

韓鋒．幾件敦煌寫本《論語》白文殘卷綴合研究［J］．敦煌學輯刊，2006（1）．

許建平．敦煌《詩經》卷子研讀札記二則［J］．敦煌學輯刊，2004（1）．

黃正建．關於《俄藏敦煌文獻》第11至第17册中占卜文書的綴合與定名等問題［J］. 敦煌研究，2002（2）.

金瀅坤. 敦煌社會經濟文獻綴合拾遺［J］. 絲綢之路民族古文字與文化學術討論會文集，2005（8）.

金瀅坤. 敦煌社會經濟文獻綴合拾遺［J］. 敦煌研究，2006（2）.

金瀅坤. 敦煌社會經濟文書定年拾遺［J］. 首都師範大學學報（社會科學版），2006（1）.

金瀅坤. 敦煌社會經濟文書輯校［J］. 浙江大學博士後研究報告，2003.

井之口泰淳，臼田淳三. 龍谷大學圖書館所藏大谷探險隊將來敦煌古寫經目錄［J］. 敦煌研究，1991（4）.

啓功. 敦煌俗文學作品叙錄［J］. 文獻季刊，2009（2）.

小羽. 書籍裝幀與佛經［J］. 世界宗教文化，1999（3）.，

于絨. 紙介質文獻保護方法研究［J］. 蘭臺世界，2009（14）.

余欣. 整體書寫文化史構築芻議：關於東西古寫本研究的思考［J］. 敦煌研究，2012（3）.

徐俊. 敦煌寫本詩歌續考［J］. 敦煌研究，2002（5）.

查屏球，任雅芳. 紙抄時代書籍形態與《玉臺新詠》編纂體例及成書過程［J］. 復旦學報（社會科學版），2013（1）.

趙健雄，蘇彥玲. 敦煌遺書醫學卷考析［J］. 敦煌研究，1991（4）.

趙鑫曄. 俄藏敦煌文獻綴合四則［J］. 文獻，2008（3）.

趙貞. Дх. 6133《祭烏法》殘卷跋［J］. 敦煌研究，2012（1）.

陳槃. 敦煌唐咸通鈔本《三備殘卷解題》［J］. 歷史語言研究所集刊，1947.

陳明. 俄藏敦煌文書中的一組吐魯番醫學殘卷［J］. 敦煌研究，2002（3）.

陳鐵凡.《左傳》節本考［J］. 大陸雜志，1970（7）.

陳鐵凡. 法京所藏敦煌左傳兩殘卷綴合校字記［J］. 書目季刊，1970（1）.

陳鐵凡. 敦煌本尚書十四殘卷綴合記［J］. 新社學報，1969（3）.

陳静. 敦煌詩歌寫本的傳播特徵及其形成原因［J］. 首都師範大學學報（社會科學版），2013（3）.

張平. 英國倫敦圖書修復印象 [J]. 北京圖書館館刊, 1999 (1).

張錫厚. 整理《王梵志詩集》的新收穫——敦煌寫本 L. 1456 與 S. 4277的重新綴合 [J]. 文學遺產, 1988 (6).

張曉彤, 王雲峰, 詹長法. 紙質文物保護修復的傳統與現代 [J]. 中國文物科學研究, 2007 (1).

張新朋. 敦煌寫本《開蒙要訓》敘錄續補 [J]. 敦煌研究, 2008 (1).

張新朋. 若干新認定《千字文》寫卷敘錄及綴合研究 [J]. 敦煌學輯刊, 2008 (1).

張志清, 林世田. S. 6349 與 P. 4924《易三備》寫卷綴合整理研究 [J]. 文獻, 2006 (1).

張崇依. 浙藏敦煌文獻解題目錄 [D]. 南京: 南京師範大學, 2012.

張宗品. 俄藏敦煌文獻所見存世最早的《史記》寫本殘片及其綴合 [J]. 敦煌研究, 2011 (5).

張延清. 吐蕃時期的抄經紙張探析 [J]. 中國藏學, 2012 (3).

張涌泉, 丁小明. 敦煌文獻定名研究 [J]. 中華文史論叢, 2011 (2).

張涌泉. 俄敦 18974 號等字書碎片綴合研究 [J]. 浙江大學學報, 2007 (3).

鄭炳林, 徐曉麗. 俄藏敦煌文獻《新集文集九經詞抄》寫本綴合與研究 [J]. 蘭州大學學報, 2002 (3).

鄭炳林. 晚唐五代敦煌三界寺藏經研究 [J]. 西北第二民族學院學報, 2002 (4).

鄭阿財. 杏雨書屋《敦煌秘笈》來源、價值與研究現狀 [J]. 敦煌研究, 2013 (3).

朱鳳玉. 敦煌寫本字樣書研究之一 [J]. 華岡文科學報, 1989 (17).

朱鳳玉. 敦煌寫卷 S4277 號殘卷校釋 [J]. "國際敦煌吐魯番學術會議" 論文, 1987.

朱大星. 試論敦煌本《文子》諸寫本之寫作時代及其價值 [J]. 文獻, 2001 (2).

盛朝暉. 敦煌寫本 P. 2506、2810 (a)、2810 (b)、4073、2380 之研

究［J］．敦煌研究，2001（4）．

施萍亭．本所藏《酒賬》研究［J］．敦煌研究，1983（1）．

施萍婷．俄藏敦煌文獻經眼錄之一［J］．敦煌研究，1996（2）．

尚永琪．北朝時期的職業傭書人與佛經的抄寫［J］．文史知識，2009（12）．

榮新江．唐開元二十九年西州天山縣南平鄉籍殘卷研究［J］．西域研究，1995（1）．

榮新江．吐魯番新出《前秦建元二十年籍》研究［J］．中華文史論叢，2007（4）．

榮新江．晚唐歸義軍李氏家族執政史探微［J］．文獻，1989（3）．

次旺仁欽．藏紙考略［J］．西藏研究，2002（1）．

子厚．什麼叫書肆［J］．國家圖書館學刊，2004（4）．

曾雪梅．甘肅省圖書館藏敦煌藏文文獻叙錄［J］．敦煌研究，2003（5）．

曹冠英．略論古代文獻的自然損壞［J］．科技情報開發與經濟，2008（4）．

崔紅芬．俄藏西夏佛經用紙與印刷［J］．蘭州學刊，2009（2）．

桑良至．中國古代的信息崇拜［J］．北京大學學報，1996（3）．

宋新民．敦煌寫本開蒙要訓叙錄［J］．敦煌學，1989（14）．

顏廷亮．《大目乾連冥間救母變文并圖一卷并序》的一個未見著錄的節抄卷［J］．社科縱橫，1994（4）．

顏廷亮．敦煌西漢金山國檔案文獻考略［J］．甘肅社會科學，1996（5）．

顏廷亮．關於《白雀歌》見在寫卷兼及敦煌佛道關係［J］．蘭州教育學院學報（社會科學版），1995（2）．

楊學勇．敦煌文獻中珍藏的氏族資料述要［J］．尋根，2011（2）．

楊思范．敦煌本《莊子》殘卷叙錄［J］．敦煌研究，2007（1）．

王璐．敦煌寫本類書《兔園策府》考證［J］．唐都學刊，2008（4）．

王卡．敦煌殘抄本陶公傳授儀校讀記［J］．敦煌學輯刊，2002（1）．

王卡．兩件敦煌道經殘片的定名［J］．文獻，2009年7月第3）．

王惠民．哈佛大學藏敦煌文物叙錄［J］．敦煌研究，2013（2）．

王冀青．《英國博物館藏敦煌漢文寫本注記目錄》中誤收的斯坦因所

獲和闐文書辨釋 [J]. 敦煌學輯刊, 1987 (2).

王冀青. 英國圖書館藏《備急單驗藥方卷》（S.9987）的整理復原 [J]. 敦煌研究, 1991 (4).

王晶波. 敦煌相書殘卷 S.3395、S.9987B1V 考論 [J]. 蘭州大學學報（社會科學版）, 2004 (4).

王晶波. 英藏敦煌唐代鷹子图考 [J]. 中國典籍與文化, 2004 (3).

王杏林. 跋敦煌本《黃帝明堂經》[J]. 敦煌研究, 2012 (6).

王於飛. 捨經入寺與敦煌變文的文學性 [J]. 文學評論, 2008 (2).

王淑民. 四個英藏敦煌脉書殘卷的綴輯研究 [J]. 敦煌研究, 2001 (4).

王愛和. 英藏 S.681V 與俄藏 Дх.01454、Дх.02418V 的拼接綴合與研究 [J]. 敦煌學輯刊, 2003 (1).

王永興. 敦煌唐代差科簿考釋 [J]. 歷史研究. 1997 (12).

張新朋.《孟姜女》殘卷的綴合、校錄及相關問題研究 [J]. 文獻, 2009 (2).

陆慶夫, 陆離. 俄藏敦煌寫本《春秋後語》殘卷探識 [J]. 文獻, 2001 (2).

陆慶夫, 陆離. 俄藏敦煌寫本《春秋後語》殘卷再探——對 Дх.11638 號與 Дх.2663、Дх.02724、Дх.05341、Дх.05784 號文書的綴合研究 [J]. 敦煌學輯刊, 2004 (1).